大家学术文库

四书读本

蒋伯潜 著

江西教育出版社
JIANGXI EDUCATION PUBLISHING HOUSE

图书在版编目（CIP）数据

四书读本 / 蒋伯潜著. -- 南昌 : 江西教育出版社, 2018.3
（大家学术文库）
ISBN 978-7-5392-9795-8

Ⅰ. ①四… Ⅱ. ①蒋… Ⅲ. ①儒家②四书一注释 Ⅳ. ①B222.12

中国版本图书馆 CIP 数据核字(2017)第 250515 号

四书读本

SISHU DUBEN

蒋伯潜　著

江西教育出版社出版

(南昌市抚河北路 291 号　邮编：330008)

各地新华书店经销

山东泰安新华印务有限责任公司印刷

635 毫米×960 毫米　16 开本　35.5 印张　字数 511 千字

2018 年 3 月第 1 版　2020 年 1 月第 2 次印刷

ISBN 978-7-5392-9795-8

定价：82.00 元

赣教版图书如有印装质量问题，请向我社调换　电话：0791-86706047

投稿邮箱：JXJYCBS@163.com　电话：0791-86705643

网址：http://www.jxeph.com

赣版权登字-02-2018-7

“大家学术文库”编者按

中国学术，昉自伏羲画卦，至周公制礼作乐而规模始备。其后，王官失守，孔子删述六经，创为私学，是为诸子百家之始。《庄子》曰：“道术将为天下裂。”孔子殁后，儒分为八；墨子殁后，墨分为三。诸子周游天下，游说诸侯，皆以起衰救弊、发明学术为务，各国亦以奖励学术、招徕人才为务，遂有田齐稷下学宫之设。商鞅变法，诗书燔而法令明；始皇一统，儒士坑而黔首愚，当此之时，学在官府，以吏为师，先王之学，不绝如缕。至汉高以匹夫起自草泽，诛暴秦，解倒悬，中国学术始获一线生机。其后，汉惠废挟书之律，民间藏书重见天日。孝武之世，董子献“罢黜百家，表彰六经”之策，定六经于一尊。其后，虽有今古之分、儒释之争、汉宋之异、道学心学之别、义理考据之殊，而六经独尊之势，未曾移也。

及鸦片战起，国门洞开，欧风美雨，遍于中夏，诚“三千年未有之变局”。当此之时，国人震于列强之船坚炮利，思有以自强；又羡于西人之政教修明，思有以自效。于是有“变法守旧之争”“革命改良之争”“排满保皇之争”，而我国固有之学术传统，亦因之而起变化。清季罢科举而六经独尊之势蹙，蔡孑民废读经而六经独尊之势丧。当此之时，立论有疑古、信古、释古之别，学派有“古史辨”与“学衡”之争，学说有“文学革命”“思想革命”“文字革命”“伦理革命”诸说，师法有“师俄”“师日”“师西”之分，众说纷纭，莫衷一是，百家争鸣，复见于近代。

民国诸家，为阐明道术、解救时弊，著书立说、授课讲学，其学术思想，历久弥新，至今熠熠生辉，予人启迪。然近人著作，汗牛充栋，多如恒河之沙，使人难免望书兴叹，不知从何下手，穷其一生，亦难以卒读。因此之故，我社特精选最具代表性之近人著作62种，分为6辑，依次出版，俾读者略窥学术门墙，得进学之阶。此次选辑出版，虽未能穷尽近人学术之精品，难免有遗珠之憾；然能示人以门径，使人借此以知近人学术规模之宏大、体系之完密，亦不失我社编辑出版“大家学术文库”之初衷。

此次出版，为适应今人阅读习惯，提升丛书品质，我社特对所选书籍做了必要之编辑加工。总体说来，约有如下诸端：

一、改繁体竖排为简体横排；
二、核查各书引文，改讹正误；
三、规范各书之标点符号用法，为一些书加新式标点；
四、校改原稿印刷产生之错字、别字、衍字、脱字；
五、凡遇同一书稿中同一人名有两种及以上不同写法者，一律统改为常用写法。

除以上所举五点之外，其余一仍其旧，力求完整保持各书原貌。

然限于编者之有限学力，书中疏漏之处，在所难免，尚祈广大方家、读者诸君不吝批评斧正。

编者

2017年6月（农历丁酉郁蒸）

目 录

论语读本

上论

下论

孟子读本

上孟

中孟

下孟

刊行序

余幼读《四书》，仅能上口，圣贤微言大义，无从窥见其一二。辍学经商，在上海与夏萃芳先生办商务印书馆，又与陆费伯鸿先生创办中华书局，未几又创办世界书局，四十年中，无不与书业为缘。其中茹苦含辛，垂成而败者不知凡几，而总其大要，无不立业于艰困之际，成功于奋勤之中，乃知困难之来，正天所以玉成吾人也。同时佚豫嬉乐，足以肆志，而疏忽粗略，即为败事之根。斯时回味《四书》中一二语，遂觉无不深中肯綮，可见圣贤救世之心，发为言论，垂训万古，非无故也。急欲得其意趣，而学浅才疏，未能会通，因请同邑王缁尘先生为之讲解。

先生学识富丰，究心经学，每多创获，解释尤不厌往复再三，曲譬善喻，务在发其聋聩，开其茅塞。更觉以前种种经过，或困于心智，或局于论量，或囿于浅见，或昧于时势，未能应付得当，有时心旌摇摇，无所适从，皆见理不明，读书不多之故也。岁月空过，老大徒悲，每一念及，为之慨然兴叹。今听先生讲解，乃知圣训出于体验，事业根于学问，立身之本，诚正二字足以尽之，处世之道，忠恕二字足以概之，百川以海为宗，群言以圣为宗，否则，词华虽工，亦徒以饰鞶帨、如心意而已，非所以立己立人也。

当一·二八沪战发生时，炮火连天，鸟无静枝，鱼无恬波，老弱填于沟壑，妻子散而至四方景象之惨，亘古罕见。思彼孔孟二圣当春秋战国之世，暴乱日作，欲救以仁义，而时君皆迂视之，不得行其道，乃退而授徒著书，以遗后人。时至今日，《四书》非救人之药石乎？因又请王先生演为广解，期业务之暇，资以自习。总念圣人之言，如菽粟布帛，皆人心之所恒具，天理之所常在。为父兄者，苟得此一帙，置诸案头，便足教其子弟。人人能教其子弟，则社会国家可臻于和平，而一切尔诈我虞，杀人越货之行为，皆可免除，岂特尧舜？小康、大同盛世，庶几近之。版既锓，名曰《广解四书读本》。复虑义有未周，理有未契，曾请硕学名儒，一再校订，八一三事变以后，又请富阳蒋伯潜先生重加译述。盖余自经营书业，出版书籍数十万册，从无若此书之慎重者，以深知圣人之言，皆吾人日用之珍。身由之而修，业由之而建，政由之而成，教由之而兴。译得其当，理随事解，语或乖迕，差以千里，不可不慎也。稿既成，因易名为《语译广解四书读本》。呜呼！经师难遇，经师尤以通俗为难，若蒋先生之所译述，庶无间然矣。

又事变以还，人心多怀疑惧，书业尤呈紧缩状态。甚者痛心于当前之损失，日夜忧叹，不知所措。余皆深非之，即世界书局总厂被占，损失达数百万金，余亦未尝置念，而日日思所以自勉者，惟此后如何计划，现时如何努力而已！即在同孚村粹芬阁延聘通儒学者，编撰群籍，数年之间，成数百万言，此书即其一也。天不假缘，衰病侵寻，深惧溘然奄化，无以见余之志，故先将此稿付儿子志明印行。大地沉霾，兵祸未已，深愿世人手此一编，以为立身行事之标准。所望读者勿以偏见自专，勿以断章取义，勿以附会趋时，勿以违圣为高。

余老矣，僥天之幸，得以康复，更当尽力书业。万一不起，即以此为一生出版之纪念。

民国二十八年四月粹芬阁主人绍兴沈知方序

叙

粹芬阁主人沈知方先生，三十馀年前商务印书馆之老同事也。当时先生主发行所，余主编译所。虽同一机关，以职务攸分，乃不克朝夕相见，因此，先生之学问志趣，亦不得其详。但知先生之精明强干，既立功于商务，后即创办中华书局，又办世界书局。至今，此两大公司屹然与商务鼎足而三，屡经战乱，营业未蒙停顿。先生之功，有足多焉。先生既殁，哲嗣志明能世其业，竞竞焉继志述事，以先生平日最服膺之粹芬阁《四书读本》，印行公世，俾学子得自修善本。岂唯表扬先德？抑亦嘉惠士林，一举而两善备焉。昔赵普以半部《论语》佐宋太祖得天下，余乃恍然于知方先生事业之成就，决非偶然，其根本所在，实得力于《四书》也。志明以是书出版，属为弁言，因述余与先生之关系如此。至于《读本》之内容，则唐、蔡诸叙已详言之，可勿赘矣。

民国三十年三月蒋维乔叙

广解四书读本足为后学津梁，即曾经熟诵者，亦资印证。

吕思勉

序

数十年前，英公使朱尔典回国时，福州严几道先生流涕送之，以中国之阽危也。朱公使语之曰："中国无虑危亡。可虑者，吾欧洲耳。"严讶而询之。朱曰："中国有宝书，发而读之，治平之基在是矣。"严询："何谓宝书？"朱曰："《四书五经》是矣，而《四书》为尤要。"呜呼！外人之尊吾经籍若是，而吾国忽焉不讲，岂非大惑不解者耶？庚辰季秋，沈知方先生哲嗣以粹芬阁《四书读本》见视，属为序言。余受而读之原书，盖知方先生主稿，而蒋君伯潜佐成之，蔡君可园为之序。书成，适值知方先生花甲之辰，可谓最高尚之纪念。是编虽间杂语体，然为浅近易解起见，其苦心可谅也，其中索隐，皆有独得之处，而分类一部，尤能提纲挈领，爰申其意而为之序。

《论语》一书，为道德之渊薮、政治之纲领，与修己治人之道，悉备于此。近今学子，多有未读《论语》者，若不知分类研究之法，何由得其门径？清阮文达尝采取《论语》言仁各章，别为一篇。余仿其例，拟分十类，曰学、曰孝、曰仁、曰信、曰政、曰君子小人之辨、曰六艺论、曰教育立品准、曰人心风俗鉴、曰至圣救世不遇略史，而学、孝、仁、政四者为尤要。非孝无以为学，非仁无以行政，比类读之，别其为浅为深，为精为粗，而研究之、力行之。用之则行，舍之则藏，可谓君子儒矣。

或疑居今世而论古大学，不免近于迂阔，不知自古以来，学制随时变更，而学道则万世不易。孟子论学校曰："人伦明于上，小民亲于下。”明伦者，明德之效；小民亲于下，亲民之效也。列为三纲领，分为八条目，格致诚正，其全体也；修齐治平，其大用也。古本《大学》，列“诚意”章为修身之本，而诚意尤在谨好恶，自“如恶恶臭，如好好色”起。其后“正心”章，有所好乐，有所忿懥。“修身”章，好而知其恶，恶而知其美。“治国”章，其所令反其所好，而民不从。“平天下”章，惟仁人能爱人，能恶人，反之而好人之所恶，恶人之所好，是谓拂人之性，皆以好恶为纲维。而篇末则曰：“仁者以财发身，不仁者以身发财。”此谓国不以利为利，以义为利也。又曰：“小人之使为国家，灾害并至。”呜呼，可畏哉！治国者其懔之哉！

《中庸》精义，具于首章。性命本源，不在空谈，而在力行修养。其大要有三：曰涵养，曰省察，曰扩充。涵养者，戒慎恐惧，寂然不动，未发之时也；省察者，莫见乎隐，莫见乎微，慎独之功，未发将发之时也；扩充者，已发之验，致中和之要，天地之大，人犹有所憾，弥纶辅相之力也。而下篇则归结于至诚，不诚别无物，诚伪之界，人心生死之判也。诚故能成己成物，而心日以纯；不诚则自用自专，而心日以死。余于自著《中庸大义序》中已明揭之，又作《中庸首章五辨》以精研之。《中庸》准《周易》而作，经纶天下之大经，其在斯乎？

孟子生战国之世，目观战争攻杀之惨，慨然曰：“此所谓率土地而食人肉也。”今世一大战国也，吾辈志在救人，非熟读孟子之书，阐发其学说不为功。余尝分《孟子》为十类：曰孝弟学、曰尊孔学、曰心性学、曰政治学、曰贵民学、曰非战学、曰文辞学、曰外交学、曰雄辩学、曰气节学。人心滔滔于利，安其危而利其灾，故七篇之始，首辨义利，大声疾呼以救之，其篇末叙道统之传，而先之曰经正则庶民兴，庶民兴，斯无邪慝，民生胥渐，泯泯棼棼。正气一振，则邪气自消，所以提倡而廓清之者，非吾辈之责而谁责哉？

余尝有言：“救国先救民，救民先救心。”而救心大要，当训练国民之知觉。知觉宜清而不宜昏，宜通而不宜滞，宜先而不宜后。若事事落于人后，国之所存者幸矣。孟子言良心，言良知，又引殷元圣之言曰：“先知觉后知，先觉觉后觉，灵警之谓也。”然惟知觉之善良者，乃能灵警，否则为机变之巧矣。《论语·季氏》篇言生而知之，学而知之，在“九思”章前，是知觉在思想之先矣。《中庸》言生知安行，学知利行，是知觉在力行之先矣。《大学》言致知格物，郑君解之曰：“知于善深，则来善物；知于恶深，则来恶物。”朱子解之曰：“推及吾之知识，欲其所知无不尽，皆合外内之道者也。”明王阳明先生解之曰：“致吾心之良知于事事物物，正其不正，以归于正。”引孟子之说以释《大学》，所谓由善良而至于灵警也。今日欲求救心之法，当以阳明学为主。余尝著《阳明学术发微》，窃愿学者读之，救心以救民，救民以救国，质诸邦人君子，或不迂视吾言。

太仓唐文治茹经序于海上南阳寓庐

语译广解四书读本序

沈知方先生既卒之明年，其子志明持《语译广解四书读本》请序于余。余与沈氏有姻娅之雅，顾未识先生也。志明且以《粹芬阁藏书目》赠，乃知先生平昔收藏富，不惟《诗》《书》启后，而将以先觉觉世之后觉者也。低徊之，不忍置。

先生之于是书也，自序曰："圣训出于体验，事业根于学问。立身之本，诚正二字足以尽之；处世之道，忠恕二字足以概之。"呜呼！余二十五岁而孤。当先君子易箦之日，执吾手曰："尧舜之道，孝弟；夫子之道，忠恕。持此以往，庶乎可以为人。"余深志之，不敢忘。及建光华大学，其始也，以"知行合一"为校训，其后易以"格致诚正"。先生所谓诚正、忠恕者，适相合焉。乌得无言？

先生又言曰："《四书》非救人药石乎？身由之而修，业由之而建，政由之而成，教由之而兴。译得其当，理随事解，语或乖迕，差以千里。"呜呼！天生孔子，为万世师。孔子圣之时者也，曾子、子思、孟子皆得圣人之一体，其言所以救时也。自春秋以迄战国，天下汶汶矣。其祸始于身之不修，故孔子曰："修己以安人。"曾子曰："十目所视，十手所指，其严乎？"子思曰："反诸身不诚，不顺乎亲矣。诚身有道，不明乎善，不诚乎身矣。"孟子曰："国之本在家，家之本在身"。渺焉一身而事之建、政之成、教之兴，皆其责焉。危矣哉！重矣哉！故《大学》曰："壹是皆以修身为本，其本乱而末治者，否矣。"然则《四书》者，其修身之本欤？

由汉以来，注《四书》者众，而集大成于紫阳朱子。谓紫阳不讲训诂，而学之为效、习之如鸟数飞，其注《论语》，开宗明义，精切如此。谓紫阳再三易稿，求无弊而已，圣意转隘，不知中人以上可以语上，圣人多为中人以下言也。高而无当，奚取焉？

余自幼熟读《四书》，而《学》《庸》《论语》且读朱注。及长，取孙夏峰《四书近指》、李二曲《四书反身录》、黄薇香《论语后案》更读之，益有以发挥旁通，然非所以语初学也。

先生于《四书》，可谓勤矣。先之以王缁尘先生之讲解，继之以硕学名儒之校订，终之以蒋伯潜先生之译述，广采汉宋诸家之说，间为朱注补正。其竞竞于“语或乖迕，差以千里”者，诚郑重之也。虽然，非王、蒋诸先生好学深思，精心结撰，使读者明白晓畅，而得津逮之功，何能成先生之志哉？惜乎，书出而先生逝矣！然书在，而先生不死矣。抑余尤有言者，曾南丰曰：“论诈之便而讳其败，言战之善而蔽其害。相率而为之者，莫不有利焉，而不胜其害；有得焉，而不胜其失也。”今也，利害得失之间，显著于寰海矣，岂惟中国哉？而中国自唐虞、三代而下，莫不有学。其人自幼至于长，未尝去于学之中。学也者，小而六艺，大而天下国家，无所不包；形上、形下，格致与诚正并重。其学《诗》也，兴、观、群、怨，而外必曰多识鸟兽草木之名，又岂以空疏无具之躬漫焉而谈民人、社稷哉？

今海外且译《四书》矣，彼岂无所见而为此迂阔乎？亦知其有不可少也。人以为不可少，而我忽之，慎矣。况斯读本明易浅近，温故而知新，下学而上达，古之语，求人能晓其意非异也。吾愿学者手此一编，以正其心，以修其身，以端其趣，以去其蔽。措之天下国家，其本既立，知识技能亦遂之而余裕矣。质诸邦人君子，以为何如？

民国三十三年四月鄞张寿镛序并书

粹芬阁四书叙

戊己之交，天下大乱。在南，惟上海一埠以外国租界得以无事。然日接于吾耳者，大炮之震撼与夫啼饥号寒之声之惨且烈也。呜呼！此诚千古未有之奇变也哉！余与知方先生日夕相见，未尝不衋然伤怀，而叹祸变之来之有自也。症结不去，一旦横溃，以至于此，夫岂吾人之所逆料哉？虽然，苟有所见，但尽其力，不见效于今日，又安知不为天下后世法？彼孔孟不见重于当世，而著书立说，谆谆焉，惟恐其不尽也。数千年来，昭若日星。

若宋儒所集之《四子书》，盖尤其精粹者也。东方诸国人士，奉诵不辍，上下竞竞，以修齐治平为立身行事之大法。至于今日反以激成大变，以教伐为事，使孔孟而生于斯世，吾知其痛心疾首为何如也！此固不仅一时一国之忧也，学术无界域，道义无畔岸，得其真际者，即为世界人类之范畴。西方有圣人也，东方有圣人也，或制器械以节人力，或树德义以范后世。其所以为圣者不同，而淑世振人之心，固未有异也。是宜取而诵之，详以考之，使人人即于大同升平之世，而无后祸变之生。其志弥大而心弥苦，其言近迂而其理实最亲切而有味也。请通人为之解释，盖再度矣。虽然孔孟微言大义，固未易尽也，非得真儒为之修订，犹未惬吾意焉，子能为我图之乎？既而又曰："吾年将六十，生平无可纪念者。此书成，即吾最荣耀之纪念品也。"余方踌躇无以应，适老友伯潜先生仓皇自富阳避难来沪，余因以请。阅数月而书成，豫计印布之年，即知方先生周甲之期也。于是，三人视之而笑，乃为之叙，亦以知大炮声中迂阔有如吾三人者。呜呼！

二十八年七月廿二日叙于上海粹芬阁

可园蔡冠洛

蒋序

二十五年冬，粹芬阁主人沈知方先生以余友蔡君可园之绍介访余于西湖，余与先生始相识。翌年春，余左足以跌仆废。及秋，中日之战起，杭州、富阳相继陷，匿山中逾半岁，以可园之招，避地来沪，得复与先生相见。前年冬，先生出《四书广解》稿，谓曰：“《四书》者，余童年之所习也。及长，置之胸臆不敢忘。今老矣，阅世久，益觉其可宝。小之一人之身心，大之家国天下，莫之能违也。注家虽多，要以朱子为能发其义蕴，而病后生之未能尽喻也。释以今语，应有裨于初学。是稿经通人笔削已非一次，今以就正，愿为之润色焉。”余以可园故，又见其意之诚也，许之。避地虱处，无故籍可资参考，仅就平时记忆所及，采汉宋诸家之说，绎述朱注，间亦为之补正，而下笔未能自休。芜杂之讥，知所难免。越半载，始杀青。时先生已卧病，余亦以用力过勤，病脑甚剧。幸可园为之校阅补苴，始成是编耳。先生病中犹殷殷念及是书，曰将印行为周甲之纪念。呜呼！孰知今兹方排印成书，而先生之归道山已一年乎！哲嗣志明以书成告，且请序其端。适余以覆车折左臂，杜门养疴，爰为述其概略如此。既伤逝者，行自念也。

富阳蒋伯潜序于沪西鹪寄庐

中华民国二十九年十一月一日

孔子传

蔡丏因

孔子名丘，字仲尼，春秋时生于鲁昌平乡陬邑，就是现在的山东曲阜县。时为周灵王二十一年。父叔梁纥，母颜氏征在。孔子生三岁而父殁。儿时游戏，喜欢陈俎豆，做祭祀的礼仪。年十七，为大夫孟厘子所爱重，孟厘子的儿子懿子就请他教礼。

后来做季氏的委吏，司职吏，又做司空，但不久就离开鲁国，游历齐、宋、卫三国，都没人欢迎他，又至周，问礼于老聃。回国以后，就渐渐地多了，他又到齐国，为高昭子的家臣。齐景公很钦佩他，想封他以尼溪的田。齐相晏婴和孔子道术不同，反对他说："孔子盛容饰，繁登降之礼，趋详之节，累世不能殚其学，当年不能究其礼，君欲用之以移齐俗，非所以先细民也。"意思是说儒家繁文缛节，不能叫全国的人都学着，后来也终于没有成为事实。齐大夫之中，也有因妒嫉他而要想害他的，他就从齐国回来。这时鲁国季氏专权，陪臣执国政，他就不想做官，只在家里修《诗》、《书》、礼、乐，一时从远方来受业的很多。但当公山不狃在费反抗季氏的时候，也来请过他，他很想去，以为借此可以发挥自己的理想，但弟子中却有不赞成的，后来也没有成功。

到后鲁定公要孔子做中都宰，做司空，做大司寇。他做大司寇的时候，适值齐国要求和鲁公相会，孔子以齐是个强国，鲁常常受他的欺陵，心中有些不放心，就对定公说道："臣闻有文事者必有武备，有武事者必有文备。”

定公听他的话，因具左右司马以行，和亦侯相会于夹谷，于那地设一坛位，土阶三级，两国君主揖让而登，献酬为礼，仪式还算隆重。不久，就有齐的官员走了上去请求说：“请奏四方的音乐。”

齐景公点一点头，接着就有一批莱人，手里拿着旍旄羽毛祓，以及矛戟剑拨之类的军器，鼓噪而进，孔子一见不对，立刻站了起来，跨上土阶二级，举起手来说道：“现在两国君主以友谊相会，为什么要用这种粗蛮的音乐，请齐国的官员重新换过。”

那官员当作不听见，侧着头，尽管自己谈天，孔子却不慌不忙地很庄重地对齐君看看，又对晏婴看看，这样一来，他们心中却觉有些惭愧了，就立刻命令莱人回去。

但齐国的一个官员又走了上去说道：“请奏宫中的音乐。”

景公回答一声：“好。”就见一班奇形怪状的戏子，舞蹈着前进，孔子一看，这又是侮蔑鲁君的，于是急急忙忙地跨上了土阶，高声地说道：“匹夫而突惑诸侯者罪当诛，请有司用刑。”

有司就依法办了，景公见了很是感动，因把从前夺去汶阳龟阴的田退还了鲁国。

后孔子摄行相事，把“心逆而险，行辟而坚，言伪而辩，顺非而泽”的大夫少正卯杀了。只三个月的时间，教化大行，男女有别，途不拾遗。齐国见孔子有这样的政绩，怕鲁国强盛起来，于己不利，就想方法去阻止他，选了八十个美貌的女子，使她们着上美丽的衣服，又教她们歌舞，特地派人送给鲁君。当她们陈列在南高门外的时候，季桓就着了便服去看过几回，又请鲁君借巡游的名义，去看了一天。鲁君看得果然不错，就叫季桓子收受了。孔子心想，国君大夫这样荒淫无度，我还能做政治事业么？就辞了职到卫国去，不久又到陈国，当他到陈经过匡地的当儿，匡人错认他是阳虎，便将他包围起来，弟子们都急得不得了，孔子却说：“天之未丧斯文也，匡人其如予何？”

孔子从蒲回到卫，又到曹和宋，在宋和弟子们讲学不辍，又在一株大树下面学习礼仪。宋国的司马桓魋想杀害他，他虽不恐惧，但终于匆匆地到了郑，而和弟子们失散了。

在郑的郭东门，就常常可以看见一个长条子立着，那地方的人见了，讥诮他说："累累若丧家之犬。"有人告诉孔子，孔子想想自己的生活，也觉好笑，就说："然哉，然哉。"

孔子在郑住上三年，又从蒲回到卫，卫灵公不用他，因想渡河到赵去，听到贤臣窦鸣犊被杀，也便不去了。他回到卫，又回到陈，这时孔子年纪已经六十岁了，颇想回国去。楚昭王听到他的声名，特地差人来接他，可是陈蔡大夫却担起心来，暗中命令军士包围着，就是粮食也被截断。弟子们都生起病来，孔子却借此考询弟子们的修养工夫和对于当时社会的见解，有不合的一一加以纠正。楚昭王听得孔子被围，立刻派军队来迎接，又想把书社七百里的地方封给他，后以令尹子西的反对作罢。

于是，孔子回卫国，又从卫回鲁。鲁不用他，他也不再想做官了，在家中从事著述，删《诗》、序《书》、作《春秋》，又以《诗》、《书》、礼、乐教弟子，弟子三千人，通六艺的七十二人。他自己又是个"学不厌，教不倦"的人，所以能够博物多识，毋意，毋必，毋固，毋我，循循然，善诱人。他的弟子颜渊称叹他道："仰之弥高，钻之弥坚，瞻之在前，忽焉在后。"称为千古的圣人。周敬王四十一年卒，享年七十三岁，葬鲁城北泗上。弟子皆服三年丧，子贡居处于冢上，六年然后去。弟子和鲁人仰慕他，而住在冢的旁边的，凡一百多家，叫做孔里。

孟子传

蔡丐因

孟轲，字子舆，周时邹人，就是现在山东邹县。父早殁，受母仉氏的敬养，因学儒道，成为孔子以后的圣人。当初他的家是住在坟墓近边的，孟子游戏，多做坟墓间的事，他母亲说："这里不是教养我儿子的地方。"

迁了，住在街市近旁，孟子看了市人，便学起商人衒卖的样儿来，他母亲又说："这里也不是教养我儿子的地方。"

后来迁居邻近学宫，孟子耳濡目染，就做陈俎豆，揖让进退的游戏，母亲看了，很是高兴，说道："这襄正可以叫我儿子久住了。"

孟子去就学，不久又回了来，问他所学的是什么，却没有正确的回答，也毫不觉得着急，母亲大愤，提起一把刀割断了正在机上织着的布匹，说道："一个人不肯研究学问，也和割断了的布匹一般，还有什么方法再续呢？"

孟子自从受了母亲这样的教训以后，就一天到晚的勤学着，以子思为师，通五经，《诗》、《书》尤所熟习。可惜这时正是周朝的末季，各国争强，互相用兵攻打，诸侯需要权谋之士，秦用商鞅，楚用吴起，齐用孙子、田忌，都能扩张土地，称雄于诸侯，而迂怪虚妄之谈，也为一时所欢迎。儒家守先王之道，称说尧舜三代，终不肯阿世苟合，时君都以为迂阔而远于事情，所以孟子游齐游梁，都不能获得做事的机会。心想，在这样的局面之下，要想实现自己的主张，已是不可能了，乃回国，和他的弟子，万章公孙丑讲义论道，著书七篇。或者也说，《孟子》和《论语》一般，也是弟子们所记的，《论语》多说仁，《孟子》多说义，文词宏放恣肆，也不与《论语》简练含蓄相同。但孔子的学术行事，经孟子发挥阐述，更加来得透彻正确了，是很有功于儒道的，所以后世尊为“亚圣”。

大学读本

大学提要

《大学》原是《小戴礼记》中的一篇，是说古人研究学问的次第的，由近及远，由小而大，是一篇极有条理、极有价值的文章，朱熹特意把他抽出来，列为《四子书》之一，意思就是人人必读的。朱子认为原书不免有错简和脱简，便把他移补了一下，所以和现在的《十三经注疏》本很有些不同了。

至于它的分类，朱子以为经一章，传十章，经是曾子述孔子之意的，传是曾子的弟子述曾子之意的，其实《大学》的作者还不能十分确定，总之是儒家极重要的一篇文章，使政治哲学与人生哲学打成一片，开创了世界特有的学术思想，而且议论极精辟，极透达，即就文章而论，也是极有价值的，现在孙文学说，也多以此为根据，其影响之大，就不难窥见一斑了。

《大学》一篇，把它划分起来，大致有以下内容：

（甲）三个纲要。就是“明明德”（光明的德性）、“亲民”（朱子以为当作新民，使民涤去旧染之污，日新不已地振作起来）、“止于至善”（就是以至善为最高目标）。这三个纲领，是《大学》全篇的主宰。

（乙）八个条目。就是格物、致知、诚意、正心、修身、齐家、治国、平天下。将这八个条目，先后关联，一一加以说明。

总之，都是关于一个人立身行事，以至于治国平天下不能缺少的条件，为人人所应该知道、应该具备的。

大学读本

《大学》本《小戴礼记》中之一篇，宋以前并不单行，宋仁宗天圣八年，以《大学》赐新第进士王拱宸等。程颐尝云："《大学》，孔氏之遗书，而初学入德之门也。于今可见古人为学次第者，独赖此篇之存，而《论》《孟》次之。"朱子作《大学章句》，以与《中庸》、《论语》、《孟子》并列为《四书》。是本篇之自《小戴礼记》抽出，特加提倡，起于宋朝。朱注说："大，旧音泰，今读如字。"按唐陆德明《经典释文》也说："大，旧音泰，刘音直带反。"旧音，指汉儒郑玄等音读；刘氏名宗昌，著有《礼记音》一书。朱子是从刘宗昌的音读的，朱子认为本篇中有脱简错简，作《章句》时，有所移补，故四书中之《大学》与《十三经注疏》本《小戴礼记》中之《大学》已不同，朱子又分之为经一章，传十章；以为经为孔子之意而曾子述之，传则曾子之意而门人记之。按郑玄《礼记目录》仅言子思作《中庸》，而不及《大学》之作者，虞松刻石经于魏，表引汉贾达的话："孔伋穷居于宋，惧家学之不明，作《大学》以经之，《中庸》以纬之。"这是说《大学》也是子思所作了，至朱子，方断定出于曾子，所以清代的汉学家多不信他。但子思是曾子的弟子，安知朱子所说曾子门人记《大学》之传者，不就是子思呢？这一篇，可以说是儒家最有系统的一篇文章，以"明明德"为"新民"之本，以诚、正、修、齐为治平之基，把道德论和政治论融成一篇，熔人生哲学和政治哲学于一炉，以发挥其"德治"的主张，组织至为完密，孙中山先生论道德，化政治，也有许多论据本于此篇（详见戴季陶《孙文主义之哲学的基础》)。故虽是二千余年以前的作品，在现代仍有研究的价值。

大学

大学之道，在明德，在亲民，在止于至善。

朱子注："大学者，大人之学也。"朱子所谓"大人"就是孟子说的"'大人'者，不失其赤子之心者也"的"大人"。孟子尝说乐正子是善人，是信人，又解释道："可欲之谓善，有诸己之谓信，充实之谓美，充实而有光辉之谓大。"道德修养完满，故能充实而有光辉。"大学之道"，就是养成此种充实而有光辉的理想的人格之修养方法。朱子《大学章句序》首句说："《大学》之书，古之大学所以教人之法也。"是以"大学"为古代所办的大学，似与注中所说"大人之学"自相矛盾。其实，古代小学所教，只是书、数及洒扫、应对、进退之节；俊秀子弟升入大学以后，方教以穷理正心修己治人之道，使能养成充实光辉的理想的人格。朱子的两种说法，并不是相反的。

"明德"，是光明的德性，是人人生来具有的，是备具众理、足以应付万事的。有时，这种光明的德性为人欲所蔽，便昏昧不明了。这和太阳隐于乌云，镜子蒙着灰尘一般，看似昏暗，本体的光明却并未消失；乌云吹散了，灰尘拭净了，仍可以恢复它本来的光明。上一个"明"字是动词。"明明德"，是要把人欲除去，使本有的明德格外光明起来。这是修养方法的第一步。

"亲民"的"亲"字，王守仁仍作亲字解。他以为本篇下文"君子贤其贤而亲其亲，小人乐其乐而利其利"、"如保赤子"、"民之所好好之，民之所恶恶之，此之谓民之父母"，皆是"亲"字意；《尚书·尧典》"克明峻德"就是"明明德","以亲九族"至"平章百姓,协和万邦",便是"亲民"(详见《阳明先生传习录》)。这样讲法原也可通。朱子说"亲当为新",是根据程颐的话;因为下文所引《汤》之《盘铭》、《康诰》、《诗经》的句子,都以"新"字为主。《尚书金縢》篇成王说:"惟朕小子其新逆。"成王这句话是说要亲自迎接周公。"亲逆"写作"新逆",正和"新民"写作"亲民"一样,这是程朱读"亲"为"新"的一个有力旁证。新是去旧维新的意思;"新民"是使人人能去其旧染之污,"日日新,又日新"地振作起来。由"明明德"而"新民",便是《论语》孔子所说的"己欲立而立人,己欲达而达人"、《中庸》所说的"成己""成物"、孟子所说的"先知觉后知,先觉觉后觉"。由此可知大人之学,不但要能自明其明德,以独善其身,还要能使人人自新,以兼善天下哩!

"至善",就是"最善"的意思。"止至善"就是以"至善"为最后的目的,定要做到,不半途而废的意思。无论是修己的"明明德",化民的"新民",都要达到这"至善"的地步;下文的"为人君止于仁,为人臣止于敬,为人子止于孝,为人父止于慈,与国人交止于信",也是说要"止于至善"而已。

以上所说"明明德"、"新民"、"止于至善",是《大学》的三大纲领。

知止而后有定,定而后能静,静而后能安,安而后能虑,虑而后能得。

后,同後。"知止"就是知道所当止的最善的境界。一个人如果能够晓得最善的境界,以之为理想的目的,才有一定的意志;意志一定,心就能静,不会妄动了;心不妄动,不论到什么地方,都能感到安稳;到处安稳,思虑自然周到;思虑处处能周到,做人才能达到理想的目的、最善的境界,而得其所止了。

物有本末,事有终始;知所先后,则近道矣。

万物各有本末,譬如一株树,根株为本,枝叶为末。万事各有终始，始就是开端，终就是结局。“本”和“始”是所“先”，“末”和“终”是所“后”。就上文所说言之，则“明明德”是“本”，“新民”是“末知止”，是“始”，“能得”是“终”。就下节所说言之，则“平天下”是“末”，是“终”，是“所后”；“格物致知”是“本”，是“始”，是“所先”。能了然于事物之终根本末，而知所先后，则循序渐进，不至错乱凌躐，故曰“近道”。

古之欲明明德于天下者，先治其国；欲治其国者，先齐其家；欲齐其家者，先修其身；欲修其身者，先正其心；欲正其心者，先诚其意；欲诚其意者，先致其知。致知在格物。

《中庸》说：“譬如行远，必自迩；譬如登高，必自卑。”这是儒家的根本主张。本节就是推说这个道理的。

“明明德于天下”，就是“平天下”。平天下必须先把自己的国家治好；如自己的国还不能治，怎能使天下的人都悦服呢？但要治理一国，又必须先把自己的家整理好；要整理一家，叫家里的人都看自己的样子，听自己的命令，必须使自己的行为可做家人的模范；所以说：“欲治其国者，先齐其家；欲齐其家者，先修其身。”大凡一个人以心为主宰，要修身，必须使心无邪念。要心无邪念，必须使心意诚实。所以说：“欲修其身者，先正其心；欲正其心者，先诚其意。”但人怎么才能诚意呢？第一要知道事物的缓急先后；要知道事物的缓急先后，就须“先致其知”。所以说：“欲诚其意者，先致其知。”致，是推而极之之意。至于怎样才能“致知”呢？他说：“致知在格物。”“格物”二字却有许多的解释了。

朱注说：“格，至也。物，犹事也。穷至事物之理，欲其极处无不到也。”又说：“物格者，物理之极处，无不到也。”所以格物是要穷尽事物之理，无不知晓之意。王守仁早年读了这几句，就对着一株竹，细细地格起来；后来竟格不出所以然，而至于生病了。他于是恍然大悟，以为“格物”之“格”，当解作《孟子》“格君心之非”的“格”。故说：“物者，事也。凡意之所发，必有其事；意所在之事谓之物。格者，正也。正其不正，以归于正之谓也。”又说：“致知云者，致吾心之良知焉耳。”（详见《大学问》）王氏认为吾心本有良知，不假外求，故以朱子“即物穷理”之说为务外遗内，博而寡要。但其他就以此相号召。流弊所至，致学者束书不观，以为只要凭吾心之知，即可应付万事，反不如朱子“即物穷理”之说，较为切实。清陈澧说：“格物但当训为至事；至事者，犹言亲历其事也。天下之大，古今之远，不能亲历；读书即无异亲历也。故格物者，兼读书阅历言之也；致知者，犹言增长见识也。”（见《东塾读书记》）陈氏所说，迂浅近切实，可为朱注发明。

物格而后知至，知至而后意诚，意诚而后心正，心正而后身修，身修而后家齐，家齐而后国治，国治而后天下平。

这段是将上文的意思，反复郑重说明。物格，是事物都阅历到；知至，是知识已推完尽；由此而意以诚，心以正，身以修，家以齐，国以治，天下以平。身修以上，是“明明德”；齐家以下，是“新民”。“物格”、“知至”，则知所“止”，意诚以下，是得所“止”；所“止”者，诚、正、修、齐、治、平，即“至善”之域。

自天子以至于庶人，壹是皆以修身为本。其本乱而末治者，否矣。其所厚者薄，而其所薄者厚，未之有也。

庶人，就是小百姓。壹是，同“一切”。正心诚意、致知、格物，无非是为的修身；齐家、治国、平天下，其根本还在修身。所以说：“自天子以至于庶人，壹是皆以修身为本。”

本，指修身；末，指齐家治国平天下；身既不修，而要想家齐国治天下平，这是一定做不到的。所以说：“其本乱而末治者，否矣。”一个人在社会里，势不能无亲疏厚薄。所厚者无过于“身”而家次之，国与天下又次之；对于最厚的身，尚不能修，怎能泽及天下呢？所以说：“其所厚者薄，而其所薄者厚，未之有也。”

上面一大段，朱子以为是“经”，是“孔子之言，而曾子述之”。以后十段，朱子以为是“传”，是“曾子之意，而门人记之”。此段为本篇总论，先述大学之道有“明明德”、“亲民”、“止至善”三纲领；次述“格物”、“致知”、“诚意”、“正心”、“修身”、“齐家”、“治国”、“平天下”八条目。以下再分段述之。

[问题]

（一）《大学》本为何书之中一篇？何时始单行？何人定为《四书》之一？

（二）何谓“大学”？

（三）何为《大学》三纲领、八条目？

（四）何谓“明明德”？何谓“亲民”？

（五）何谓“格物致知”？

《康诰》曰：“克明德。”《大甲》曰：“顾諟天之明命。”《帝典》曰：“克明峻德。”皆自明也。

《康诰》，是《尚书》中的篇名，周公封康叔作。克字，作能够解；克明德，就是能够明明德。大，同泰。《大甲》也是《尚书》中的篇名。大甲，商王，汤之孙。既立，无道，伊尹放之于桐。后大甲悔过，复归于亳，作《大甲》。諟，同是，作此字解。顾，是顾到的意思，就是要顾到天命我的明德的命令。《帝典》，就是《尧典》，也是《尚书》中的篇名。峻，作大字解。《尧典》作“俊”。以上所引《尚书》三语，都是说自明其明德，故曰“皆自明也”。

上面一段，朱子以为即是传之首章，释“明明德”。

汤之《盘铭》曰：“苟日新，日日新，又日新。”《康诰》曰：“作新民。”《诗》曰：“周虽旧邦，其命维新。”是故君子无所不用其极。

汤就是成汤，为商朝的开国圣王。盘，就是盥洗的盆。成汤于盥洗的盆上，刻着“苟日新”等三句话。苟，作诚字解。新，除去旧染之污的意思。说人诚能日去其旧染之污，又当“日日新，又日新”，始终不间断地养成新习惯、新生活、新道德。作，即振作兴起之意。自己固要做成一个新的人，同时并要鼓励他人，也做一个新的人。“周虽旧邦，其命维新”，是《诗经·大雅·文王》篇里赞美文王的句子。周从立国到文王时，已数百年，所以称为“旧邦”。文王时更新百度，使人民个个自新，这就是文王所以受天命，王天下的缘故，所以说“其命维新”。“是故君子无所不用其极”，是作《大学》的人，总结本节的话，说君子于自新新民，皆欲止于至善，无不尽心极力地做去。

上面一段，朱子以为是传之二章，释“新民”。

《诗》云：“邦畿千里，惟民所止。”《诗》云：“緍蛮黄鸟，止于丘隅。”子曰：“於止，知其所止。可以人而不如鸟乎！”

“邦畿千里”二句，见《商颂玄鸟》篇。古时天子之国，称邦畿，地方有一千里之大，为人民所聚集居止之处，所以说“惟民所止”。“緍蛮黄鸟，止于丘隅”二句，见《小雅·绵》篇。緍，音民。緍蛮，鸟叫的声音。黄鸟，是一种小鸟。丘隅，山的一角。说緍蛮緍蛮地叫着的黄鸟，栖止在山的一角里。孔子对这两句《诗经》叹美道：“像这种小鸟，尚且晓得可栖止的地方去栖止，可以人而不如鸟吗？”一句。

《诗》云：“穆穆文王，於缉熙敬止！”为人君，止于仁；为人臣，止于敬；为人子，止于孝；为人父，止于慈；与国人交，止于信。

“穆穆文王”二句，见《大雅·文王》篇。穆穆，深远的意思。於，音乌，叹辞。缉，作继续解。熙，作光明解。诗人赞美文王，能继续明其明德，敬其所止，必于至善，毫不苟且。作《大学》的人，因再说明做人应该做到哪样，才算止于至善，所以说：“为人君的，应做到仁爱万民；为人臣的，应做到敬事君上；为人子的，应做到孝顺父母；为人父的，应做到慈爱子女；与国人交往，应做到言而有信。”

按以上四段（“《康诰》曰‘克明德’”以下至“与国人交止于信”），《礼记》本在“此以没世不忘也”之后。朱子认为是错简，故移于此。

《诗》云："瞻彼淇澳，箓竹猗猗！有斐君子，如切如磋，如琢如磨。瑟兮僩兮，赫兮喧兮。有斐君子，终不可可諠兮。"如切如磋者，道学也。如琢如磨者，自修也。瑟兮僩兮者，恂栗也。赫兮喧兮者，威仪也。有斐君子，终不可諠兮者，道盛德至善，民之不能忘也。

此节所引《诗经》见《卫风淇澳》篇。瞻，就是望。淇，水名。澳，音郁，水边的地方，《毛诗》作"奥"。箓，通绿。猗，音依。猗猗，茂盛的样子。意思是说望那淇水旁边绿色的竹，竟这样的茂盛啊！斐，文质彬彬的样子。意思是说君子道德茂盛，如淇澳的茱竹一般。切是剖开，琢是雕刻，磋磨是磨他光来。这是以治玉石骨角比喻君子之修养。循序而进，精益求精。瑟，严密的样子；僩，读若限，武毅的样子。赫喧，煊赫盛大的样子。说君子的仪容，严密而武毅，又煊赫而盛大。諠，音萱，作忘记解。说这样的君子，是使人终身不能忘记的。"如切如磋者，道学也"以下，是作者的申说。"道学"、"自修"，乃说君子的修治工夫。恂栗，因恐惧而发抖，是战战兢兢、不敢疏忽委靡的意思。及其道德修治已成，他煊赫盛大望之俨然的仪容，必能使人肃然起敬。这样文质彬彬的君子，道德已极盛大，人民是终身不会忘记的。"如切如磋者，道学也"以下一段，亦见《尔雅·释训》篇。本为古代解释《诗经》之文，作者引之。

《诗》云："於戏！前王不忘。"君子贤其贤而亲其亲，小人乐其乐而利其利，此以没世不忘也。

"於戏！前王不忘"句，见《周颂·烈文》篇。於戏，同呜呼。朱子说，"前王"指文武。"君子"是"后贤后王"。"小人"指后世的人民。乐，音洛。后世蒙前王之泽，被前王之化，故君子则贤其所贤，亲其所亲；小人则乐其所乐，利其所利；所以前王虽然殁世，后人终不能忘记他的。

上面四段，朱子以为是传之三章，释"止于至善"。

按以上二段（《诗》云："瞻彼淇澳"，以下至"此以没世不忘也"),《礼记》本在"故君子必诚其意"之下。朱子认为是错简，故移于此。

子曰："听讼，吾犹人也。必也，使无讼乎！"无情者，不得尽其辞，大畏民志。此谓知本。

听讼，听诉讼者的言语，就是现在审判官的审讯讼事。使无讼，是以德化人，使他们自己向善，不致涉讼。上两句，是《论语·颜渊》篇记孔子的话。作《大学》的人，"无情者，不得尽其辞"，是说人都感化向善，即使偶然有人涉讼，也不敢把不实不尽的言辞来渎陈。"民志"，是社会中多数人的意志所表现的"社会的制裁"。能以道之以德，齐之以礼，则虽有恶人，亦大大畏惧社会的制裁，不敢以虚辞诬控他人了，这就叫做"知本"。

上面一段，朱子以为是传之四章，释"本末"。

按此段，《礼记》本在"止于信"之下，"所谓修身在正其心者"之上。朱子认为是错简，故移此。

此谓知本，此谓知之至也。

此两句，《礼记》本在"其所厚者薄，而其所薄者厚，未之有也"之下。朱子移此。"此谓知本"句，程子以为是多馀的话，应该删去。"此谓知之至也"以上，朱子以为"别有阙文，此特其结语耳"，又说这是传之五章，"盖释格物致知之义，而今亡矣"，因又取程子之意以补之道："所谓致知在格物者，言欲致吾之知，在即物而穷其理也。盖人心之灵，莫不有知；而天下之物，莫不有理。惟于理有未穷，故其知有不尽也。是以大学始教，必使学者，即凡天下之物，莫不因其已知之理而益穷之，以求至乎其极；至于用力之久，而一旦豁然贯通焉，则众物之表里精粗无不到，而吾心之全体大用无不明矣。此谓物格，此谓知之至也。"

上述一段，为朱子所补《大学》之阙文。今仍附录于此，以便读者之研究。

所谓诚其意者，毋自欺也。如恶恶臭，如好好色，此之谓自谦；故君子必慎其独也。

上“恶”字，上“好”字，都读去声。谦读为慊，苦劫反，是惬意的意思，即《孟子》“行有不慊于心”之慊。“恶恶臭，好好色”，发于心之自然，非有所矫饰，故以为诚意之喻。诚意的第一要着在“毋自欺”，故君子必慎其独。

小人闲居为不善，无所不至；见君子而后厌然，揜其不善，而著其善。人之视己，如见其肺肝然，则何益矣？此谓诚于中，形于外。故君子必慎其独也。

闲居就是独居的意思。小人闲居，没事的时候，什么坏事都会做出来。厌然，遮遮掩掩的样子。揜，与掩通。小人虽为不善，但一见君子，他就觉得自己的行为不好，遮遮掩掩地把不著的地方遮掩起来，好的地方显露起来。

可是在别人看来，好像看见他的肺肝一般，早已明白，这样遮掩又有什么好处呢？这就叫做“诚于中，必形于外”，故君子必慎其独。

曾子曰：“十目所视，十手所指，其严乎！”

这是引曾子的话，伸明上述“如见其肺肝然”的意义。十目十手，极言看着他、指着他的人之多。这是多么的严厉呢！

富润屋，德润身，心广体胖。故君子必诚其意。

富润屋，是说有钱的人，装修住屋；这是比喻。德润身，就是《孟子》所说的“粹然现于面，盎于背，施于四体”。胖，音盘。即“盘”之假借字。盘，乐也，安舒也。能诚其意，则心无愧怍而广大宽平，体亦因之安乐舒泰了。

上面四段，朱子以为是传之六章，释“诚意”。

按这四段（“所谓诚其意者”以下至“故君子必诚其意”），《礼记》本在“《诗》云：瞻彼淇澳……”之上。朱子把以下诸段移在前面，故此下即接“所谓修身在正其心者”一段。

所谓修身在正其心者：身有所忿懥，则不得其正；有所恐惧，则不得其正；有所好乐，则不得其正；有所忧患，则不得其正。心不在焉，视而不见，听而不闻，食而不知其味。此谓修身在正其心。

朱子引程颐说，“身有”之“身”当作“心”。懥，音致。忿懥，恨恨发怒的意思。好，去声。乐，音义效切，亦去声。好乐，就是爱好、喜欢的意思。这是说凡人有所忿、恐惧、好乐、忧患，则其心为情感所动，往往不得其正。若心不专注，另想别事，就是开着眼睛看，侧着耳朵听，张着口吃，也不看见，不听到，也不知道它的滋味了。所以说修身在正其心。心正，则不会为情感所蔽了。

上一段，朱子以为是传之七章，释“正心修身”。

所谓齐其家在修其身者：人，之其所亲爱而辟焉，之其所贱恶而辟焉，之其所敬畏而辟焉，之其所哀矜而辟焉，之其所敖惰而辟焉。故好而知其恶，恶而知其美者，天下鲜矣。故谚有之曰：“人莫知其子之恶，莫知其苗之硕。”此谓身不修，不可以齐其家。

朱注：“之，犹于也。”古书上“之”字作“于”字用的很多。例如《吕氏春秋·应言》篇：“则莫宜之此鼎矣。”“之”字也用作“于”字。辟，同僻，是偏的意思。亲爱，指自己所亲爱的人。贱恶，指自己所看不起或厌恶的人。恶，去声。畏敬，指自己所害怕和所敬重的人。哀矜，指自己所哀怜的人。敖，同傲。敖惰，指自己所骄傲和怠慢的人。对这四种人，情感既然不同，便不免有一种偏见了。“好而”之“好”、“恶而”之“恶”，皆去声。鲜，上声，少也。爱好这人而能知道他的劣点，厌恶这人而能知道他的优点的，是天下少有的。谚，就是俗语。人对于自己的儿子，总是不知他的恶处；自己所种的苗，总以为还不茂盛。溺爱者不明，贪得者无厌，就因为情感上存着偏见的缘故。治家，最忌的是这类偏见。有了偏见，则家人骨肉之间便永远不得和洽。所以说："身不修，不可以齐其家。"

上面一段，朱子以为是传之八章，释"修身齐家"。

所谓治国必先齐其家者：其家不可教，而能教人者，无之，故君子不出家而成教于国。孝者，所以事君也。弟者，所以事长也。慈者，所以使众也。《康诰》曰："如保赤子。"心诚求之，虽不中，不远矣。未有学养子而后嫁者也。

弟，同悌。中，去声。此段是说治国当先从齐家做起。若自己家里的人，尚不能教导，哪里还能教导别人呢？人能孝亲，就可以事君；能敬兄，就可以事长上；能慈爱下辈，就可以使役民众。孝、悌、慈，都是家庭里的道德；故君子不出家外，而可以成教于国。"如保赤子"，是《尚书·康诰》篇中的句子。婴儿虽不能言，如保姆能诚诚实实地去推求他的意思，关心他的饥饱、冷暖、痛痒，虽然未必能够事事猜中，但相差也不远了。一般的女子并未先学养儿子的方法，而后去嫁人，所以只要齐家得法，把孝、悌、慈等家庭道德推之于事君事长事众，而又心诚求之，国自然也能治了。

一家仁，一国兴仁；一家让，一国兴让；一人贪戾，一国作乱：其机如此。此谓一言偾事，一人定国。尧舜帅天下以仁，而民从之。桀纣帅天下以暴，而民从之。其所令，反其所好，而民不从。是故君子有诸己，而后求诸人；无诸己，而后非诸人。所藏乎身不恕，而能喻诸人者，未之有也。故治国，在齐其家。

帅，同率。这段仍是说治国必先齐家的道理。倘若一家人能够仁爱，则一国人的仁爱之心，也都引起来了。一家人能够礼让，则一国的人礼让之心也都引起来了。倘若做领袖的人贪心狠戾，那么一国的人也因而作乱了。天下一切的事情都是动机，这样动机极微，影响很大。所以说一言可以败事，一人可以定国。再以历史证之：尧舜以仁爱领导天下，百姓也跟着他为仁爱之事；桀纣以残暴领导天下，百姓也跟着他做残暴之事。上行下效，是有一定的道理。若自己所行的是残暴之事，而要想使百姓做仁爱的事，是必不肯听从的。所以君子必定先使自己有了善行，而后方可求之他人；先使自己没有恶行，而可以责之他人。如此说来，自己没有推己及人的恕道，而想让人家信从你的话，是一定不会有的。又总结说："故治国，在齐其家。"

《诗》云："桃之夭夭，其叶蓁蓁。之子于归，宜其家人。"宜其家人，而后可以教国人。《诗》云："宜兄宜弟。"宜兄宜弟，而后可以教国人。《诗》云："其仪不忒，正是四国。"其为父子兄弟足法，而后民法之也。此谓治国在齐其家。

夭夭，形容桃花的鲜艳。蓁蓁，形容桃叶的茂盛。之子，就是这个女子。女子出嫁，叫做"于归"。女子嫁了人，要与夫家的人和睦。这四句诗，见《周南·桃夭》篇。一家的人能和睦，才能推其道以教一国的人。"宜兄宜弟"一句，见《小雅·蓼萧》篇，是说一个人与兄弟必须和睦。兄弟和睦，才能推其道以教一国的人。"其仪不忒，正是四国"二句，见《曹风·鸤鸠》篇。仪，是做人的法则。忒，是差错的意思。要自己做人的法则没有差错，然后方能匡正四方的国家。作者三引《诗经》的句子，又重言以申之道：正因为一家做父、做子、做兄、做弟的，都足以使人效法，百姓自然也效法他们了。这就是所谓"治国，在齐其家"。

上面三段，朱子以为是传之九章，释"齐家治国"。

所谓平天下在治其国者：上老老而民兴孝，上长长而民兴弟，上恤孤而民不倍，是以君子有絜矩之道也。

老老，上一个老字，作孝养解；下一个老字，作老人解。长长，皆去声，上一个长字，作敬重解；下一个长字，作长辈解。说在上位的人，能够孝养老人，则百姓自然看样，大家都孝养自己的父母了。在上位的人能够敬重长辈，则百姓自然看样，大家都敬重他的兄长了。在上位的人能够体恤孤弱，则百姓也自然看样，不忍背故旧，而弃孤儿了。倍，同背，字本作背。背死者，则不恤其孤了。絜，音亦，作度字解，矩，是作方的工具。《荀子》说："五寸之矩，尽天下之方。""絜矩之道"，就是推己度人之道。《论语》所说的"己所不欲，勿施于人"，是消极方面的推己度人之道，《中庸》所说的"所求乎子以事父，所求乎臣以事君，所求乎弟以事兄，所求乎朋友先施之，则是己之所欲，施之于人，是积极方面的推己度人之道。就本篇上文所说的"有诸己而后求诸人，无诸己而后非诸人"，也是推己度人之道。推己之心以度人，和执矩以度天下一切的方形一样，所以叫做"絜矩之道"。

所恶于上，毋以使下；所恶于下，毋以事上；所恶于前，毋以先后；所恶于后，毋以从前；所恶于右，毋以交于左；所恶于左，毋以交于右：此之谓絜矩之道。

恶，去声，厌恶的意思。《中庸》说："忠恕违道不远。施诸己而不愿，亦勿施于人。"《论语》子贡也说："我不欲人之加诸我也，我亦欲无加诸人。"无论对于上下左右前后的人，都应当如此。这就是"絜矩之道"。照此看来，絜矩之道，就是"忠恕"。故曾子解释孔子"吾道一以贯之"之言说："夫子之道，忠恕而已矣。"（见《论语》）

《诗》云："乐只君子，民之父母。"民之所好好之，民之所恶恶之，此之谓民之父母。

乐，音洛。只，音纸，语词。所引二语见《小雅·南山有台》篇。好、恶，皆去声。快乐的君子，怎样能做"民之父母"呢？就是民所喜欢的，我从而喜欢之；民所厌恶的，我从而厌恶之。在上位的人，能够与民同好恶，共甘苦，就无愧为民之父母了。

《诗》云："节彼南山，维石岩岩。赫赫师尹，民具尔瞻。"有国者不可以不慎，辟，则为天下僇矣！

所引《诗经》，见《小雅·节南山》篇。节，音截，高峻的样子。师尹，周太师尹氏。赫赫，威严的样子。瞻，是瞻仰之意。以高峻的南山，岩石峻峋，比威严赫赫的师尹，正是百姓所同瞻仰的。辟，同僻，偏也。僇，同戮。言有国者为民众所瞻仰，故不可以不慎。如不能行絜矩之道，与民同好恶，而有所偏私，就要为天下人所诛戮了。

《诗》云："殷之未丧师，克配上帝。仪监于殷，峻命不易。"道得众，则得国；失众，则失国。

所引《诗经》，见《大雅·文王》篇。丧，去声，失也。师，众也。说殷代帝王在未失民心以前，还能够配上帝而为天下之主。仪，作宜字解。监，作观察解。峻，大也。易，去声，说后来王天下者，当观察殷纣丧亡的缘故。要知道受天的大命而为天子，是不容易的。道，言也。此诗言得民众之心，则能得国；失民众之心，则失国。

是故君子先慎乎德。有德此有人，有人此有土，有土此有财，有财此有用。德者，本也；财者，末也。外本内末，争民施夺。是故财聚则民散，财散则民聚。是故言悖而出者，亦悖而入；货悖而入者，亦悖而出。

先慎乎德，是说先要谨守自己的道德。有人，指人民的归附；有土，指境土的拓展；有财、有用，指国家财用的充足。"德者，本也；财者，末也"，说治国当以德为本，以财为末。外，作疏远轻视解；内，作亲近重视解。说人君如果以德为轻，而疏远之，以财为重，而亲近之，则百姓必然看样，起而争夺。争民，是争利于民；施夺，是施他夺之政于民。上行下效，君既争利，必酿成《孟子》所说"上下交征利"的情形，故朱子以为"争斗其民而施以劫夺之教"，就是上文所说"一人贪戾，一国作乱"的意思。推其原因，仍是在上者本末倒置，重财轻德之故。所以人君如果把百姓的财，聚集在自己的库内，则百姓势必散而之四方；倘若把库内的财，散与百姓，则百姓必聚集拢来，为国出力。悖，作逆字解。“言悖而出者，亦悖而入”，是宾；“货悖而入者，亦悖而出”，是主。货即是财。人君搜刮百姓的财货，叫做“悖入”；百姓作乱把君主的财货夺了去，叫做“悖出”。

《康诰》曰：“惟命不于常。”道善则得之，不善则失之矣。《楚书》曰：“楚国无以为宝，惟善以为宝。”舅犯曰：“亡人无以为宝，仁亲以为宝。”

命，天命。天命不是常在哪一姓的。《康诰》这句话，是说君主善，就能得天命；不善，就要失去天命。《楚书》，楚国的古书。他说楚国没有什么可宝贵，行善最为宝贵。舅犯，晋文公重耳的母舅。狐偃，字子犯。重耳因骊姬之乱，出亡在外，舅犯跟着他。这两句话，是重耳之父献公死了，秦穆公使人劝他图谋复国时，舅犯教他答复使者的。见《礼记·檀弓》篇。亡人，就是出亡的人，重耳自称之词。

《秦誓》曰：“若有一介臣，断断兮无他技，其心休休焉，其如有容焉。人之有技，若己有之；人之彦圣，其心好之，不啻若自其口出。实能容之，以能保我子孙黎民，尚亦有利哉！人之有技，媢疾以恶之；人之彦圣，而违之俾不通，寔不能容，以不能保我子孙黎民，亦曰殆哉！”

《秦誓》，《尚书》中的篇名。秦穆公出师袭郑，回师到了殽的地方，为晋国所败。穆公乃作此誓以告群臣。断断兮，诚实专一的样子。休休，宽容的样子。彦，美士有文。不啻，就是不但。寔，和实同。黎民，就是众民。媢疾，就是妒嫉。恶，去声。违，是离弃的意思。殆，是危殆的意思。《秦誓》这段话是说：倘若有一个臣，诚实专一，似乎并无特长，而其胸襟宽大，有容人之量，看他人的技能，和他自己的技能一样，见他人的彦才圣德，便有爱好之心，他人的话简直看作是他自己说的，实在是能容人。这样的人必能保我的子孙黎民，且有利于国家。如其人见之有技能，便以妒忌之心厌恶他，见人之才彦圣德，便设法离弃他，使不得通于君主，实在是不能容人。这样的人，必不能保我的子孙黎民，国家便也危险了。

唯仁人，放流之，迸诸四夷，不与同中国。此谓唯仁人，为能爱人，能恶人。

这一段是承上文说的。那种媢疾技能，压抑彦圣的人，独有仁人，才能把他放流出去，迸弃在夷狄的地方，不与同居中国。这就是说只有仁人，才能爱人，才能恶人。恶，去声。

见贤而不能举，举而不能先，命也；见不善而不能退，退而不能远，过也。好人之所恶，恶人之所好，是谓拂人之性，灾必逮夫身！

郑玄《礼记大学》篇注说：“命，当为慢，声之误也。举贤而不能使君以先已，是轻慢于人也。”《程子外书》说：“命，当作怠，字之误也。”朱子对这二说，也没有决定。俞樾《群经平议》说：“先，盖近字之误。‘见贤而不能举，举而不能近’与‘见不善而不能退，退而不能远’，正相对成文。近，古文作岓，篆文作[illegible]；先字篆文作[illegible]；两形相似，因而致误耳。”这段仍是承上文而言。见贤人而不能荐举，或已荐举而不能使人君亲近他，还可以说是命运，如见不善而不能罢退，或即罢退而不能“迸诸四夷”，这却是过失了。好、恶，皆去声。拂，就是违反。灾，同灾。逮，就是及。夫，音扶。至于好恶与人相反，谓疾才技彦圣的人，必有灾祸及到他的身上的。

是故君子有大道，必忠信以得之，骄泰以失之。生财有大道，生之者众，食之者寡，为之者疾，用之者舒，则财恒足矣。

大道，就是重要的原则。君子治国平天下，必有他重要的原则，就是“忠信以得之，骄泰以失之”。生财，也有它重要的原则，要使生产的人多，坐食的人少，做生产事业的做得快，消耗的用得慢，财便常常充足了。

仁者以财发身，不仁者以身发财。未有上好仁而下不好义者也；未有好义，其事不终者也；未有府库财，非其财者也。

仁者散财以聚民，可王天下，这叫做“以财发身”。不仁者搜刮民财，必致身遭祸殃，这叫做“以身发财”。在上者，以仁心待臣民；在下的臣民，也必能以忠义事君上。臣民都能以忠义事君上，那么无论什么事体都不会不成功了。府库里的财货，也都是他的财货了。

孟献子曰：“畜马乘，不察于鸡豚。伐冰之家，不畜牛羊。百乘之家，不畜聚敛之臣。与其有聚敛之臣，宁有盗臣。”此谓国不以利为利，以义为利也。

孟献子，鲁国的大夫，仲孙氏，名蔑。乘，去声，四马曰乘。古代士初试为大夫，始得备车子，驾四马。卿大夫之家，丧祭始得用冰。伐，作凿字解，伐冰之家，就是指卿大夫之家。百乘之家，指卿大夫有封邑的。聚敛之臣，指善于搜刮百姓的。盗臣，指窃取公家财物的。孟献子说：做大夫的，不当再细察养鸡养猪的小利；卿大夫之家，不当畜牛羊以图利；有可以出车百乘的封地之家，不当再养那些搜刮民财的家臣。与其有损义的聚敛之臣，宁可有损财的盗臣。这是说国家，不以财货为利，而以“义”为利。

长国家而务财用者，必自小人矣，彼为善之。小人之使为国家，灾害并至。虽有善者，亦无如之何矣！此谓国不以利为利，以义为利也。

长，上声。长国家，就是做一国的领袖。俞樾《群经平议》说：“必自小人者，必用小人也。”《诗·绵》篇及《江汉》篇，《毛传》、《郑笺》都说：“自，用也。”俞氏又说：“彼，当以小人言。‘彼为善之’句，申说上文必用小人之故，言长国家而务财用所以必用小人者，以务财用之事惟彼为善之也。善，与能同义。”小人之使为国家，犹云为国家而惟小人是用，则灾害并至，虽尚有善人，也无法挽救了。这也是说国家不以财货为利，而以“义”为利。

以上共十四段，朱子以为是传之十章，释“治国平天下”。

朱子又说：“凡传十章，前四章，统论纲领指趣。后六章，细论条目工夫。其第五章，乃明善之要。第六章，乃诚身之本。在初学尤为当务之急，读者不可以其近而忽之也。”

[问题]

（一）朱子所补释“格物致知”的一章，大意如何？
（二）诚意何以须从慎独做起？
（三）心何以不正？
（四）齐家最忌的是什么？
（五）能齐家的，何以便能治国？
（六）何谓“絜矩之道”？
（七）治国当以何为本，以何为末？
（八）生财之大道如何？
（九）何谓“以义为利”？
（十）朱子《大学章句》所分的各章，其要旨如何？

附：大学古本

录自《小戴礼记》

大学之道，在明明德，在亲民，在止于至善。知止而后有定，定而后能静，静而后能安，安而后能虑，虑而后能得。物有本末，事有终始，知所先后，则近道矣。古之欲明明德于天下者，先治其国；欲治其国者，先齐其家；欲齐其家者，先修其身；欲修其身者，先正其心；欲正其心者，先诚其意；欲诚其意者，先致其知；致知在格物。物格而后知至，知至而后意诚，意诚而后心正，心正而后身修，身修而后家齐，家齐而后国治，国治而后天下平。自天子以至于庶人，壹是皆以修身为本。其本乱，而末治者否矣。其所厚者薄，而其所薄者厚，未之有也。此谓知本，此谓知之至也。所谓诚其意者，毋自欺也。如恶恶臭，如好好色，此之谓自谦。故君子必慎其独也。小人闲居为不善，无所不至，见君子而后厌然，揜其不善，而著其善。人之视己，如见其肺肝然，则何益矣？此谓诚于中，形于外。故君子必慎其独也。曾子曰："十目所视，十指所指，其严乎！"富润屋，德润身，心广体胖，故君子必诚其意。《诗》云："瞻彼淇澳，菉竹猗猗。有斐君子，如切如磋，如琢如磨。瑟兮僩兮，赫兮喧兮。有斐君子，终不可諠兮。"如切如磋者，道学也。如琢如磨者，自修也。瑟兮僩兮者，恂栗也。赫兮喧兮者，威仪也。有斐君子，终不可諠兮者，道盛德至善，民之不能忘也。《诗》云："於戏！前王不忘。"君子贤其贤而亲其亲，小人乐其乐而利其利，此以没世不忘也。《康诰》曰："克明德。"《大甲》曰："顾諟天之明命。"《帝典》曰："克明峻德。"皆自明也。汤之《盘铭》曰："苟日新，日日新，又日新。"《康诰》曰："作新民。"《诗》曰："周虽旧邦，其命惟新。"

是故君子无所不用其极。《诗》云："邦畿千里，惟民所止。"《诗》云："缗蛮黄鸟，止于丘隅。"子曰："於止，知其所止，可以人而不如鸟乎？"《诗》云："穆穆文王，於缉熙敬止。"为人君，止于仁；为人臣，止于敬；为人子，止于孝；为人父，止于慈；与国人交，止于信。子曰："听讼，吾犹人也。必也，使无讼乎！"无情者，不得尽其辞，大畏民志。此谓知本。所谓修身在正其心者：身有所忿懥，则不得其正；有所恐惧，则不得其正；有所好乐，则不得其正；有所忧患，则不得其正。心不在焉，视而不见，听而不闻，食而不知其味。此谓修身在正其心。所谓齐其家在修其身者：人，之其所亲爱而辟焉，之其所贱恶而辟焉，之其所畏敬而辟焉，之其所哀矜而辟焉，之其所敖惰而辟焉。故好而知其恶，恶而知其美者，天下鲜矣。故谚有之曰："人莫知其子之恶，莫知其苗之硕。"此谓身不修，不可以齐其家。所谓治国必齐其家者：其家不可教，而能教人者，无之。故君子不出家，而成教于国。孝者，所以事君也；弟者，所以事长也；慈者，所以使众也。《康诰》曰："如保赤子。"心诚求之，虽不中，不远矣。未有学养子，而后嫁者也。一家仁，一国兴仁；一家让，一国兴让；一人贪戾，一国作乱；其机如此。此谓一言偾事，一人定国。尧舜率天下以仁，而民从之；桀纣率天下以暴，而民从之。其所令，反其所好，而民不从。是故君子有诸己，而后求诸人；无诸己，而后非诸人。所藏乎身不恕，而能喻诸人者，未之有也。故治国在齐其家。《诗》云："桃之夭夭，其叶蓁蓁。之子于归，宜其家人。"宜其家人，而后可以教国人。《诗》云："宜兄宜弟。"宜兄宜弟，而后可以教国人。《诗》云："其仪不忒，正是四国。"其为父子兄弟足法，而后民法之也。此谓治国，在齐其家。所谓平天下在治其国者：上老老，而民兴孝；上长长，而民兴弟；上恤孤，而民不倍。是以君子有絜矩之道也。所恶于上，毋以使下；所恶于下，毋以事上；所恶于前，毋以先后；所恶于后，毋以从前；所恶于右，毋以交于左；所恶于左，毋以交于右：此之谓絜矩之道。《诗》云："乐只君子，民之父母。"民之所好好之，民之所恶恶之，此之谓民之父母。《诗》云："节彼南山，维石岩岩。赫赫师尹，民具尔瞻。"有国者不可以不慎；辟，则为天下僇矣！《诗》云："殷之未丧师，克配上帝。仪监于殷，峻命不易。"道得众则得国，失众则失国，是故君子先慎乎德。有德此有人，有人此有土，有土此有财，有财此有用。德者，本也；财者，末也。外本内末，争民施夺。是故财聚则民散，财散则民聚。是故言悖而出者，亦悖而入，货悖而入者，亦悖而出。《康诰》曰："惟命不于常。"道善则得之，不善则失之矣。《楚书》曰："楚国无以为宝，惟善以为宝。"舅犯曰："亡人无以为宝，仁亲以为宝。"《秦誓》曰："若有一介臣，断断兮，无他技，其心休休焉，其如有容焉。人之有技，若己有之；人之彦圣，其心好之，不啻若自其口出，实能容之，以能保我子孙黎民，尚亦有利哉！人之有技，媢嫉以恶之；人之彦圣，而违之俾不通；寔不能容。以不能保我子孙黎民，亦曰殆哉！"唯仁人放流之，迸诸四夷，不与同中国。此谓唯仁人为能爱人，能恶人。见贤而不能举，举而不能先，命也；见不善而不能退，退而不能远，过也。好人之所恶，恶人之所好，是谓拂人之性，灾必逮夫身！是故君子有大道，必忠信以得之，骄泰以失之。生财有大道，生之者众，食之者寡，为之者疾，用之者舒，则财恒足矣。仁者以财发身，不仁者以身发财。未有上好仁，而下不好义者也；未有好义，其事不终者也；未有府库财，非其财者也。孟献子曰："畜马乘，不察于鸡豚；伐冰之家，不畜牛羊；百乘之家，不畜聚敛之臣，与其有聚敛之臣，宁有盗臣。"此谓国不以利为利，以义为利也。长国家而务财用者，必自小人矣。彼为善之。小人之使为国家，灾害并至，虽有善者，亦无如之何矣。此谓国不以利为利，以义为利也。

中庸读本

中庸提要

《中庸》是《小戴礼记》中的一篇。后人因它为儒家精义之所在，就特别提出，作为单行本。宋朝朱熹又把他列为四子书之一，这是极有见地的。相传为子思所作。子思是孔子的孙子，曾子的弟子，可以说是儒家的嫡传吧。后虽有人怀疑非子思所作，但无论如何，终不失为儒家谈人生哲学的宝典，欲探得儒家的真髓，就不可不读《中庸》。但文字简炼，比《论》《孟》要难读，朱熹的《集注》，自然是最精纯的。但要使人人都能读，又必须加以白话的《广解》。这是一篇前后贯串的文章，只能划为几个段落，其大要如下：

（甲）论性的意义。性是中国和印度特有的名词，而为万有的本体。要如何而能率性，又必先明性的意义。

（乙）论知道与行难。“道”之一字，是儒家所标举的总纲，自然是难知难行的。但古人中非无知道行道的人，可为后人取法。

（丙）论道与诚的关系。它以为惟“诚”然后能进于道，“诚”是进道之门。

（丁）论圣人之道。古圣人之知道行道者，处己接物，以及治国平天下，都能彰其妙用。

其实这些都是入世的方法，不是怎样绝特的行为。换句话说，《中庸》就是合于人类生活的正当行为，而为人人能够做到，人人应该做到的。

中庸读本

《中庸》本《小戴礼记》中之一篇。《汉书·艺文志·六艺略》有《中庸说》,《隋书·经籍志·经部》有梁武帝《中庸讲义》，则此篇之另出单行，当在《大学》之前。宋儒始特加提倡。程颐谓此篇乃孔门传授心法，善读者玩索有得，终身用之有不能尽者。朱子作《中庸章句》，乃与《大学》、《论语》、《孟子》并列为四书。按《中庸》为子思所作，见于《史记·孔子世家》及孔颖达《礼记正义》引郑玄《目录》。子思名伋，孔子之孙，曾子之弟子。《汉书·艺文志·诸子略》儒家有《子思子》，梁沈约谓《小戴礼记》中之《中庸》《表记》《坊记》《缁衣》，皆取于《子思子》(见《隋书·音乐志》引)。今《子思子》已亡，本篇是否取自此书，固不可考，但为子思所作，则自来学者都无异辞。惟清人崔谓《中庸》必出《孟子》后；彭枚谓《论》《孟》言山均称泰山，而《中庸》称华岳，疑出于西京儒生依托，独对《中庸》者发生疑问。篇名《中庸》者：郑玄《目录》说："名曰《中庸》者，以其记中和之为用也。庸，用也。"本篇"君子中庸"句，郑玄注说："庸，常也。用中为常道也。"朱子《中庸章句》题下注说："中者，不偏不倚，无过不及之名。庸，平常也。"又引程颐说："不偏之谓中，不易之谓庸。中者，天下之正道，庸者，天下之定理。"似乎郑玄、朱子，对于"庸"字，各有两种解释。其实，非常之理，决不可常常用它，可以常用的，就是这看似平常的中道。"用也"、"平常也"、"常道也"、"不易之定理也"，这几种训解，本来是可以相通的。本篇为儒家人生哲学的名著，论心性多精语，宋明理学家都奉为先儒的心传，而所谓“中庸之道”，实足以支配我国数千年来之民族思想，所以到现代仍有研究的价值。

中庸

天命之谓性，率性之谓道，修道之谓教。道也者，不可须臾离也；可离，非道也。是故君子戒慎乎其所不睹，恐惧乎其所不闻。莫见乎隐，莫显乎微，故君子慎其独也。

天命，是说由天所命。性，指人的本性。人的本性，由于天之所命。其所谓天，即是“自然”。性不是造作的，乃是自然生成的，所以说：“天命之谓性。”《荀子·正名》篇说：“性者，天之就也。”《性恶》篇说：“不可学不可事而在天者，谓之性；可学而能，可事而成之在人者，谓之伪。(“伪”是“人为”的意思。)王充《论衡·初禀》篇也说：“性，生而然者也。”古代学者，对于性的善恶虽见解不同，但以性为先天生成的这一点，则无异议。“天命之谓性”，也是这个意思。率，是遵循的意思。孟子的性善说出于子思。本篇说“率性之谓道”，就是性善说的本意。性命自天，率性为道，故董仲舒说：“道之大原出于天。”性是人性，道即人道；圣人以礼乐刑政之属为教于天下，亦无非是率循人性，修明人道而已。这三句，是一书的总纲，也就是程子所说的“始言一理”。

须臾，就是“一息”，指极短的时间而言。既然是人道，便是一息不可离开的。倘若可离开，那就不是人道了。所以说：“道也者，不可须臾离也；可离，非道也。”

戒慎，就是警戒谨慎之意。恐惧，就是担心之意。是说君子对于做人的道理，虽无人目睹，也要警戒着，谨慎着；无人耳闻，也要恐惧着，担心着。暗得看不见的地方叫“隐”，细得看不见的物事叫“微”。暗得看不见的地方，却是最显露的；细得看不见的物事，却是最显著的。这就是《大学》所说的“诚于中，必形于外”，“人之视己，如见其肺肝然”，看似隐微，实则不啻“十目所视，十手所指，所以君子必须慎独，虽独居也不敢须臾离道。

喜怒哀乐之未发，谓之中；法而皆中节，谓之和。中也者，天下之大本也；和也者，天下之达道也。致中和，天地位焉，万物育焉。

中节之中，去声。喜怒哀乐是人人都有的情感，但当喜怒哀乐的情感未发动的时候，此心寂然不动，故无过不及的弊病，这就叫做“中”。如果情感发了出来，也能无过无不及，恰中其节，这就叫做“和”。中，是天下事事物物的大本；和，则天下都可通行，所以说是“达道”。天地的运行，万物的化生长养，循着这“中和”二字的原则。人如能把中和之道推而及之，则可以与天道同功，所以说：“致中和，天地位焉，万物育焉。”这是儒家天人合一的哲学，以现代语释之，就是把“宇宙观”和“人生观”打成一片，以“宇宙论”为人生哲学的基本。

上面两段，朱子以为是第一章。又说：“子思述所传之意以立言。首明道之本原出于天而不可易，其实体备于己而不可离（指“天命之谓性”至“可离，非道也”），次言存养省察之要（指戒惧、慎独数句），终言圣神功化之极（指“天地位万物育”数句）。盖欲学者于此，反求诸身而自得之，以去夫外诱之私，而充其本然之善；杨氏所谓‘一篇之体要’是也。其下十章，盖子思引夫子之言，以终此章之义。”

[问题]

（一）《中庸》本何书之一篇？何人始定为《四书》之一？
（二）《中庸》何人所作？见于何书？以“中庸”名篇，其意义如何？
（三）何谓“性”？何谓“道”？何谓“教”？
（四）君子何以须“慎独”？

（五）何谓“中”？何谓“和”？

仲尼曰：“君子中庸，小人反中庸。君子之中庸也，君子而时中；小人之（反）中庸也，小人而无忌惮也。”

陆德明《经典释文》说王肃本作“小人之反中庸也”。《十三经注疏》本《礼记·中庸》篇无“反”字。程子、朱子均以为当有反字。君子能用中和之道，所以说“君子中庸”。小人不能用中和之道，事事和君子的行为相反，所以说“小人反中庸”。俞樾《群经平议》说，两“而”字皆当作“能”字解。（古书“而”、“能”二字常通用，例如，《战国策》“而解此环不？”就是“能解此环否？”）时代不同，则其所谓“中”者亦异。时中，就是随时而处其中，无过不及。无忌惮，就是无所禁忌，胆大妄为，所以反乎中庸。按：无忌惮之小人，虽事事反于中庸，而悍然自以为中庸，故“反”字不加亦可通。谢良佐《上蔡语录》、倪思《中庸讲义》都如此说。

上面一段，朱子以为是第二章。

子曰：“中庸其至矣乎！民鲜能久矣！”

《论语·雍也》篇子曰：“中庸之为德也，其至矣乎，民鲜久矣！”此处所引，即《论语》所记。鲜，上声，少也。

上面两句，朱子以为是第三章。

子曰：“道之不行也，我知之矣。知者过之，愚者不及也。道之不明也，我知之矣。贤者过之，不肖者不及也。人莫不饮食也，鲜能知味也。”

知，同智。鲜，上声。道，是做人之道，指“中庸”而言。聪明的人，以为中庸之道，太平常而不肯行；愚笨的人，智力有所不及，又不能行中庸之道：所以道不行了。贤德的人，以为中庸的道理太平常，不必加以阐明；不肖的人，又不求了解其意义：所以道不明了。但是中庸为人人所共由之道，不可须臾离，如人的饮食一般，故又以饮食为喻。虽然没一个人不饮食，但能真正知味的却很少呢！按《四书辨疑》说此段“行”、“明”二字当互易。因为“知”、“愚”就“知”言，“贤”、“不肖”就“行”言；二字互易，意更明白。司马光《与王安石书》全引此段，正“行”、“明”二字互易。王安石《书李文公集后》、苏轼《中庸论》皆引此文，作“道之不行，我知之矣；贤者过之，不肖者不及也”。

上面一段，朱子以为是第四章。

子曰：“道其不行矣夫！”

夫，音扶，与今语所用的“吧”字同。

上面一句，朱子以为是第五章。

子曰：“舜其大知也与！舜好问而好察迩言，隐恶而扬善。执其两端，用其中于民。其斯以为舜乎！”

知，同智。与，同欤。好，去声。“舜其大知也与”，是孔子叹美舜的话。迩言，就是浅近平凡之言，或左右亲近之言；在平常人，不是忽视他，就先入易中而为他所蔽；舜则必细察之。好问，就是《论语》所说的“不耻下问”、“以能问于不能，以多问于寡”；察迩言，含有《诗经》“询于刍荛”和《孟子》“善矢嗐”的两层意思。既问之，既察之，又隐其恶而扬其善；其有过或不及，则执其两端，折衷而用之，以求合乎中庸之道。舜之所以为舜，舜之所以为大智，就是因此。孟子说舜“取诸人以为善”，也是指此而言。

上面一段，朱子以为是第六章。

子曰：“人皆曰‘予知’，驱而纳诸罟擭陷阱之中而莫之知辟也。人皆曰‘予知’，择乎中庸而不能期月守也。”

予知之知，同智。罟，音古。擭，音画。罟，是捕鱼鸟的网；擭，是捕兽的机槛；陷阱，是捕兽的陷坑。辟，同避。期，音基；期月，匝月。人人都说自己聪明，而被人驱入罟擭陷阱之中，却不晓得避免；人人都说自己聪明，而自己所选的中庸之道，竟守不到一个月之久；这样，还能说自己是个聪明人吗？前二句是宾，后二句是主。

上面一段，朱子以为是第七章。

子曰：“回之为人也，择乎中庸，得一善，则拳拳服膺而弗失之矣。”

回，孔子弟子颜回，字渊。拳拳，奉持弗失的样子。服膺，存在心中。上章孔子叹一般人不能常守中庸之道；此章却举出弟子颜渊的做人，择乎中庸之道，得了一句善言，一件善行，就能奉持弗失，常常记在心里。

上面一段，朱子以为是第八章。

子曰：“天下国家可均也，爵禄可辞也，白刃可蹈也，中庸不可能也。”

均，作平治解。天下国家虽大，也有方法可以平治；高爵厚禄虽可恋，也不难辞掉；白晃晃的刀虽可怕，也可以有冲上去的时候；只有那中庸之道，却是不容易做得到的。

上面一段，朱子以为是第九章。

子路问强。子曰：“南方之强与？北方之强与？抑而强与？宽柔以教，不报无道，南方之强也，君子居之。衽金革，死而不厌，北方之强也，而强者居之。故君子和而不流，强哉矫！中立而不倚，强哉矫！国有道，不变塞焉，强哉矫！国无道，至死不变，强哉矫！”

与，同欤。而，同尔。子路，孔子弟子，字仲由，好勇，所以问孔子什么叫做“强”。孔子答道：“你问的是南方人的强呢？北方人的强呢？还是你自己的强呢？”宽柔以教，是说把宽洪大量柔和容忍的道理去教人。不报无道，是说即使人家以无道待我，我也不怀报复之心。这是“南方之强”。衽，作带着解。金革，就是刀枪甲胄之类，是说着了甲胄，带了刀枪，和人去作战，即使死了也不以为厌恨，这是“北方之强”。南方之强，是君子所居；北方之强，则是你们强者所居。强哉矫，是形容强者武勇的神气。和而不流，是说以和待人却不为流俗所移。中立而不倚，是说守中庸之道，而无所偏倚。就是“穷”，指未达之时而言。国有道，则虽达而在上，仍不变其未达时之所守；这就是孟子所谓“富贵不能淫”。国无道，则虽困穷危险，甚而至于死亡，宁可杀身成仁，舍生取义，亦不变其平生之所守；这就是孟子所谓“贫贱不能移，威武不能屈”。这才可说是君子之强。

上面一段，朱子以为是第十章。

子曰：“素隐行怪，后世有述焉，吾弗为之矣。君子遵道而行，半途而废，吾弗能已矣。君子依乎中庸，遁世不见知而不悔，唯圣者能之。”

朱子注：“素，按《汉书》当作索，盖字之误也。”按：《汉书·艺文·志方技略》引此“素”作“索”，颜师古注，以“求索隐暗”释之。故朱注又说：“素隐行怪，谓深求隐僻之理，而过为诡异之行也。”索隐，是好为非常之行，就是上文的“知者过之”；行怪，是好为非常之行，就是上文的“贤者过之”。倪思《中庸集义》则不以朱子的改“素”字为“索”字为然。他说，“素”即是平素、素常之意，与下文“素其位而行”之“素”字同义。素隐是以隐居为素常。则“素隐行怪”，正指老庄派之退隐曲全，宁为曳尾之龟，断尾之鸡，陈仲子之食李三咽、食鹅一哇之类。后世虽亦有称述之者，我却是不做的。还有些君子，本是遵着中庸之道而行，做到半路，又自己废弃了。我却不能这样的随意废止的。总之，“素隐行怪”的是太过，“半途而废”的是不及。君子则始终依着中庸之道做去，虽因此而不为世用，遁迹山林，无人知我，也不悔恨。这只有圣人做得到啊！

上面一段，朱子以为是第十一章。

又说："子思所引夫子之言，以明首章之义者，止此。盖此篇大旨，以智仁勇，三达德为入道之门，故于篇首，即以大舜、颜渊、子路之事明之。舜，知也；颜渊，仁也；子路，勇也。三者废其一，则无以造道而成德矣。"总之以上数章，都在反复说明中庸的难能可贵。

[问题]

（一）何谓"时中"？
（二）中庸之道，何以不行不明？
（三）舜何以能成为"大知"？
（四）君子之强如何？
（五）何谓"素隐行怪"？

君子之道，费而隐。夫妇之愚，可以与知焉；及其至也，虽圣人亦有所不知焉。夫妇之不肖，可以能行焉；及其至也，虽圣人亦有所不能焉。天地之大也，人犹有所憾。故君子语大，天下莫能载焉；语小，天下莫能破焉。《诗》云："鸢飞戾天，鱼跃于渊。"言其上下察也。君子之道，造端乎夫妇；及其至也，察乎天地。

与，去声，参预也。朱子说："费，用之广也。隐，体之微也。"君子之道，其用很广大，而其体则极微妙。就其大体而论，则一般愚夫愚妇都能预闻知道。至于精微深妙之处，虽圣人也有所不知。就其一端而论，一般愚夫愚妇能够做的，如要做到精微深妙之处，则虽圣人也有所不能！"天地之大，人犹有所憾"者，如雨旸寒暑不时之类。道则至大无外，故天下莫能载；至小无内，故天下莫能破；一般人如何能完全知道，完全履行呢？所引《诗经》见《大雅·旱麓》篇。王引之说："《广雅》云：'察，至也。此引《诗》以明君子之道之大，上至于天，下至于地也。"（见《经义述闻》）《管子内业》篇"上察于天，下极于地"。"察"字亦作"至"字解。道之初步，夫妇可以与知，可以能行，故曰：“造端乎夫妇。”及其至极，则上至于天，下至于地，故曰：“察乎天地。”

上面一段，朱子以为是第十二章。是子思之言，申明首章道不可离之意。

子曰：“道不远人。人之为道而远人，不可以为道。《诗》云：‘伐柯伐柯，其则不远。’执柯以伐柯，睨而视之，犹以为远。故君子以人治人，改而止。”

上面说过：“率性之谓道。”道即是人道，在日常生活之中，而不可须臾离者，故曰：“道不远人。”若人之为道而远于人生，远于人情，便不是人道了。所引《诗经》，见《豳风·伐柯》篇。柯，就是斧柄。则，作法则榜样解。睨，是斜着眼看。伐柯，是欲木头作斧柄。执着斧柄，去砍木头，这木头，也是拿来做斧柄的。我们如果要晓得所砍木头的长短粗细，只要看他手里执着的斧柄怎样就好了。现在砍木头的人，不看手里的斧柄，却斜着眼睛去看别的地方，要找斧柄的样子，岂不是大笑话吗？故君子以人治人，能改即止。其所以治人者，都是一般人所与知而能行的。这就是张载所说“以众人望人则易从”的意思。

“忠恕违道不远，施诸己而不愿，亦勿施于人。”

《论语》曾子说：“夫子之道，忠恕而已矣。”就是“忠恕违道不远”的意思。朱注说：“尽己之心为忠，推己及人为恕。”忠就积极方面说，恕就消极方面说，其实是一贯的。《论语》所说“己欲立而立人，己欲达而达人”是“忠”；“我不欲人之加诸我也，我亦欲无加诸人”，是“恕”。《大学》所说“老吾老以及人之老，幼吾幼以及人之幼”是“忠”；“所恶于上，无以使下，所恶于下，无以事上……”，是“恕”。所谓“忠恕”，就是《大学》的“絜矩之道”。上文所说的“以人治人”，亦就是“忠恕”而已。

“君子之道四，丘未能一焉：所求乎子以事父，未能也；所求乎臣以事君，未能也；所求乎弟以事兄，未能也；所求乎朋友先施之，未能也。庸德之行，庸言之谨；有所不足，不敢不勉；有馀不敢尽。言顾行，行顾言，君子胡不慥慥尔！”

丘，孔子的名。以所求乎子者事父，以所求乎臣者事君，以所求乎弟者事兄，以所求乎朋友者先施之于朋友；这四者都是“君子之道”。《大学》论“絜矩之道”一节，是就消极方面说；此节论“君子之道”，则就积极方面说；可以互相发明。自已说未能做到一样，是他老先生自谦的话。孔子又说：我只是实践平常的道德，谨守平常的言论。行为方面，自己觉得欠缺的，不敢不勉励；言论方面，虽然自觉有馀，却不敢尽言。这就是《论语》所说“欲讷于言而敏于行”，“言之不出，耻躬之不逮”的意思。《广雅》：“慥，言行急也。”慥慥，犹蹙蹙。汲汲，黾勉不敢缓之意（王引之《经义述闻》说）。因为言要顾到行，故不可不谨；行要顾到言，故不敢不勉。君子怎么不汲汲地自勉呢？朱子说：“慥慥，笃实貌。言‘君子之言行如此，岂不慥慥乎’赞美之也。”义亦可通。

上面三段，朱子以为是第十三章。

君子素其位而行，不愿乎其外。素富贵，行乎富贵；素贫贱，行乎贫贱；素夷狄，行乎夷狄；素患难，行乎患难。君子无入而不自得焉。

素，是“现在”的意思。君子做人，在怎样的地位，就怎样做法，不希望做地位以外的事。在富贵的地位，就照富贵地位去做人；在贫贱的地位，就照贫贱地位去做人；就是在夷狄的地位，也就照夷狄的地位去做人；在患难的地位，也照患难的地位去做人。君子不论在什么地位，都是随遇而安，悠然自得，不作非分之望，所以能“无入而不自得焉”。

在上位，不陵下；在下位，不援上。正己而不求于人，则无怨。上不怨天，下不尤人。故君子居易以俟命，小人行险以徼幸。子曰：“射有似乎君子，失诸正鹄，反求诸其身。”

此段是作《中庸》的人所加的话。在上等的地位，不欺凌下面的人；在下面的地位，不攀援上面的人。一个人只要自己规规矩矩地做去，一概不求人，自然没有什么怨望，上不致怨天，下不致尤人了。君子素其位而行，不愿乎其外，无入而不自得，故能安心居于平易的地位，以待天命的到来。小人却要冒险钻营，妄求富贵，希望幸而偶然得到也。徼，平声，求也。幸，是不当得而偶然得之者。末了又引孔子的话以譬喻明之。古代射时所张的箭靶，叫做"侯"。侯之中，缝上一块皮，叫做"鹄"。鹄之中，画着一个中心，叫做"正"。"失诸正鹄"，就是射不着侯中的正鹄。射不着正鹄，不怨别的，只是反求诸己，怨自己的身子不正而已。这一点，却有似乎君子做人之道。

上面的两段，朱子以为是第十四章。

君子之道，辟如行远必自迩，辟如登高必自卑。《诗》曰："妻子好合，如鼓瑟琴。兄弟既翕，和乐且耽。宜尔室家，乐尔妻孥。"子曰："父母其顺矣乎！"

辟如，和"譬如"相同。迩，作近解，和远字相对。卑，作低解，和高字相对。"行远自迩，登高自卑"，就是上文"造端乎夫妇"，《大学》"治国必先齐家"，《诗经》"刑于寡妻，至于兄弟，以御于家邦"的意思。故本段全就家庭方面说。所引《诗经》见《小雅·常棣》篇。"如鼓瑟琴"，是以瑟琴喻其和谐。翕，就是合。乐，音洛，也是耽欢乐的意思。妻孥，就是妻子。妻子和好，兄弟投合，室家一定很相宜，妻子一定很欢乐了。孔子读了这《诗》便叹道："果然能够这样，他的父母，一定也很乐意了啊！"

上面一段，朱子以为是第十五章。

子曰："鬼神之为德，其盛矣乎！视之而弗见，听之而弗闻，体物而不可遗。使天下之人，齐明盛服，以承祭祀，洋洋乎如在其上，如在其左右。《诗》曰：'神之格思，不可度思，矧可射思！'夫微之显，诚之不可揜如此夫！”

鬼神，视之弗见，听之弗闻，但又无乎不在，为物之体，而物所不能遗。齐，同斋字，就是斋戒。明，作洁净解。鬼神能使天下之人，都斋戒沐浴，整齐衣冠以奉承祭祀；祭祀的时候，又像鬼神在他之上，在他之左右，无不充满着流动着。所引《诗经》，见《大雅·抑》篇。格，作来字解。思，语助辞。度，入声。矧，作况字解。射，音亦，作厌怠不敬解，《诗经》作“斁”。鬼神来享受祭祀，无形无声，不可意度，又何况厌怠不敬呢！夫，音扶。揜，同掩。此段是以鬼神喻道，并非专论鬼神。视之弗见，听之弗闻，就是所谓“隐”。如在其上，如在其左右，体物不遗，无乎不在，就是所谓“费”。《老子》状道，尝说：“视之不见名曰夷，听之不闻名曰希，搏之不得名曰微”，“无状之状，无物之物，是谓恍惚”，“惚兮恍兮，其中有象；恍兮惚兮，其中有物；窈兮冥兮，其中有精”，“周行而不殆，可为天下母”，也是同一说法。所以末二句说：所谓道者，其微之显，诚之不可揜，也如此吧！“此”字就指上文所说的“鬼神之德”。

上面一段，朱子以为是第十六章。

按以上五章，旨在说明君子之道，用费体隐，而又不远乎人，仍是申明首章之意。

[问题]

（一）何谓“费而隐”？

（二）何谓“道不远人”？

（三）何谓“忠恕”？

（四）何谓“素其位而行，不愿乎其外”？

（五）此处何以忽插入论鬼神一段？

子曰：“舜其大孝也与！德为圣人，尊为天子，富有四海之内，宗庙飨之，子孙保之。故大德，必得其位，必得其禄，必得其名，必得其寿。故天之生物，必因其材而笃焉。故栽者培之，倾者覆之。”

与，同欤。孔子说：“像舜这样真是个大孝的人吧！论他的道德，已至圣人之境；论他的地位，已是天子之贵；论他的富，已有四海之大；死了之后，世世受宗庙的祭飨；他的子孙，又世世代代能保守着。由此可见，有大德的圣人，必得尊位，必得大禄，必得高名，必得大寿。因为天之生人物，必因其材质而加厚之。如同树木一样，可栽植之材，必加以培溉；将倾倒之树，始因而斫伐。”

“《诗》云：‘嘉乐君子，宪宪令德。宜民宜人，受禄于天。保佑命之。自天申之。’故大德者必受命。”

乐，音洛。所引《诗经》见《大雅·假乐》篇。嘉，作善字解，《诗经》作“假”。宪宪，兴盛的样子，《诗经》作“显显”。令德，就是美德。“宜民宜人”，说宜于治理人民。“受禄于天”，说受天禄，作天子。“保佑命之”，说天必保佑他，命他为天子。申，就是重；说天重申其命。孔子既引《诗经》，又加以断语道：“所以有大德的人，必受天命。这就是《孟子》所说“古之人修其天爵而人爵从之”的意思。

上面两段，朱子以为是第十七章。

子曰：“无忧者，其惟文王乎！以王季为父，以武王为子；父作之，子述之。武王缵大王、王季、文王之绪，壹戎衣而有天下，身不失天下之显名，尊为天子，富有四海之内，宗庙飨之，子孙保之。

文王，姬姓，名昌，殷之诸侯，为西伯。王季名季历，文王父。武王名发，文王子，灭纣而为天子。王季、文王、武王三代，父亲创业，儿子继志述事。缵便是继承，绪就是功业。大，同太，大王，即《诗经》之古公亶父，王季之父。“壹戎衣”而有天下，说武王一着戎服，他用兵伐纣，便得了天下。按：朱子说“壹戎衣”见《尚书·武成》篇。但《今文尚书》无《武成》。“壹戎衣”即《康诰》

之“壹戎殷”。郑玄注本篇说，衣，读如殷。因为古依字作身，殷字亦从启声。壹，同殪，是诛灭之意。戎，作大解。“壹戎殷”就是灭大殷。这是陈乔枞《礼记郑读考》的解法，附录于此。

“武王末受命，周公成文、武之德，追王大王、王季，上祀先公以天子之礼。斯礼也，达乎诸侯、大夫及士、庶人。父为大夫，子为士，葬以大夫，祭以士；父为士，子为大夫，葬以士，祭以大夫。期之丧，达乎大夫。三年之丧，达乎天子。父母之丧，无贵贱，一也。”

期，音基，是周年的意思。末，年老的意思。说武王末年方受命为天子。周公名旦，武王弟，相成王，继承文王、武王之德业。追王，就是追溯上去，把先代加了王号。太王、王季、文王的王号，是周公所追加的。先公，是说太王以前的祖宗。斯礼，指以天子之礼祭祀以前的祖宗。从天子到诸侯、大夫及士与百姓，都照这个礼做。所以葬时用死者的爵位行礼，祭时则用其子的爵位行礼。旁系亲属的期年之丧，只到大夫为止，天子、诸侯，可以降服。直系亲属的三年之丧，则天子也须遵守。至于父母之丧，则毫无贵贱的分别了。按三年之丧，不尽为父母之丧；嫡孙承重为祖父母，继立者为先君，天子为后，也都是三年服。故与父母之丧分别而言。详见王夫之《四书稗疏》。

上面两段，朱子以为是第十八章。

子曰：“武王、周公，其达孝矣乎！夫孝者，善继人之志，善述人之事者也。春秋，修其祖庙，陈其宗器，设其裳衣，荐其时食。”

达，作通字解。“达孝”，犹《孟子》所谓“达尊”；天下之人通谓之孝，故曰达孝。夫，音扶。喜继志，善述事，指上文武王缵绪、周公成德而言。祖庙，祖宗神位所在的庙；宗器，为先世重要的祭器。裳衣，是祖先穿过的衣服。时食，就是四季应时之食物。荐，祭祀时进献的意思。这是由武王、周公善继志善述事，说到祭祀，也是子孙不忘先人的意思。

“宗庙之礼，所以序昭穆也。序爵，所以辨贵贱也。序事，所以辨贤也。旅酬下为上，所以逮贱也。燕毛，所以序齿也。”

宗庙里的神位，左边称“昭”，右边称“穆”，行礼于宗庙，子孙亦以为序。序爵，以官爵的大小为序，所以辨别贵贱。事，是宗庙中行礼时的职事，分别才能，使各司一职，所以说“辨贤”。旅酬，是众人同饮酒的意思。逮，作及字解。按《礼记·郊特牲》、《仪礼·特牲馈食礼》，均说使宾弟子、兄弟之子各举觯于其长，这便是“旅酬”。“下”及“贱”，即指弟子等而言。皆得举觯，是下为上所酬，是普及于贱者了。燕，同饮宴的宴。毛，同耄，老也。宴老人，以年齿为序。这一节所说，都是宗庙祭祀宴饮的礼节。

“践其位，行其礼，奏其乐，敬其所尊，爱其所亲；事死如事生，事亡如事存，孝之至也。”

其，指祖先而言。践，履也，登也。登先祖之位，行祖先之礼，奏祖先之乐，敬祖先之所尊，爱祖先之所亲，奉事已死亡的尊亲，如生存时一样。可说是孝之极了。

“郊社之礼，所以事上帝也，宗庙之礼，所以祀乎其先也。明乎郊社之礼，禘尝之义，治国其如示诸掌乎！”

郊，是祭天；社，是祭地；祭天地，就是奉事上帝。宗庙里所供的是祖先，宗庙之礼，就是祭祀祖先。禘，是天子在宗庙中最重要的大祭。尝，是每年秋天所行的常祭，如同今人的做七月半。《论语·八佾》篇：“或问禘之说。子曰：‘不知也。知其说者之于天下也其如示诸斯乎！’指其掌。”与本节同义。天地是人之本，祖先是生之本，祭祀天地祖先，同是不忘本，同是一种敬鬼神的诚意。故因孝而述及祭祀祖先，又述及祭祀天地。古代以政治宗教合一，儒家尤重祭祀。祭祀时人人都恭敬诚虔，如有鬼神在上监察一般，为非作恶的念头，自然没有了。这是圣人神道设教的本意，可以通于治国。

上面四段，朱子以为是第十九章。

[问题]

(一)何谓“因材而笃”?

(二)何谓“继志”、“述事”?

(三)古代祭祀与政治关系如何?

哀公问政。子曰:“文武之政,布在方策。其人存,则其政举。其人亡,则其政息。人道敏政,地道敏树。夫政也者,蒲卢也。”

哀公是鲁国的国君,名蒋。方,就是木板。策,就是竹筒编成的册子。古时用木版竹筒代纸。方策,即指书籍而言。这是说文王、武王所施行的政事,都载在书籍上面。文王、武王存在的时候,一切政事都能举行。文王、武王死了,他们的政事,也就息灭了。这是儒家主张“人治”的说法。敏,是快的意思。夫,音扶。蒲卢是一种容易生长的植物。人道莫敏于政治,地道莫敏于树植。蒲卢更是容易生长的,故以为政治易见成效之喻。

“故为政在人,取人以身,修身以道,修道以仁。仁者,人也,亲亲为大。义者,宜也,尊贤为大。亲亲之杀,尊贤之等,礼所生也。”

人存政举,人亡政息,故曰:“为政在人。”应该怎样地取人呢?先要看他的本身,能不能修。何以修身?曰道。何以修道?曰仁。《孟子·尽心》篇说:“仁也者,人也。”《礼记·表记》篇说:“仁者,人也。”仁,从二从人,为人相偶之道,故古书多以“人”释“仁”。这就是说仁是做人的根本原则。《论语·学而》有子说:“孝弟也者,其为仁之本与?”《孟子·尽心》篇说:“仁之实,事亲是也。”又说:“亲亲,仁也。”儒家言仁,由亲及疏,故以“亲亲”为本。《法言·重黎》篇也说:“事得其宜之为义。”以“宜”训“义”,取其音义都近。亲亲是由于情感,尊贤是由于理智,故义以尊贤为大。杀,音所界切,作等差解。先由最亲的人,以推之于次亲的人,再由次亲的人,以推之于疏远的人,一等一等地推去,叫做“亲亲之杀”。贤者也有等级:最贤者,最宜尊敬,依次推去,叫做“尊贤之等”。“亲亲之杀,尊贤之等”,是礼所由产生的。

“在下位，不获乎上，民不可得而治矣。”

这三句，郑玄注应属于下，此处误重，应删。

“故君子不可以不修身。思修身，不可以不事亲；思事亲，不可以不知人；思知人，不可以不知天。”

这是承上文说的。君子要治国，便“不可以不修身”。“修身以道，修道以仁”，而仁以“亲亲为大”，故“思修身，不可以不事亲”。想以孝事亲，必须知尊贤之义，庶几取友必端，可以辅仁，故“不可以不知人”。人之性，命自天，大道即天理，知人须先知自然之理，故“不可以不知天”。

“天下之达道五，所以行之者三：曰君臣也，父子也，夫妇也，昆弟也，朋友之交也。五者，天下之达道也。知、仁、勇三者，天下之达德也，所以行之者一也。”

达道，就是人人共由之路。人与人的关系，无非是君臣、父子、夫妇、兄弟、朋友五种。（现在政体共和，似已无所谓君臣。其实，人民对于一国的领袖，一个机关中的职员对于主管者，仍有广义的君臣关系。）达德，就是人人应有的德性。知，同智。智慧、仁爱、勇敢，是知、情、意三种心理作用修养到极处的名称，是到处要用到最重要的德性。朱子说“所以行之者一也”的“一”是“诚”。按何孟春订注的《孔子家语》“一也”之下，有“一者，诚也”句，正与朱子相合。王引之《经义述闻》说“一”是衍文。“所以行之者也”，正与上文“所以行之者三”相应，不当有“一”字，此因下文“所以行之者一也”句而衍。《史记·平津侯主父列传》“智、仁、勇，此三者，天下之通德，所以行之者也。”《汉书·公孙弘传》“仁、智、勇三者，所以行之者也。”皆无“一”字。郑玄《礼记注》于下文“所以行之者一也”句注：“一，谓当豫也。”于此句不释“一”字，则郑注本无“一”字可知。理由也很充分。

“或生而知之，或学而知之，或困而知之，及其知之一也。或安而行之，或利而行之，或勉强而行之，及其成功一也。”

上智的人，不待教训学习，自然能知晓；次一等的，须教训学习，才能知晓；再次一等的，一时学不会，必须苦苦地学习，才得知晓。所以就资质说，人可分为三等。三等人虽有高下之别，但到既明晓之后，还是一样的。至于就实践说：有的人安然自得地去做，有的人以为有利才去做，有的人是勉强着做的。这三等人，做时虽各不同，但到成功之后，还是一样的。

子曰：“好学近乎知，力行近乎仁，知耻近乎勇。”

“近乎知”的“知”，同智。此节“子曰”二字，朱子以为是衍文。《中庸或问》说《孔子家语》“成功一也”之下，还有哀公的说话，所以其下又用“子曰”。今无哀公的问说，而尚有“子曰”二字，所以是衍文。按《孔子家语》是王肃所造的伪书。朱子据《家语》以议《中庸》，怕不妥当。翟灏《四书考异》说“按《汉书·公孙弘传》，此间有‘故曰’二字；‘子’字或是‘故’字之误。”孔子的意思是说好学虽非“知”，但能求知，即可以破愚，故“近乎知”。力行虽非仁，但能求仁，即足以忘私，故“近乎仁”。知耻虽非勇，但能知耻，即可以弃懦，故“近乎勇”。

“知斯三者，则知所以修身；知所以修身，则知所以治人；知所以治人，则知所以治天下国家矣。”

斯三者，指好学、力行、知耻。修身无非是修养智、仁、勇三达德，所以说：“如斯三者，则知所以修身。”修身、齐家、治国、平天下，本是一贯的，所以说：“知修身则知所以治人；知治人，则知所以治天下国家矣。”

“凡为天下国家有九经，曰：修身也，尊贤也，亲亲也，敬大臣也，体群臣也，子庶民也，来百工也，柔远人也，怀诸侯也。”

为，就是治理的意思。九经，就是九项大纲。体，就是体恤，朱子所谓“设身处地以察其心”。子庶民，就是爱民如子。来，就是《孟子》“劳之来之”之“来”，字亦作“勑”，是劝勉的意思。（此王引之《经义述闻》说，与下文“所以劝百工也”正相应）朱注说：“柔远人，所谓‘无忘宾旅’者也。”远人，指远方之人。《论语》说的“近者悦，远者来”，《孟子》说的“天下之旅皆悦而愿出于其途”，就是“柔远人”的效果。

“修身则道立，尊贤则不惑，亲亲则诸父昆弟不怨，敬大臣则不眩，体群臣则士之报礼重，子庶民则百姓劝，来百工则财用足，柔远人则四方归之，怀诸侯则天下畏之。”

上文说“修身以道”，故“修身则道立”。尊贤，则事理明，自然进道而不会惑乱了；敬大臣，则信任专，自然临事而不昏眩了。体恤群臣，则才能之士，皆思感恩图报，而知所以尊敬君上了。爱民如子，百姓必为之感动，互相劝勉，以事其上了。劝勉百工，使之制器造物，则生之者众，为之者疾，财用自然充足了。柔远人，则四方之人，自然都来归附了。怀诸侯，则天下各国，都畏服来朝了。这都是说九经的效验。

“齐明盛服，非礼不动，所以修身也。去谗远色，贱货而贵德，所以劝贤也。尊其位，重其禄，同其好恶，所以劝亲亲也。官盛任使，所以劝大臣也。忠信重禄，所以劝士也。时使薄敛，所以劝百姓也。日省月试，既禀称事，所以劝百工也。送往迎来，嘉善而矜不能，所以柔远人也。继绝世，举废国，治乱持危，朝聘以时，厚往而薄来，所以怀诸侯也。凡为天下国家有九经，所以行之者一也。”

上面说九经的效验，这段说施行九经的方法。齐，同斋，斋戒的意思。明，是洁净。盛服，大礼服。谗，是专说人家坏话的谗人。色，指女色。货，就是财货。德，就是道德。劝，是奖励的意思。“尊其位，重其禄”，就是《孟子》所说“亲之欲其贵，爱之欲其富”的意思。好、恶，皆去声。古代同姓贵族，为一国重望所系，故须

“同其好恶”。劝亲亲，是以“亲亲”为天下倡。官盛任使，是说大臣当使属员盛多，听其任使，这是劝勉大臣的方法。忠信重禄，是说勉士以忠信之行，又给以重禄，这是劝勉士人的道理。时使，就是《论语》的“使民以时”，使百姓服公役当在农事空闲的时候。薄敛，就是减轻粮税，废除苛捐杂税。这是劝勉百姓的方法。省，是视察；试，是考验。既，同槩，同饩。既禀，是公家发给的粮食。称，去声，是相当的意思。对于百工的工作，当日省月试，视其勤惰上下，为所给既禀多少的标准，这是劝勉百工的方法。远方的人过境，去的送他，来的迎他；有善行的嘉奖他，才能薄弱的矜恤他：这是怀柔远人的道理。诸侯之国，有世系已绝的，使得继续；国事已废的，使得振兴；他们国内若有乱事，当为之治平；若有危险，当为之扶持；朝天子以聘各国，当使之依一定的时期；至于币帛，送来的不妨薄，送去的必须丰厚：这是怀诸侯的方法。以上所说，是治天下国家的九项大纲的办法，所以“所以行之者”却只有个“诚”字。如其不诚，则虽有种种办法，都变成虚文故事了。郑玄注说：“一，谓当豫也。”所当豫者，就是这个“诚”。（齐召南《中庸注疏考证》说）郑、朱二家之意，仍是相通的。

“凡事豫则立，不豫则废。言前定，则不跲；事前定，则不困；行前定，则不疚；道前定，则不穷。”

豫，就是准备的意思。凡百事体，都要先有准备，然后能做得成功。如果没有豫备，必致废败而无所成。跲，音颊，朱注云：“踬也。”踬就是蹶倒的意思。俞樾《群经平议》据张参《五经文字》，说当作“恰”，就是《老子》“将欲傓之”的“傓”字，是闭塞的意思。譬如演说、辩论，必须先把要说的话豫先备好，才不至于理由站不住，也不至格格不吐了。做事也是如此，把步骤豫先定好，方不会感到困难。疚，就是《论语》“内省不疚”的疚，是惭愧悔恨的意思。一切行为，也须豫先加以思考决定，才不会惭愧悔恨，这就是《论语》“行寡悔”的意思。推而至于做人之道，也须豫先定妥，则不致于行不通。凡事有诚心去做，才能豫先准备；如果没有诚心，随随便便地做事，就毫无豫备了。

“在下位，不获乎上，民不可得而治矣。获乎上有道，不信乎朋友，不获乎上矣。信乎朋友有道，不顺乎亲，不信乎朋友矣。顺乎亲有道，反诸身不诚，不顺乎亲矣。诚身有道，不明乎善，不诚乎身矣。

在下位的人，不能获得上面的信任，则百事掣肘，不能治百姓了。要获得上面的信任，必须对朋友先有信用；对朋友没有信用，必不能获得上面的信任的。要对朋友有信用，须先能孝顺自己的双亲；如果双亲尚不能孝顺，就不能使朋友相信了。孝顺双亲，先要反省自己做人是不是诚实；不诚实，则对双亲也都出以虚伪，怎么说得上孝顺呢？要诚实，又必须心中真能明白善恶；对于善恶还不明白，如何能诚实呢？这一段说“明善诚身”为“治民”之本，和《大学》以“致知”、“诚意”为“治平”之本，是同一道理。

“诚者，天之道也。诚之者，人之道也。诚者，不勉而中，不思而得，从容中道，圣人也。诚之者，择善而固执之者也。”

天道运行，真实无妄，至公无私，所以说：“诚者，天之道也。”人既受天命之性以生，自不能违背天道，而求所以“诚之”，所以说：“诚之者，人之道也。”从，七容反。从容，不勉强的意思。圣人自然合于天道，故不必勉强，自能合乎中和。“进而知之”，故不思而得“安而行之”，故从容中道。至于常人，拣定好的行为，坚执着做去了，所谓“择善而固执之”，就是上文所说“择乎中庸，得一善，则拳拳服膺，而弗失之”的意思。按朱注说：“中，并去声。”似两“中”字都作“合”字解。但《答徐彦章书》又说：“‘不勉而中’之中，以未发言，恐未妥。此‘中’字却是发而无过不及之‘中’”。则两“中”字当如本字读平声了。既非“生知”，故须“择善”；不能“安行”，故须“固执”。

“博学之，审问之，慎思之，明辨之，笃行之。有弗学，学之弗能弗措也；有弗问，问之弗知弗措也；有弗思，思之弗得弗措也；有弗辨，辨之弗明弗措也；有弗行，行之弗笃弗措也。人一能之，己百之；人十能之，己千之。果能此道矣，虽愚必明，虽柔必强。”

这一段是承上文“择善固执”而言。怎样择善固执以诚之呢？这要从学问思辨行为上着力了。措，是丢在一边就此作罢的意思。除非不学，既学了，不到学识渊博，决不肯便罢；除非不去问人，既问人，不到完全明白，决不肯便罢；除非不去思想，既思想了，非到想出道理来，决不便罢；除非不去辨别，既辨别了，非到是非得失完全明白，决不便罢；除非不去做，既做了，非到切切实实地做出成绩来，决不便罢。人家学了一遍就会了，我就学它一百遍；人家学十回就会了，我就学它一千回。一个人果然能够这样做，即使是个呆笨的人，也聪明起来了，是个柔弱的人，也刚强起来了。

上面十四段，朱子以为是第二十章。

[问题]

（一）何谓“五达道”“三达德”？
（二）就“知”“行”二方面说，人可以分为几等？
（三）何为治天下国家的“九经”？其效果如何？方法如何？
（四）“明善”“诚身”，何以是“治民”之本？
（五）何谓“诚者”？何谓“诚之者”？
（六）愚者欲明，柔者欲强，应当如何努力？

自诚明，谓之性。自明诚，谓之教。诚则明矣，明则诚矣。

自诚而明，即上文之“不思而得，从容中道”，自然合于天道，这全然是从天性而来的，所以说：“自诚明，谓之性。”自明而诚，即上文之由“明善”而“诚身”，这是从努力于学问思辨而得的，所以说：“自明诚，谓之教。”前者是“生知安行”，从本以沿流；后者是“学知利行”，“困知勉行”，由流以溯源。但到了成功以后，还是一样的，所以说：“诚则明矣，明则诚矣。”

上面一段，朱子以为是第二十一章。

唯天下至诚，为能尽其性；能尽其性，则能尽人之性；能尽人之性，则能尽物之性；能尽物之性，则可以赞天地之化育；可以赞天地之化育，则可以与天地参矣。

人之性，命自天，而诚是天道，故惟至诚的圣人，才能尽自己的性。人和人，所命于天的性都是一样的；所以说："能尽其性，则能尽人之性。"更推而广之，则"能尽人之性"者，亦"能尽物之性"了。天地间森罗万象，无非是物；既能尽物之性，则我与天地合一，"可以赞天地之化育"了。可以赞天地之化育，则可以与天地并立了。这就是首章"致中和，天地位焉，万物育焉"的意思。张载《西铭》说的"乾父坤母，民胞物与"；陆象山说的"宇宙便是吾心，吾心即是宇宙"，也是这个道理。这是儒家最伟大的哲学理想。

上面一段，朱子以为是第二十二章。

其次致曲，曲能有诚，诚则形，形则著，著则明，明则动，动则变，变则化，唯天下至诚为能化。

上段说的是圣人，这里说的是贤人。其次，是次于圣人一等的意思。曲，指细微的偏于一方面事情。致，作用心去做，一点不放松的意思。细微的一方面的事，都能做到诚的地步，则"诚于中，必形于外"，所以说："诚则形，形则著，著则明。""明则动"是说能感动众人。"动则变，变则化"两句，是说感动众人之后，全社会、全人类自能改变恶习，化成善俗了。这些都是由至诚而来的，所以说："唯天下至诚为能化。"按康有为《中庸注》说："'诚'，有诸己之信也；'形'、'著'，充实之美也；明'、'动'，充实而有光辉之大也；'变'、'化'，大而化之之圣也。"康氏用《孟子尽心》篇语，就自身道德之进步言，说亦可通。

上面一段，朱子以为是第二十三章。

至诚之道，可以前知。国家将兴，必有祯祥；国家将亡，必有妖孽。见乎蓍龟，动乎四体。祸福将至，善，必先知之；不善，必先知之。故至诚如神。

祯祥是吉兆，妖孽是凶兆。蓍，是一种灵草，古用以筮；龟，古用以卜。四体，即手足，指人的动作威仪而言，如执玉高卑，其容俯仰之类。这段说至诚如神，可以前知，看似迷信之谈。其实，国家兴亡，人事祸福，都有其前因后果的关系。常人蔽于情感，蔽于私欲，往往当局而迷。惟至诚之圣人，无妄念，无私欲，不为情感所牵动，其理知，如天青似洗，皓月当空，无微不照，故于兴亡祸福之机，能了如指掌。且所谓“祯祥”、“妖孽”，亦不专指麟凤之瑞，物怪之妖而言。丰年厚俗，义士仁人，也都是国家的祯祥；水旱之灾，浇漓之俗，奸慝贪残之人，也都是国家的妖孽。如此推想，方能明“至诚前知”之理，方能信“至诚前知”之说。

上面一段，朱子以为是第二十四章。

诚者，自成也；而道，自道也。诚者，物之终始；不诚，无物。是故君子诚之为贵。诚者，非自成己而已也，所以成物也。成己，仁也；成物，知也；性之德也，合外内之道也，故时措之宜也。

道也之道，音导。诚，是自己完成人格的要件；道，是自己当行的路径。所以说“诚者，自成也；而道，自道也。”物，兼事物而言。万事万物，终始本末，无不以诚为主。所以“诚者，物之终始”。沟水易涸，唐花易萎；推而至于道德、事功、文艺、苟出虚伪，终归泯灭；所以说“不诚，无物”。因下断语说：“是故君子诚之为贵。”更进一层说，则所谓诚者，不但可以完成自己的人格。还可以使一般人都完成人格，许多物都完成其所受于自然的性格。这就是《论语》说的“己立立人，己达达人”。《大学》说的“明明德”而“新民”。能完成自己的人格的人，就是“仁”；能使一切人和物都完成其受于自然之性，就是“知”。所以说：“成己，仁也；成物，知也。”知，与智同。仁知是天生的德性，不假他求，所以说“性之德也”。“内”指“己”，“外”指“物”；成己成物，物我一体，无内外之殊，所以说

“合外内之道也”。能有此成己成物之德，则“用行”、“舍藏”，“兼善”、“独善”，无施不宜，所以说：“故时措之宜也。”

上面一段，朱子以为是第二十五章。

故至诚无息，不息则久，久则征，征则悠远，悠远则博厚，博厚则高明。博厚，所以载物也；高明，所以覆物也；悠久，所以成物也。博厚配地，高明配天，悠久无疆。如此者，不见而章，不动而变，无为而成。

这一段申说至诚的效用。至诚法天，天行不息，故至诚亦无息。既是不息，自然可以持久。诚于中者既恒久而不息，形于外者自能有著明之征验，悠远而无穷。所以能积之广博而深厚，发为高大而光明。“博厚”，就是《孟子》所谓“充实之美”；“高明”，就是《孟子》所谓“有光辉之大”。“博厚载物”，指地；“高明覆物”，指天广悠久成物，指天地运行不息以化育万物。惟圣人能参天地，赞化育，而无穷极。“如此者，不见而章，不动而变，无为而成”是这一段总结的话。见，音现，说圣人的道德，能够这样博厚、高明、悠久，所以必自已表现，自然彰明；不必有所动作，而自然变化入神，人不必有所施为，而自然成就远大了。

天地之道，可一言而尽也：“其为物不贰，则其生物不测。”天地之道，博也，厚也，高也，明也，悠也，久也。今夫天，斯昭昭之多，及其无穷也，日月星辰系焉，万物覆焉。今夫地，一撮土之多，及其广厚，载华岳而不重，振河海而不泄，万物载焉。今夫山，一卷石之多，及其广大，草木生之，禽兽居之，宝藏兴焉。今夫水，一勺之多，及其不测，鼋鼍蛟龙鱼鳖生焉，货财殖焉。

“可一言而尽也”，就是说“可一言以蔽之”。一言，即指下“其为物不贰，则其生物不测”一句。不贰，就是“至诚”。天地化生万物，所以有令人不可测度之妙者，就是因为它的“至诚无息”。什么叫“天地之道”呢？天地之道就是“博呀，厚呀，高呀，明呀，悠呀，久呀”。这都是“至诚”的效果。夫，音扶。多字从重夕，故有重复积累之义。昭昭，是小小的光明。振，是洒的意思。《史记·司马相如列传》“振溪通谷”，《索隐》引郭璞云：“振，犹洒之也。”《七经考文》说：“‘卷’，本作‘拳’。拳石，谓石小如拳。”勺，同杓，挹水之器。更就天地山水推而言之：天，不过这一点点的亮光所积，但是说到那无穷大的天体，则日月星辰，都悬于天，所有万物，无不被它所覆盖。地，不过是一撮土所积，但是说到那广厚的大地，则载着华岳那样高大的山，也不觉其重；洒着大河大海那么多的水，也不会泄去；所有的万物，都能载得住。山不过是拳头般的石块所积，但是说到那广大的山，则草木生在上面，金银煤铁禽兽也栖在上面，藏在山里的宝货，也从那里发掘起来。水，不过是一杓一杓的水所积，但是说到那深广不测的海洋，则鼋鼍蛟龙鱼鳖等类都生在那里，货物财富都靠它而生产。天地山水，这样广大繁富的宇宙，推其所以能成为如此的原理，却不外一个“诚”字而已。

《诗》云：“维天之命，於穆不已。”盖曰天之所以为天也。“於乎不显，文王之德之纯。”盖曰文王之所以为文也，纯亦不已。

於，作呜。乎，作呼。不，同丕。所引《诗经》，见《周颂·维天之命》篇。於，音乌，是慨叹的声音。穆，深远的意思。不已，就是不息。这二句说天之所以为天的道理。於乎，同呜呼，也是叹词，不为发声，无义。见王引之《经传释词》。纯，即是“不贰”的意思。此二句说文王之所以得号为文的缘故。“不贰”、“不息”，皆由“至诚”，是文王之道即天道，故曰：“纯亦不已。”

上面三段，朱子以为是第二十六章。

［**问题**］

（一）何谓“自诚明”？何谓“自明诚”？

（二）至诚何以能前知？

（三）何谓“成己”、“成物”？

（四）“至诚”何以可参天地？

大哉圣人之道，洋洋乎发育万物，峻极于天。优优大哉！礼仪三百，威仪三千，待其人而后行。故曰苟不至德，至道不凝焉。故君子尊德性而道问学，致广大而尽精微，极高明而道中庸，温故而知新，敦厚以崇礼。是故居上不骄，为下不倍。国有道，其言足以兴；国无道，其默足以容。《诗》曰：“既明且哲，以保其身。”其此之谓与！

洋洋，充满的样子。峻，作高字解。优优，宽裕的样子。这段首赞圣人之道之大，充满宇宙之间，足以发育万物，高与天等，宽裕广大。礼仪，为周朝所定的大仪节，如冠婚丧祭之礼。威仪，为周朝所定的小仪节，如动作周旋之容。“三百”、“三千”，极言其条数之多。“待其人而后行”，就是上文“人存政举”的意思。至德，指圣人之德。凝，成功的意思；就是《尚书·皋陶谟》“庶绩其凝”的凝字。《易·系辞》说“苟非其人，道不虚行”，也是这个意思。

尊，是恭敬奉持之意。“德性”，即“天命之性”，吾心之理。“道问学”，就是“讲学问”。汉儒清儒章句训诂之学，是“道问学”；宋明诸儒心性义理之学是“尊德性”。“尊德性而道问学”，则合汉学宋学之长，广大精微，各臻其极；但虽极高明之境，而仍由乎中庸。“温故而知新”，就是《论语》子夏所谓“日知其所亡，月无忘其所能”。“敦厚”，就是笃厚。笃厚而崇尚礼节，则重在践履，不至如后世学者之好新奇，骛高远，尚空谈，轻实践了。倍，同背，作悖逆解。君子居上位，既不骄傲；在下位也不做逆乱之事。当国家有道的时候，他的说话足以振兴国家。当国家无道的时候，君子就默而不言，亦足使自己免于祸害。《诗》曰“既明且哲，以保其身”，是引《诗经》以解释“默足以容”一句的意义的。所引《诗经》见《大雅·烝民》篇。与，同欤。

上面一段，朱子以为是第二十七章。

子曰：“愚而好自用，贱而好自专，生乎今之世，反古之道。如此者，烖及其身者也。”

烖，同灾。“反古之道”，朱注说：“反，复也。”郑玄注也说：“谓孔之人不知今王之新政可从。”反古就是复古，便不合于“时中”了。这段又引孔子的话。本是愚笨的人，偏要自以为是；本是卑贱的人，偏不肯听人指导，凭自己的意思去做；生在现今的时代，偏要复古。这样地做人，必定要受灾祸的。

非天子，不议礼，不制度，不考文。今天下，车同轨，书同文，行同伦。虽有其位，苟无其德，不敢作礼乐焉；虽有其德，苟无其位，亦不敢作礼乐焉。

行，去声。非圣人在天子之位，不能作礼乐，制法度，考定文字。按许慎《说文解字序》说七国之时，“车涂异轨，律令异法，衣冠异制，言语异声，文字异形”，且老、庄、申、商、杨、墨诸子，异学蜂起，正是车不同轨，书不同文，行不同伦，与此处所说相反。本篇所以如此说者，不过因春秋之末，东周之共主尚存，而当时之有位者皆无圣人之德，有其德如孔子者，又无天子之位；无德而妄作，便是愚而好自用了；无位而妄作，便是贱而好自专了。这是作者的一种曲笔，而其意则重在有位无德，有德无位，不敢作礼乐数句。不是圣德的人，虽在天子之位，不敢作礼乐。虽有圣德的人，不在天子之位，也不敢作礼乐。

子曰：“吾说夏礼，杞不足征也；吾学殷礼，有宋存焉。吾学周礼，今用之，吾从周。”

周定天下以后，封夏之后为杞国，殷之后为宋国。征，就是证明的意思。按《论语·八佾》篇，子曰：“夏礼吾能言之，杞不足征也；殷礼吾能言之，宋不足征也；文献不足故也。足，则吾能征之矣。”又说：“周监于二代，郁郁乎文哉，吾从周。”与此所说略同。《论语》言“宋不足征”，而此言“有宋存焉”者，《史记》言子思居宋，作《中庸》，故讳之。（阎若璩说，见《四书释地》）

上面三段，朱子以为是第二十八章。

王天下有三重焉，其寡过矣乎！上焉者，虽善无征，无征不信，不信民弗从；下焉者，虽善不尊，不尊不信，不信民弗从。故君子之道：本诸身，征诸庶民，考诸三王而不缪，建诸天地而不悖，质诸鬼神而无疑，百世以俟圣人而不惑。质诸鬼神而无疑，知天也；百世以俟圣人而不惑，知人也。

王，去声。三重，郑玄注说就是“三王之礼”。朱子《章句》引吕氏的话，说就是议礼、制度、考文。康有为《中庸注》，重字读平声，作重复解。三重，说拨乱、升平、太平三世之中，又各有三世；言三世之中，又各有其三世。明此世运升降之理，则可以寡过。此今文《公羊》家之说。“上焉者，虽善无征，无征不信，不信民弗从”，是说时王以前，如夏商的礼，虽然很好，因年代湮远，无从证明；既已无从证明，便不能使人相信；不能使人相信，又怎能使百姓遵行呢？“下焉者，虽善不尊，不尊不信，不信民弗从”，是说如孔子般在下位的人，虽善于礼，因不在尊位，人也不信；不信，则百姓又哪能遵行呢？所以君子之道，必定要从自身做起，然后证之百姓，又考之三代王者，没一些缪（同谬）戾，建立于天地之间，并不反悖；即使问之鬼神，亦无所疑虑，等到百世以后，圣人出来，也不会有什么疑惑了。“质诸鬼神”之“质”，作就正解。“知天”是知天理，“知人”是知人情。

是故君子动而世为天下道，行而世为天下法，言而世为天下则，远之则有望，近之则不厌。

道为人所共由，与法度准则，为人所共遵者同义。说君子的举动、行为、说话，可为世世天下人做模范。远者慕之，故有望；近者悦之，故不厌。

《诗》曰：“在彼无恶，在此无射。庶几夙夜，以永终誉！”君子未有不如此，而蚤有誉于天下者也。

恶，音污。射，作妒。蚤，通早。所引《诗经》，见《周颂·振鹭》篇。恶，去声，厌恶的意思。射，《诗》作“斁”，郑玄注音亦，朱子音妒，也是厌恶的意思。此处与“誉”字押韵，以音妒为宜。夙夜，就是早夜。蚤，借作早。“在彼无恶”，即上文的“远之则有望”。“在此无射”，即上文的“近之则不厌”。庶几早夜孳孳，以恒久永保其令誉。君子未有不如此，而能早有令誉于天下的。

上面三段，朱子以为是第二十九章。

[问题]

（一）何谓“尊德性而道问学”？
（二）何谓“温故而知新”？
（三）如何方可议礼、制度、考文？
（四）何谓“王天下有三重”？
（五）何谓“在彼无恶，在此无射”？

仲尼祖述尧舜，宪章文武，上律天时，下袭水土。辟如天地之无不持载，无不覆帱；辟如四时之错行，如日月之代明。万物并育而不相害，道并行而不相悖，小德川流，大德敦化，此天地之所以为大也。

祖述，是宗其道而传达之。宪章，是取法的意思。律，也是法。袭，就是因。辟，同譬。帱，也是覆盖的意思。错、代，都是更迭的意思。悖，是反背的意思。川流，是如川之流。敦，是笃厚，化，是化育。这一段是子思赞孔子之道，远宗尧舜，近法文武，上法天时之顺，下因水土之宜。其道之大，如天之无不覆，地之无不载；其至诚无息，如四时之更迭而运行，日月之更迭而普照。万物并育于其间而不相害，是说天地之大；诸子之道，与之并行而不相悖，是说孔子之道之大。“小德川流”，即指“并行不悖”之诸子之道，如川之流，以海为归，所谓诸子俱出于六艺，各得一察焉以自好，终殊途而同归。“大德敦化”，指孔子之道，如天地之化育万物。天地之所以为大在此，孔子之道之所以为大亦在此。

上面一段，朱子以为是第三十章。

唯天下至圣，为能聪明睿知，足以有临也；宽裕温柔，足以有容也；发强刚毅，足以有执也；齐庄中正，足以有敬也；文理密察，足以有别也。

思想纯正而灵敏，叫做睿。知，同智。发，是奋发的意思。执，就是守。齐，同斋。齐庄，是敬肃庄重的意思。文理，即条理。密察，是详细而明白。“聪明睿知”是“圣”，足以临民。“宽裕温柔”是“仁”，足以容物。“发强刚毅”是“义”，足以励其守。“齐庄中正”，是“礼”，足以致其敬。“文理密察”是“智”，足以辨别是非。唯天下至圣，方能备此五德。

溥博渊泉，而时出之。溥博如天，渊泉如渊。见而民莫不敬，言而民莫不信，行而民莫不说。

见，去声，同现。说，同悦。溥博，是周遍而广大的意思；渊泉，是幽静而深波的意思。这是说圣人之德，周遍广大，幽静深峻，而又时时表现仪容于言行之间，其溥博则如天，其渊泉则如渊；其表现于仪容言行，人民莫不尊敬，莫不信服，莫不欢悦。

是以声名洋溢乎中国，施及蛮貊；舟车所至，人力所通，天之所覆，地之所载，日月所照，霜露所队，凡有血气者，莫不尊亲，故曰配天。

施，同迤，旁及的意思。队，同坠。这段是总结上两段的。圣人之德如此，所以他的声名，充满于中国，旁及南方之蛮，北方之貊，国外未开化诸民族。凡是船只和车子所能到的，人的力量所能通的，天所覆的，地所载的，日月所照及的，霜露所下着的地方，凡有血气的人，无不尊敬他、亲爱他的。所以说圣人之道之大，是可以和天相配的。

上面三段，朱子以为是第三十一章。

唯天下至诚，为能经纶天下之大经，立天下之大本，知天地之化育，夫焉有所倚？肫肫其仁，渊渊其渊，浩浩其天。苟不固聪明圣知达天德者，其孰能知之？

经纶，本为织丝的名词，引申作治理解。大经，就是上文所说“凡为天下国家有九经”的九项治平的大纲。大本，就是上文所说“中也者，天下之大本也”的“中”。知化育，就是上文所说的“赞天地之化育”。夫，音扶。焉，平声，作“何”字解。焉有所倚，就是说何尝倚着别的呢？肫，音之纯反。肫肫，诚恳之貌；渊渊，静穆之貌；浩浩，广大之貌。这三句是说天下至诚的圣人，态度诚恳，则粹然仁者；气象静穆，则渊泉如渊；胸襟广大，则溥博如天。惟英雄能识英雄，惟圣人能知圣人；所以说如其不是本来聪明圣知，通达天德的人，谁能知道他呢？

上面一段，朱子以为是第三十二章。

［问题］

（一）孔子之道，怎样的伟大？
（二）至圣的人，具有什么五种德性？
（三）至圣的人，何以可以配天？
（四）圣人的态度、气象、胸襟如何？

《诗》曰：衣锦尚䌹。恶其文之著也。故君子之道，闇然而日章。小人之道，的然而日亡。君子之道，淡而不厌，简而文，温而理，知远之近，知风之自，知微之显，可与入德矣。

衣，去声。锦，是有彩色的绸衣。䌹，音迥，同褧，䌹，是禅衣，就是单层的罩衫。尚，就是加。恶，去声。衣锦尚䌹，是说穿了有彩色的绸衣，外面一定还要加上一件单衫，因为嫌那锦衣的文彩太显著的缘故。按《诗经·卫风·硕人》篇："衣锦褧衣。"又《郑风·丰》篇："衣锦褧衣，裳锦褧裳。"均与此所引不同。故毛奇龄《四书剩言》说所引的是逸《诗》。康有为《中庸注》说所引的是《鲁诗》。俞樾据孔颖达《礼记正义》说有俗本作"衣锦褧裳"，以为"尚"字是"裳"字的假借字，本作"衣锦尚䌹"，是撮举《郑风·丰》"衣锦褧衣，裳锦褧裳"二句之辞。《说文日部》引《齐风鸡鸣》篇"东方明矣，朝既昌矣"二句，亦撮举其辞曰"东方昌矣"，正与此同例。（见《古书疑义举例》"古人引书每有增减例"）照俞说，这句是说衣裳为锦制的，都有䌹衣䌹裳了。这是引《诗》以衣裳为比喻。"故君子之道，闇然而日章；小人之道，的然而日亡"方是本意。章，作显著解。"的然"之"的"，钱大昕说当作"旳"，"音勺，明也"。（见《十驾斋养新录》）正是"闇然"的反面。这二句说君子之道，如衣锦尚䌹，文采不露，但日久，自然会渐渐显著起来；小人则反是，乍看是文采鲜明，但天天消亡下去。君子之道，就待人一面说，虽淡淡不见亲密，然不会使人讨厌；其本质说，虽简易温柔，而文理粲然。

"知远之近，知风之自，知微之显。"俞樾《古书疑义举例》说"此三句，自来不得其解。若谓远由于近，微由于显，则当云'知远之由于近，知微之由于显'文义方明。不得但云'远之近''微之显'也。且'风之自'句，义不一例。'微之显'句，亦与第一句不伦。既云'远之近'则当云'显之微'矣。今按此三'之'字，皆连及之词。'知远之近'者，知远与近也。'知微之显'者，知微与显也。'知远之近，知风之自，知微之显，可与入德矣'，犹《易系·辞传》云：'君子知微知彰，知柔知刚，万夫之望也。'然则'知风之自'句，当作何解？风读为凡，风字本从凡声，故得通用。《庄子天地》篇：'愿先生之言其凡也。'风即凡字，犹云：'言其大凡也。'自者，'目'字之误。《周官》宰夫职：二曰师，掌官成以治凡。三曰司，掌官灋以治目。郑注曰：'治凡，若月计也。治目，若今之日计也。'然则'凡之与目'事有钜细，故以对言，正与远近微显一例。"按俞氏此解，比前人所解好得多。《考工记》"作其鳞之而"，就是说"做他的鳞和须"，"之"字亦用作连及之辞。"可与入德"之"与"，作"以"字解。《礼记·玉藻》"大夫有所往，必与公士为宾。""与"字亦作"以"字用。这几句是说君子能知远与近，知微与显，知大凡与细目这样，才可以入道德之门了。

《诗》云："潜虽伏矣，亦孔之昭。"故君子内省不疚，无恶于志。君子之所不可及者，其唯人之所不见乎！

恶，音污。所引《诗经》，见《小雅·正月》篇。潜，作隐藏解。伏，不见的意思。孔，作甚字解。昭，作明字解。这是引《诗经》以释"闇然而日章"一句的。疚，作悔恨解。恶，去声。君子只要自己心里反省，没有什么悔恨，无愧于心，那就行了。所以接着说，君子之所不可及者，全在于人所不见的地方哩！

《诗》云："相在尔室，尚不愧于屋漏。"故君子不动而敬，不言而信。

所引《诗经》，见《大雅·抑》篇。相，去声，作看字解。尔，就是你，指君子。屋漏，屋的西北隅最深之处。这二句说君子独居内室，亦能无愧于心。所以君子没有行动，人都敬重他；没有说话，人都想念他。

《诗》曰："奏假无言，时靡有争。"是故君子不赏而民劝，不怒而民威于鈇钺。

所引《诗经》，见《商颂·烈祖》篇。奏，作进字解。假，假之通借字。假音格，作至字解。靡有，就是没有。此处引《诗》仅断章取义，说进至无言，时无与之争者。无言者，默化潜移；靡有争者，人皆信之。即上文"不言而信"，下文"不赏而民劝，不怒而民威于鈇钺；的意思。鈇，同斧；钺，是大斧。鈇钺，古代杀人之器。

《诗》曰：“不显惟德，百辟其刑之！”是故君子笃恭而天下平。

所引《诗经》亦见《烈祖》篇。不，发声，无义；不显，就是显的意思。辟，就是君，指诸侯。刑，同型。刑之，是奉为典型。不显，说君子所显著的，只有德行；凡百人君，自能奉他为典型的。“笃恭而天下平”就是《论语》赞舜“无为而治”、“恭己正南面而已矣”的意思。

《诗》曰：“予怀明德，不大声以色。”子曰：“声色之于以化民，末也。”《诗》曰：“德輶如毛。”毛犹有伦。“上天之载，无声无臭”，至矣！

这段三引《诗经》，一见《大雅·皇矣》篇，一见《小雅·烝民》篇，三见《大雅·文王》篇。以字，作与字解。《仪礼·乡射礼》“主人以宾揖”，“以”亦解作与。此处所说的“明德”就是《大学》的“明德”。这两句说，我怀明德以化民，不在大声与大色。声，指言论；色，指仪容。子曰：“声色之于以化民，末也”是孔子赞这二句的话。輶，作轻字解。说道德之感化，不着痕迹，犹如毛一般的轻。这一句是所引之《诗》。伦，比较的意思。但毛还是比较轻。“輶如毛”还是不足以形容“德”。这句是作者加的按语。下又引《诗经》。《毛传》说：“载，事也。”《论语·阳货》篇：“天何言哉？四时行焉，百物生焉。天何言哉！”行四时，生百物，即是上天之事。言必如此二句，方为形容尽致。

上面六段，朱子以为是第三十三章。

[问题]

（一）何谓“衣锦尚絅”？

（二）何谓“知远之近，知风之自，知微之显”？

（三）何谓“不愧屋漏”？

（四）何谓“笃恭而天下平”？

（五）何谓“上天之载，无声无臭”？

论语提要

《论语》是一部人人必读的书。中国几千年来，不论立身处世以及政治社会，皆以儒家的思想为主，而《论语》便是最精粹最可靠的儒书。即从文字方面说，《论语》也是极有文学价值的。在寥寥几个字之中，常常能描绘出一个人的声音笑貌来，而为其他诸书所不及。这大约由于语助词用得适当，而语助词的运用，却是历来认为最难的，所以我们要研究儒家的学说，不可不读《论语》。要涵泳文学的趣味，更不可不读《论语》。

《论语》是孔门弟子记述孔子及应答弟子时人的书，而弟子们相与谈论以及接闻于孔子的，也一道记着。向分二十篇：《学而》第一、《为政》第二、《八佾》第三、《里仁》第四、《公冶长》第五、《雍也》第六、《述而》第七、《泰伯》第八、《子罕》第九、《乡党》第十、《先进》第十一、《颜渊》第十二、《子路》第十三、《宪问》第十四、《卫灵公》第十五、《季氏》第十六、《阳货》第十七、《微子》第十八、《子张》第十九、《尧曰》第二十。这样的分法，只就当时所记每篇第一句中的几个字以为标识而已，并不能表明他的内容。所以近代研究《论语》的，就有了别种的分类。本书于依照原本排印外，其分类如下，看了这些，就不难知道《论语》一书所包含的广大和切要了。

（甲）关于道德的。道德是立身行事的根本，孔子对于儒家的道德思想，发挥得非常深切，读之极有意味。

（乙）关于修养的。一个人一定要有相当的修养，孔子谆谆告诫弟子的，都可作我人的珍贵的教训。

（丙）关于处世的。人是社会的动物，不能离群而索居，读了这些，就不难知道孔子的处世方法。

（丁）关于教学的。孔子是大教育家，他有很高明的教育主张，而又能身体力行，因材施教，确是教育者的模范人物。

（戊）关于《诗》及礼乐的。“礼主节，乐主和。”儒家都很重视。而又以《诗》为发扬性情的重要工具，所以他的人生是生动的，富有兴趣的。

（己）关于政治的。儒家的重要目的，是在为政以济斯民，他对于政治的主张，也和他的道德主张连贯。

其他关于批评人事的，也极深刻有味，至孔子的人格可于孔子的事迹与生活方面探求出来，此外孔子对于弟子的种种批评，与孔子弟子的种种言行，也都一道记述着，而可与孔子的言行相印证相发明。

以上是《论语》一书的内容，可以说儒家的全体大用都包括在这里了。

《论语》向来以朱熹的《集注》最精粹，现在仍以朱注为本，另外用白话广为解释，意义深奥的，更不惮反复解说，于此更严密地注意孔子的时代背景，不附会，不枝蔓，不拘守汉宋杂家之说，极合于科学的精神。

上论

学而第一

古人著书，皆先有文而后加题目。其题目，往往取首句中二三字，但作标题，别无他义。本篇第一章第一句为“子曰学而时习之”，故取“学而”二字，作为本篇的题目。以下各篇同。

子曰：“学而时习之，不亦说乎？有朋自远方来，不亦乐乎？人不知而不愠，不亦君子乎？”

说，同悦。乐，音洛。愠，音运。何晏《论语集解》：“马（融）曰：‘子者，男子之通称，谓孔子也。’”按春秋时称卿大夫皆曰“子”，曰“夫子”，故马氏以为男子之通称。孔子曾为鲁大夫，故其弟子亦称之曰“子”，曰“夫子”。私人聚弟子讲学，以孔子为最早，故此后相沿，遂称师曰夫子。又《集解》王（肃）曰：“时者，学者以时诵习之。诵习以时，学无废业，所以为悦怿。”王氏以诵习释习，似专指读书而言。朱子《集注》则曰：“学之为言效也。人性皆善，而觉有先后；后觉者，必效先觉之所为，乃可以明善而复其初也。习，鸟数飞也。学之不已，如鸟数飞也。既学而又时时习之，则所学者熟，而中心喜悦，其进自不能已矣。”朱子训“学”为“效”，“习”为“学之不已”，则可以兼包知（书本）、行（行为）两方面而言，较王说为精当。因为《论语》所说的“学”，皆是学做人，且偏重于行为方面的实践也。时习者，如朱注引谢氏云：“坐如尸，坐时习也；立如齐，立时习也。”无时不习，一也。如“春秋教礼乐，冬夏教《诗》《书》”，“柔日读经，刚日读史”，按时而习，二也。学是知新，习是温故；学是“日知其所亡”，习是“月无忘其所能”。能如此，则博学笃行，虽愚必明，虽柔必强，所以中心喜悦。颜回好学，虽贫困不改其乐，便是因此。

《集解》包（咸）曰：“同门曰朋。”按《白虎通·辟雍》篇说师弟子之道有三，一为朋友之道，即引本篇此语为证。《孟子》子濯孺子曰：“其取友必端矣。”亦谓弟子曰友。《史记·孔子世家》云：“孔子不仕，退而修《诗》《书》礼乐；弟子弥众，至自远方。”此云“有朋自远方来”，即指弟子至自远方。《孟子》以“得天下英才而教育之”为君子三乐之一，与此“有朋自远方来，不亦乐乎”之意正同。

朱注：“愠，含怒意。君子，成德之名。尹氏曰：‘学在己，知不知在人，何愠之有？’程子曰：‘虽乐于及人，不见是而无闷，乃所谓君子。’”此皆以“人不知”为“人不知我”。《集解》云：“凡人有所不知，君子不怒。”焦循《论语补疏》引《魏略》记乐详为博士，五经并授，其或质难不解，评无愠色，牵譬引喻，至忘寝食为证。按“学而时习”，是“学不厌”；“人不知而不愠”，是“教不倦”：二者为孔子一生精神，故列之首章。

有子曰：“其为人也孝弟，而好犯上者，鲜矣！不好犯上，而好作乱者，未之有也。君子务本，本立而道生。孝弟也者，其为仁之本与？”

有子，名若，孔子弟子。《史记·仲尼弟子列传》裴骃《集解》引郑玄云：“鲁人。”按《论语》记孔子弟子皆称字，闵损、冉求二人各一称子，惟有若、曾参二人皆称子；编撰次第，又以有子、曾子之言为第二章、第三章：盖弟子门人尊此二人之故。弟，今作悌。朱注：“善事父母为孝，善事兄长为弟。”好，去声。鲜，上声，少也。与，今作欤。为仁，犹言行仁。“欲仁”而“志于仁”，“用力于仁”以“求仁”，是谓“为仁”。《孟子》云：“仁之实，事亲是也。”《中庸》云：“仁者，人也，亲亲为大。”故“为仁”以孝弟为本。务本，即致力于孝弟。本立道生，谓孝弟之行立，则仁道由此生。孔子之道，以仁为本。

子曰："巧言令色，鲜矣仁。"

鲜，音险。巧言，是说话说得好听，其实都是骗人的话。令色，是专用一种媚人的态度，去奉承人家。《尚书·皋陶谟》云："何畏乎巧言令色？孔壬。"孔壬就是"甚佞"的意思。下《雍也》篇亦有"仁而不佞"之语。仁者诚实无伪，故适与"佞"相反。

曾子曰："吾日三省吾身：为人谋而不忠乎？与朋友交而不信乎？传不习乎？"

《史记·伯尼弟子列传》：曾子，名参，字子舆，南武城人，孔子弟子。省，音醒，察也。这是说每日以三事自己反省。朱注云："尽己之谓忠。以实之为信。传，谓受之于师。习，谓熟之于己。曾子以此三者日省其身，有则改之，无则加勉。其自治诚切如此，可谓得为学之本矣。"又引尹氏曰："曾子守约，故动必求诸身。"按郑玄注云："《鲁》读传为专，今从古。"《说文解字》云："专，六寸簿也。"犹今之札记簿，所以记述师言。此别一说。

子曰："道千乘之国，敬事而信，节用而爱人，使民以时。"

道，去声，作治字解。乘，亦去声。千乘之国，指诸侯之国，可以出兵车一千乘的。敬，是谨慎郑重的意思。事，指政事。不敬事，则朝令暮改，如何能"信"？用，指国家的财用。不节，则国用不足，必致横征暴敛，如何能"爱人"？古时候国家有大工程，都叫百姓来充工役。孔子以为国家要兴工程，须等到农事已过，百姓闲暇的时候，才使他来做工。就是《孟子》"不违农时"的意思。

子曰："弟子入则孝，出则弟，谨而信，泛爱众，而亲仁；行有馀力，则以学文。"

弟子，对兄父而言，指青年为弟为子者。故《仪礼·特牲馈食礼》注云："弟子，后生也。"出则弟之弟，今作悌。孝，专对父母言；弟，则对兄及其他长于我者而言：故曰“入则孝”，专指在家；“出则弟”，兼指对外。又，《礼记·内则》云：“异为孺子室于宫中。”入，指由己室入父母所居之室。又云：“十年，出就外傅。”出，指就傅而言。说亦可通。朱注云：“谨者，行之有常也；信者，言之有实也。”是谓“谨而信”句兼言行二方面说。窃疑孝弟指行，谨信指言。必慎言，乃能有信。“谨而信”，就是《中庸》的“庸言之谨”。泛，广博普遍的意思。《广雅·释诂》：“亲，近也。”仁，指有仁德之人。朱注：“文指《诗》、《书》六艺之文。”按：“行”字统上孝弟谨信爱众亲仁而言。以馀力学文，可见孔门之学，“行”重于“知”。

子夏曰：“贤贤易色，事父母能竭其力，事君能致其身，与朋友交，言而有信。虽曰未学，吾必谓之学矣！”

子夏，姓卜，名商，孔子弟子。《〈史记弟子传〉集解》引郑玄说是温人。温，卫邑，与《孔子家语弟子解》云“卫人”者合。孔颖达《〈礼记檀弓〉疏》云是魏人。“贤贤”，上一个“贤”字作动词用，是敬重的意思；下一个“贤”字是名词，指贤人。朱注云：“贤人之贤而易其好色之心。”则“易”误作“亦”，是替换的意思。《汉书李寻传》引此语，颜师古注：“易色，轻略于色，不贵之也。”则“易”字作轻易解，当读去声。又《广雅·释言》：“易，如也。”王念孙《疏证》云：“《论语》‘贤贤易色’，易者，如也。犹言好德好色也。”义亦可通。三说虽不同，“贤”字皆泛指贤人。宋翔凤则谓贤贤易色，即《关雎》之义，是明夫妇之伦。（见《朴学斋札记》）如宋氏说，则“贤贤易色”，明夫妇之伦；“事父母能其竭力”，明父子之伦；“事君能致其身”，明君臣之伦；“与朋友交，言而有信”，明朋友之伦。《孟子》谓三代之学，“皆所以明人伦”。故末句云：“虽曰未学，吾必谓之学矣。”《中庸》云：“君子之道，造端乎夫妇。”故“贤贤易色”列于首句。

子曰：“君子不重，则不威；学，则不固。主忠信，无友不如己者。过，则勿惮改。”

朱注云："重，厚重；威，威严；固，坚固也。轻乎外者，必不能坚乎内；故不重，则无威严，而所学亦不坚固也。"按：不重，就是轻薄。威，指威仪。轻薄之人，必无威仪，必不能使人尊敬。故曰："不重则不威。"《集解》引孔（安国）曰："固，蔽也。"郑玄《曲礼注》云："固，谓不达于理也。"亦蔽塞之义。下文孔子告子路曰："好仁不好学，其蔽也愚；好知不好学，其蔽也荡；好信不好学，其蔽也贼；好宜不好学，其蔽也绞；好勇不好学，其蔽也乱；好刚不好学，其蔽也狂。"可见固蔽皆由于不好学。学，则不至有所固蔽了。孔注较朱注为长。"主忠信"，言为人之道，以忠信为主。故上文曾子以不忠不信反省其身。《集解》引郑（玄）云："主，亲也。"则谓"主忠信"，为亲近忠信之人，即上文"亲仁"之意，而与下句"无友不如己者"相连。无，同毋，禁止之词。朱注云："友，所以辅仁。不如己，则有益而无损。"惮，是畏难的意思。人非圣人，孰能无过？常人有过，亦未常不知愧悔，但往往因苟安畏难之故，而不能即改，故曰"过，则勿惮改"。

曾子曰："慎终追远，民德归厚矣！"

慎终，说父母的丧事，须办得谨慎。追远，指祭祀祖先，虽时久远，必须追祭，示不忘本也。丧葬祭祀，无非示民不忘本，故能易浇薄之风俗，使民俗道德，归于敦厚。这一章是说明儒家所以重丧葬祭祀之旨。墨子尝讥儒家不信鬼神而隆丧祭之礼，是犹无鱼而下网，无客而行客礼，盖未明此旨耳。

子禽问于子贡曰："夫子至于是邦也，必闻其政。求之与？抑与之与？"子贡曰："夫子温良恭俭让以得之。夫子之求之也，其诸异乎人之求之与？"

子禽，姓陈，名亢，孔子弟子。即《史记·伯尼弟子列传》之原亢籍。原氏出于陈，陈、原同氏；亢字籍，一字子禽。（见臧庸《拜经日记》）按《礼记檀弓》郑注为齐人。子贡，姓端木，名赐，亦孔子弟子，卫人。之与的与，都同欤。与之的与，是告语的意思，石经作“子”。此章记子禽看见孔子每到一个国家，必定与闻这国家的政治，因问子贡道：“还是夫子自己去求来的呢？还是人君自己情愿告诉他的呢？”

温，是和气；良，是易直；恭，是庄敬；俭，是节制；让，是谦逊。子贡说：“夫子有此五项美德，所以到一个国家，得与闻这国家的政治。夫子之得与闻政治，原不是求；即说是求，我想也是和他人之求不同罢。”

子曰：“父在，观其志；父没，观其行。三年无改于父之道，可谓孝矣。”

一个人于父在的时候，家中事务，自然由父亲作主，为子者不得自专，所以这时只能看他的志向。若父一没，他就可以自专，这时应看他所行的事。倘若父死已有三年，还是照着父在时的老规矩行事，这个人可说是孝子了。所以说“三年”者，因为父死有三年之丧。这是《集解》所引孔安国说。汪中《释三九》云：“三年者，言其久也。何以不改也？为其为道也。若其非道，虽朝没而夕改可也。”三年云者，虽终其身可也。（见《述学》）较孔说为长。

有子曰：“礼之用，和为贵；先王之道，斯为美，小大由之。有所不行，知和而和，不以礼节之，亦不可行也。”

《礼记·祭义》云：“礼者，履此者也。”《易·系辞传》云：“履以和云。”虞翻注即引“礼之用和为贵”语。盖礼之体在敬，而其用则在和。礼主于让，故以和为用。先王，指古先圣王制礼者。斯，指礼。先王之道，礼为最美，故事无大小，人无大小，皆由礼而行。然知礼之用在和，而一味和气，不以礼节制之，亦不可行。必知礼之用以和为贵，而又节之以礼，则能如《中庸》所说“和而不流”矣。

有子曰：“信近于义，言可复也。恭近于礼，远耻辱也。因不失其亲，亦可宗也。”

朱注云："义者，事之宜也。复，践言也。"信而不近于义，则其言必不能践。即勉强践之以全其信，亦尾生之信而已。《大戴礼记·曾子立事》云："久而复之，可以知其信矣。"欲其言之久而可复，必近于义方可。《礼记·表记》云："恭以远耻。"恭之所以能远耻辱者，必近礼方可。下文云："恭而无礼则劳。"恭而背礼，不但过劳，旁人必窃笑他，轻侮他，如何能远耻辱？《诗·皇矣》毛传云："因，亲也。""因不失其亲"，就是亲不失其所当亲。上文云"亲仁"，则所当亲者，即是仁人。宗，是尊敬的意思。《曾子·立事》云："亲其所爱亲，可以知其人矣。"《孟子》亦有"端人取友必端"之语。故所亲者不失其所。

子曰："君子食无求饱，居无求安，敏于事而慎于言，就有道而正焉，可谓好学也已。"

好，去声。此章"饱"字，当作餍足肥鲜解。"安"字，当作逸居安乐解。"无求"者，谓不必强求之。颜回一箪食，一瓢饮，在陋巷，不改其乐，即是"君子食无求饱，居无求安"的一个实例。君子志道安贫，故不暇及此，"敏"是勤敏，"慎"是谨慎，下文云："君子欲讷于言而敏于行。"意与此同。就有道之人以正其是非，不敢自以为是，故能如此，可以说是"好学"了。

子贡曰："贫而无谄，富而无骄，何如？"子曰："可也。未若贫而乐，富而好礼者也。"子贡曰："《诗》云：'如切如磋，如琢如磨。'其斯之谓与？"子曰："赐也，始可与言《诗》已矣！告诸往而知来者。"

乐，音洛。《古文论语》作"贫而乐道"。好，去声。谓与之与，今作"欤"。穷人看见富人，往往去谄媚他；富人看见穷人，往往要骄傲他。世俗之人，往往不能免此。故子贡问孔子道："贫的人不谄，富的人不骄，怎么样？"孔子说："好是好的，但还不及贫的人能悠然自乐，富的人能事事遵礼而行。"子贡听了此话，知道孔子所说的道理，比自己更高一层，因此把《诗经·卫风·淇澳》篇"如切如磋，如琢如磨”的两句话引来比喻。治骨角的匠人，把骨角切成片段，还要把它磋光；治玉的匠人，把玉雕琢好了，还要把它磨光：都是精益求精的道理。做人如“贫而无谄，富而无骄”，也算好了，但还得更进一层做到孔子所说的“贫而乐，富而好礼”。孔子见子贡善解《诗》意，所以也深赞子贡曰：“赐也，始可与言《诗》已矣！”往，是其所已言的；来，是其所未言的。这是子贡“闻一以知二”的事实。

子曰：“不患人之不己知，患不知人也。”

古代文法，凡否定语，用代词作止词，可以放在动词之前。此云“不己知”，即是“不知我”。好名之心，人所同有。自己有才学，有道德，就想人家知道我，称赞我。孔子的意思，却以为我虽有才学道德，人家不知我，于我无损，所以说：“不患人不己知。”人虽不知我，我却不可不知人。例如：我知道某人有才学，有道德，我就应该敬重他，或者请教他；知道某人是个坏人，我就可以远避他，或者防备他；所以“知人”倒是一件很重要的事情，故曰“患不知人也”。

[问题]

（一）《论语》一书，性质如何？何人所撰？

（二）《论语》第一章的大旨如何？足以表现孔子何种精神？

（三）孔门论“学”、“行”重于“知”，试就《学而》篇中举例说明之。

（四）“为仁之本”是什么？

（五）本篇言治国之道如何？

（六）何谓“贤贤易色”？

（七）何谓“学则不固”？

（八）儒家重丧葬祭祀，其旨何在？

（九）何谓“三年无改于父之道”？

（十）居贫、居富，其道如何？

为政第二

子曰："为政以德，譬如北辰，居其所而众星共之。"

为政，是说人君施行政治。孔子重在德治，以身作则，以德感人，是曰："为政以德。"北辰，北极，是天之中枢。共，同拱。北极在其位而不动，许多星都在周围绕着它，向着它。人君为政以德，则无为而治，天下归之，其象亦如此。此章可与下文"无为而治者，其舜也与"一章参看。

子曰："《诗》三百，一言以蔽之，曰'思无邪'。"

《诗》，就是《诗经》。《诗》共三百十一篇，此云三百，举其大数。中有"笙诗"六篇，有目无辞，凡三百五篇。一言，就是一句话。蔽，是包括的意思。思无邪，见《诗经·鲁颂·駉》篇。朱注引程子曰："思无邪者，诚也。"《易·文言》云："修辞立其诚。"诚即是真。文学以"真"为第一义，《诗》三百篇，大之美刺朝廷政治，小之人之抒写男女情感，皆能立其诚，故"思无邪"也。旧以"纯正"释"无邪"，则《诗经》中多写男女恋情之作，怎么可以说"思无邪"呢？

子曰："道之以政，齐之以刑，民免而无耻。道之以德，齐之以礼，有耻且格。"

道，同导，谓教导之也。政，政令；刑，刑罚。齐，谓整饬之使归一律。以政令教导之，有不从者，以刑罚整饬之，则民但求避免刑罚，而无羞耻之心。以德教导之，以礼整饬之，则人民自知罪恶之可耻，而归于正。格，正也。就是《尚书·冏命》“格其非心”之格。《礼记·缁衣》云：“夫教之以德，齐之以礼，则民有格心；教之以政，齐之以刑，则民有遁心。”正与本章所说相同。“道之以政，齐之以刑”，是法家的“法治”，“道之以德，齐之以礼”，是儒家的“德治”。《大戴礼》孔子答卫将军文子云：“以礼齐民，譬之于御则辔也；以刑齐民，譬之于御则鞭也。”法家的政治手腕是鞭策，儒家的政治手腕是驾驭。

子曰：“吾十有五而志于学，三十而立，四十而不惑，五十而知天命，六十而耳顺，七十而从心所欲，不逾矩。”

此章系孔子七十以后，自己追述之言，可见圣人成德立身，始终本末，学者宜仔细体察之。“吾十有五而志于学”，朱注云：“古者十五而入大学。心之所之谓之志。此所谓学，即大学之道也。志乎此，则念念在此而为之不厌矣。”“三十而立”，朱注谓：“有以自立。”“四十而不惑”，朱注谓：“于事物之所当然，皆无所疑。”“五十而知天命”，朱注谓：“天命即天道之流行而赋于物者，乃事物所以当然之故。”此犹近人之言天演。为宇宙间一切事物自然变化，自然进行之原理。“六十而耳顺”，《集解》引郑玄说：“耳闻其声而知其微旨。”朱注谓：“声入心通，无所违逆。”盖圣人对人，只要一闻其言，早已明白其言的真伪，其人胸中之是非。本书末章云：“不知命，无以为君子也；不知礼，无以立也；不知言，无以知人也。”此言三十知礼，五十知命，六十知言。二章可以参看。“七十而从心所欲，不逾矩。”矩，所以为方，法度之器，此指做人之道而言。圣人到了此时，随便什么地方，凡一言一动，一视一听，不必注意，无不悉合乎道，故朱注以《中庸》“安而行之”、“不勉而中”释之。

孟懿子问孝。子曰：“无违。”樊迟御，子告之曰：“孟孙问孝于我，我对曰：‘无违。’”樊迟曰：“何谓也？”子曰：“生，事之以礼。死，葬之以礼，祭之以礼。”

孟懿子，鲁大夫，姓仲孙，名何忌。懿，谥法。樊迟，名须，孔子弟子。郑玄《目录》云齐人，《孔子家语弟子解》及《左传》杜预注并云鲁人。

此章记孟懿子问孝道于孔子，孔子只告以“无违”二字。于樊迟御车时，再以告之樊迟。樊迟也不懂，所以问曰：“何谓也？”孔子乃具体地对他说：“生，事之以礼。死，葬之以礼，祭之以礼。”“生，事之以礼”者，“冬温夏凊，昏定晨省”之属也。“死，葬之以礼”者，“为之棺椁衣衾而举之，卜其宅兆而安厝之”之属也。“祭之以礼”者，“春秋祭祀，以时思之；陈簠簋而哀戚之”之属也。均见邢昺疏。

按：“冬温夏凊”，是使亲冬得暖，夏得凉；“昏定晨省”，是夜间服事亲睡，晨起时问安。棺椁衣衾，宅兆安厝，是葬的事；簠簋哀戚，是祭的事；则所谓“无违”者，是不违礼的意思。皆为事亲之礼。

孟武伯问孝。子曰：“父母唯其疾之忧。”

孟武伯，孟懿子之子，仲孙彘也。武，是谥。唯，通惟，独也。朱注云：“言父母爱子之心，无所不至，唯恐其有疾病，常以为忧也。人子体此，而以父母之心为心，则凡所以守其身者，不容于不谨矣。”

又一说，谓“其”字，指父母而言。谓人子以忧父母之疾为孝。此说亦可通。但“父母”字当略读。《淮南子·说林》云：“忧父之疾者子，治之者医。”高诱注即引“父母唯其疾之忧”语以证之。《孝经·孝行》章云：“孝子之事亲也，病则致其忧。”皆以子忧父母之疾为孝。

子游问孝。子曰：“今之孝者，是谓能养。至于犬马，皆能有养，不敬，何以别乎？”

子游，孔子弟子，姓言，名偃。《史记·仲尼弟子列传》说是吴人，《家语弟子解》说是鲁人。养，谓饮食供奉。做人子的养亲，更须有恭恭敬敬的心思，才算是孝。若只知饮食供奉而无恭敬的心思，那么，与养犬马没有分别了。朱注即如此解。

又一说：犬能守宅，马能代人任劳，也可算是养人；但犬马是不知恭敬的。人子养亲而不知恭敬，与犬马养人，没有分别了。《集解》引包（咸）说，即如此解。

王引之《经传释词》说“是谓能养”之“是”字，作“只”解。言今世所谓孝者，只说能养父母而已。《礼记·坊记》云：“小人皆能养其亲，不敬，何以辨？”义与此章同，惟易“犬马”为小人。刘宝楠《论语正义》引《公羊传》何休注“大夫有疾称犬马”，《孟子》子思言“今而后知君之犬马畜伋”，谓犬马指卑贱之人，若臧获之类。此又一说。

上面三说都可通。总之，孔子的意思，以为人子孝亲，不仅能养，尤重在能敬。

子夏问孝。子曰：“色难！有事，弟子服其劳；有酒食，先生馔，曾是以为孝乎？”

食，音俟。馔，音撰。色难，谓奉事父母，须和颜悦色，使父母欢喜。这种和颜悦色，是很难的。朱注即如此解。一说“色”是承顺父母的颜色。《集解》引包（咸）说如此。“有事，弟子服其劳”，谓家中有事，弟子出其劳力，给父兄去做。先生，谓父兄。馔，犹饮食。“有酒食，先生馔”，谓其酒食的时候，请父兄先吃。孔子的意思，说做子弟的，若只代父兄服劳做事，有酒食的时候，请父兄先吃，难道就可称孝吗？子弟事父兄，最要紧的，是和颜悦色，使父兄欢喜。

子曰：“吾与回言终日，不违如愚；退而省其私，亦足以发。回也不愚！”

回，姓颜，字子渊，(《论语》中多将“子”字省去，称颜渊）孔子弟子，鲁人。“不违如愚”者，颜回没有一句话违反孔子；孔子说如何，他也以为如何，似乎自己没有一些识见，像呆子一样。“退而省其私”者，等到他退出去以后，我去考察考察他私下的议论。“亦足以发”者，他私下的议论，识见很高，亦足发明义理的大体。

故又说“回也不愚”。

子曰：“视其所以，观其所由，察其所安，人焉廋哉！人焉廋哉！”

《说文》云：“视，瞻也。”《穀梁传·隐公五年》云：“常视曰视，非常曰观。”《尔雅·释诂》云：“察，审也。”视、观、察，虽同是看的意思，而有浅深粗细之不同。朱注云：“以，为也。”“以”是所做的事，“由”是做这件事的原因理由，“安”是心之所安，意之所乐。先看他所做的事的善恶；更进一步，详观他做这件事的因由；再进一步，细察他做了这件事，是否安心乐意的。焉，平声，何也，安也。廋，隐匿也。用这三步方法观察人，则人之善恶，可以完全明了了。

子曰：“温故而知新，可以为师矣。”

朱注云：“温，寻绎也。故者，旧所闻；新者，今所得。言学能时习旧闻，而每有新得，则所学在我，而其应不穷，故可以为人师。”按本书首章说“学而时习之”。“学”是“知新”；“习”是“温故”。下文子夏曰：“日知其所亡，月无忘其所能。”“知其所亡”是知新；“无忘所能”是温故。《论衡·谢短》篇云：“知古不知今，谓之陆沉知今不知古，谓之盲瞽。温故知新，可以为师；古今不知，称师如何？”则以古已有之者为“故”，今始有之者为“新”。在今日言之，则我国固有之文化道德为“故”，世界各国日新月异之事物哲理为“新”。“温故”、“知新”，不可偏废。且善“温故”者，常能收“知新”之效。天下未知之理，未有之物，皆从已知已有者发明之。能如此，则可以为人师。

子曰：“君子不器。”

君子，指成德之人。此云“君子不器”，与《礼记·学记》之“大道不器”正同。下愚之人，不能成器；有一材一艺之人，各有所长，亦各有所短，如器之各适其用；至于成德之人，则体无不该，用无不适，是为不器之君子。下文记孔子答子贡曰汝器也。瑚琏虽是珍贵之器，但终没有到“君子不器”的程度。

子贡问君子。子曰：“先行其言而后从之。”

朱注引周氏曰：“‘先行其言’者，行之于未言之前；‘而后从之’者，言之于既行之后。”按本书下文云：“其言之不怍，则为之也难。”又云：“古者言之不出，耻躬之不逮也。”《大戴记·曾子制言》云：“君子先行后言。”又《曾子立事》云：“君子微言而笃行之，行必先人，言必后人。”都可与此章所说互相印证。凡事，说时易，做时难。事情没有做，先发议论，这是世人的通病，子贡也未能免此。

子曰：“君子周而不比，小人比而不周。”

朱注云：“周，普遍也；比，偏党也：皆与人亲厚之意，但周公而比私耳。”王引之《经义述闻》云：“‘周’、‘比’皆训为亲、为密、为合。以义合者，周也；以利合者，比也。”可见君子小人之分，“周”、“比”之别，全在公私义利之间。

子曰：“学而不思则罔，思而不学则殆。”

《集解》包曰：“学不寻思其义，则罔然无所得。不学而思，终卒不得，徒使人精神疲殆。”朱注云：“不求诸心，故昏而无得；不习其事，故危而不安。”王引之《经义述闻》云：“思而不学，则事无征验，疑而不能定也。”以上三说，解“殆”字各不同。以王说为长。

《中庸》云：“博学之，审问之，慎思之，明辨之。”学问是“学”，思辨是“思”。本书下文子夏云：“博学而笃志，切问而近思。”博学切问是“学”；笃志近思是“思”。《荀子·劝学》云：“小人之学也，入乎耳，出乎口。”即指“学而不思”。《孟子》云：“心之官则思；思则得之，不思则不得也。”即谓学而不思，迷惘无所得。本书下文，子曰：“吾尝终日不食，终夜不寝，以思，无益，不如学也。”即说徒思之无益。皆可与本章参证。汉学家偏重训诂考据，其弊易流为“学而不思”；宋学家陆王一派空谈心性，其弊易流为“思而不学”。

子曰：“攻乎异端，斯害也已！”

自来学者，解释此章，颇多异说。《集解》及朱注均训“攻”为“治”，如《考工记》“攻木”、“攻金”之攻；“异端”，如杨墨背圣人之道者，言治异端之道则有害。此一说也。孙奕《示儿编》训“攻”为“攻人之恶”之攻；训“已”为“止”，攻异端，如孟子之距杨墨，能攻之距之，则其害止。此又一说也。焦循《论语补疏》则“攻”训“治”，训“错”，为切磨之意；“已”训“止”。攻乎异端，能相切磨攻错而不执一，则其害自止，即《韩诗外传》所谓“别殊类，使不相害，序异端，使不相悖”之意。此又一说也。近人马一浮则云：“《四书》言‘端者凡数见：一曰‘执其两端’；一曰‘我叩其两端’；一即‘攻乎异端’。盖‘端’必有两，若攻其异之一端，则有害。还须求其同之一端，则诸子百家，皆有同之一端。”马氏之意，即《易》所谓“天下一致而百虑，殊途而同归”，诸子之道术虽不同，而其旨则一。此又一说也。以上各说，当以《集解》、朱注为正解。

子曰：“由！诲女知之乎？知之为知之，不知为不知，是知也。”

由，孔子弟子，姓仲，字子路。《史记·仲尼弟子列传》云卞人。女，即汝字。诲，是教诲。是知也之知，同智。孔子呼子路之名而告之曰：“我教诲汝，汝知之否耶？”“诲汝”二字一读。朱注云：“夫子告之曰：‘我教汝以知之之道乎！’”则以“知之”为诲之之义矣。按《荀子子道》所记则此为子路初见孔子时事。孔子告子路有云：“故君子知之曰知之，不知曰不知，言之要也；能之曰能之，不能曰不能，行之要也。”又《儒效》篇云：“知之曰知之，不知曰不知；内不自以诬，外不自以欺。”又《非十二子》篇云：“言而当，知也；默而当，亦知也。”并与此章同义。朱注谓子路好勇，盖有强不知以为知者，故夫子告之云云。

子张学干禄。子曰：“多闻阙疑，慎言其馀，则寡尤。多见阙殆，慎行其馀，则寡悔。言寡尤，行寡悔，禄在其中矣！”

子张，孔子弟子，姓颛孙，名师。《史记·仲尼弟子列传》云陈人，《吕氏春秋·尊师》篇云鲁人。按颛孙氏出陈公子颛孙，昭公时，颛孙奔鲁，见《通志·氏族略》。干，求也。禄，禄位也。子张想学做官，孔子即和他谈禄。朱注引吕氏云：“疑者，所未信；殆者，所未安。”又引程子云：“尤，罪自外至者也；悔，理自内出者也。”又云：“修天爵，则人爵至；君子言行能谨，得禄之道也。子张学干禄，故告之以此，使定其心，而不为利禄所动。若颜闵，则无此问矣。”孔子之意，谓多所闻，于其疑而未信者，则阙而不言；即其馀无可疑者，亦谨慎言之，则言论可以少过尤。多所见，于其疑而未安者，阙之而不行；即其馀无可疑者，亦谨慎行之，则行为可以少悔恨。如此谨慎言行，则如孟子所说：“修其天爵，而人爵从之。”不待干求而自得，故曰：“禄在其中矣。”

哀公问曰：“何为则民服？”孔子对曰：“举直错诸枉，则民服；举枉错诸直，则民不服。”

哀公，鲁国的君主，名蒋，“哀”是死后之谥。“孔子对曰”者，凡对君上的话，都加一“对”字，表示尊敬的意思。举，用也。直，正直之人也。错，废置也。枉，邪枉，不正直之人也。此章言要民服从，只要举用正直之人，废置邪枉之人；若举用邪枉之人，废置正直之人，则民不服。

季康子问：“使民敬忠以劝，如之何？”子曰：“临之以庄则敬，孝慈则忠，举善而教不能则劝。”

季康子，鲁卿，季孙氏，名肥，康是谥。

“使民敬忠以劝”者，说使人民能够恭恭敬敬，忠心服事君上，并且互相劝勉。以劝之以，连词。阎若璩《四书释地》云：“与也。”王引之《经传释词》云：“以劝者，而劝也。”临，居上临下。庄，庄重有威严也。孔子说：执政者临民能有庄重威严的态度，则人民自然会恭敬；能够孝顺他的父母，慈爱他的人民，则人民自然会忠；能举用善人，而教化未能为善的人，则人民自然能互相劝勉。

或谓孔子曰：“子奚不为政？”子曰：“《书》云：‘孝乎惟孝，友于兄弟。’施于有政，是亦为政。奚其为为政？”

朱注据伪古文《尚书·君陈》篇“惟孝友于兄弟，克施有政”，以为“孝乎”二字当连上读，故曰：“‘《书》’云孝乎’者，言《书》之言孝如此也。”“惟孝”以下十字，乃引《书》语。按古文《尚书》为东晋梅赜所献，乃王肃之伪书，不足据。《后汉书郅恽传》郑敬云：“虽不从政，施之有政，是亦为政。”则“孝乎惟孝，友于兄弟”二语，乃逸《书》之文。“施于有政”之下，为孔子语。“孝乎惟孝”者，是赞孝之词，其句法与《礼记》之“礼乎礼”，《素问》之“形乎形，神乎神”同。“友于兄弟”者，兄友而弟弟也。孝弟所以齐家，推之治国，则孝者所以事君，弟者所以事长。（见《大学》）施者，推而行之之谓。孔子不仕，以孝弟教人。孝弟施于有政，是亦为政矣，何必以居为“为政”呢？

子曰：“人而无信，不知其可也。大车无輗，小车无軏，其何以行之哉？”

信字有二义：说话必须真实；说了话，必须能践言。人而无信，则他人对之，毫无信用，如何能行？故以车为喻，说人而无信，如大车无輗，小车无軏，不能行也。

輗音倪，軏音月。大车是载重之车，驾牛；小车是乘人之车，驾马。车前有辕，就是车杠。辕的前端连着一根横木，叫做衡。衡下缚轭，则为曲形，以驾于牛马之项。辕端持衡之关键，则大车名輗，小车名軏。盖辕端与衡均凿圆孔，以輗軏直贯而东之，则衡轭可以活动，可以转折，而车不致左右倾侧。详见刘宝楠《论语正义》引凌涣《古今车制图考》。

子张问："十世可知也？"子曰："殷因于夏礼，所损益可知也。周因于殷礼，所损益可知也。其或继周者，虽百世可知也。"

世，谓易姓之世，十世就是十代。古时候所谓礼，包一切典章、制度、政令、仪式以及社会上之习俗而言。因，是沿袭；损，是减除；益，是增加。子张问孔子道："十世以后的事情，可预知吗？"孔子答以殷继夏，周继殷，大部分的礼是沿袭前代的，其所损所益，亦可考见。将来继周而兴者，其于周礼，亦必有所因袭损益，不难推想，虽百世亦可测知，何况十世呢？历史是人类社会的演化，其间自有因果关系可寻，故察往可以知来。

陈澧《东塾类稿》则谓子张所问，乃十世以后可知十世以前之事否。因孔子言夏殷之礼，杞宋已不足征，则十世以后，恐更不可知。孔子答以殷礼因夏，周礼因殷，其所损益，犹可考见。其后继周者，虽历百世，仍可考知。至今周礼尚存，即夏殷之礼，亦尚有可考者。则以载籍已备，故百世可知也。此说亦通。

子曰："非其鬼而祭之，谄也。见义不为，无勇也。"

人死称鬼。非其鬼，是说不是自己祖先的鬼。谄，求媚也。义，就是应该做的事情。无勇，是没有勇气。"非其鬼而祭之"，是不当祭而祭，"见义不为"，是当为而不为。上二句是宾，下二句是主。

［问题］

（一）本篇哪几章是论"德治"的？其说如何？

（二）何谓"思无邪"？

（三）孔子自述修养之进程如何？

（四）孔子答人问孝，何以各有不同？试列举其说。

（五）孔子观人之法如何？

（六）何谓“温故而知新”？

（七）“学”与“思”何以乃能偏废？

（八）本篇孔子论君子之说如何？

（九）何谓“攻乎异端，斯害也已”？

（十）本篇孔子论言、行之说如何？

八佾第三

孔子谓季氏八佾舞于庭："是可忍也，孰不可忍也？"

朱注云："季氏，鲁大夫季孙氏也。"《集解》包咸谓指桓子。八佾，天子之乐，以八人为一排，共八排，六十四人。诸侯之乐，则六六三十六人；卿大夫之乐，则四四十六人；士之乐，则二二四人。《广雅·释诂》："谓，说也。"言孔子评论季氏此事。下二句，方是孔子之言。季氏不过鲁国一大夫，照礼，只能用十六人的乐；今竟僭用八佾于家庙，是目无天子了。故孔子大不谓然，对人说道："像这样僭妄无礼的事，若可容忍，还有什么事不可容忍呢？"

三家者以《雍》彻。子曰："'相维辟公，天子穆穆'，奚取于三家之堂？"

朱注云：雍，平声。相，去声。辟，音必。三家，鲁大夫孟孙、叔孙、季孙之家也。《雍》，《周颂》篇名。彻，祭毕而收其俎也。天子宗庙之祭，则歌《雍》以彻。是时三家僭而用之。"相维辟公，天子穆穆"，是《雍颂》里面的两句。相，助也。辟，公，诸侯也。穆穆，谓天子容貌之庄严。周代，天子祭祖先，诸侯都来助祭。《雍颂》有这两句。三家之堂，也歌《雍颂》，如这两句，又何所取义呢？

子曰："人而不仁，如礼何？人而不仁，如乐何？"

《礼记·儒行》云："礼节者，仁之貌也；歌乐者，仁之和也。"故"人而不仁"，必不能行礼乐。所以孔子说，"如礼何？""如乐何？"如，奈也。就是说："人而不仁，奈此礼乐何？"孔子的感叹，亦为季氏等而发。季氏等以诸侯大夫僭用天子的礼乐，把礼乐的根本意义、根本精神，都失去了！

林放问礼之本。子曰："大哉问！礼，与其奢也，宁俭；丧，与其易也，宁戚。"

《集解》郑玄曰："林放，鲁人。"是否孔子弟子，放是名，或是字，诸注皆未言。林放问"礼之本"，是问礼的本原是怎样一个意义。"子曰'大哉问'"者，孔子见一般人之行礼，都不过是糊里糊涂，跟着大家去做，从来未有研究到礼的本原意义者；今见林放此问，能从大处着想，故赞美之，曰"大哉问"。奢，是侈陈种种排场；俭，是减省，连应该备的东西也不备：二者皆不合礼，但与其过奢，宁可过俭。《集解》包曰："易，和易也。"朱注："易，治也……言丧礼节文习熟，而无哀痛惨怛之实也。戚则一于哀而文不足耳。"《礼记·檀弓》子路曰："吾闻诸夫子，丧礼，与其哀不足而礼有馀也，不若礼不足而哀有徐也。"与此同义。人子居丧，"易"与"戚"都是不合的。但与其徒重节文，而无哀痛之实，宁可哀戚而礼文不备。孔子的意思是说种种仪式，并不是"礼之本"；"礼之本"在质不在文。

子曰："夷狄之有君，不如诸夏之亡也。"

亡，同无。夷狄，谓蛮夷戎狄等野蛮部落也。诸夏，谓中国，诸侯各国也。邢疏云："此章言中国礼义之盛而夷狄无也。……言夷狄虽有君长而无礼义；中国虽偶无君，若周召共和之年，而礼义不废，故曰'夷狄之有君，不如诸夏之亡也'。"朱注引程子曰："夷狄且有君长，不如诸夏之僭乱，反无上下之分也。"邢、程二说适相反。按此章上下各章，皆叹僭礼之事，当以程说为长。

季氏旅于泰山。子谓冉有曰："女弗能救与？"对曰："不能。"子曰："呜呼！曾谓泰山不如林放乎？"

女，同汝。与，今作欤。旅，是古时候一种祭祀的名称。古代，天子祭天下的名山大川，诸侯祭自己国内的山川，大夫只能祭家庙。"季氏旅于泰山"是大夫僭用诸侯的礼，目中无鲁君也。

冉有，名求，孔子弟子，郑玄《目录》云鲁人。时为季氏家臣，故孔子谓之曰："汝弗能救与？"冉有径答以"不能"，孔子乃叹曰："呜呼！曾谓泰山之神不如林放乎？"意言泰山之神，决不受此违礼之祭祀也。

子曰："君子无所争。必也，射乎？揖让而升，下而饮，其争也君子！"

君子重礼让，故无所争。射，是比试武艺。比试必想得胜，所以君子只有在比射的时候，不能无争。古礼，射箭的时候，人须走到堂上去射。上去的时候，还要对同队比试的人，谦逊一回，作一个揖，这就是"揖让而升"。箭射过以后，仍作一个揖，走出堂来。等到大家都射过下来，胜负已决，负者乃饮罚酒，这就是"下而饮"。君子在和人竞争的时候，还是这样雍容有礼，所以说："其争也君子！"

子夏问曰："'巧笑倩兮，美目盼兮，素以为绚兮'，何谓也？"子曰："绘事后素。"曰："礼后乎？"子曰："起予者商也！始可与言《诗》已矣！"

"巧笑倩兮，美目盼兮，素以为绚兮"，上二句，见《诗经·卫风·硕人》第二章；但无下一句，故朱子说是逸《诗》。《诗》毛传云："倩，好口辅也。盼，目白黑分也。"《字林》云："盼，美目也。"按口辅就是颊。上两句是说美人笑的时候嫣然启齿，双颊微窝，秋波流盼之美。素，是绘画时用的粉；绚，是五彩的颜色。朱注云："素，粉地，画之质也；绚，采色，画之饰也。"又云："绘事，绘画之事也。后素，后于素也。"《考工记》曰："绘画之事后素功。"谓先粉地为质而后施五彩，犹人有美质，然后可加文饰。礼必以忠信为质，犹绘事必以素粉为先。《集解》引郑云："凡绘画，先布众色，然后以素分布其间，以成其文；喻美女虽有倩盼美质，亦须礼以成之。"适与朱说相反。按《论语》记孔子论礼，重在礼之本质，而不重在繁文缛节，当以朱注为长。子夏以《诗》上二句说美人之貌，下一句忽说绘事，故以为问。孔子以"绘事后素"答之者，言"美"在质而文饰次之；若本无巧笑美盼之姿，而徒以脂粉服装为饰，是益增其丑而已。此即上文诸章所说"人而不仁，如礼何"，"礼，与其奢也，宁俭；丧，与其易也，宁戚"之意。子夏因此悟到礼之本在质不在文，礼之节文是后来所加的文饰，与美人之服饰、绘事之彩色相同。孔子嘉其能闻一知二，故赞为"起予"，赞为"可与言《诗》"。

子曰："夏礼，吾能言之，杞不足征也；殷礼，吾能言之，宋不足征也。文献不足故也。足，则吾能征之矣。"

杞，音起。周武王为天子后，封夏朝的后代为杞国，封殷朝的后代为宋国。上篇云："殷因于夏礼，所损益可知也；周因于殷礼，所损益可知也。"故此于夏殷之礼，俱曰"吾能言之"。征，验也，证也。言杞宋二国均不足以为证验。文，指典册。《集解》引郑云："献，犹贤也。"《尔雅·释言》云："献，圣也。"此言杞宋二国典册既亡佚，又无秉礼之遗贤，故不足为征验。如文献犹足以资考证，则我能征之矣。此章与《礼记·中庸》、《礼运》二篇所载，大旨相同。

子曰："禘自既灌而往者，吾不欲观之矣！"

禘，音地。灌，音贯。古时五年一大祭，叫做"禘"。灌者，以酒洒地上，以迎所祭之祖也。（按现在俗礼，于祭祀完毕后，以酒洒地，称为"奠酒"，意思是送所祭之祖。与古时之"灌"，意思相同，不过先后异耳。）以酒洒地后，把祖宗的木主排列起来，然后致祭。鲁文公二年，举行禘祭，列僖公于闵公之上，《春秋》认为逆祀。本章所讥，亦指此事。僖公是闵公的庶兄。在闵公的时候，僖公是臣。他弑了闵公，自即君位，是以兄继弟的君位。文公以为僖公是兄，闵公是弟，自己是僖公的儿子，所以把父亲的木主排在叔父的上面。孔子以为闵公为君在先，僖公为君在后，不应该把僖公的木主反排在闵公的上面。但孔子自己是鲁臣，不便说鲁国上代君主失礼，而心中实大大不以为然，所以只得说："吾不欲观之矣！"按禘礼之说，学者聚讼纷纭，故对此章，亦解释不同。此从《集解》孔安国说。

或问禘之说。子曰："不知也。知其说者之于天下也，其如示诸斯乎？"指其掌。

《集解》孔曰："答以不知者，为鲁讳。"则此章系按上章而言。或人闻孔子"吾不欲观之矣"之言，故问孔子耳。《中庸》云："明乎郊社之礼，禘尝之义，治国其如示诸掌乎！"《仲尼燕居》所记略同，皆可与此章参看。此云"示诸斯"，而又记其动作曰"指其掌"，斯，即指掌而言。

祭如在，祭神如神在。子曰："吾不与祭，如不祭。"

祭，是祭祖先；祭神，是祭各种神道。祭时极诚极敬，如真有祖先或神在上一般。但一般人的祭，都不过儿戏了事，所以孔子说："吾不与祭，如不祭。"

此章大旨是说祭祀之礼，重在诚敬，重不在祭品与仪式。

王孙贾问曰："'与其媚于奥，宁媚于灶'，何谓也？"子曰："不然！获罪于天，无所祷也。"

王孙贾，王孙氏，名贾，卫国大夫，即下文所记为卫灵公治军旅者。"与其媚于奥，宁媚于灶"二句，是那时候通行的俗语。奥，室之西南隅。《集解》云："奥，内也，以喻近臣；灶，以喻执政。

贾，执政者，欲使孔子求昵之，故微以世俗之言感动之也。”按，《孟子》记弥子瑕语子路曰：“孔子主我，卫卿可得也。”弥子瑕为灵公之幸臣，贾为卫之执政，均欲与孔子接近。贾此语，殆即为弥子瑕之言而发。孔子答以“获罪于天，无所祷”者，明己不媚奥，亦不媚灶也。

朱注谓：“灶为五祀之一。祀灶当设主于灶陉，祭毕，又设馔于奥以迎尸而祭于奥。”按上数章皆言祭祀，本章孔子复以“获罪于天，无所祷也”为答，故朱子就祭祀之礼释之。

子曰：“周监于二代，郁郁乎文哉！吾从周。”

周，是周朝。二代，指夏殷。监，有察看和比较的意思，言周因夏殷之礼，察其得失，较其长短，而损益之。郁郁，是文物盛的样子。文，是文物，指礼仪典制等，至周而更为完备，所以说“吾从周”。

子入太庙，每事问。或曰：“孰谓鄹人之子知礼乎？入太庙，每事问。”子闻之曰：“是礼也？”

太庙，鲁国祀周公之庙。鄹，是鲁国的一个县名，孔子父叔梁纥所治。鄹人之子，谓孔子也。孔子入太庙，每件事情都去问人，所以或人笑孔子道：“哪个说鄹人之子知礼呢？”孔子答道：“这些是礼吗？”盖以当时祭祀诸典均不合礼，故反诘之。按《集解》及朱注均谓孔子知而复问是谨慎之至，故谓“每事问”即是“礼”。今从庄述祖（《别记》）、俞樾（《古书疑义举例》）说。

子曰：“‘射不主皮’，为力不同科，古之道也。”

朱注谓“射不主皮”是《乡射礼》语，“为力不同科”是孔子解《礼》之意如此。皮，是射侯之鹄，以皮为之。科，即是等。射主中，不主贯皮，因为射者之力不同等。又引《乐记》“武王克商，散军郊射，而贯革之射息”，以明“射不主皮”为古之道。《集解》马融释“射不主皮”曰：“言射者不但以中皮为善，亦兼取和容。”释“为力不同科”曰：“为力，力役之事亦有上中下，设三科焉，故曰不同科。”是马以二者并为“古之道”，与朱说异。

子贡欲去告朔之饩羊。子曰：“赐也！尔爱其羊，我爱其礼！”

告，音谷。饩，音戏。朱注云：“告朔之礼，古者常以季冬颁来岁十二月之朔于诸侯，诸侯受而藏之祖庙，月朔则以特羊告庙。请而行之。饩，生牲也。鲁自文公始不视朔，而有司犹供此羊，故子贡欲去之。”刘文淇《论语骈枝》则谓告读如字，告朔是天子颁告朔于诸侯；饩羊，则待天子告朔之使者用之。周自幽王之后，不复告朔，而鲁之有司，尚循例供此饩羊，故子贡欲去之。按《周礼》太史云：“颁告朔于邦国。”《孔子三朝记》曰：“天子告朔于诸侯。”《穀梁传·文公六年》曰：“天子不以告朔。”皆为刘说之证，较朱注为长。子贡之欲去饩羊，非真惜此区区，但愤王政之不行，故有为而发。孔子之答，则以礼虽不行，而其迹尚存，后世尚可借以考见古制耳。

子曰：“事君尽礼，人以为谄也。”

当时君弱臣强，事君多简傲无礼，故反以事君尽礼者为谄。孔子此言，非因人以为谄而愤慨，特叹时人莫知事君之礼而已。

定公问：“君使臣，臣事君，如之何？”孔子对曰：“君使臣以礼，臣事君以忠。”

鲁定公名宋，昭公弟，定是谥。昭公出奔，定公继立。公室卑弱，太阿倒持，故有此问。孔子答以“君使臣以礼，臣事君以忠”者，正因当时君既失礼，臣又不忠也。

子曰：“《关雎》乐而不淫，哀而不伤。”

雎，音居。乐，音洛。《关雎》是《诗经》里第一篇诗的题目。这篇诗的第一句，是“关关雎鸠”。(雎鸠，鸟名。关关，鸣声)取第一句中两字为题，所以称为《关雎》。此诗歌咏君子思得淑女为配；求之不得，则辗转反侧，寤寐思之；求之既得，则钟鼓乐之，琴瑟友之。然其得之也，虽乐而不至淫；其未得之也，虽哀而不至伤。这才是发于情而止于礼义，故孔子称之。

刘文淇《论语骈枝》谓此《关雎》为乐章名。古之乐章皆三篇为一章，故《关雎》、《葛覃》、《卷耳》，乐章统名《关雎》。“乐而不淫”，指《关雎》、《葛覃》；“哀而不伤”，指《卷耳》。按《葛覃》咏归宁，《卷耳》则怀其夫行役远方。按本篇所记，多论礼乐，刘氏之说亦通。

哀公问社于宰我。宰我对曰：“夏后氏以松，殷人以柏，周人以栗，曰：‘使民战栗。’”子闻之曰：“成事不说，遂事不谏，既往不咎。”

宰我，孔子弟子，名子，字子我，郑玄《目录》云鲁人。社是祀后土的地方。古时一个国家成立，必立社以祀后土，又必因土地之宜，种一种树木于社，以明这个土地的性质，宜种何种树木。哀公不知社树的用意，所以问于宰我。“夏后氏以松，殷人以柏，周人以栗”者，宰我列举三代的社树以对哀公。“曰‘使民战栗’”者，是接着又说周朝之以栗为社树，是使民慄慄危惧的意思。古时候慄慄危惧的“慄”字，就写作“栗”。他因当时鲁君对臣民毫无威严，所以特造这话，以告哀公，希望他能重振乾纲。宰我的话，固然有他的用意。但孔子听到了之后，大不谓然，就对宰我道：“事已成不可复解说，事已遂不可复诛止，事已往不可复追咎。”历言三者，以责宰我，使他以后知道慎言。

按“问社”，《鲁论》作“问主”，此从《古论》。主，是社主。宰我所答的松、柏、栗，是做社主所用之木材。

子曰：“管仲之器小哉！”或曰：“管仲俭乎？”曰：“管氏有三归，官事不摄，焉得俭？”“然则管仲知礼乎？”曰：“邦君树塞门，管氏亦树塞门。邦君为两君之好，有反坫，管氏亦有反坫。管氏而知礼，孰不知礼？”

管仲，名夷吾，字仲，谥曰敬齐大夫，相齐桓公，齐国大强，为五霸之首。器小，言管仲的器量狭小也。或听了孔子说管仲器小，误以为是俭省，故问曰：“管仲俭乎？”“曰：‘管氏有三归，官事不摄，焉得俭’”者，是孔子答或人之辞。三归，《集解》包咸说：“妇人谓嫁曰归。”管仲娶三姓女，故曰：“管氏有三归。”朱注云：“三归，台名，事见《说苑》。”按管仲筑三归之台，见《善说》篇。俞樾《群经评议》谓“三归”者，言管仲朝自而归，家有三处；一处有一处之官，不相兼摄，故下云“官事不摄”。包慎言《温故录》则训归为馈，谓家庙以三牲献，背大夫少牢只具羊豕二牲之礼。此外异解尚多，不备举。大夫家中有家臣。摄，是兼管各种事务。管仲家中，每一事派一人管理，与君主国家一般，故曰：“官事不摄。”排场阔绰如此，故曰“焉得俭”也。“然则管仲知礼乎？”是，或人又问曰：孔子说管仲并不俭省，乃又疑管仲为知礼也。“曰：‘邦君树塞门，管氏亦树塞门。邦君为两君之好，有反坫，管氏亦有反坫。管氏而知礼，孰不知礼？’”又是孔子答或人之言。邦君，谓一个国中的君主。树塞门者，所以隔内外，或用木屏风，或用土墙，或在门内，或在门外，古代只有国君可用。若大夫家中，只能用帘子，挂在庭阶前。今管仲家中，也树塞门，便是僭了。坫，筑土为之，在两楹之间。两国君主相会，应酬饮酒以后，把酒器还放坫上。坫为反爵之用，故曰反坫。这也只有君主可用。今管仲家中，也有这反坫之礼，亦是僭礼。故说：“管仲如知礼，还有哪一个人不知礼呢？”

按孟子尝谓管仲得君如彼之专，行乎国政如彼其久，而不能以齐王，故卑之而不屑为，可与本章孔子所云“器小”参看。管仲，相桓公，九合诸侯，不以兵车，孔子尝称之，其功烈亦未可谓卑。特以此自满，不能进其君于王，故又讥其器小易盈耳。

子语鲁大师乐曰：“乐其可知也。始作，翕如也；从之，纯如也，皦如也，绎如也，以成。”

大，古与太通。大师是乐官。乐，音乐之乐。从，今作纵。此章记孔子对鲁太师论乐之语。始作，是说音乐初动手的时候。翕，是合的意思，说各乐器的相合。从之，是说乐的声音扬开以后。纯，是和谐的意思，说音调的和谐。皦，是明白的意思，说音节的分明。绎，是相续不断的意思，说全套音乐之一气呵成。以成，是说音乐一套已经完全奏成。如字是状词的语尾。

仪封人请见，曰："君子之至于斯也，吾未尝不得见也。"从者见之。出曰："二三子何患于丧乎？天下之无道也久矣，天将以夫子为木铎。"

仪，是卫国一个邑名。封人，是掌封疆之官。仪封人，就是仪县地方做封人的官的。孔子到卫国的时候，仪封人来求见孔子，说道："各国有名的人来到这里，我是未尝不得见的。"从者，是弟子从孔子者。见之，是引导仪封人见孔子。"二三子何患于丧乎"三句，是仪封人见了孔子以后，走出去对弟子们说的话。"二三子"，是对孔子许多弟子而言。丧，是指孔子去鲁失位。木铎，形如摇铃，金口木舌，古时，发布政教时，振之以告百姓。"天将以夫子为木铎"者，言天不久将使孔子得位以行其道。一说谓木铎徇于路，所以教人。言天使孔子失位，周游列国，将使垂教万世耳。亦通。

子谓《韶》："尽美矣，又尽善也。"谓《武》："尽美矣，未尽善也。"

此章记孔子评论《韶》、《武》二种乐章之语。《韶》是虞舜的乐，《武》是武王的乐。古时候帝王功成治定以后，常造一种乐章以歌舞太平。尽美，是说这种乐的音调、舞的形状，都极其完美。尽善，是说这种乐章所含的道德意义也丝毫没有缺陷。舜受尧之禅，以揖让得天下，故舜的乐"尽美"，而又"尽善"。武王伐纣征诛得天下，故武王的乐，虽"尽美"，而未"尽善"。

子曰："居上不宽，为礼不敬，临丧不哀，吾何以观之哉？"

居上，指在上位的人。居上位的人，要宽宏大度。为礼，指行礼的时候；行礼的时候，要恭恭敬敬。临丧，指到有丧事的人家。到有丧事的人家去，应有一种悲哀的情态，否则，其为人便不足观。

[问题]

（一）何谓“八佾”？
（二）何谓“以《雍》彻”？
（三）何谓“旅于泰山”？
（四）何谓“文献”？
（五）何谓“射不主皮”？
（六）何谓“告朔”？
（七）孔子所谓“礼之本”何在？
（八）孔子何以谓“管仲器小”？
（九）孔子论三代之礼，其说如何？
（十）本篇记孔子论乐语如何？

里仁第四

子曰："里仁为美，择不处仁，焉得知？"

焉，平声，安也，此处用作副词。知，今作智。《集解》郑曰："里者，民之所居。居于仁者之里，是为美。不处仁者之里，不得为知。"朱注云："里有仁厚之俗为美。择里而不处于是焉，则失其是非之本心，而不得为知矣。"郑谓"里仁"为"居仁者之里"，朱谓"里仁"为"里有仁厚之俗"，虽不无出入，然皆以此章所论，指人居择邻而言。按《孟子》云："矢人岂不仁于函人哉？矢人惟恐不伤人，函人惟恐伤人，巫匠亦然，故术不可不慎也。孔子曰：'里仁为美，择不处仁，焉得智？'"似训里字为处，泛指立身处事而言。孟子以"仁为人之安宅"，故曰"旷安宅而弗居"，即此章所谓"择不处仁"也。此解亦通。

子曰："不仁者，不可以久处约，不可以长处乐。仁者安仁，知者利仁。"

乐，欢乐之乐。知，今作智。约，是窘困的意思。不仁之人，不可以长久处在窘困的境地。若长久处在窘困的境地，必定有为非作恶的事情做出来。但又不可长久处于富贵安乐的境地。若长久处在安乐的境地，也必骄奢淫逸，做出不好的事情来。仁者能素位而行，随遇而安，久处约而不为贫贱所移，长处乐而不为富贵所淫。

知者知，仁是于己于人都有利的，所以也能行仁。此章所说“安仁”、“利仁”，即《中庸》之“安而行之”、“利而行之”。

子曰：“唯仁者，能好人，能恶人。”

好、恶，皆去声。唯，独也。仁者大公无私，故能好人，能恶人。不是仁人，则往往发于自己情感之私了。《大学》言“惟仁人为能爱人，能恶人”，与本章同意。

子曰：“苟志于仁矣，无恶也。”

朱注：“苟，诚也。志，心之所之也。其心，诚在于仁，则必无为恶之事矣。”按下文有“观过知仁”语，仁者亦未尝无过失，但决不至有心作恶耳。

子曰：“富与贵，是人之所欲也，不以其道，得之不处也。贫与贱，是人之所恶也，不以其道，得之不去也。”

恶，去声。读以“得之”二字连上“不以其道”为句，误。此章言富贵为人所共欲，贫贱为人所共恶；君子岂不欲处富贵，去贫贱乎？惟不以其道，则得富贵而不处，得贫贱而不去耳。如此讲解，方近人情。《吕氏春秋·有庆》篇高诱注：“不以其道，得之不居。”毕沅校，谓“得之”当连下读，是其证。

“君子去仁，恶乎成名？君子无终食之间违仁，造次必于是，颠沛必于是！”

恶，音乌，平声。违，离也。朱注云：“终食，一饭之顷。造次，急遽苟且之时。颠沛，倾覆流离之际。”按：造次即仓卒之转音，颠沛即颠仆之转音。君子之所以成为君子者，以其仁也。若去仁，则何以成其为君子之名？故君子即在一饭之顷，仓卒忽遽之间，颠仆困顿之际，亦不离仁也。《中庸》云：“道也者，不可须臾离也；

可离，非道也。”仁，即是为人之道，故不可须臾离。此节与上节本为一章，分作两段讲，较易明白，但其意仍可连贯。盖君子所“处”者“仁”，苟不以其道，而处富贵，是处不仁矣；不以其道，而去贫贱，是去仁矣。

子曰：“我未见好仁者，恶不仁者。好仁者，无以尚之。恶不仁者，其为仁矣，不使不仁者，加乎其身。有能一日用其力于仁矣乎？我未见力不足者。盖有之矣，我未之见也！”

好、恶，皆去声。“好仁者”是一等，“恶不仁者”是一等，“用其力于仁者”又是一等，“好仁”是“仁”，是“安仁”，故曰“无以尚之”。“恶不仁”是“智”，是“利仁”，则能不使不仁之事，加诸其身。“用力于仁”是勇，是“强仁”。“用力于仁”即勉力以“为仁”。世人不肯“强仁”，往往诿为力不足，其实未有力不足者。盖，疑辞。末二句包上三层说，言世或有此三等人，而我未尝见之。

子曰：“人之过也，各于其党。观过，斯知仁矣。”

党，类也。朱注引程子曰：“君子常失于厚，小人常失于薄；君子过于爱，小人过于忍。”又引吴氏曰：“于此观之，则人之仁不仁可知矣。”按毗刚毗柔，毗仁毗义，人之个性，各有不同，故过失亦各有其类。皇侃疏引殷仲堪之言曰：“直者以改邪为义，失在于寡恕；仁者以恻隐为诚，过在于容非。”故观其过，则可以知其仁。

子曰：“朝闻道，夕死可矣！”

朝，音招，早也。朱注云：“朝夕，甚言其时之短。”按此章极言欲闻道之亟，虽朝闻而夕死，亦所甘心。《集解》云“言将至死不闻世之有道”误。

子曰：“士志于道，而耻恶衣恶食者，未足与议也！”

恶，如字读。《礼记·学记》云："士先志。"《孟子》云："士尚志。"士之志，当在于"道"，若以恶衣恶食为耻，则其志在乎口体之养矣。"未足与议"者，言此等人非真志道者，故未足与之论道也。必如颜渊之箪食瓢饮，不改其乐，子路之衣敝緼袍与衣狐貉者立而不耻，方可谓之"志道"，方足与之论道。

子曰："君子之于天下也，无适也，无莫也，义之与比。"

此章何氏《集解》无注。皇疏采范宁曰："适，莫，犹厚薄也。比，亲也。君子于人，无有偏颇厚薄，唯仁义是亲也。"朱子《集注》云："适，丁历反。适，专主也。《春秋传》曰'吾谁适从'是也。莫，不肯也。比，从也。"又引谢氏曰："适，可也。莫，不可也。……于无可无不可之间，有义存焉。"按《经典释文》云："适，郑作敌。莫，郑音慕，无所贪慕也。"《史记·范睢传》"攻适伐国"，《田单传》"适人开户"，皆以适为敌。莫、慕，一声之转。敌即仇敌之"敌"，是反对的意思。慕，是向慕的意思。君子于天下之人之事，无敌莫之成见，惟"义之与比"。比，是接近的意思。

子曰："君子怀德，小人怀土。君子怀刑，小人怀惠。"

朱注云："怀，思念也。怀德，谓存其固有之善；怀土，谓溺爱其所处之安；怀刑，谓畏法；怀惠，谓贪利。"按《孟子》言："有恒产者有恒心，无恒产者无恒心。"怀土，正指其念念在于恒产，在于田宅。刑，当包礼法而言。畏礼法，故能自儆。《尚书·皋陶谟》云："安民则惠，黎民怀之。"可见小人所思念者惟在恩惠。

子曰："放于利而行，多怨。"

放，依也。"放于利而行"，是说每事依利而行。多怨者，多招人家的怨也。朱注引程子曰"欲利于己，必害于人，故多怨。"所以做事不当依利而行，当依义而行。

子曰："能以礼让为国乎？何有？不能以礼让为国，如礼何？"

为国，就是治国。何有，就是说有什么难处。"礼"是"让"之文，"让"是"礼"之实。如不能以礼让为国，则礼之实已亡，则所谓礼者，只是形式而已，故曰"如礼何"也。

子曰："不患无位，患所以立。不患莫己知，求为可知也。"

位，指职位。所以立，指所以立乎此位之才德。莫己知，说无人知己；可知，说己有可以使人知之之实。《荀子·非十二子》云："君子能为可贵，不能使人必贵己；能为可用，不能使人必用己；能为可信，不能使人必信己。故君子耻不修，不耻见污；耻不信，不耻不见信；耻不能，不耻不见用。"与本章之旨同。

子曰："参乎！吾道一以贯之。"曾子曰："唯。"子出，门人问曰："何谓也？"曾子曰："夫子之道，忠恕而已矣！"

参，音森，曾子名。唯，曾子应之也。门人，弟子也。皇疏谓是曾子弟子，刘宝楠《正义》谓是孔子弟子，当以后说为是。"吾道一以贯之"，曾子已明白这个意思，故径应之曰"唯"。其馀弟子不懂"一贯"的道理，等孔子走出去以后，问曾子道："这是什么意思呢？"曾子因同学们不懂，而"一贯"二字的意义，一时不容易讲清楚，所以把孔子的道，总括成两个字道："夫子之道，忠恕而已矣！"

朱注云："尽己之谓忠，推己及人之谓恕。而已矣者，竭尽而无馀之辞也。"按《大学》论"挈矩之道"节"所恶于上无以使下"云云，《中庸》"忠恕违道不远，施诸己而不愿，亦勿施于人"，并谓"君子之道"，当以所求乎子者事父，所求乎臣者事君，所求乎弟者事兄，所求乎朋友先施之；本书下文亦云，"己欲立而立人，己欲达而达人"，皆论忠恕之道。刘氏《正义》云："己立己达，忠也；立人达人，恕也。二者相因，无偏用之势。"盖孔子之道，虽千端万绪，其实都是一贯的，不过"忠恕"二字而已。

按，《广雅·释诂》云："贯，行也。"王念孙《疏证》谓"一以贯之”，即“一以行之”，阮元谓“一”与“壹”同。“一以贯之”者，言孔子之道，皆于行事见之，非徒以文学为教。下文问子贡云：“汝以予为多学而识之者欤？”又告之曰：“予一以贯之。”盖恐子贡但以多学而识学圣人，而不于行事学圣人也。此别一解，说亦可通。

子曰：“君子喻于义，小人喻于利。”

朱注云：“喻，犹晓也。义者，天理之所宜；利者，人情之所欲。”又引程子云：“君子之于义，犹小人之于利也。唯其深喻，是以笃好。”按陆九渊访朱子于南康，尝在白鹿洞书院讲此章。与程朱所说之旨同。包慎言《温故录》则谓君子小人以位言，在位之君子于己不当言利，而治小人则当因其所利而利之。此别一说。

子曰：“见贤思齐焉，见不贤而内自省也。”

贤，是有贤德的人。思齐，想和他一样，没有高低也。内自省者，自己反省，有没有像他不贤的行为。《荀子·修身》篇云：“见善，修然，必以自存也；见不善，愀然，必以自省也。”与本章同旨。

子曰：“事父母几谏，见志不从，又敬不违，劳而不怨。”

几，《集解》朱注皆曰：“微也。”几谏者，以微言谏之，即《礼记·内则》所说“父母有过，下气怡色，柔声以诛”也。《檀弓》云：“事亲有隐而无犯。”郑玄注：“无犯，不犯颜而谏。”亦即本章“几谏”之意。“见志不从，又敬不违”者，谏了父母，见父母之志，不肯从我的话，我仍旧要恭恭敬敬，对待父母，不可违抗父母；即《内则》所说：“诛若不入，起敬起孝，悦则复谏也。”劳而不怨者，王引之《经义述闻》谓劳当训为忧，亦承上“见志不从”而言。《曲礼》：“三谏而不听，则号泣而随之。”可谓忧矣。若如通解，谓服劳不怨，则与上文“几谏”无关，当从王说。

子曰："父母在，不远游。游必有方。"

远游，即现在所谓"出远门"。方，是一定的地方。父母在的时候，不可出远门。因为父母有时思念儿子，或有疾病，离得路远，不容易回家看视父母，故曰"不远游"。游必有方者，出门去住在哪里，必有一定的地方。如此，则父母有事，可通信，或派人到这地方来叫回去。《礼记·曲礼》云："所游必有常。"《玉藻》云："亲老，出不易方。"与本章同旨。

子曰："三年无改于父之道，可谓孝矣！"

此章已在《学而》篇见过，弟子于孔子之言，各以所闻记之，或编者偶有失校，故重出而逸其半。

子曰："父母之年，不可不知也；一则以喜，一则以惧。"

父母之年，谓父母的年纪。见父母年纪大，已臻寿考，所以欢喜；见父母年纪老，将近衰亡，则又忧惧；故曰"一则以喜，一则以惧"。

子曰："古者言之不出，耻躬之不逮也。"

古者言之不出，是说古人说话，不肯轻易出口。躬，身也。逮，及也。古人以话出了口而做不到，为一件可耻的事，故不肯随便说。此章所说，即"君子欲讷于言而敏于行"的意思。

子曰："以约，失之者鲜矣！"

约字，《集解》引孔说，作俭约讲。朱注引谢氏，则云："不侈然以自放之谓约。"又引尹氏云："非止谓俭约也。"其义较长。约，是泰之反，凡谨言、慎行、不浪费，皆是约。《礼记·曲礼》云："傲不可长，欲不可纵，志不可满，乐不可极。"皆言约之道。鲜，上声，少也。以约守身，而失之者少矣。

子曰：“君子欲讷于言而敏于行。”

讷于言的意思，是说话慎重，不可轻易出口。敏于行的意思，是做事要捷速。与上文“敏于事而慎于言”这句话同义。

子曰：“德不孤，必有邻。”

《易·文言》云：“同声相应，同气相求。”故德立于己，则善言集，良朋来，如住家之有邻舍，不至于孤零零。

子游曰：“事君数，斯辱矣！朋友数，斯疏矣！”

数，音朔。朱注引程子曰：“数，烦数也。”又引胡氏曰：“事君谏，不行，则当去；导友善，不纳，则当止。至于烦渎，则言者轻，听者厌矣。是以求荣而反辱，求亲而反疏也。”吴嘉宾谓“数”与“疏”对，数者，昵之至于密者也。君子之交淡如水，小人之交甘如醴；君子淡以成，小人甘以绝。事君交友，皆如此。足以补朱注之说。

郑玄说，数当训为数君友之过，即面相责让的意思。《曲礼》云：“为人臣之礼，不显谏。”本书谓对于朋友，当忠告善道不可则止。并与本章同义。此别一解。

[问题]

（一）不仁者何以不可久处约，长处乐？

（二）何谓“安仁”、“利仁”？

（三）何谓“观过知仁”？

（四）何谓“无适无莫”？

（五）何谓“一以贯之”？何谓“忠恕”？

（六）本篇论君子小人之别如何？

（七）本篇论事父母之道如何？

（八）本篇论言行之说如何？

公冶长第五

子谓公冶长："可妻也。虽在缧绁之中，非其罪也。"以其子妻之。

公冶长，孔子弟子，公冶是姓，长是名。《史记弟子传》云齐人，《家语》云鲁人。妻，去声，谓以女给他为妻。《集解》引孔子曰："缧，黑索也。绁，挛也。所以拘罪人。"挛是系的意思。"在缧绁之中"，谓被拘系狱中。

孔子说公冶长这个人，可以把女儿给他为妻。虽曾被拘系在监牢里，是一桩冤枉的事情，公冶长并没有犯什么罪，就以自己的女儿嫁给他。

子谓南容："邦有道，不废；邦无道，免于刑戮。"以其兄之子妻之。

南容，孔子弟子，鲁人，姓南宫，名縚（《家语》作韬），字子容。《史记·仲尼弟子列传》谓南宫括（括亦作适），字子容。朱注及刘宝楠《正义》，谓縚、括、容同是一人。朱注又云"谥敬叔"，则误以南容为南宫说，非是。说，亦作阅。南宫敬叔反，必载宝而朝，孔子以为不如速贫，见《檀弓》。《汉书·古今人表》亦分列南宫敬叔南容为二人。朱子因郑玄《礼记注》而误。孔子说南容这个人，国家有道的时候，政府必不废弃他，国家无道的时候，也不至于陷于刑戮，所以把侄女儿嫁给他。按《史记·孔子世家》，孔子有庶兄，字孟皮，病足。是时孟皮已卒，孔子为其女主婚。

子谓子贱："君子哉，若人！鲁无君子者，斯焉取斯？"

子贱，孔子弟子，姓宓（音伏），名不齐，《家语》云鲁人。若，此也。"若人"，犹言"这个人"，指子贱。说鲁国若没有君子，他何所取以成其君子之德呢？"斯焉取斯"，"焉"，平声，安也，作副词用；上一个"斯"字，指子贱。下一个"斯"字，指君子之德。

按《新序·杂事篇》记子贱治单父，单父大治，末即引孔子赞语，与此同。《吕氏春秋·察贤篇》，言子贱治单父，鸣琴不下堂，而单父治以能任人，故逸。《韩诗外传》亦记子贱治单父而民附，答孔子云："所父事者三人，所兄事者五人，所友事者十有二人，所师者一人。"正言鲁君子之多。惟君子乃能取君子为师友，故赞之曰："君子哉，若人！"则下"斯"字指子贱所交之人言，亦可通。

子贡问曰："赐也何如？"子曰："女，器也。"曰："何器也？"曰："瑚琏也。"

子贡见孔子历评诸弟子，便问孔子："赐也何如？"赐，是子贡的名。弟子对师，自己称名，是古礼。"子曰'女器也'"者，是孔子答子贡之问。女，即汝字。器，是说成材的人。子贡听孔子说自己是个成材的人，又问孔子是何种材器。"曰：'瑚琏也。'"又是孔子答子贡之问。瑚琏是两种贵重的器，宗庙中用以盛黍稷，以玉为饰的。夏曰瑚，商曰琏。其制如何，已不可考。子贡虽未能为不器的君子，却是可贵重的宗庙之器。

或曰："雍也，仁而不佞。"子曰："焉用佞？御人以口给，屡憎于人。不知其仁，焉用佞？"

雍，孔子弟子，姓冉，字仲弓。郑玄《目录》云，鲁人。《论衡·自纪》篇以为是冉伯牛之子。《曲礼·释文》云"口才曰佞。"

时人以佞为贤，仲弓厚重简默，故或人称其仁而惜其不佞。焉，平声，安也。口给是言辞敏捷，辩才无碍的意思，所谓“利口”也。以口给御人，则常数为人所憎恶，故重言“焉用佞”，以明佞之无用。不知其仁之其字，即指仲弓或人称其仁，故孔子答以“不知其仁”。下文孔子责子路云：“是故恶夫佞者。”本章孔子之意重在斥“佞”，而不轻以“仁”许人之旨亦可见。

子使漆雕开仕。对曰：“吾斯之未能信。”子说。

漆雕，复姓；开，名。孔子弟子。按《史记·仲尼弟子列传》云，字子开。《汉书·艺文志》有漆雕启，当是名启，字子开。汉人避景帝讳，故改作开。郑玄《目录》云，鲁人。斯，此也。说，即悦字。孔子使漆雕开去做官。漆雕开对孔子道：“我对于做官这件事，自己还不能相信。”孔子所以闻此言而悦者，因为做官，是人人欢喜的，贤如子张，尚欲学干禄；今漆雕开竟说自己还不能相信自己能做官，岂不是很难得吗？

子曰：“道不行，乘桴浮于海，从我者其由与？”子路闻之喜。子曰：“由也，好勇过我，无所取材。”

桴，音手，用竹木编成，犹现在的竹筏木筏。筏上面，也可造屋住人，也叫做箄。浮，泛也。阎若璩《潜丘札记》据《汉书·地理志》以为指泛渤海往朝鲜，即下文“欲居九夷”之意。此言当发于周游之后，以中国莫能用己，而朝鲜有箕子之遗风，故有此叹。由，子路名。与，同欤。子路勇，故可从泛海也。子路听了孔子的话，以为孔子真个要叫他同到海上去。不觉欢喜起来，不知是因为道不行，心中感慨而发。孔子见子路认了真，而如此高兴，所以又戏之说：“由，你比我还要好勇，只是我连做桴的材料都还没有哩！”（《集解》引郑玄云：“无所取材者，无所取桴材。以子路不解微言，故戏之耳。”朱注则云“材，与裁同，古字借用”，讥其不能裁度事理。不如郑说生动多矣。）

孟武伯问：“子路仁乎”？子曰：“不知也。”又问。子曰：“由也，千乘之国，可使治其赋也，不知其仁也。”

孟武伯，见《为政》篇注。千乘之国，见《学而》篇注。赋，军赋，谓出车徒以供兵役，就是《左传》“悉索敝赋”之赋。按《先进》篇子路自言治国三年，可使有勇而且知方，可见子路善治军旅。孔子不轻以仁许人，故答孟武伯之问，但举子路所长，而云“不知其仁”。《史记·仲尼弟子列传》作季康子问，误。

“求也何如？”子曰：“求也，千室之邑，百乘之家，可使为之宰也，不知其仁也。”

此节及下节，都是孟武伯问孔子的话。孔子答辞，均与上节同一用意。求，孔子弟子冉求。千室之邑，有一千家人家的县。百乘之家，卿大夫之家，有车子一百辆。宰，兼指邑宰及家宰而言。

“赤也何如？”子曰：“赤也，束带立于朝，可使与宾客言也，不知其仁也。”

赤姓公西，字子华，孔子弟子。郑玄《目录》云：鲁人。古时做官的人，朝服，必加带。朝，是朝廷。宾客，是邻国派来的使者。《先进》篇子华自言愿为小相，可见他是一个外交人才。孟武伯，是鲁国执政的大夫，今来问孔子弟子仁不仁，故孔子把子路等三个人的特长都告诉他，当然含有介绍的意思；且因此可见孔子对于弟子的性质才能，都在平时留心，所以他们的长处，随口说得出来。

子谓子贡曰：“女与回也孰愈？”对曰：“赐也，何敢望回。回也闻一以知十，赐也闻一以知二。”子曰：“弗如也！吾与女，弗如也！”

女，今作汝。回，颜渊名。赐，子贡名。孔子对子贡说：“你与颜回两个人，哪一个好些？”子贡对孔子说：“我哪里敢望颜渊呢？颜渊听得一件道理，他推悟开去，能够晓得十件；我听得一件道理，推悟开去，只晓得二件。”孔子听了这话，又对子贡道：“你确是不及他的。就是我看来，你也是不及他。”吾与女的与，许也，是赞许的意思。皇疏说“吾与女，弗如也”，谓我和你，都不如颜渊。非是。

宰予昼寝。子曰：“朽木不可雕也，粪土之墙不可杇也。于予与何诛？”

杇，音污，亦作圬。诛，是责备的意思。宰予就是宰我，见《八佾》篇注。昼寝，就是困午觉。朽，腐也。雕，雕刻也。粪土，犹言秽土。粪土之墙，是秽土筑成的墙，杇，镘也，就是用石灰粉饰墙头。与，同欤，语助词。（清王引之《经传释词》训此与字为犹）孔子见宰予困午觉，说道：“腐烂的木头，不可雕刻了；秽土的墙，不可镘了。对于宰予，还要责备他做什么呢？”

按韩李《论语笔解》谓昼旧文作画。李匡义《资暇录》云：“寝，梁武帝读为寝室之寝。昼，当作画字。言其绘画寝室。”周密《齐东野语》谓尝见隋侯白所注《论语》，亦言昼当作画。春秋时士大夫多盛饰其居室。宰予画寝，是亦未能免俗。故孔子斥之。其曰“于予与何诛”者，言“俗尚奢华，于宰子独何责乎”？此别一解，说亦通。

子曰：“始吾于人也，听其言而信其行。今吾于人也，听其言而观其行。于予与，改是。”

此章《注疏》及皇本与上章并为一章。朱注亦引胡氏曰：“‘子曰’，疑衍文。”孔子此言，仍为宰予而发。始，是从前；今，是现在。宰予列言语之科，是个很会说话的人。孔子见他在困午觉，以为这是一件极懒惰的事情，和他平常的说话，全不相符，所以叹道：“从前我对于人听了他的话，就相信他的行为；现在我对于人，听了他的话，倒还要看看他的行为。这是因为宰予而改变的。”

子曰：“吾未见刚者。”或对曰：“申枨。”子曰：“枨也欲，焉得刚？”

《集解》引包曰："申枨，鲁人。"按申枨，字子周，即《史记·仲尼弟子列传》之申党，《史记索隐》作申堂，汉王政碑作申棠，《文翁礼殿图》作申说，同是一人。朱注曰："刚，坚强不屈之意。"孔子说："我没有看见过刚强不屈的人。"或人之意，以为申枨是个刚者。孔子听了或人的话，便驳他道："申枨这个人，是多嗜欲的，哪里能够刚强不屈呢？"多欲之人，心役于物，易为富贵所淫，贫贱所移，故曰："焉得刚？"焉，平声，安也。

子贡曰："我不欲人之加诸我也，吾亦欲无加诸人。"子曰："赐也！非尔所及也。"

子贡所言，即《大学》絜矩之道，亦即上文所云"一以贯之"的忠恕之道，较"己所不欲，勿施于人"更进一层。因"勿"者，尚是禁之之词，"无"则出于自然矣。故孔子以"非尔所及"答之。

子贡曰："夫子之文章，可得而闻也。夫子之言性与天道，不可得而闻也。"

夫子，子贡称孔子。文章，指孔子所修的《诗》、《书》、《礼》、《乐》。《史记·孔子世家》云："孔子以《诗》、《书》、《礼》、《乐》教弟子，盖三千焉。"故云"可得而闻"。性与天道，指《易》、《春秋》二书。《汉书·李寻传》赞云："幽赞神明，通合天人之道者，莫著乎《易》、《春秋》。"下引子贡语云云。则《易》与《春秋》，皆弟子所罕闻。详见刘宝楠《正义》。

子路有闻，未之能行，唯恐有闻。

唯恐有闻之有，为又之借字。此章是编《论语》的人，记子路的好处。有闻者，听了孔子的话；未之能行者，这句话的道理，还未做到也；唯恐有闻者，恐怕孔子又有第二句话说出来，来不及做也。

子贡问曰：“孔文子何以谓之文也？”子曰：“敏而好学，不耻下问，是以谓之文也。”

孔文子，卫国大夫，名圉，亦称仲叔圉，文是他的谥。俞樾《群经平议》云：“下问者，非仅以贵下贱之谓；凡以能问于不能，以多问于寡，皆是。”按：《谥法》：“勤学好问曰文。”正与孔子所答之语相合。

子谓子产：“有君子之道四焉：其行己也恭，其事上也敬，其养民也惠，其使民也义。”

子产，郑大夫，姓公孙，名侨。孔子说：子产这个人，有四件君子之道：自己做人，是规规矩矩的；他事君上，是恭恭敬敬的；他抚养人民，是有恩惠的；他使用人民，是很合宜的。

子曰：“晏平仲善与人交，久而敬之。”

晏平仲，齐大夫，姓晏，名婴，字仲，平是谥。孔子道：“晏平仲这个人，可说善于交友了；他和人交友，时候虽长久，仍旧能够恭敬而不失礼。”朋友相交得长久了，往往熟不知礼，狎亵起来。因为狎亵了，往往有轻佻怠慢的言动，甚至因此坏了交情。独晏平仲能久而敬之，故孔子赞其善与人交。

子曰：“臧文仲居蔡，山节藻棁，何如其知也？”

臧文仲，鲁大夫，臧孙辰也，仲是字，文是谥。蔡，是大龟。旧说谓蔡的地方出产大龟，所以古时就称大龟为蔡。蔡，或谓即蔡国，或谓是山名，在今黄梅、广济二县之间。俞樾《群经平议》云：“蔡当读欸。《说文》：‘欸楚人谓卜问吉凶为欸，读若赘。’龟所以卜问吉凶，因即名之曰欸，盖楚语也。龟本荆州所贡，故沿袭其语耳。欸与蔡音相近。孔广森《经学卮言》谓‘蔡，蔡叔’之‘蔡’，即‘𥠾三苗’之‘𥠾’，然则以蔡为蔡，犹以蔡为𥠾矣。”较旧解为长。古时以龟为灵物。龟大一尺二寸，尤为灵物。这种大龟只有国君得宝藏之，以供卜吉凶之用。大夫卜，但用龟之小者。臧文仲不是国君，也宝藏这种大乌龟，是僭人君之礼也。节，是屋柱上面架梁的。架梁的节上，刻着山，故曰山节。棁，梁上的短柱。藻，是水草。这短柱上画着水草，故曰藻棁。《礼记·明堂位》说："山节藻棁，是天子的庙饰。"藏龟必于庙。臧文仲宝藏大龟，作龟室以居之，而僭用天子的庙饰，妄求灵物福佑，这不是极愚笨而可笑的事吗？故曰："何如其知也？"知，同智。

子张问曰："令尹子文三仕为令尹，无喜色。三已之，无愠色。旧令尹之政，必以告新令尹，何如？"子曰："忠矣！"曰："仁矣乎？"曰："未知，焉得仁？"

令尹，楚执政之官。子文，楚大夫，姓斗，名谷於菟。（音"垢乌徒"。楚人谓乳为"谷"，谓虎为"於菟"。子文初生于䢵，因是私生子，被弃于野，而虎乳之，故名。事见《左传·宣公四年》。）子张问孔子道："楚国的子文，三次做令尹的官，没有欢喜的神色。三次免令尹的官，没有怨恨的神色。又他于新令尹上任的时候，必定把自己卸任以前所施行的政事，告知新令尹。像这样的人，如何？"孔子道："可算忠了！"子张又问："像子文这样的人，可算仁吗？"孔子道："未知。"接着又道："哪里好算仁呢？"焉，平声，安也。

"崔子弑齐君，陈文子有马十乘，弃而违之。至于他邦，则曰：'犹吾大夫崔子也！'违之。之一邦，则又曰，'犹吾大夫崔子也！'违之。何如？"子曰："清矣！"曰："仁矣乎？"曰："未知，焉得仁？"

此节与上节相连，也是子张问孔子的话。崔子，名抒，齐大夫。齐君，为齐庄公，名光。陈文子，名须无，亦齐大夫。马十乘，四十匹也。子张因孔子只许令尹子文以忠，不许以仁，因又举陈文子所行事，以问孔子也。

齐大夫崔抒弑齐庄公。（见《左传·襄公二十五年》）陈文子见齐国乱了，弃掉了自己家中的四十四马，避到别国去。弃而违之的违，是离去的意思。到了别个国里，看看情形，那执政的人，也和崔抒一样，于是又换一国。不料这时候各国都是如此。子张很看重陈文子这个人，所以又问孔子曰："何如？"孔子说陈文子可以算是清白的人了。子张又问："像这样的人，可算仁吗？"孔子也答以"未知"。接着也直告之曰："焉得仁？"

如令尹子文、陈文子，在当时都算是人品极高的人。而孔子只许他是忠，是清，而不许以仁。可见仁人是不易做到的。

季文子三思而后行。子闻之曰："再，斯可矣！"

季文子，鲁大夫季孙行父也，文为其谥。季文子每做事，必要想过三回，然后去做。孔子听人家这样说，因曰："做事能够想两回去做，已可不至于弄错了。"

按《左传》载文子将使于晋，求遭丧之礼而行，后晋襄公果卒。杜预注以为此即"三思而后行"，故朱注引以为证。凡人做事，不可不仔细，又不可太仔细。三思，则顾虑必多，不能见义勇为。后来鲁宣公篡立，文子不能讨，反为他使齐纳贿，就是顾虑太多之故。

子曰："宁武子，邦有道则知，邦无道则愚。其知可及也，其愚不可及也！"

宁武子，卫大夫，姓宁，名俞，武是其谥。知，同智。宁武子当卫成公有道的时候，出其才智，帮同施行政治；成公无道的时候，装着呆木的神情，以免祸患。（按武子未事文公。朱注以有道属文公，无道属成公，似误。见全祖望《经史问答》）孔子称赞他："其知可及也，其愚不可及也！"盖人情莫不好名，往往处无道君主之下，仍不能韬光匿采，以致丧失生命，而于国事仍无济。孔子深惜之，故称宁武子，以为时人衒智者戒。

子在陈曰："归与！归与！吾党之小子狂简，斐然成章，不知所以裁之。"

陈，是春秋时的一国。孔子此时在陈国，见道不行而思归鲁也。与，今作欤。党，乡党之党。吾党，犹云我的故乡。小子，指弟子。孔子去鲁周游，弟子留于鲁者多，故思念之也。狂简，志大而略于事，言虽怀进取之志，而阅历尚少。（此从朱注。《集解》孔云："简，大也。"）斐然，有文章之貌。言其学问文章，都可以成就。但尚不知所以裁正之，使成全材耳。

按张栻《论语解》云："方圣人历聘之时，《诗》、《书》、《礼》、《乐》之文，固已付门人次序之矣。及圣人归于鲁，而后有所裁定。"则谓"成章"及"裁之"，皆指《诗》、《书》、《礼》、《乐》而言。则此一说，亦可通。

子曰："伯夷、叔齐，不念旧恶，怨是用希。"

恶，音鄂。伯夷、叔齐，殷末孤竹君之二子。父殁，让国于中子，闻文王善养老，而往归焉。武王灭纣，夷、齐不食周粟，隐居首阳山，采薇而食，卒饿死。《史记》有传。朱注云："孟子称其'不立于恶人之朝，不与恶人言；与乡人立，其冠不正，望望然去之，若将浼焉'，其介如此，宜若无所容矣。然其所恶之人，能改即止，故人亦不甚怨之也。"按《大戴礼记·曾子立事》云："朝有过，夕改则与之；夕有过，朝改则与之。"即此"不念旧恶"之义，亦即《中庸》所谓"以人治人，改而止"也。

子曰："孰谓微生高直？或乞醯焉，乞诸其邻而与之。"

微生，是姓；高，是名。鲁国人。醯，音希，醋也。与，同予。微生高素有直名。孔子却不以为然，所以说："谁说微生高直呢？有人向他去讨醋，他自己家里没有，却向邻家讨了醋来，转给来讨醋的人。"

子曰："巧言令色，足恭，左丘明耻之，丘亦耻之。匿怨而友其人，左丘明耻之，丘亦耻之。"

朱注："足，将树反。足，过也。"足恭，是过于恭敬的意思。《集解》孔曰："足恭，便僻貌。"邢疏云："便僻其足以为恭，谓前却俯仰，以足为恭也。"《表记》孔子曰："君子不失足于人，不失色于人，不失口于人。"《尔雅·释训》有"口柔、面柔、体柔"。巧言是口柔，即失口于人；令色是面柔，即失色于人；足恭是体柔，即失足于人。详见臧庸《拜经日记》。故孔说较朱注为长。孔氏又云："左丘明，鲁太史，丘是孔子自称其名。"朱注引程子云："左丘明，古之闻人也。"又引谢氏云："夫子自言'丘亦耻之'，盖'窃比老彭'之意。"匿怨而友其人者，谓我对某人本有怨恨，却故意装出没有怨恨的样子，仍旧和他为友。此章所举二种人都是虚伪的小人，故左丘明与孔子耻之。

颜渊季路侍。子曰："盍各言尔志？"子路曰："愿车马，衣轻裘，与朋友共敝之而无憾。"颜渊曰："愿无伐善，无施劳。"子路曰："愿闻子之志。"子曰："老者安之，朋友信之，少者怀之。"

季路即子路。侍者，侍坐于孔子身边也。盍，何不也。孔子对颜渊子路说："何不各人说说你们的志向？"

朱注："衣，去声，服之也。敝，坏也。"按阮元《校勘记》云："唐石经'轻'字旁注：案石经初刻本无'轻'字。'车马衣裘'，见《管子小匡》及《齐语》，是子路本用成语。后人涉《雍也》篇'衣轻裘，而误衍'轻'字。"钱大昕复举四证以明之。"轻"为衍字无疑。旧读于"共"字句绝。按《白虎通三纲六纪》篇引此，至"敝之"绝句。《北齐书·唐邕传》显祖赐邕裘云："朕意在车马裘与卿共敝。""敝之"亦连上读。若连下读，则"敝之"专指朋友矣。子路说自己的志向，情愿把车马、衣裘与朋友同坐同穿，就是坐破穿破，也不恨朋友。

朱注云："伐，夸也。善，谓有能。施，亦张大之意。劳，谓有功。《易》曰'劳而不伐'，是也。"颜渊说自己的志向，在不矜说自己的善处，不张大自己的功劳。

子路以自己和颜渊二人的志向，都说过了，遂问孔子的志向如何。孔子说自己的志向，在于"老者安之，朋友信之，少者怀之"。"少"，去声，指年少之人。朱注云："老者养之以安，朋友与之以信，少者怀之以恩。”

子曰：“已矣乎！吾未见能见其过而内自讼者也。”

已矣乎，是叹辞，犹俗语的“罢了”，恐其终不得见而叹之也。讼，犹责也。能见其过而内自讼者，言能够见到自己的过失，而在自己腹内，责罚自己也。能自讼其过，可谓不自欺，必能慎独矣。

子曰：“十室之邑，必有忠信如丘者焉，不如丘之好学也。”

十室之邑，极言其地方之小。丘，是孔子自称其名。孔子说：“虽然是只有十家人家的小地方，也必定有天性忠信和我一样的人，不过没有像我好学罢了。”此章之旨，在勉人好学，与“丘非生而知之者，好古敏以求之者也”一章相同。言忠信为天生之美质，好学始可以有成也。

[问题]

（一）孔子为什么以女妻公冶长，以其兄之女妻南容？
（二）孔子不轻以“仁”许人，试举本篇所记以证之。
（三）子路、冉求、公西华，各有何种特长？
（四）“昼寝”有何别解？
（五）孔子对于孔文子、子产、晏平仲、宁武子的批评如何？
（六）“臧文仲居蔡，山节藻棁”，此何讲法？
（七）何谓“巧言令色，足恭”？
（八）孔子、颜渊、子路之志愿如何？

雍也第六

子曰："雍也，可使南面。"仲弓问子桑伯子。子曰："可也，简。"仲弓曰："居敬而行简，以临其民，不亦可乎？居简而行简，无乃大简乎？"子曰："雍之言然。"

按此章"仲弓问"以下，《集解》本另为一章。南面，人君之位。孔子称赞仲弓，说他有人君之度。朱注云："子桑伯子，鲁人。胡氏以为'疑即庄周所称子桑户者'，是也。"按《庄子·山木》篇作子桑雽，《大宗师》篇作桑户。仲弓闻孔子许己可以南面，因问子桑伯子何如。孔子答以"可"也者，仅可而有所未尽之辞。简者，不烦之谓。《楚辞》云："桑扈臝行。"《说苑》亦记子桑伯子不衣冠而处，孔子以为质美而无文，并以"易野"释"简"。可与本章参阅。居敬，即舜之"恭己"；行简，即舜之"无为而治"。子桑伯子盖道家者流，秉要执本，以简御繁，是人君南面之术，但仍须"居敬"方可。否则，便是太简了。大，同太，过也。

哀公问弟子孰为好学。孔子对曰："有颜回者好学，不迁怒，不贰过，不幸短命死矣！今也则亡，未闻好学者也。"

《论语》中所说的"学"，都是学做人，非如后世之以读书为学也。观此章所记，更为显然。好，去声。朱注云："迁，移也；贰，复也。怒于甲者，不移于乙；过于前者，不复于后。"按《易·系辞》云："子曰，颜氏之子，其殆庶几乎！有不善，未尝不知；知之，未尝复行也。"此即言颜子之"不贰过"。颜子先孔子而卒。《家语》谓年三十二。李锴《南史》辨之，谓《史记·伯尼弟子列传》言颜子少孔子三十岁，其卒在伯鱼之后。伯鱼卒，孔子年七十。颜子卒于孔子七十一岁之年，已四十一矣。亡，同无。《释文》云："本或无'亡'字。"俞樾《群经平议》谓"亡"与下句意复，系衍字。

子华使于齐，冉子为其母请粟。子曰："与之釜。"请益。曰与之庾。"冉子与之粟五秉。子曰："赤之适齐也，乘肥马，衣轻裘。吾闻之也：'君子周急不继富。'"

与，读上声，通予。釜，音府。庾，音羽。秉，音丙。子华，孔子弟子，公西亦字。冉子，郑玄注谓即冉有。《集解》及朱注均云：六斗四升为釜，十六斗为庾，十六斛为秉，五秉共八十斛。戴震《考工记补注》谓二斗四升曰庾，十六斗曰薮，《论语》"与之庾"，谓于釜外更益二斗四升。盖与之釜，已当，所益不得过于始与。其说较长。孔子使子华到齐国去，冉有为子华之母向孔子请粟。孔子说："给她六斗四升。"冉有请加多些。孔子说："加她二斗四升。"冉有还以为少，自己给了她八十斛。孔子说："子华到齐国去，乘的肥马，穿的轻裘，可见他家并不穷。我听到过一句老话，说'君子是周急不继富的。'"周，给不足，也见《礼记·月令》注。周急，谓周济困急。继富，谓增其富。

原思为之宰，与之粟九百。辞。子曰。"毋！以与尔邻里乡党乎！"

原思，孔子弟子，姓原，名宪，字子思。此时孔子为鲁司寇，以原思为家宰。与之粟九百者，是家宰应得之禄。此但云九百，未言是斗是石，故朱注以为不可考。《集解》引孔氏曰：九百斗，亦是想当然耳之辞。辞者，原思辞不肯受也。子曰毋者，孔子说不必辞也。"以与尔邻里乡党乎"，是说你如果用不到，把这粟拿回去，分送给你邻舍同里的人罢！

子谓仲弓曰："犁牛之子骍且角，虽欲勿用，山川其舍诸？"

犁，音离。骍，音星。子谓仲弓者，不是孔子对仲弓说，是孔子批评仲弓这个人也。犁牛，杂色的牛。皇疏载另一说云："犁牛，耕牛。"骍，纯赤色。角，牛角周正，而长短合式。犁牛之子骍且角者，言杂色牛生出来的小牛，却毛赤色而角周正也。"虽欲勿用，山川其舍诸"者，是说这种好的小牛，可用以祭祀山川之神。虽欲弃置勿用，山川之神也是不肯舍掉它的。此章完全是比喻。《史记·仲尼弟子列传》"仲弓父贱人，孔子曰犁牛之子"云云。贱人，谓微贱之人，故以耕牛为喻。仲弓可使南面，故以骍且角而可用作牺牲之牛为喻。《论衡·自纪》篇云："母犁犊骍，无害牺牲。"又云："伯牛寝疾，仲弓洁全。"以仲弓为伯牛之子，则此章盖以杂色之牛，喻伯牛之有恶疾也。

子曰："回也，其心三月不违仁，其馀则日月至焉而已矣。"

朱注云："三月，言其久也。"犹今人言"一年到头"。按即汪中《释三九》所谓"三"是虚数，三月，孔子称赞颜回，说他心里，一年到头，不与仁离开，无时无刻，不以仁存心。其馀，谓颜回以外的各弟子。他们心里，或一月，或一日，偶然存心于仁而已。

季康子问："仲由可使从政也与？"子曰："由也果，于从政乎何有？"曰："赐也可使从政也与？"曰："赐也达，于从政乎何有？"曰："求也可使从政也与？"曰："求也艺，于从政乎何有？"

与，今作欤。从政者，从事政治也。仲由，即子路；赐，即子贡；求，即冉有。果者，能决断也；达者，通达事理也；艺者，多才能也。何有者，犹今言"有什么"，谓不难也。凡人有一种长处，就可以在社会上做事。季康子问这三个人，孔子把他们的才具，老老实实答之，不过分称赞自己的弟子，也不谦虚说自己的弟子没有才能，可谓不亢不卑。

季氏使闵子骞为费宰。闵子骞曰："善为我辞焉！如有复我者，则吾必在汶上矣！"

闵，音敏。骞，音牵。费，此处音秘。汶，音焚。季氏，鲁国执政大夫，季孙氏也。《集解》引孔曰："季氏不臣，而其邑宰数畔，闻子骞贤，故欲用之。"如孔说，则此季氏当指康子。闵子骞，孔子弟子，姓闵，名损性，字子骞。郑玄《目录》云："鲁人。"费，鲁地名，是季氏的食邑。宰，邑长。闵子骞不愿做季氏食邑的官，因对季氏使者如此也。辞，是辞谢。复，是再来召我。汶，水名，在鲁国和齐国交界的地方。必在汶上者，言必定逃到汶水上去躲避，将去鲁而往齐也。

伯牛有疾。子问之，自牖执其手曰："亡之！命矣夫？斯人也，而有斯疾也！斯人也，而有斯疾也！"

牖，音有。伯牛，孔子弟子，姓冉，名耕。郑玄《目录》云："鲁人。"有疾，有病也。牖，窗也。亡之，犹言"没命了"。又连连叹惜两句道："这真是命里注定的罢？这个人而会害这种病！这个人而会害这种病！"痛惜之深，复次与哭颜渊同。朱注云："牖，南牖也。礼，病者居北牖下。君视之，则迁于南牖下，使君得以南面视己。时伯牛家以此礼尊孔子。孔子不敢当，故不入其室，而自牖执其手，盖与之永诀也。"按《史记·仲尼弟子列传》言："伯牛有恶疾。"《淮南子·精神训》云："伯牛为厉。"厉即疠之省。《说文》云："疠，恶疾也。"古以癞为恶疾，即今麻疯之类，是一种传染病。伯牛染此恶疾，将死，孔子往视之。因系传染恶疾，故不让孔子入室。而孔子师生情重，仍自牖执其手，按其脉。亡之，言脉息已绝，故有"斯人斯疾"之叹。朱注似嫌迂曲。

子曰："贤哉！回也。一箪食，一瓢饮，在陋巷，人不堪其忧，回也不改其乐。贤哉！回也！"

箪，竹器，犹今之饭篮。瓢，盛水之器，以瓠瓜为之。陋巷，房屋低旧的小弄。王念孙则谓"陋巷"即指所居之室；古时里中道曰巷，人所居亦谓之巷，故《广雅》并列二训。（见《经义述闻》引）乐，欢乐之乐。大凡一个人，处富贵则欢乐，处贫贱则忧愁；只有乐道之士，富贵贫贱，都不足以动其心。此章孔子赞颜渊，说他吃的只有一篮饭、一瓢汤，住的是房屋低旧的小弄，在别人将忧愁得了不得，而他仍旧不改欢乐的态度。

冉求曰："非不说子之道，力不足也。"子曰："力不足者，中道而废；今女画。"

说，今作悦。女，今作汝。画，读如笔画之画，止也。非有以止之而自止，谓之画。冉求对孔子说："不是不喜欢夫子的道，所以不行道者，因为我自己力量不足。"按《里仁》篇云："有能一日用其力于仁矣乎？吾未见力不足者。"此言"力不足者，中道而废"者，特因冉求之言指出真是力不足者以示之。现在你是自己划了一个界限，不向前进行，其实一点力也没有用，哪里好说是力不足呢？

子谓子夏曰："女为君子儒，无为小人儒！"

女，今作汝。无，同毋。孔子时，一般学者，都称为"儒"。但学者之中，也有君子，有小人。此章孔子勉励子夏为君子儒，不要为小人儒也。

子游为武城宰。子曰："女得人焉尔乎？"曰："有澹台灭明者，行不由径，非公事，未尝至于偃之室也。"

武城，鲁邑名。女，今作汝。子游为武城之邑宰。孔子问他："你得贤能的人了吗？"澹台，是姓；灭明，是名，字子羽，武城人。《史记·仲尼弟子列传》亦在弟子之列。偃，是子游的名。子游说："有个澹台灭明者，他走路，走大道，不走小路捷径；不是有公事，不到我的衙门里来。”此言澹台灭明人品之方正。

子曰：“孟之反不伐，奔而殿，将入门，策其马曰：‘非敢后也，马不进也。’”

孟之反，鲁大夫，名侧。自己称自己的能干，自己的功劳，叫做伐。战败逃跑叫做奔。在军队后面拒敌叫做殿。殿，去声。策，马鞭也；以马鞭鞭马，也叫策。哀公十一年，鲁国和齐国战，鲁军大败逃回。孟之反独在后面，拒追敌兵。将入国门，乃用马鞭鞭马，对人说：“我并不敢在后面抵拒敌兵，因为马不向前走，所以在后面也。”事见《左传》。

子曰：“不有祝鮀之佞，而有宋朝之美，难乎免于今之世矣！”

祝鮀，卫大夫，字子鱼。佞，有口才也。宋朝，宋公子朝，美而淫。仕于卫，通于宣姜及南子。而，与也。《韩非子·说林》：“以管子之圣而隰明之智。”句法正与此同。（见王引之《经传释词》）“难乎免于今之世”者，言现在之难免于祸害也。此孔子伤时之言。

子曰：“谁能出不由户？何莫由斯道也？”

道，是做人的道理，为人人所当共由，犹之无论何人不能不由门户出入也。《礼记·礼器》云：“未有入室而不由户者。”彼云“出”，此云“入”，其义一也。人知出入由户，而不知立身处世之当由道，故孔子叹之。

子曰：“质胜文则野，文胜质则史。文质彬彬，然后君子。”

质，是本质。文，是文饰。野者，朴实无文，鄙陋如野人也。《礼记·仲尼燕居》云：“敬而不中礼，谓之野。”敬是礼之质；不中礼，谓无礼之文也。史者，本为掌文辞之官；辞多浮夸，故以为

"野"之反。《仪礼·聘礼记》云:"辞多则矣。"亦言其文胜于质。彬彬,《集解》包曰:"文质相半之貌。"

子曰:"人之生也直,罔之生也幸而免。"

郑玄注云:"始生之性皆正直。"此即"人之初,性本善"的意思。及为坏的习气所染,方有邪曲诬罔。人而失其正直的天性,则难免遭祸患而死。若罔而仍得生者,幸而免耳。

子曰:"知之者不如好之者,好之者不如乐之者。"

好,去声。乐,欢乐之乐。此章包括一切学问道德之修习而言。知之者,不过知道此学此道之如何而已。好之者,则对于此学此道有进一层的爱好。乐之者,则乐此不倦,比好之者更进一层。颜子的陋巷箪瓢,不改其乐;孔子的饭疏饮水,乐在其中,发愤忘食,乐以忘忧:对于道,都已到"乐之者"的地步。艺术家、科学家、文学家、宗教家,其研究信仰,到登峰造极时,也有这种景象。

子曰:"中人以上,可以语上也。中人以下,不可以语上也。"

人之资质,大概可分为三等,最高的为上智,最低的为下愚,平常的皆中人也。语,告也,谓教之也。孔子因材施教,故视其人之资质而语不同。子贡谓"夫子之言性与天道,不可得而闻",亦是因此。

樊迟问知。子曰:"务民之义,敬鬼神而远之,可谓知矣。"问仁。曰:"仁者先难而后获,可谓仁矣。"

知,今作智。民,即是人。务民之义者,犹云做人所当做之事也。敬鬼神而远之者,言虽敬重鬼神而不迷信之也。能如此,可谓智了。获,得也。难,做艰苦的事也。这句意义,以皇疏所采范宁之说为长,即"艰难之事,则为物先,获功之事,而处物后,则为仁矣。”亦即宋范仲淹所谓“先天下之忧而忧，后天下之乐而乐”也。

子曰：“知者乐水，仁者乐山。知者动，仁者静。知者乐，仁者寿。”

知，今作智。乐山、乐水之乐，音耀，喜好也。下一乐字，为欢乐之乐。朱注云：“知者达于事理，而周流无滞，有似于水，故乐水；仁者安于义理，而厚重不迁，有似于山，故乐山，动、静，以体言；乐、寿，以效言也。”此章说智者仁者分三层，实则一气贯串。盖智者乐水，由性好动，成功多，故常乐。仁者乐山，由性好静，欲念少，故能寿。

子曰：“齐一变，至于鲁；鲁一变，至于道。”

《集解》包曰：“言齐、鲁有太公、周公之余化。太公大贤，周公圣人，今其政教虽衰，若有明君兴之，齐可一变使如鲁，鲁可一变使如大道行之时。”按《说苑·政理》篇、《汉书·地理志》均言太公治齐为霸术，伯禽治鲁为王道。孔子之时，维齐强鲁弱，然齐终是霸国，鲁还存有王化。故以为齐国一变，始可至鲁，鲁国再一变，即可如大道行之时也。

子曰：“觚不觚，觚哉！觚哉！”

觚，音孤。朱注云：“觚，棱也。或曰酒器，或曰木简，皆器之有棱者也。不觚者，盖当时失其制而不为稜也。‘觚哉，觚哉’言不得为觚也。”按此章全为比喻之辞。言觚之所以名为觚者，以其方而有稜为觚之形也。若觚而不成觚形，则有觚之名，无觚之实，岂得谓之觚乎？孔子主正名，名与实当相符，觚不觚，盖以喻当时之君不君，臣不臣，父不父，子不子耳。旧说皆泥于“觚”言，至不可解。

宰我问曰："仁者虽告之曰：'井有仁焉。'其从之也？"子曰："何为其然也？君子可逝也，不可陷也；可欺也，不可罔也。"

井有仁的仁，通人。朱注引刘聘君云："有仁之仁，当作人。"从，谓随之入井以救之。其从之也的也，用与欤字同，亦疑问助词。逝，往也。可逝，言可使之往。不可陷，言陷之入井。欺，谓诳之以理之所或有；罔，谓昧之以理之所必无。与孟子所云"君子可欺以其方，难罔以非其道"，同一意思。下文孔子告子路云："好仁不好学，其蔽也愚。"宰我以为仁者忠厚可欺，故为此问；孔子则据理以驳之。

子曰："君子博学于文，约之以礼，亦可以弗畔矣夫？"

畔，音叛。夫，音扶。文，典籍也。博览典籍，可以多知前言往行。礼，是做人的种种规则仪式。博学于文而不以礼约束自身，则往往有文而无行。如能博文约礼，则可以不违道。故曰："亦可以弗畔矣夫？"畔，同叛，即背也。按此章重见《颜渊》篇，但无"君子"二字。

子见南子。子路不说。夫子矢之曰："予所否者，天厌之！天厌之！"

说，今作悦。南子，是卫灵公的夫人。孔子到卫国，南子慕孔子之贤，遽然请见。孔子不便辞谢，就去见她。子路不悦者，旧解谓以南子是淫妇，孔子居然去见她，故不悦。按南子虽淫乱而有知人之明，故于蘧伯玉及孔子，皆特敬之。子路疑孔子之见南子，将诎身行道，故不悦耳。矢，旧解多以为誓，下三句即誓辞。殊于情理未合。惟宦氏《论语稽》训为直陈。（皇疏引蔡谟注亦曰："矢，陈也。"）直陈，即直言也。予所否者之否。当读作否塞之否。天厌之之厌，与《左传》"将以厌众"之厌同，压也，阻塞也。言"我所以否塞而不得行其道者，天实阻止"。意谓天未欲平治天下，故阻我不得行其道，我岂不知天命，而欲诎身行道，乃见南子以要卫君乎？

臧仓沮鲁平公见孟子，孟子曰："吾之不遇鲁侯，天也。臧氏之子焉能使余不遇哉？"与孔子所说，意虽相似，而义实相同。

子曰："中庸之为德也，其至矣乎？民鲜久矣！"

鲜，音险。郑玄《目录》云："名曰中庸者，以其记中和之为用也。庸，用也。"又注《中庸》"君子中庸"句云："庸，常也。用中为常道也。"朱注引程子云：'不偏之谓中，不易之谓庸。中者，天下之正道；庸者，天下之定理。"中庸之德，谓不偏不倚，无过不及，而可以常用之德。鲜，上声，少也。言中庸为至德，而一般人少此至德久矣。《中庸》亦引此语，作"中庸其至矣乎！民鲜能久矣"。字句虽稍异，意义则同。

子贡曰："如有博施于民，而能济众，何如？可谓仁乎？"子曰："何事于仁？必也圣乎！尧舜其犹病诸？夫仁者，己欲立而立人，己欲达而达人。能近取譬，可谓仁之方也已！"

夫，音扶。子贡说："如有人广布恩泽于民，而能使大众都得着救济，怎么样？可以算仁人吗？"孔子答道："能够如此，何止于仁呢？一定是圣人了罢？这是尧舜还愁做不到的。"接着又正色告子贡道："所谓仁者，是推己以及人。自己能立了，使人也要能立；自己能达了，使人也要能达。能够就近取譬于己，推而及之他人，可以说是为仁的方法。"

按下文孔子告子贡可以终身行之的"恕"；说："己所不欲，勿施于人。"与本章之"己立立人，己达达人"同为推己及人，惟消极积极二方面，各就一方面说而已。《大学》所说絜矩之道，亦是此义。己达，是成己；立人、达人，则成物矣。但欲成物，必先能成己；故为仁之方，在于取譬于近，不必好高骛远，遽欲能成博施济众之圣功也。仁，是德目；圣，则为成德之名。为仁而能至乎其极，则为圣人。上文子贡云："吾不欲人之加诸我也，我亦欲无加诸人。"孔子以为非其所及。故于子贡此问，答以博施济众为圣人之事，尧舜犹病，又告以为仁之方，在能近取譬也。

[问题]

（一）何谓“居敬行简”？何谓“太简”？

（二）颜子之好学何如？

（三）冉有为公西华请粟，孔子不肯多予；原思不受所予之粟，孔子强之接受。何故？

（四）孔子问伯牛之疾，何以自牖执其手而叹？

（五）孔子称颜子三月不违仁，又称不改其乐，二章有何关系？

（六）何谓“知之”、“好之”、“乐之”？

（七）孔子论“知”“仁”之说如何？

（八）何谓“博文约礼”？

（九）孔子见南子，子路何以不悦？孔子何以自解？

（十）孔子告子贡为仁之方如何？

述而第七

子曰："述而不作，信而好古，窃比于我老彭。"

窃，音切。述者，传述旧文以教后人；作者，自己创作著书立说也。孔子序《书》、删《诗》、定《礼》、正《乐》、赞《易》、修《春秋》而成六经，不过把古人已有的经典，采择纂辑之，教授弟子而已，故曰"述而不作"。信而好古，相信古圣人之经典而爱好之也。下文云："盖有不知而作之者，我无是也。"又云："好古，敏以求之。"与本章之旨同。窃比于我老彭者，朱注云："窃比，尊之之辞；我，亲之之辞。老彭，商贤大夫，见《大戴礼》，盖信古而传述者也。"按《大戴礼记·虞戴德》篇老彭与仲傀并举，《汉书·古今人表》亦列老彭于仲虺下，仲虺即仲傀，则老彭亦商初人也。郑玄注云："老，老聃。彭，彭祖。"则以老彭为二人。据《楚辞·天问》王逸注及《史记·五帝本纪》，则彭祖为尧臣。此不曰彭老而曰老彭者，宋翔凤以为老聃有亲炙之谊，且尊周史。与朱注异。

子曰："默而识之，学而不厌，诲人不倦，何有于我哉？"

识，今作志。朱注云："识，记也。默识，谓不言而存诸心也。"厌是满足厌弃的意思。倦是倦怠的意思。"何有于我哉"句，旧注多不得其解。此句"何有"二字，与上文"于从政乎何有"句同一用法。译作白话，就是说："这于我有什么呢？"言此我已能之，没有什么了不得也。如此解，方与本篇下文所记答公西华，《孟子公孙丑》所引答子贡，自承“不厌”、“不倦”两节相合。

子曰：“德之不修，学之不讲，闻义不能徙，不善不能改，是吾忧也！”

孔子以修德、讲学、徙义、改过为做人的四个要紧条件。一个人的修德是修治道德。讲学是讲习学问。徙义、改过就是《易·益卦》所说：“见善则迁，有过则改。”孔子以不能此四者为己忧，盖以勉学者耳，曰：“是吾忧也。”

子之燕居，申申如也，夭夭如也。

夭，音腰。此弟子记孔子之态度也。燕居，犹闲居，谓闲暇无事之时。朱注引杨氏曰：“申申，其容舒也。夭夭，其色愉也。”按如杨说，则“申申”、“夭夭”二句意义重复。《汉书·万石君传》云：“子孙胜冠者在侧，虽燕必冠，申申如此。”颜师古注云：“申申，整饬之貌。”申申，言其敬；夭夭，言其和。“申申如”，故“望之俨然”；“夭夭如”，故“即之也温”。此孔子燕居时之神情态度。

子曰：“甚矣，吾衰也！久矣，吾不复梦见周公！”

孔子屡言“吾从周”，盖思得位行道，仍行周公之礼也。因周礼是周公所创，孔子常常想着周公这个人，所以常常梦见周公。此言久不梦见周公者，伤已衰老，而道终不行也。此语省是孔子晚年所说。

子曰：“志于道，据于德，依于仁，游于艺。”

据，音句。此孔子教人进德修业的方法。志于道者，心之所之，在于道也。据于德者，行道而有得于心，则执守之弗失也。依于仁者，无终食之间违仁也。游于艺者，习礼、乐、射、御、书、数六艺以供娱乐也。《礼记·少仪》言：“士游于艺。”《学记》言：“君子之于学，藏焉、息焉、修焉、游焉。”亦艺于游息中习之，犹今日学校中之课外活动也。

子曰：“自行束脩以上，吾未尝无诲焉。”

古者相见必有贽。弟子来学，奉束以为贽，是礼物之薄者。脩，以肉切为条而干之者也，故脩字从肉，不可作“修”。每条肉折成一朐，五条为五朐，有十脡，扎成一束，就叫做“束脩”。（后人亦有以束带修饰，或约束修饰，训“束脩”二字者。但《檀弓》、《穀梁》明言“束脩”为馈问之物，馀义实不可从）孔子言：“有人拜己为师，只要送过拜师的礼物，不论他的礼物轻至束脩，或比束脩厚，我总是一样地教诲他。”按古代学术在官，故“事师”必须“宦学”，“入官”乃能“学古”。私人讲学之风，自孔子开之。且自行束脩，未尝无诲，故虽贫如颜渊、原思，亦得及门受业。教泽之广，盖由于此。

子曰：“不愤不启，不悱不发，举一隅不以三隅反，则不复也。”

此章，孔子自言教人之法也。朱注云：“愤者，心求通而未得之意；悱者，口欲言而未能之貌。启，谓开其意；发，谓达其辞。物之有四隅者，举一可知其三。反者，还以相证之义。复，再告也。”按人于学有所不通，而亟欲通之，则心愤愤然；因而启导之，则豁然贯通矣。欲言未能者，即《学记》所谓“力不能问”也。“力不能问，然后语之”，则恍然以为先得我心矣。举一反三，即孟子所谓“欲其自得之”。不复者，即《学记》所谓“语之而不知，虽舍之可也”。孔子教人之法，与现代教育学上的新教学法不谋而合。

子食于有丧者之侧，未尝饱也。子于是日哭，则不歌。

此章记孔子吊丧时之态度。临丧则哀，所以未尝饱。哭，谓往吊而哭；馀哀未灭，所以不歌。二者皆出于情之自然，弟子见而记之，非谓孔子有意如此做作也。《礼记·檀弓》云：“食于丧者之侧，未尝饱也。”又云：“吊于人，是日不乐。”

子谓颜渊曰："用之则行，舍之则藏，唯我与尔有是夫！"

舍，今作捨，即舍弃。"用之则行，舍之则藏"者，即孟子所说"可以仕则仕，可以止则止"，"达则兼善天下"，"穷则独善其身"。夫，音扶，即今语之"吧"。"是"指上"用"、"舍"二句。唯我与尔有是夫者，言只有我同你二人，有这样的态度也。颜渊之道德学问都与孔子相仿佛，故孔子以此称之。

子路曰："子行三军则谁与？"子曰："暴虎冯河，死而无悔者，吾不与也；必也，临事而惧，好谋而成者也。"

此节与上节同章。子路，好勇能治军旅，听见孔子称赞颜渊，心想打仗非颜渊所能，所以问："夫子要行三军的时候，叫哪个人同去呢？"暴，音抱。冯，音凭。《尔雅·释训》云："暴虎，徒搏；冯河，徒涉。"《说文》："淜，无舟渡河也。"《玉篇》："徒涉曰淜。"此作"冯"，为淜之假借字。言徒手打虎，无舟渡河，不顾危险，死而不悔的人，虽行三军，我不与之俱也。必须"临事而惧，好谋而成"者，方与他同去。惧，是慎战不轻敌的意思。焦循《补疏》谓：成，犹定也。定即决定。好，去声。

子曰："富而可求也，虽执鞭之士，吾亦为之；如不可求，从吾所好。"

朱注云："执鞭，贱者之事。设言富若可求，则虽身为贱役以求之，亦所不辞。然有命焉，非求之可得也。则安于义理而已矣，何必徒取辱哉？"按：而，如也。"如可求"、"如不可求"，相对成文。而、如古通。好，去声。此章之旨，重在明富之不可求，不若从吾所好，安贫乐道之为愈。

子之所慎：齐、战、疾。

齐，今作斋。祭祀鬼神时须斋戒也。战，指战争。疾，就是害病。这三件事情，是孔子生平最慎重的。

子在齐，闻《韶》，三月不知肉味。曰："不图为乐之至于斯也！"

乐，音乐之乐。《韶》是虞舜的音乐，即孔子曾称为尽美尽善者也。孔子到齐国去，听到了《韶》乐，一心专注在这上面，甚至三个月之久，不知肉的味道，说："不料舜作的乐，好到如此！"《史记·孔子世家》亦记此事，"三月"上有"学之"二字。则"不知肉味"，因学乐之专心致志而然矣。

冉有曰："夫子为卫君乎？"子贡曰："诺，吾将问之。"入曰："伯夷、叔齐何人也？"曰："古之贤人也。"曰："怨乎？"曰："求仁而得仁，又何怨？"出曰："夫子不为也。"

为，助也。卫君，指出公辄。卫灵公逐其世子蒯聩。灵公死，国人立蒯聩之子辄。后来晋国纳蒯聩，辄拒之，于是父子争夺君位。孔子此时，适在卫国。辄很敬礼孔子，故冉有与子贡谈话，而问夫子助不助辄也。子贡听了冉有的话，便答道："是的！我就去问。"子贡走进孔子房里，问伯夷、叔齐是如何的人。孔子答说，伯夷、叔齐是古时候的两个贤人。"相传伯夷、叔齐是孤竹国国君之子。伯夷是长子，照例应嗣立。国君死时，却遗命立叔齐。叔齐不肯，仍让伯夷嗣位。伯夷曰："父命不可违。"自己逃避到别处。叔齐也不肯嗣位，跟伯夷逃到别处去。子贡又问，他两人，都逃去不做国君主，究竟怨不怨呢？孔子以为伯夷、叔齐之让国，是自己的意志。这种事情，只有仁人肯做。伯夷、叔齐之做这件事情，正是求仁，故曰"求仁得仁，又何怨"也。伯夷、叔齐以兄弟而让位，卫君与蒯聩则以父子而争位，孔子既称赞让位的人，必不肯帮助争位的人，故子贡出去对冉有说："夫子不为也。"

子曰："饭疏食，饮水，曲肱而枕之，乐亦在其中矣！不义而富且贵，于我如浮云。"

饭疏食之饭，是吃的意思。食，音俟，解作饭。《集解》孔曰：“疏食，菜食。”是以疏为蔬菜之蔬。朱注曰：“疏食，粗食也。”解作粗。肱，臂也。乐，快乐。不义而富且贵者，言不以其道而得富贵也。这种富贵，好像空中飞过的云，孔子心里，毫不想着，故曰“于我如浮云”也。此章与上文称颜渊，“一箪食，一瓢饮，在陋巷，人不堪其忧，回也不改其乐”是一样的意思。只有孔子、颜渊安贫乐道，能够如此。

子曰：“加我数年，五十以学《易》，可以无大过矣！”

此章自汉以后，都从古文《论语》。《鲁论》易字作亦，当读作：“加我数年，五十以学，亦可以无大过矣！”

加我数年，就是再加我几岁年纪。五十以学《易》者，是到了五十岁，可以研究《易经》也。孔子说此话时，大概是四十多岁。（邢疏谓在四十七时）研究《易经》以后，就能明白吉凶消长之理、进退存亡之道，所以可以没有大过失也。朱注引刘聘君说，谓元城刘忠定公自言见一本加作假，五十作卒。又根据《史记·孔子世家》“孔子晚而喜《易》……曰：‘假（与加通）我数年，若是，我于《易》则彬彬矣’”数语，以为“是时孔子年已几七十矣。五十字误，无疑。”刘宝楠《正义》则谓：“夫子五十前得《易》，冀以五十时学之明，《易》广大悉备，未可遽学之也。及晚年，赞《易》既竟，复述从前‘假我数年’之言，故曰：‘假我数年，若是，我于《易》则彬彬矣。’……《世家》与《论语》，所述不在一时，解者多失之。”

子所雅言，《诗》、《书》、执礼，皆雅言也。

近人刘大白《白屋文话》讲此节云：“《汉书》鸦鸦作秦声，言陕西的人口音，常是雅雅也。周朝旧都，在今陕西，故其口音也像雅雅的声音。此章所记，是孔子平时说话，都用当时鲁国的土话；只有读《诗经》读《书经》，及在喜事、丧事人家赞礼，则用陕西人口音也。”此话颇足发明郑玄之说。郑曰：“读先王典法，必正言其音，然后义全。……礼不诵，故言执。”但刘氏《正义》引刘台拱

《论语骈枝》说，则谓雅即是夏，雅言，就是周室西都的正音。但无论雅为鸦鸦，或为夏，其为陕西语音，则二说相同。按周以陕西语为正音，犹民国初年以北平音为国音。此谓孔子诵《诗》读《书》及赞礼时用当时的国音耳。朱注训雅言为常言。解执礼云："礼独言执者，以人所执守而言，不徒诵说而已也。"与上说异。

叶公问孔子于子路。子路不对。子曰："女奚不曰：'其为人也，愤发忘食，乐以忘忧，不知老之将至云尔！'"

女，今作汝。乐，欢乐之乐。叶公，是楚国大夫，姓沈，名诸梁，字子高。叶是他的食邑，公是他的僭称。孔子曾到过楚国，故叶公去问子路："孔子为何如人？"子路不对。此事被孔子知道后，孔子便对子路说："你何不这样说？"云云也。其为人之的其，孔子指自己。发愤忘食者，言研究一种学问，发起愤来，连吃食亦忘记也。乐以忘忧者，言研究学问有所得的时候，快乐得一切忧愁的事都忘记也。不知老之将至云尔者，言学无止境，研究不已，连老亦不晓得也。

子曰："我非生而知之者，好古敏以求之者也。"

此孔子劝人求学也。当时一般人，以孔子为生而知之的圣人。故孔子自说道："我并不是生出来就知道世界上一切道理的。我是好读古书，敏捷黾勉以求之的。"（朱注云："敏，速也，谓汲汲也。"是含有敏捷、黾勉二义）

子不语：怪、力、乱、神。

世人于怪异、勇力、变乱、鬼神之事，往往津津乐道，听者亦乐而忘倦。孔子则语常不语怪，语德不语力，语治不语乱，语人不语神。即此，可以见孔子平时言论之务实。

子曰："三人行，必有我师焉。择其善者而从之，其不善者而改之。"

朱注云："三人同行，其一我也。彼二人者，一善一恶，则我从其善而改其恶焉。是二人者，皆我师也。"按：三人行者，言与朋友游处。三为虚数，不必定为三人也。择善而从，不善而改，即"见贤思齐，见不贤而内自省"之意。能如此，则凡人皆吾师矣。不必泥言一人善，一人恶也。刘氏《正义》引钱坫说，谓："善与不善，谓人以我为善不善也。我并彼为三人。若彼二人以我为善，我则从之；二人以我为不善，我则改之。是彼二人者，皆为吾师。"此说与朱注异，而亦可通。

子曰："天生德于予，桓魋其如予何？"

魋，音颓。桓魋，是宋司马向魋。向氏出于桓公，所以又称桓氏。《史记·孔子世家》云："孔子适宋，与弟子习礼大树下，宋司马桓魋欲杀孔子，拔其树。孔子去。弟子曰：'可速矣！'孔子曰：'天生德于予……'"云云。据此，则弟子们见桓魋来势凶恶，不免恐慌。孔子则从容镇静，其识见高人一等可知。桓魋见习礼，而来拔树，不过想吓走孔子，未必定要害孔子的性命。即如桓魋必欲杀孔子，则虽快奔，也不能脱；且一逃，反使他更起疑心，倒真会弄出祸来。反不如处之泰然，使人不疑，自然平安无事了。此皆孔子识见高超，临机应变处。

子曰："二三子以我为隐乎？吾无隐乎尔！吾无行而不与二三子者，是丘也。"

孔子之道，高深广大，且不以言教而以身教，弟子们一时不能尽见尽知，还以为孔子有所隐匿，不肯教人，故孔子对弟子说明之。二三子，谓诸弟子。乎尔，皆语末助词，与《诗经·齐风》"俟我于堂乎而"、《孟子》"然而无有乎尔则亦无有乎尔"，句法并同。孔子说：你们以为我有所隐匿而不教你们吗？我实在没有隐匿啰。我做的事，没有一件不公开的，与你们共见共闻的。是丘也者，孔子称自己的名，言丘是这样的也。

子以四教：文、行、忠、信。

文，谓《诗》、《书》、《礼》、《乐》等典籍。行，谓难行。此二者，致如力行之教。忠与信则为品性上的训练。孔子以此四者教人，知识、行为、品性三方并重也。孔子行教，以此四事为先。

子曰："圣人，吾不得而见之矣！得见君子者，斯可矣！"子曰："善人，吾不得而见之矣！得见有恒者，斯可矣！亡而为有，虚而为盈，约而为泰，难乎有恒矣！"

此章有两"子曰"，因不是在一样说的话。朱注疑后一"子曰"为衍字。又云："圣人，神明不测之号；君子，才德出众之名。"又引张子曰："有恒者，不贰其心；善人者，志于仁而无恶。"这各是两等人，孔子求其上者而不得，故思见其次也。亡，同无。"亡而为有"，正是下文曾子所说"有若亡，实若虚"的反面。约而为泰，义亦如此。学问道德，空无所有，本是俭腹，偏要自诩为饱学硕德，自满自侈。这种人，望他有恒，难矣，孔子此言，本有所感而发，但即可以见"有恒"为入德之门。

子钓而不纲，弋不射宿。

此章记孔子寻常所作的小事。钓者，用钓钩钓鱼。纲者，用大绳连接了网绝流捕鱼，想一网打尽也。弋，音亦。是用丝吊在箭上射鸟。射宿者，射宿着的鸟，欲出其不意也。此章所记，虽是两件小事，然可见仁者之存心与待物矣。

子曰："盖有不知而作之者，我无是也。多闻，择其善者而从之，多见而识之，知之次也。"

识，今作志。知之次的知，今作智。作，创作也。不知而作之者，谓并无所知，而妄事创作者也。孔子自言"述而不作"，况不知而妄作乎？故曰"我无是也"。"多闻，择其善者而从之，多见而识之”二句，相互成文。言多闻多见，择所闻见中之善的，而遵从记志他。这样，虽不及真能创作者之上智，也可称是上智之次一等了。

互乡难与言。童子见，门人惑。子曰：“与其进也，不与其退也，唯何甚！人絜己以进，与其絜也，不保其往也。”

絜，音洁。互乡，是一个乡村名。难与言者，互乡之人，多自以为是，不大好和他们说话也。“童子见，门人惑”者，是说互乡里有一个童子，来见孔子，孔子接见他，孔子的门人疑惑起来。门人之意，以为互乡人，大都是难与言的。互乡童子来见，孔子为什么见他呢？与，许也，有赞许奖掖之意。君子成人之美，不成人之恶，故当奖许其上进，而不当奖许其后退。唯，叹辞，犹今语之“唉”。孔子因门人疑其不当见此童子，故叹道：“唉！何其绝人之甚也！”絜，洁也。皇疏本、朱注均径作“洁”。人，指童子。言此童子，则固洁己而来。我之见他，是称许他能洁己。往者，已过去的事也。言他过去的事，洁不和洁，不必管他。按“不保其往”，郑玄解为“不能保其去后之行”，则指将来而言。朱注疑此章有错简，谓“人洁”至“往也”十四字，当在“与其进也”之前。又疑“唯”字上下有阙文。

子曰：“仁远乎哉？我欲仁，斯仁至矣！”

此章是说仁并不在远地方。我要仁，仁就来到了。盖“恻隐之心，人皆有之”。仁者，本我心所固有，不待外求者也。为仁由己，“求则得之”，何远之有？

陈司败问：“昭公知礼乎？”孔子曰：“知礼。”孔子退，揖巫马期而进之，曰：“吾闻君子不党，君子亦党乎？君取于吴为同姓，谓之吴孟子。君而知礼，孰不知礼？”巫马期以告。子曰：“丘也幸！苟有过，人必知之。”

陈，陈国。司败，陈国的官名，即司寇。昭公鲁君，名裯，昭是谥。《左传·昭公五年》公如晋，自郊劳至于赠贿，无失礼。是昭公固娴习礼仪者。巫马期，孔子弟子，姓巫马，名施，字期。郑玄《目录》云鲁人，《家语》云陈人。陈司败问："昭公知礼乎？"孔子曰："知礼。"及孔子退，陈司败揖巫马期而进之，问曰："吾闻君子不党，君子亦党乎？"相助匿非曰党。此言孔子不当为昭公讳也。取，今作娶。礼，同姓不婚。鲁君姬姓，吴君亦姬姓。昭公娶吴君女为妻，同姓结婚，本是违礼之事。所以不称"某姬"而称吴孟子，这真是明知故犯，掩耳盗铃。而，如也。言昭公如知礼，谁不知礼呢？巫马期以陈司败之言告孔子。子曰"丘也幸！苟有过，人必知之"者，孔子明知昭公之不知礼，所以听了陈司败之驳，就自己认错。但讳君之恶，亦礼也，不过孔子未说明耳。

子与人歌而善，必使反之，而后和之。

此章记孔子欢喜音乐。反，复也，即再歌之意。孔子与人在一处，听人唱歌唱得好，必使他再唱一遍，然后自己也唱起来和他。

子曰："文莫，吾犹人也，躬行君子，则吾未之有得。"

朱注云："莫，疑辞。犹人，言不能过人而尚可以及人。未之有得，则全未有得。皆自谦之辞。"刘宝楠《正义》引《论语骈枝》说，文莫即黾勉。《方言》："侔莫，强也。北燕之郊外，凡劳而相勉，若言努力者，谓之侔莫。"《说文》："忞，张也。慔，勉也。"文莫即忞慔之假借字。古无轻唇音，故文莫为双声连语，与黾勉、侔莫，皆一声之转。文莫，行仁义也；躬行君子，由仁义行也。前者为"勉强而行"，后者为"安行"。此与不自居于生知，而自承好学之旨相同。其义较朱注为长。

子曰："若圣与仁，则吾岂敢？抑为之不厌，诲人不倦，则可谓云尔已矣！"公西华曰："正唯弟子不能学也。"

抑，转折连词。意思与但字相近。为之，就是为学。诲人，教人也。《广雅·释诂》训云为有。云尔，即有此。则可谓云尔已矣，就是则可说有此了；此，指上“为之不厌，诲人不倦”二者。这也是孔子自谦的话。所以公西华说道：“正唯弟子不能学也。”意思是说这二者，正唯是弟子们所学不到的。《孟子·公孙丑》子贡问于孔子曰：“夫子圣矣乎？”孔子曰：“圣，则吾不能。我学不厌，而教不倦也。”子贡曰：“学不厌，智也；教不倦，仁也；仁且智，夫子既圣矣！”与此章所记略同。

子疾病，子路请祷。子曰：“有诸？”子路对曰：“有之。诔曰：‘祷尔于上下神祇。’”子曰：“丘之祷久矣！”

疾病，有病，而且病甚也。子路请为孔子祈祷，求神保佑。有诸，即有之乎。孔子问子路，求神得佑，病者得愈，有没有这事也。孔子之意，固谓决无此事，故意反诘之。子路不解孔子之意，还以为孔子是质问他，礼有求神的事吗？所以答道：“有的。《诔》的一篇说：‘祷尔于上下神祇。’”按：诔，本作讄（讄祷也，累功德以求福也。诔为讄之假借字）当是古书篇名。《周礼·小宗伯》“祷祠于上下神示”注，亦引此篇“祷尔于上下神祇”句。尔，语辞。上下，谓天地；天神曰神，地神曰祇。祇，音其。孔子自知素行合于神明，无所用祷，故曰：“丘之祷久矣。”《困学记闻》引《太平御览》引《庄子》曰：“孔子病，子贡出卜。”孔子曰：“子待也！吾坐席不敢先，居处若斋，食饮若祭。吾卜之久矣！”与本章所记正相类。

子曰：“奢则不孙，俭则固。与其不孙也，宁固。”

孙，今作逊，本字作愻，《说文》：“愻，顺也。”固，陋也。奢则过礼而僭，故曰不孙。俭则因陋就简而不及礼，故曰固。二者既不中礼，但与其不孙，毋宁固陋。

子曰：“君子坦荡荡，小人长戚戚。”

君子是有道德、有知道的人，于各种人情物理，都看得透，他的做人，好像在平平坦坦的大道上走路，安然过去，不会有碰跌的祸患，故曰："君子坦荡荡。"坦，平也。荡荡，宽广貌。戚戚，时时忧虑貌。君子居易以俟命，无入而不自得，虽贫困亦不改其乐，故有坦荡荡的神态。小人患得又患失，心为物役，故长有戚戚之心也。

子温而厉，威而不猛，恭而安。

此章记孔子的态度。温，是和气；厉，是严肃。孔子对人，虽很是和气，但态度仍旧是严肃的。威，是威严；猛，是凶巴巴的样子。孔子的态度，虽因严肃而很威严，但并不凶巴巴地使人见了就害怕；虽是恭恭敬敬的，但是出于自然，故很安详。

[问题]

(一)何谓"述而不作"?
(二)孔子有学不厌教不倦的精神，本篇中哪几章可以见之?
(三)本篇哪几章记孔子平时的态度?
(四)孔子的教人之法如何?
(五)孔子对于音乐的态度如何?
(六)何谓"用行舍藏"?
(七)何谓"雅言"?
(八)孔子教人以何四者为主?
(九)孔子不自承"生知"、"安行"，试举本篇所记以说明之。
(十)孔子何以见互乡童子?

泰伯第八

子曰："泰伯，其可谓至德也已矣！三以天下让，民无得而称焉。"

泰伯之父曰古公（后武王追尊曰太王），为周国之君。古公生三子，长泰伯，次仲雍，三季历（后武王追尊曰王季）。季历生子曰昌，即周文王（亦是武王追尊）。古公见昌与众不同，想把自己的君位传于季历，再传于昌，但照例，君位应传长子。泰伯知道古公心中想传季历，就把君位让于季历。在古公病时，托辞采药，逃到江南。季历接了古公的位，再传文王，至文王之子武王遂有天下。事见《史记周本纪》。孔子称赞他道："泰伯，其可谓至德也已矣！"至德，言他的道德，好到极顶也。三以天下让者，三是虚数（如汪中《释三九》所说），言其屡让。《仪礼》云："三逊谓之终逊。"三以天下让，犹云终以天下让耳。（金履祥说，见《通鉴前编》）皇疏引范宁说，举二种解释，历举其事以实之泥。朱注云："三让，谓固逊也。"得之。民无得而称焉者，言世人之让，往往出于好名。如孟子所云："好名之人能让千乘之国。"惟泰伯则能让而其事又隐，人民没有能称道他的，所以谓之至德也。

子曰："恭而无礼则劳，慎而无礼则葸，勇而无礼则乱，直而无礼则绞。君子笃于亲，则民兴于仁。故旧不遗，则民不偷。"

此章记孔子教人，一切行动，都当以礼为范围标准。恭，是恭敬。只知恭敬而不知礼，则徒然劳苦。慎，是谨慎。葸，则是畏怯。一味谨慎，而不知礼，则反成畏怯。勇，是武勇。专恃武勇，而不知礼，则必至悖乱。直，即直爽。绞，急切也。只知直爽而不知礼，则必至操切。恭、慎、勇、直，都是做人的美德。因为无礼，便有劳、葸、乱、绞的四种弊病。

君子，指在上位的人。在上位的人，能够厚待亲属，则在下的人民，也闻风兴起，自然厚道仁爱起来了；能够不遗弃故交旧人，则人民为之感化，风俗不至偷薄了。偷，即待人刻薄冷落的意思。

曾子有疾，召门弟子曰：“启予足！启予手！《诗》云：‘战战兢兢，如临深渊，如履薄冰。’而今而后，吾知免夫！小子！”

兢，音京。夫，音扶。此章记曾子有病，将死时的事情。门弟子，指曾子门下的学生。启，开也。《孝经》云：“身体发肤，受之父母，不敢毁伤。”故曾子是讲孝道的人，召集学生，叫他们把自己的衣衾开启，先看看脚，又看看手。所引《诗经》，见《小旻》篇。战战，恐惧战栗貌；兢兢，谨戒小心也。临，居上临下也。履，践踏也。曾子引此二句以形容平日对于身体之恐惧戒慎。“而今以后，吾知免夫”者，意思是说从今以后，我自己知道，可以免于毁伤了罢。

小子，是曾子再叫一声学生，要他们注意听这番话。

曾子有疾，孟敬子问之。曾子言曰：“鸟之将死，其鸣也哀。人之将死，其言也善。君子所贵乎道者三：动容貌，斯远暴慢矣！正颜色，斯近信矣！出辞气，斯远鄙倍矣！笾豆之事，则有司存。”

笾，音边。孟敬子，鲁大夫，姓仲孙，名捷。孟武伯之子。问之，是来问曾子的病。曾子对孟敬子说：“人将死的时候，与鸟将死的情形相同。鸟将死的时候，叫的声音很哀；人将死的时候，所说的都是真心话，都是善言。”所以先说此二句者，欲其信下文所言君子之道而笃守之也。贵，重也。言君子所重乎道者，共有三件事也。

暴，粗蛮也。慢，放肆也。容貌，依礼而动，则周旋中礼，自然不会近于粗蛮放肆了。颜色，以礼正之，则神色庄正，自然近于信实了。辞，指言语；气，指说话的声调。言语辞气以礼出之，则出言有章，自然不会近于鄙俗倍（通“背”）理了。笾豆，是祭祀的器皿，笾用竹做，豆用木做。有司，是专管笾豆的官。言君子所重于道者，在容貌、颜色、辞气之合礼，至于祭祀时用的那些礼器，自有专管的人，不必去操心也。孟敬子平日喜欢讲究笾豆等礼器，而不知为礼之末，所以曾子和他这样说。一说谓“远暴慢”、“近信”、“远鄙倍”，是说人不敢暴慢之，不敢欺诈之，不敢鄙视违背之，亦可通。

曾子曰：“以能问于不能，以多问于寡。有若无，实若虚，犯而不校：昔者吾友，尝从事于斯矣！”

以能问于不能，言以有才能的人问于无才能的人也。以多问于寡，言以见闻多的人问于见闻少的人也。“有若无，实若虚”者，言有才能，有实学，却像没有的一样，空虚的一样。犯而不校者，言有人侵犯我，我不和他计较也。校、较古通。吾友，《集解》马云，谓颜渊也。曾子说此话时，颜渊早死，故说“昔者”。尝从事于斯矣者，言颜渊能够做到上面所说的几件事也。

曾子曰：“可以托六尺之孤，可以寄百里之命，临大节而不可夺也。君子人与？君子人也。”

与，今作欤。《集解》孔曰：“六尺之孤，幼少之君。”百里，诸侯之国。命，政令也。一说，命为民命。“可以托六尺之孤，可以寄百里之命”者，言诸侯之国，国君死，嗣君幼，大臣能受先君之付托，辅幼君，以一身系国家人民的安危。临大节而不可夺者，言到了有关国家安危存亡的重大事情的时候，立定主意，不为利害所动，不为威武所屈。曾子说，如此可以托孤寄命，临大节而不夺的人，可以说他是君子人吗？真可以算是君子人也。

曾子曰："士不可以不弘毅，任重而道远。仁以为己任，不亦重乎？死而后已，不亦远乎？"

弘，大也，言志气远大也。毅，刚强不屈，做事能坚持到底，不怕困难也。士，学者之称。曾子言学者，志气不可以不远大，又不可以不有毅力。因为士的责任非常重，而应负此责任的时间又非常久，好像所行的路非常远也。这个责任，是什么呢？就是孔子所说的"仁"。故接着说，士应以这个仁为自己的责任。责任岂不重大吗？这个责任，我既负在身上，一直到死，负责的时间，岂不久远吗？弘，则可以任重；毅，则可以致远矣。

子曰："兴于《诗》，立于礼，成于乐。"

乐，音乐之乐。兴，起也。《诗》，即三百篇的《诗经》。孔子曾言："《诗》可以兴。"《诗》之感人最深，可以鼓舞人的意志，故曰"兴于《诗》"。儒家之教，又称"礼教"，把人类的视听言动，都范围在礼里面。一个人能够使视听言动，都不失礼，始可以立在社会间做个人，故曰"立于礼"。乐者，音乐也。音乐足以涵养人的性情。人能涵养性情，使归于正，则自能高尚而无卑恶的行为，成一个完人，故曰"成于乐"。孔子常以《诗》及礼乐教人，即是因此。

子曰："民可使由之，不可使知之。"

此章孔子论为政之道也。由，遵也。不可，谓事实上做不到也。一般人民，未曾全体受过教育，知识浅陋，对于国家所发施之政令法律，必不能知其意义。所以执政者，只能使人民遵我的政令法律而行，以入于治道，故曰"民可使由之"也。这种种的政令法律，一时间要人民都明晓其意义，是做不到的事情。故曰"不可使知之"也。

近人有以此章所记孔子的话，为专制政治的愚民政策者，是误解"不可"二字的缘故。此章意义，实与孙中山先生的"知难行易"、"不知亦能行"的学说相符。

子曰："好勇疾贫，乱也。人而不仁，疾之已甚，乱也。"

疾字当作怨恨解。已甚，太甚也。孔子言好勇的人，若怨恨自己的贫苦，必定要作乱。如一般盗贼，都因自己有些勇力，怨恨贫苦，所以为乱。仁，即人心。人而不仁者，犹言人而无人心也。这种人既无人心，往往肆无忌惮，无所不为。你若厌恶得他太甚，使他无以自容，他会发狠道："我横竖是个坏人，你们总看不起我，我就多做几件坏事，也不过如此。"这也要激成祸乱的。

子曰："如有周公之才之美，使骄且吝，其馀不足观也已！"

周公，姓姬，名旦。文王子，武王弟。周代的礼乐刑政，都由周公订定，则其才之美可知。骄者，骄傲；吝者，鄙吝。使，假设之辞。此章甚言骄吝之不可有。一个人，即使有周公一般美的才能，如果他骄傲鄙吝，则其馀的善行，也不足观了。

子曰："三年学，不至于谷，不易得也！"

朱注曰："谷，禄也。"此本郑玄注。古时给人俸禄，都用谷，汉代犹然。"三年学，不至于谷"，则是为学问而学问了。像这样的人，孔子也以为是不容易得着的。贤如子张，尚学干禄，况其下乎？故孔子有此叹。孔安国训谷为善，失之。

子曰："笃信好学，守死善道。危邦不入，乱邦不居。天下有道则见，无道则隐。邦有道，贫且贱焉，耻也；邦无道，富且贵焉，耻也。"

见，今作现。此章论君子之学守出处。笃信，谓其信道之坚；好学，言其学道之勤。守死为笃信之效，善道乃好学之功。"危邦不入，乱邦不居"者，朱注谓："'君子见危受命'，则仕危邦者，无可去之义。在外，则不入可也。乱邦，未危，而刑政纪纲紊矣，故洁其身而去之。”“天下有道则见，无道则隐”者，言一国能行道的时候则出仕，不能行道的时候则隐居也。“邦有道……邦无道……”二层，是说明上文四句的。邦有道，而我贫贱，是我于道学有未至，故可耻；邦无道，而我亦富贵，是我于道守有未坚，故亦可耻。

子曰：“不在其位，不谋其政。”

此章之旨，即是不越职侵权的意思。即就孙中山先生民权主义说，人民虽当个个有“政权”，但也不当参预政府之“治权”也。反过来说，则在其位，心谋其政，自然责无旁贷了。

子曰：“师挚之始，《关雎》之乱，洋洋乎盈耳哉！”

师挚，是鲁国的太师。挚是人名，太师是乐官。上文“子语鲁太师乐”云云，疑即挚也。或云，下文“太师挚适齐”，郑玄注云：“平王时人。”则此云“师挚之始”者，殆其遗音也。二说未知孰是。始，是乐之始，就是“升歌”。乱，是乐之终，就是“合乐”。按：《周礼》太师之职，大祭祀，率瞽登歌。《仪礼》燕及大射，皆太师升歌。故曰“师挚之始”。《关雎》、《葛覃》、《卷耳》、《鹊巢》、《采蘩》、《采蘋》六篇诗，用《周南》曰“《关雎》之乱”者，兴首篇以赅之也。洋洋，是美盛意。

子曰：“狂而不直，侗而不愿，悾悾而不信，吾不知之矣！”

侗，音同。《庄子山木》篇：“侗乎其无识。”《释文》云：“侗，无知貌。”《广雅释言》云：“愿，悫也。”悫是谨厚的意思。朱注云：“悾悾，无才能貌。”凡人有所短，亦有所长。狂者多直爽，无知识者多谨厚，无才能者多信实，尚有一端可取。若“狂而不直，侗而不愿，悾悾而不信”，则真一无可取矣。吾不知之者，甚绝之之辞也。

子曰：“学如不及，犹恐失之。”

刘氏《正义》云："如不及者，方学而如不及也；犹恐失者，既学有得于己，恐复失之也。如不及，故日知所亡；犹恐失，故月无忘所能。"

子曰："巍巍乎！舜禹之有天下也，而不与焉。"

舜、禹，皆古天子。舜受尧禅，禹受舜禅。巍巍，高大之貌。不与者，一说谓不与求也，即其有天下，非自己求而得之的意思（见何解及皇疏、邢疏）；一说谓"不相关"也，即不以有天下为乐的意思（见朱注）；一说谓"无为"也，即得人善任，不身亲其事的意思（见毛奇龄《稽求》篇）；又一说，谓不预见也，即孔子叹自己不与禹舜并时的意思（见皇疏及所引江熙说）。以上四说，当以朱注及毛说为长。

子曰："大哉！尧之为君也。巍巍乎，唯天为大，唯尧则之。荡荡乎，民无能名焉。巍巍乎，其有成功也。焕乎，其有文章。"

焕，音唤。尧，古天子，即以天下让舜者也。"大哉！尧之为君也。"是孔子赞尧之语。巍巍乎，言其大。则之，效之也。"唯天为大，唯尧则之"，言尧之德峻极于天也。荡荡乎，言其大。康衢老人击壤之歌曰："日出而作，日入而息，帝力何有于我哉？"此"民无能名"之实证。"巍巍乎，其有成功"者，言免治天下，其功盛高。焕，光明之貌。文章，礼乐制度也。言尧的礼乐制度，都有很光明的气象。一说则天，亦谓任贤使能，无为而治。见刘氏《正义》。

舜有臣五人而天下治。武王曰："予有乱臣十人。"孔子曰："才难，不其然乎？唐虞之际，于斯为盛。有妇人焉，九人而已。三分天下有其二，以服事殷。周之德，其可谓至德也已矣！"

难，平声。此章先记虞舜和周武王时的人才之盛，次述孔子才难之叹，更由周之人才联想到周之德。五人者，禹、稷、契、皋陶、伯益五个人。舜有这五个人为臣，而天下大治也。乱字，作治解，则是相反为训。乱臣，即治臣也。十人者：周公旦、召公奭、太公望、毕公、荣公、太颠、闳夭、散宜生、南宫适，还有一人是武王后太公女邑姜。（隋唐以前，皆谓此一人是文母，即文王妃太姒以子臣母，非是）武王有周公等九人治外，有邑姜一人治内，所以天下亦大治也。“才难，不其然乎”者，言人才难得，岂不然乎？唐虞之际，即尧舜的时候。于斯为盛，言以唐虞比于周时，以周之人才为盛也。周武王的时候，人才虽说极盛，但十人之中，尚有一个是妇人，于此足证人才之难得也。“三分天下有其二，以服事殷”者，周文王的时候，天下土地，已有三分之二，归于文王，而文王仍旧不失臣子之礼，服事殷朝的纣王，这是最难得的事。故孔子称为“至德”。

子曰：“禹，吾无间然矣！菲饮食，而致孝乎鬼神；恶衣服，而致美乎黻冕；卑宫室，而尽力乎沟洫。禹，吾无间然矣！”

间，音建，去声。《后汉书·殇帝纪》引此文，李贤注云：“间，非也。”《孟子》“政不足与间也”之“间”，亦训非。然，犹焉也。见《经传释词》。无间然矣者，言无可非难了也。首尾两言“无间然矣”，可见孔子对大禹之敬仰。

菲，薄也。言禹对于自己的饮食，极菲薄；而祭祀鬼神，则祭品极其丰洁。黻冕，音弗免，指所穿的礼服礼冠。禹平时的衣服，极其恶劣，礼服却极其考究。洫，音蓄。沟洫者，田间的水道。禹自己住的王宫房屋，极其卑陋，而对于百姓种田所需，通水道的沟洫，却竭修浚，使不至遭水旱之灾。禹薄于自奉，而厚于宗庙朝廷民事，故孔子称之。

[问题]

（一）孔子称泰伯、文王为“至德”，其说如何？

（二）恭慎勇直而无礼，其弊如何？

（三）曾子将死，何以召门弟子启视手足？

（四）何谓“弘毅”？有何效用？

（五）何谓“民可使由之，不可使知之”？

（六）骄吝之害，何以如此其甚？

（七）孔子论学守出处之道如何？

（八）孔子如何赞美尧舜禹？

子罕第九

子罕言利与命与仁。

此章是弟子就孔子平日所言记之，利、命、仁三者皆罕言也。按《易·文言传》云："利，义之和也。"又云："利物足以和义。"君子以义为利，故言利必及义，盖能利人物，然为义也。明于义利，故能喻义。小人则以利为利，言利不及义，昧于义利，故只喻利而不喻义。孔子未尝不言利，《易》彖、象、传中，言利者甚多，特以其理精微，故罕以语弟子耳。命为性命、天命之命。其理更为微妙，故亦罕言。子贡言"夫子之言性与天道不可得而闻"，即指此。仁，则本书所记已言之详矣，亦曰罕言者，谓其不敢自居于仁，亦不轻以仁许人也。（此阮元说，见《论语论仁论》）又按《论语稽》曰："言者，自言也。罕，少也，稀也。子罕言者，记者旁窥已久，而见之之辞也。利者，人情之所欲。夫子浑然天理，故罕言利。命者，天命；夫子知其不可而为之，故罕言命。仁者，此心生生不息之理。夫子谦不居圣仁，故罕言仁。此章之意，在记者观夫子之自言，不在夫子之教人。"说颇新而义亦长。

达巷党人曰："大哉孔子！博学而无所成名。"子闻之，谓门弟子曰："吾何执？执御乎？执射乎？吾执御矣！"

射，音社。五百家曰党。达巷，是一个党名，犹今人称某坊、某村。此人姓名不传，故仅曰达巷党人。《史记·孔子世家》作达巷党人童子。《汉书·董仲舒传》,《对策》中有“此无异于达巷党人不学而自知者也”语，注引孟康曰：“人，项橐也。”皇甫谧《高士传》亦云：“达巷党人姓项名橐。”则汉时有此传说也。无所成名，谓不专一艺之长，无得而名也。博学而无所成名，即“君子不器”之意，此孔子所以为大。孔子不敢当此美誉，且以六艺御为最下，故以执御自居，兼以示门弟子为学当施博而守约，不可惑于美誉而专骛博大也。

子曰：“麻冕，礼也；今也纯，俭，吾从众。拜下，礼也；今拜乎上，泰也；虽违众，吾从下。”

《集解》孔曰：“冕，缁布冠也。古者绩麻三十升布以为之。纯，丝也。丝易成，故从俭。”此言冕是缁布做的冠，做这种冠，要三十升的麻布，一升为八十缕，三十升为二千四百缕，用二千四百缕的麻，织古制二尺二寸宽的布，细密难成，因此当时人都用丝来做冠。孔子以为用丝做冠易成，易成则价廉，用价廉之物，即为俭省。“礼与其奢也，宁俭”，所以他也主张不必定照古礼，戴麻布冠，而主张从众人戴丝制冠也。

“拜下，礼也”者，古时臣与君行礼，当拜于堂下，然后升，成礼也。“今拜乎上，泰也”者，孔子时候，臣子骄傲已极，拜君就在堂上也。泰，即骄傲的意思。孔子以为礼是以恭敬为重的，所以他说他人尽管在堂上拜，我仍旧要在堂下拜君，尽管与众不同，仍须遵守古礼也。

这两节，以一“俭”字，一“泰”字，为最重要。因为众人俭，所以不惜违古礼而从众；因为众人泰，所以必欲违众而从古礼。朱子《集注》采程子曰：“君子处世，事之无害于义者，从俗可也；害于义，则不可从矣。”说得最好。

子绝四：毋意，毋必，毋固，毋我。

绝，去之也。毋，禁止之词。“毋意，毋必，毋固，毋我”，即绝去此四者也。意，当读若益，测度也，俗作亿，即“不亿不信”、

"亿则屡中"之"亿"。毋意，即《少仪》之"毋，未至"。此段玉裁《说文注》及王引之《经传释词》说。（见刘氏《正义》）较朱注训作"私意"、《集解》训作"任意"为长。毋必者，即"无适无莫，义之与比也"。毋固者，"君子而时中"，不固执成见也。毋我者，"取诸人以为善，舍己从人，与人为善"也。庄存与云："以亿逆为意而去之，是也；以拟议为意而去之，非也。以适莫为必而去之，是也；以果能为必而去之，非也。以穷困为固而去之，是也；以贞为固而去之，非也。以足己为我而去之，非也。"亦足发明此章之旨。

子畏于匡，曰："文王既没，文不在兹乎？天之将丧斯文也，后死者不得与于斯文也！天之未丧斯文也，匡人其如予何？"

匡，地名，本郑邑。定公六年，鲁师侵郑，季氏家臣阳虎为政，取匡，虎与颜剋自其城缺而入（据毛奇龄《四书剩言》说）。及定公十三年（据江永《先圣图谱》），孔子过匡，颜剋御。剋举策指城缺曰："往者之入，由此缺也。"（见《史记世家》及《琴操》）孔子貌似阳虎，又以颜剋御，故匡人以为阳虎而围之。此章所记，当即此事。畏者，犹《孟子》言"有戒心"也。据《世家》被围凡五日。弟子惧，故孔子解之如此。文王，周文王也。"文"，指礼乐制度而言。兹，此也，孔子自谓。后死者，亦孔子自谓，对文王而言也。言天若将毁灭周之礼乐文章，则我亦不得闻而知之；我既得与闻斯文，则天未欲丧斯文也，将使我守先王之道以待后之学者，匡人将奈我何也？与上篇因桓魋事而发之言，大旨相同。

太宰问于子贡曰："夫子圣者与？何其多能也！"子贡曰："固天纵之将圣，又多能也。"子闻之曰："大宰知我乎？吾少也贱，故多能鄙事。子多乎哉？不多也。"牢曰："子云：'吾不试，故艺。'"

大，今作太。大宰，官名，大约为吴大宰。春秋时，吴、宋二国皆有此官。郑玄云：此为吴太宰嚭者，因孔子适宋先后仅二次，一次在年十九娶并官氏时，子贡尚未生；一次在年五十六，去卫，由曹适宋，厄于桓魋，微服而行，子贡势不能与其太宰从容论孔子也。子贡与吴太宰嚭语凡二次，均见《左传》。（在哀公七年、十二年）故定为吴太宰。《说苑·善说》篇亦载子贡与太宰嚭论孔子事。与，同欤。太宰之意，殆以多能为圣。朱注云："纵，犹肆也，言不为限量也。"将圣，即大圣。《诗》"有娀方将"、"我受命薄将"，将，皆训大。《荀子·尧问》云："然则孙卿怀将圣之心。"将圣亦大圣也。子贡言孔子本是天纵的大圣，而又多能。则析"圣"与"多能"为二事，盖所以晓太宰。孔子闻此问答，更晓弟子以多能非君子所尚。言因我少时贫贱，故多能鄙贱之事，此君子所不多也。"多乎"、"不多"二多字，与《汉书·袁盎传》"诸公闻之皆多盎"之"多"字同，是称美的意思。上面所记，是一件事。"牢曰"以下，又另是一事。牢是孔子弟子，姓琴，字子开，名牢。试，用也。琴牢说："孔子曾经讲过：'我因为不用于世，所以能多学会了种种技艺小事。'"

"牢曰"以下，《集解》及皇疏本均另为一章，朱注合之。盖辑《论语》者以二事相类，故并记之。

子曰："吾有知乎哉？无知也。有鄙夫问于我，空空如也，我叩其两端而竭焉。"

此章是孔子自谦无知，又自言教人之道。鄙夫，指真没有知识学问的人。空空，与悾悾通，诚悫、也。叩，反问也。鄙夫力不能问，故须反问以发之。凡事各有"两端"，如有外侮来时，抵抗则恐力有不及，不抵抗则恐国将不国，抵抗与不抵抗，即两端也。凡事有两端则疑，疑则不能不问。竭，是尽我所知以教之。

子曰："凤鸟不至，河不出图，吾已矣夫？"

夫，音扶。凤鸟，即凤凰。相传舜为天子时曾飞来，文王时又曾鸣岐山。河，即黄河。相传伏羲时，黄河中有一匹龙马，背上的毛有像八卦之文。这在当时叫做"龙马负图"。二者古代以为圣人在位之祥瑞。孔子此语，盖叹当时没有圣王，不能用我，行道之希望，恐怕从此完了也。

子见齐衰者、冕衣裳者与瞽者，见之，虽少必作；过之，必趋。

齐，音咨。衰，音七雷反。衰，同缞，粗麻布。丧服以粗麻布为衣裳，其缘不缉者曰斩衰，缉者曰齐衰。斩衰服重，齐衰较轻。见《仪礼·丧服》。此举齐衰以包斩衰。（江永说，见《乡党图考》）冕，大夫以上之冠。冕衣裳，指大夫之礼服。少，去声，年少也。作，起立。此章言孔子见穿丧服的人、穿大夫以上之礼服的人、眼瞎的人，虽年少于己，亦必变容起立。如行经此种人之前，必走得快些也。意思是哀有丧者，尊在位者，恤残废者。朱注云："或曰：'少，当作坐。'"盖以下有"作"字故。一说，冕衣裳者，是行祭时的大夫；瞽者，是襄祭礼的乐工。孔子对这二种人与齐衰的人，所以作或趋者，因其有丧祭之事而起敬也。说见《论语稽》。

颜渊喟然叹曰："仰之弥高，钻之弥坚；瞻之在前，忽焉在后。夫子循循然善诱人，博我以文，约我以礼。欲罢不能，既竭吾才，如有所立，卓尔；虽欲从之，末由也已！"

喟，叹声。犹今人说话以前，先"喂"的叹一声也。弥，越加也。颜渊说，孔子之道，仰望之，觉得他越加高；钻研之，越加钻不进去。瞻，看也。起先像在前面，可以看见；忽然又在后面，看不见也。这是甚言其道之高深微妙，不易推究。循，音巡。诱，音又。夫子，即孔子。循循，是一步一步，按着次序的意思。诱，引导也。博我以文者，把种种典章制度的典籍，教我博学也。约我以礼者，教我以礼约束自己也。此二语即上篇孔子所说"博学于文，约之以礼"。先博文，后约礼，即"循循"也。夫子之教人如此，故我虽欲罢，而心中总觉不肯舍去矣。但我的才力心思，既都用尽，而夫子之道卓然如有所立于吾前，虽欲从之而无从也。《庄子田子方》篇颜渊曰："夫子步亦步，夫子趋亦趋，夫子驰亦驰；夫子既奔逸绝尘，而回瞠若乎后矣？"与此章所记，可以互相参证。

子疾病，子路使门人为臣。病间曰："久矣哉！由之行诈也。无臣而为有臣，吾谁欺？欺天乎？且予与其死于臣之手也，无宁死于二三子之手乎？且予纵不得大葬，予死于道路乎？”

间，音建，去声。此时鲁国以币召孔子。孔子正要回鲁，忽然在路上害起病来，并且病势很沉重也。（据刘氏《正义》）子路恐孔子或竟不起，所以使弟子，在寓中扮作家臣，预备治丧。盖以孔子曾为鲁司寇，应有家臣也。

病间者，孔子的病，稍觉轻些也。这时候，孔子知道子路使门人为臣的事，便斥责他道：“久矣哉！由之行诈也。无臣而为有臣，吾谁欺？欺天乎？”孔子之意，以去鲁之时，已辞司寇之职，不当复有家臣。现在忽然又有了家臣；这种事情，去骗谁呢？人无可欺，只可欺天耳。二三子指从行之弟子。自己的弟子，都很是关切的，假扮的家臣，有什么意思？故云“与其死于臣之手，无宁死于二三子之手”也。纵，虽然也。大葬者，谓反鲁得复用，以礼葬也。言已虽未必复见用，以礼大葬，亦不致死于道路，暴露不葬也。（用朱注说）

子贡曰：“有美玉于斯，韫匮而藏诸？求善贾而沽诸？”子曰：“沽之哉！沽之哉！我待贾者也。”

韫，藏也。匮，匣也。沽，售卖也。贾，即今之价字。二诸字均作之乎解。子贡对孔子说：“有一块美玉在这里，还是在盒子里藏起来呢？还是等着高的价钱卖掉呢？”是孔子连声说：“卖了它吧！卖了它吧！我正在等合格的价钱哩！”刘氏《正义》谓贾当音古。善贾，是贾人之善者。待贾，亦为待贾人。说与通解异。又引《说文》段《注》曰：“贾者，凡贾卖之称也。引申之，凡卖者之所得，买者之所出，皆曰贾；俗又别其字作价，别其音入祃韵，古无是也。”这是说即使作价钱讲，照古音亦当音古也。

此章全以比喻为问答。一“求”字，一“待”字，最宜注意，子贡说“求贾而沽”，孔子则曰“待贾而沽”，直将生平不忘用世，而亦不肯枉道求用之心全盘托出。盖孔子本以救世为主，自然想握得政权，行他的道。不过要等有相当的国君来聘请，然后始出仕也。汉末诸葛亮高卧隆中，就是美玉韫匮而藏。后来刘玄德三顾草庐，他就为刘玄德鞠躬尽瘁，死而后已，即得善贾而沽也。

子欲居九夷。或曰："陋，如之何？"子曰："君子居之，何陋之有？"

东方夷人有九种，故曰九夷。孔子因时无明君，不得行道，不过有欲居九夷之叹，此与上篇乘桴浮海之言同旨。或人以为九夷的地方极僻陋，不可居，故曰如之何。"君子居之，何陋之有"者，孔子以为地方虽僻陋，君子居之，用道德去感化，自然能变成一个有礼义的社会，何尝会僻陋呢？刘氏《正义》谓九夷指朝鲜，君子指箕子，非孔子自称。孔子之意，是说朝鲜已有君子之化，所以并不僻陋。此说亦通。

子曰："吾自卫反鲁，然后乐正，《雅》、《颂》各得其所。"

乐，音乐之乐。鲁哀公十一年冬，孔子从卫国回到鲁国，时已六十九岁。知道终不行，乃从事于正乐。《诗》三百五篇，分风、雅、颂三部。旧说谓风诗为民歌，采自各国，可以见其风俗及风化，故曰风；雅者，正也，正即是政，为士大夫美刺政治之诗；颂则所以称颂功德，用之于祭祀之时。近人梁启超采阮元、魏源说，谓当分为南（《周南》、《召南》）、风、雅、颂四类。南是合乐所奏，故《论语》称《关雎》之乱。风即讽诵，所谓"不歌而诵"者，是徒歌。雅为周代之正乐。颂则歌而兼舞，须兼重舞容，故曰颂。（古文容貌的容字即颂字）本章仅举雅颂而不及风者，一说谓雅颂既各得所，则风诗自不致混入；一说谓此雅颂专指乐律而言，合于雅颂之乐律者，则风亦为雅颂。按此章异说最多，略举重要者如下：

（一）《史记·孔子世家》载孔子语鲁太师乐云云，即接载此章。下云："古者诗三千馀篇，及至孔子，去其重，取可施于礼义，上采契、后稷，中述殷周之盛，至幽厉之缺；始于衽席，故曰《关雎》之乱以为《风》始，《鹿鸣》为《小雅》始，《文王》为《大雅》始，《清庙》为《颂》始，三百五篇，孔子皆弦歌之，以求合《韶》、《武》、《雅》、《颂》之音。"这是说正乐即是删《诗》。

（二）郑众《〈周礼太师〉注》、郑玄《〈仪礼·乡饮酒礼〉注》则谓正乐即整理《诗》的篇第。故曰"《雅》、《颂》得所"。

（三）毛奇龄《四书改错》则谓正乐即正乐章，正《雅》、《颂》

之入乐部者。所谓“《雅》、《颂》得所”者，如《鹿鸣》一诗，奏于乡饮酒礼、乡射礼、燕礼，《清庙》一诗，奏于祀文王、大尝禘，天子养老，两君相见，各有其“所”正之，则各得其所矣。

（四）包慎言《敏甫文钞》则谓雅、颂指音律言，不指诗篇言。《诗》之风、雅、颂以体别，乐之风、雅、颂则以律分。《大戴礼·投壶》言凡雅二十六篇，八篇可歌。所举八篇中，《鹊巢》、《采蘩》、《采蘋》、《伐檀》、《驺虞》五篇，皆风也，而亦名雅，以其音律为种也。又如《豳风·七月》，吹以养老息物则曰雅，吹以迎送寒暑则曰颂。故正乐者，谓正其音律之错乱，非整理其篇章也。

以上四说，以包说最为详尽而合理。

子曰："出则事公卿，入则事父兄，丧事不敢不勉，不为酒困，何有于我哉？"

此章记孔子自言其庸行。出则事公卿者，言出仕朝廷，则尽其忠勤以事公卿；入则事父兄者，言回到家里，则尽其孝悌以事父兄；丧事不敢不勉者，言遇着丧事，不敢不勉力以从礼；不为酒困者，言吃酒不吃醉，以致损身废事。何有于我哉，言于我有什么，谓不难也。旧解谓“何有于我哉”是孔子的谦辞；但上面有“丧事不敢不勉”句，如旧解，则语气似不甚合。

子在川上曰："逝者如斯夫！不舍昼夜。"

逝，去也，往也。夫，音扶。舍，止也。孔子在川上，见流水逝去，没有一停止，因道："逝者如斯夫！不舍昼夜。"按《孟子·离娄》篇徐子曰："仲尼亟称于水曰：'水哉，水哉！'何取于水也？"孟子曰："源泉混混，不舍昼夜，盈科而后进，放乎四海，有本者如是。是之取尔。"正释此章之旨。朱注曰："天地之化，往者过，来者续，无一息之停，乃道体之本然也。"

子曰："吾未见好德如好色者也。"

好，去声。孔子叹一般的人，好色者多，好德者少也。孔子在卫，灵公与南子同车过市，使孔子为次乘。孔子丑之，故说此话。事见《史记·孔子世家》。

子曰："譬如为山，未成一篑，止，吾止也。譬如平地，虽覆一篑，进，吾往也。"

篑，音溃。覆，音腹。此章孔子劝人对于进德修业及做事当努力完成，不可半途而废也。为山，积土为山也。蒉，笼也，编竹为之，所以盛土。此以为山为譬，筑一座山，只须加一土笼的土，就可成功也；但现在止住了不去加，这座山，就不成功。是我自己止住的。一块平地上，我才倒了一土笼的土，以后我天天把土盖上去，积久了，自然也会成山的。朱注说："学者自强不息，则积少成多；中道而止，则前功尽弃；其止其往，皆在我而不在人。"按《尚书·旅獒》云："为山九仞，功亏一篑。"孔子之言，盖本乎此。《孟子·尽心》云："有为者譬若掘井，掘井九轫而不及泉，犹为弃井也。"《大戴礼·劝学》云："锲而舍之，朽木不折"，"锲而不舍，金石可镂"。亦可与本章相发。

子曰："语之而不惰者，其回也与？"

语，去声，告也。与，今作欤。颜渊于夫子之言无所不说，服膺弗失，身体力行，欲罢不能，故不惰也。

子谓颜渊曰："惜乎吾见其进也，未见其止也！"

此章是颜渊死后，孔子感叹之词。谓，是对他人说颜渊也。颜渊能语之而不惰，故见其进，未见其止。曰惜乎者，言这样一个自强不息的人，死了真真可惜也。

子曰："苗而不秀者有矣夫！秀而不实者有矣夫！"

夫，音扶。稻始生的时候曰苗，到叶茂花开的时候称秀，结了谷则曰实。此章亦是孔子痛惜颜渊之词。言颜渊孜孜好学，而不幸早死，有如稻之苗而不秀，秀而不实，深可惜也。汉唐人解本章，说皆如此。朱注则云："学而不至于成有如此者，是以君子贵自勉也。"则谓泛指求学半途而废者言。

子曰："后生可畏，焉知来者之不如今也。四十五十而无闻焉，斯亦不足畏也已！"

后生，即今语所谓青年。焉，平声，安也，副词。来者，指后一辈的人而言；今，指现代的成年人而言。这就是说："青年是可畏的，怎能逆料后辈底不及现代呢？"青年之所以可畏，正因他们年富力强，进德修业，未可限量，大有后来居上的希望。如其不能及时努力，到了四十五十之年，而无学问道德上的声闻，则正是所谓"小时了了，大未必佳"，这亦不足畏了！青年人读此章，尤当猛省。

子曰："法语之言，能无从乎？改之为贵！巽与之言，能无说乎？绎之为贵！说而不绎，从而不改，吾末如之何也已矣！"

法语之言，是正言也，就是质直的教训。正言，人所敬惮，故不敢不从。但须从其言而改之，方为可贵。巽，音逊，柔顺也。巽与之言，是委婉地劝导。说，即悦字。绎，寻绎也，就是仔仔细细地省察他的话，寻出他的言外之意。必如此，方为可贵。如其闻巽与之言，徒悦其言之柔顺，而不知寻绎其微意之所在，闻法语之言，徒然面从，而不能切实改过，则是不可以理喻，不可以情感，法语巽言均失其效矣，所以孔子说："我也没奈何他了！"

子曰："主忠信，毋友不如己者，过则勿惮改。"

此章已见《学而》篇，但少记了一节。邢疏曰："记者异人，故重出之。"

子曰："三军可夺帅也，匹夫不可夺志也。"

三军，泛指军队。帅，是军队的统帅。匹夫，是平民。朱注引侯氏曰："三军之勇在人，匹夫之志在己。故帅可夺而志不可夺。"按此章之旨，在说明志之不可夺上句是比喻之辞。

子曰："衣敝缊袍，与衣狐貉者立，而不耻者，其由也与？"

衣，去声，就是穿。《集解》引孔云："缊，枲著。"枲著，谓以乱麻为著。《艺文类聚》、《太平御览》引郑玄《论语注》云："缊，絮著。"絮著，言以旧絮为著。古无木绵，故以乱麻或旧絮为著做绵袍也。貉，狐各反。狐，貉，皆兽名，此指狐皮、貉皮的袍子。常人自己穿了破旧的衣裳，见人家穿了簇新的狐皮袍子，往往自以为难看可耻。子路则穿了一件破旧的縕袍，与穿狐皮袍子的人，共同立在一处，而不觉得羞耻，故孔子特别称赞他。

"不忮不求，何用不臧？"子路终身诵之。子曰："是道也，何足以臧？"

"不忮不求，何用不臧"二语，见《诗经·卫风·雄雉》篇。《毛传》云："忮，害也。臧，善也。"按《说文》云："忮，狠也。"按忮音志。有所狠嫉忌害叫做忮；有所歆羡贪慕叫做求。言人能不忮不求，则何用为不善也。子路常念诵此二语，以为此二语可以终身行之。孔子以其所取者太小，故告之曰："是或一道也，但亦何足以为尽善乎？"盖望其更进一步耳。按此章，汉人旧解，绝不与上章相涉。作疏者始谓与上章相连，孔子引《诗》以美子路，子路闻誉自喜，故终身诵之。朱注亦采疏说。似把子路看得太低。且孔子既引诗以赞之，是已取"何用不臧"之意，而又忽云"何足以臧"，亦先后矛盾。本篇注疏本三十幸，《经典释文》则云三十一章。陆德明所见之本，殆即分"不忮不求"以下，另为一章。《史记·仲尼弟子列传》载衣敝縕袍一事，亦无"不忮不求"二句。故仍以分立一章为是。

子曰：“岁寒，然后知松柏之后凋也。”

孔子以松柏比坚毅卓绝的君子。以松柏岁寒后凋喻君子之处乱世而不改其操，临患难而不变其节。寻常的草木，在春夏和暖的时候，都开花结果，枝叶茂盛；一到冬天，经了霜雪，就叶落枝枯，不见活气。只有松树、柏树，虽到寒冷的时节，仍旧不会凋枯，这是松柏能耐寒冷的缘故。按《庄子·让王》篇云：“天寒既至，霜雪既降，吾是以知松柏之茂也。陈蔡之隘，于丘其幸乎！”是此章为孔子厄于陈蔡时谓子路之言。

子曰：“知者不惑，仁者不忧，勇者不惧。”

知，今作智。朱注云：“明足以烛理，故不惑；理足以胜私，故不忧；气足以配道义，故不惧。”

子曰：“可与共学，未可与适道。可与适道，未可与立。可与立，未可与权。”

与，即以。《淮南子泛论训》引此章，即“与”、“以”错出。朱注云：“权，称锤也，所以称物而知其轻重者也。”可与权，谓能权轻重，使合义也。按可与共学，谓可与切磋琢磨，共同研究学问。但虽力学而其志或在利禄，或在声闻，或在记诵词章，故曰“未可适道”。志在适道者，又或所守不坚，半途而废，故曰“未可与立”。能守道而卓然有以自立矣，或知常而不知变，则亦未能通经达权，故曰“未可与权”。按汉儒连下“唐棣之华”为一章，故以“权”为反经合道。程子以其近于权术权变之说而非之，故曰：“权，经也。”朱子谓以《孟子》“嫂溺援之以手”之义推之，则权与经亦当有辨云。

“唐棣之华，偏其反而！岂不尔思？室是远而！”子曰：“未之思也夫？何远之有？”

华，今作花。夫，音扶。“唐棣之华”四句，是古时的诗，《诗经》里没有这四句，所以昔人都称为“逸诗”。唐棣，是一种花的名称。偏，通翻。反，同翻。而，语助词，此处用作状词的语尾。反而，犹云翻然。偏其反而，形容花朵动摇之状。朱注云：“此逸诗也。于六义属兴，上两句无意义，但以起下两句之辞耳。其所谓尔，亦不知其何所指也。”“岂不尔思，室是远而”，就是说：“不是我不想念你，可是你太住得远了。”孔子这四句诗，大概是写怀念远人之情的。孔子论诗，主张要有真实的情感。（“思无邪”当如此解，已见前）所以对于这诗不以为然，批语道：“没有想念他吧！如果想念他，有什么远呢？”夫字，就是今语的“吧”字，用以表示神情语气的。武亿《经读考异》谓，夫字当属上读，有咏叹之趣。刘氏《正义》以为“其说良然”，今亦从之。

按此章，注疏及皇本，均与上章相合为一章。意思是说普通的花，皆先开后合；独有唐棣之花，初开反背，终乃合并，是反常的。诗人见反常的花，而想到反常的“权”；又以行权是很难的，所以说不是不想行权，无如权之道很深远，不易求到。孔子则以为一个人已经至于道，已经有所建树，只要能够由常道反转来一想，就可以得到权的道理，所以说是不想权，并不是权之道深远。似嫌迂曲。

［问题］

（一）何以谓孔子罕言“利”、“命”、“仁”三者？

（二）何谓“博学而无所成名”？

（三）何谓“绝四”？

（四）“多能”是否即可称“圣”？

（五）何谓“乐正，《雅》、《颂》各得其所”？

（六）孔子川上之语，其旨安在？

（七）孔子为山之喻，其义如何？

（八）后生何以可畏？

（九）闻“法语之言”、“巽与之言”，应当如何？

（十）知、仁、勇三达德功效如何？

乡党第十

此篇系弟子记述孔子平时之仪容言动。全篇旧说凡一章，但其间事义，各以类从，故各本均分节。(皇疏分二十一节，邢疏分二十二节，朱注分十八节，刘氏《正义》分二十五节)今酌分为二十六节。

孔子于乡党，恂恂如也，似不能言者。其在宗庙、朝廷，便便言，唯谨尔。

乡党，犹今言“乡里”。恂恂，恭敬温和之貌。如，为状词之语尾。恂恂如，即恂恂然。似不能言者，是好像不能说话的样子，非真不能说话也。乡党是因为父兄宗族之所在，不欲以贤知先人，故言语寡少。便，音骈，平声。

便便，辩也。谨，谨慎也。孔子在鲁国的祖庙助祭于公，或在鲁君的朝廷见君，说起话来，于礼法政事，不肯缄默，其言甚辩；但仍旧极其谨慎，不肯说错。

右第一节，记孔子在乡党与在庙朝，发言的态度不同。按本节与下节，刘氏《正义》并为一节。今从朱注分之。

朝，与下大夫言，侃侃如也；与上大夫言，訚訚如也。君在，踧踖如也，与与如也。

朝，谓在朝廷上，此君未视朝时也。下大夫，指官位与孔子相并的，及位在孔子以下的。孔子仕鲁，为小司空、小司寇（依《正义》说），故亦为下大夫也。上大夫，即卿，官位在孔子以上的。《集解》采孔曰："侃侃，和乐之貌。訚訚，中正之貌。"按《尔雅·释诂》："衎，乐也。"此以侃为衎之通借字，故训和乐。《说文》："訚，和悦而诤也。"诤者，辨其是非，不妄谐俗，故训中正。訚，鱼巾反。此言孔子和同等的官及下级官说话，和气而欢乐。同上级官说话，中理而正当。所谓对下不骄，对上不谄也。朱注据《说文》，以刚直释侃侃，不如孔说为长。《集解》又采马曰："踧踖，恭敬之貌。与与，威仪中适之貌。"踧踖，读如促节。与，通忬，通趚，行步安舒也。言孔子上朝，君主在前，态度恭敬，威仪安舒也。中适，犹言恰到好处。

右第二节，记孔子在朝的言论仪容。

君召使摈，色勃如也，足躩如也。揖所与立，左右手，衣前后，襜如也。趋进，翼如也。宾退，必复命曰："宾不顾矣。"

摈，读如宾去声，亦作傧。君召使摈者，言鲁君使孔子为傧以迎接宾客也。古时宾主相见，宾副曰介，主副曰摈。勃如，变色也。与《孟子》"王勃然变乎色"之"勃然"同，但此谓变色起敬耳。躩，音觉。足躩如，是两脚盘旋逡巡之貌。敬君命故也。

傧不止一人，所与立，谓同为傧者。左右手者，《集解》郑曰："揖左人左其手，揖右人右其手。"襜，读若穿。朱注云："整貌。"按：《楚辞九叹》："裳襜襜而含风兮。"洪兴祖《补注》："襜襜，衣动貌。"两手换揖，移左移右，则衣之前后襜然飘动矣。接宾客入内时，走得快，故曰趋进。翼如者，《集解》孔曰："言端好也。"按凌曙《典故核》所说，疾趋，须身小折，头直，手足正。《礼记·玉藻》云："疾趋则欲发而手足无移。"疾趋而两手不动，如鸟舒翼而翔，故曰翼如。

宾辞，君主命摈送宾。宾退去以后，孔于为摈事毕，必回到君主前复命说："宾已去了。"按《公食大夫礼》及《聘礼》于宾退，送于门外之后均言"宾不顾"。故复命时曰"宾不顾矣"。

右第三节，记孔子受命为摈时的仪容。

入公门，鞠躬如也，如不容，立不中门，行不履阈。过位，色勃如也，足躩如也，其言似不足者。摄齐升堂，鞠躬如也，屏气似不息者。出，降一等，逞颜色，怡怡如也，没阶，趋进，翼如也。复其位，踧踖如也。

入公门者，入君主的门也。古时诸侯有三门，即库门、雉门、路门。最先入的外门为库门。鞠躬如者，低着头进去，如鞠躬的样子也。如不容，言公门虽高大，而自己低着头，好像公门低小，不能容纳一般，这是敬之至也。立不中门，是说不立在门的中央。阈，音域，是门限。行不履阈，是说走过门，不踏在门限上。位，是君主的座位。进了库门，到外朝（诸侯三朝之一。其馀二朝为治朝、内朝），就见君主不常御的座位。但君虽不在此位，而走过君的虚位时，亦当起敬，故色勃如，足躩如也。其言似不足，言走过外朝的君位以后，渐近君主，故虽和人说话，不敢放肆，像说不畅快的样子。摄，撩也。齐，音资，衣的下摆叫齐。升堂，由外朝入雉门，升君主常日听政的治朝之堂也。拾级登堂，故须撩起衣裳的下摆。这时孔子走路的样子，也像鞠躬一般。屏，音丙，去声。"屏气，似不息"，就是屏着鼻气，像不呼吸的样子。盖在治朝，对着君主大声呼吸，似不敬也。出，退朝时走出治朝之堂也。等，阶级。降一等者，走下堂阶一级也。逞，舒展也。逞颜色者，屏气已久，走下堂阶一级，就舒气解颜也。怡怡如，是和悦的样子。陆德明《经典释文》云："'没阶趋'，一本作'没阶趋进'，误。"臧琳《经义杂记》曰："《史记世家》作'没阶趋进。'《聘礼》注引《论语》同。《曲礼·士相见礼》疏引，并有'进'字。趋进者，趋前之谓也；旧有此字，非误。"没阶，阶走完也。"趋进，翼如也"者，走完阶沿，在平地上向前走，虽不像对君主时的恭敬，亦很端正也。复其位者，出雉门，回到外朝，又经过君主的虚位之前也。

右第四节，记孔子趋朝的仪容。按刘氏《正义》谓此节与下节同记聘问之事。今从朱注。

执圭，鞠躬如也，如不胜，上如揖，下如授。勃如战色，足蹜蹜如有循。享礼，有容色。私觌，愉愉如也。

圭是玉，上锐下方。诸侯各有命圭，为君聘使邻国，须执持君之圭而往。胜，平声。如不胜者，言执君之圭，像力不能胜的样子，敬之至也。《曲礼》云："凡执主器，执轻如不克。"义与此同。"上如揖，下如授"，是说执圭的高低。朱注云："谓执圭平衡，手与心齐，高不过揖，卑不过授也。"勃如战色者，言执圭时，小心谨慎，惟恐失礼，容色和平时不同，有像战慄的样子。蹜，音缩。足蹜蹜如有循者，言行步促狭，不敢开大步，并且像循着轨道而行，亦表示谨慎的意思。以上是记聘问邻国授圭时的礼容。享，献也。行授圭礼后，乃行"享礼"。聘礼授圭，享礼授璧，而所献之物多，如皮币之属，一一罗列庭中，叫做庭实。圭所以申信，璧所以交欢，这时不复有战慄之色，容貌较先时从容，故曰有容色；此正对"勃如战色"而言。

觌，见也。行聘享公礼已毕，和邻国君主，以私人的资格相见，叫做私觌。愉愉，是一种很和气的神情和相貌。按《郊特牲》谓人臣无外交，故以大夫之私觌为非礼。郑玄注谓其君亲来，则其臣不敢私见于主国君，以君命聘，则有私见。则此言私觌，与《郊特牲》所云，并不矛盾。

右第五节，记孔子聘问邻国时授圭、享礼、私觌的仪容。

君子不以绀緅饰，红紫不以为亵服。当暑，袗絺绤，必表而出之。缁衣羔裘，素衣麑裘，黄衣狐裘。亵裘长，短右袂。必有寝衣，长一身有半。狐貉之厚以居。去丧，无所不佩。非帷裳，必杀之。羔裘玄冠不以吊。吉月，必朝服而朝。

君子，谓孔子也。绀，音干。《说文》云："绀，深青而扬赤色也。"段玉裁注以为即今之天青，又名红青。深青近黑，故郑玄以为玄色之类，则似借绀为黚。緅，读若周。朱注云："绛色。"《士冠礼》注云："赤而微黑。"《广雅》云："緅，青也。"则亦深青而近黑之色。

饰，领缘。不以绀緅饰者，言不用此二色做领缘也。绀色是斋服，以绀为饰，则像斋服。緅色是用以饰三年之丧的练服的；(三年之丧，至十三月曰小祥。练为小祥祭名；练服，此时所服）今非丧服，而亦以浅绛色为饰，则类于丧服矣。故孔子缘领，不用此二色也。亵服者，在家中私居时所穿的衣服。红紫是间色，不是正色，且近于妇人女子之服，当时人虽爱用之，孔子则虽家居的衣服，亦不用此二色；至于正服，更无论了。袗，音诊，单衣服。细麻布叫絺，音痴；粗麻布叫绤，音隙。袗絺绤者，麻布的单衫，就是现在的夏布衫。当暑者，当暑热的时候。必表而出之者，言夏布单衫，只可做外衣，着身尚须穿一件里衣，使身体的皮肉不外露也。此朱注说。一说，表而出之谓有表衣出其上，即加上衣也。缁衣，黑色的衣。羔裘，是黑羊皮。素衣，白色的衣。麑，音尼。麑裘，是白色的麑皮。黄衣，黄色的衣。狐裘色黄。古人穿皮袄，以毛向外，而皮袄的外面更加一单衣，这单衣叫做裼。上所谓衣，即裼也。孔子要中外的衣服颜色相称，故裼与裘，必用一色。亵裘，是家居时穿的皮袄，做得长，取其暖也。短右袂者，右手的衣袖短些，取其便于做事。此朱注说。一说右，本作又，手也，非仅指右手而言。若仅指右手，则左右袂长短不同矣。亦可通。寝衣，郑注云："今小卧被是也。"《说文》亦云："被，寝衣也。长一身有半。"是寝衣，即现在的被。有，古通又。言睡时盖的被，比身子长一身半，使手脚不外露也。朱注引程子云："此错简，当在'斋必有明衣布，之下。"故释之曰："斋主于敬，不可解衣而寝，又不可着明衣而寝，故别有寝衣，其半盖以覆足。"与郑许说异。狐貉，狐皮袄也，毛长而暖。家居的时候，衣服贵能适体，故孔子穿狐皮杖也。一说，居有坐的意义，此以狐貉为坐褥，非言家居的衣服。佩，带挂玉器也。平常时候，身边必带挂玉器。只有丧事时，把佩玉去掉。故曰："去丧，无所不佩。"按《礼记·玉藻》云："凡带必有佩玉，唯丧否。"又云："君子无故，玉不去身。君子于玉比德焉。"可与此节所记相发。帷裳，是朝祭之服，用正幅布做，前三幅，后四幅，在裳的上畔，摄收使小，以称腰身，故襞积很多，如今之百褶裙。因为是要用正幅布做，所以并不斜杀其幅。所谓杀，即割削剪裁也。杀，去声。非帷裳，是帷裳以外的其他衣裳。这些衣裳，下畔倍于上畔的腰，必斜杀其幅以缝之，故曰"必杀之"也。大概当时人，于非朝祭的帷裳，亦有用正幅布做，而不斜杀其幅者。孔子则不然，故门弟子记之。古人以白色为素服，玄色为吉服。羔裘玄冠，是吉服，故孔子不用以吊丧。吉月，是月之初一日。古时，初一日君臣有至太庙视朔之礼。视朔之服，为皮弁，素衣，素裳。而平日视朝之服，则为玄冠，缁衣，素裳。此处所谓朝服，《集解》引孔曰："皮弁服也。"按即视朔之服也。鲁自文公不视朔，而孔子独于是日，仍衣皮弁服而朝，亦我爱其礼之意也。见毛氏《四书改错》则谓孔子在初一日，必先衣皮弁服入朝，至君不视朔，然后易朝服而朝于君。本来朝服而朝，可不必记；因其不先服，故记之也。说亦可通。

右第六节，记孔子穿衣的情形。按本节依刘氏《正义》至"齐必有明衣布"止，今从朱注。

齐，必有明衣，布。齐，必变食，居必迁坐。

齐，今作斋。齐，即斋字。凡祭祀必斋，斋必沐浴。明衣，皇疏谓："斋浴时所着之衣也。浴竟，身未燥，未堪着好衣，又不可露肉，故用布为衣，如衫而长身也。着之以待身燥。"变食者，《集解》引孔曰："改常馔。"朱注云："谓不饮酒，不茹荤。"迁座者，《集解》引孔曰："易常处。"朱注同。按变食，迁坐，亦无非求清洁也。

右第七节，记孔子斋时衣食居处之事。按本节"明衣"句，刘氏《正义》归入上面记衣的一节；"变食"二句，归入下面记食的一节。今从朱注，另为一节。

食不厌精，脍不厌细。食饐而餲，鱼馁而肉败，不食；色恶不食；臭恶不食；失饪不食；不时不食；割不正，不食；不得其酱，不食。肉虽多，不使胜食气。惟酒无量，不及乱。沽酒，市脯，不食。不撤姜食。不多食。祭于公，不宿肉。祭肉，不出三日；出三日，不食之矣。

食，音嗣，饭也。牛、羊、猪、鱼之类切细的，"厌"，叫做脍。朱注云："食精则能养人，脍粗则能害人。不厌，言以是为善，非为必欲如是也。”如朱注则此二句之意为“饭米不厌其精白，肉脍不厌其细切。”刘氏《正义》引《国语·晋语》“民志无厌”句韦注曰：“厌，极也。”谓孔子饭蔬饮水，乐在其中，且以耻恶食为未足与议，故饭不极精，脍不极细。似较朱说为长。饐，音意，饭煮得太烂。餲，音爱，烂饭变了气味。孔子对于这种饭是不吃的。鱼坏曰馁，肉坏曰败。鱼肉坏了的，孔子亦不吃也。食物颜色不好曰色恶，气味不好曰臭恶，都是就要坏了。失饪者，烹饪时火头不足，没有煮熟也。孔子都不吃。《集解》引郑玄以为“不时”者，不是吃饭的时候。朱注则谓不时是指果实未熟之类。二说并通。此皆孔子讲究卫生之处。割，割肉也，今人言切。割不正，皇疏及朱注均谓切不方正。朱注并引汉陆绩之母割肉未尝不方，断葱以寸为度为例。邢疏则谓析解牲体脊协臂臑之属，不得其正，《正义》亦主之。割不正的肉，虽然无害卫生，但孔子亦不苟食也。酱，种类不一，有烹时用的，有吃时加的。孔子对于食物，如无相宜之酱，不欲食之。汪烜《四书诠义》则谓酱为醯醢盐梅之总名；如《内则》所载，各以其气味物性之宜相配，此所谓“得其酱”也。详见刘氏《正义》引。食气之食，音嗣，饭也。肉所以佐饭，应适得其当。若只吃一些饭，而辅以许多肉，便是吃肉不是吃饭了，这叫做肉胜食气，孔子则不如此。酒为宾主尽欢而饮。若多饮而醉，往往失仪惹祸。即此所谓乱也。孔子饮酒虽无限量，但决不至于乱。沽酒，是市上买来的酒，里面多有杂质掺入。市脯，是市上买来的干肉，多不新鲜或不清洁。二者吃了喝了，有碍卫生，故孔子不吃不喝。姜，即生姜。菜中用姜，能去腥秽，故不撤去。不多食者，所谓适可而止，不贪心多吃也。一说此“不多食”，承上文“姜”说。祭于公者，助祭于公家也。公祭的肉，待分到，或已过了三日，故孔子必当天就吃；不再过夜，使肉更不新鲜，故曰“不宿肉”也。祭肉，指自己家里祭祀的肉。孔子也不过了三日才吃，过了三日，这肉难免腐败，所以不吃它了。

右第八节，记孔子日常饮食之事。

食不语，寝不言。

食不语者，吃饭的时候不说话。寝不言者，睡觉的时候不说话。

朱注引范氏曰:“圣人存心不他，当食而食，当寝而寝，言语非其时也。”或谓“言”与“语”不同，食则言而不语，寝则语而不言，似嫌迂曲。

右第九节，记孔子当食寝时的仪容。

虽疏食、菜羹、瓜，祭，必齐如也。

疏，粗也。食音嗣，饭也。疏食，是粗粝之饭。疏，或云即今蔬字。但作蔬，则与下菜羹复。菜羹，是以菜为羹;瓜，是瓜类。齐，同斋，严敬貌。孔子贫贱时祭祀祖先，虽或用粗饭，菜羹或瓜类，祭品很薄，但他的容貌是很严敬的。按“瓜”,《鲁论》作必，郑玄注主从《古论》作瓜。孔安国注云:“三物虽薄，祭之必敬。”是亦主作瓜也。朱注谓“虽薄物必祭”，则从鲁矣。又云:“古人饮食每种各出少许，置之豆间之地，以祭先代始为饮食之人，不忘本也。”是仍以本节为记饮食也。不如郑、孔二说为长。

右第十节，记孔子祭时的仪容。

席不正不坐。

古时席地而坐。设于地的席，如有移动偏斜，孔子不坐。

右第十一节，记孔子坐时的仪容。

乡人饮酒，杖者出，斯出矣。乡人傩，朝服而立于阼阶。

乡人饮酒者，古时行乡饮酒礼也。年老的人拿杖，故称杖者。《王制》云:“六十杖于乡。”则此杖者，指六十以上之老人。此言行乡饮酒礼时，孔子必等年纪老的人出去了，自己才出去。因老者本应敬重，此礼又贵龄崇年，主于养老，更不可对老人失敬也。傩，读儺，平声，是古时一种风俗，即《周礼》方相氏所谓“狂夫四人，蒙熊皮，黄金四目，玄衣朱裳，执戈扬盾，帅百隶而傩”也。意在祛邪逐疫。阼阶，东面的阶，古礼以此为主人所立之阶。朝服，即上朝时的礼服。孔子遇乡村里举行逐疫的时候，必穿着朝服，去立在家庙的东阶之上。皇疏曰：“孔子闻乡人逐鬼，恐见惊动宗庙，故着朝服而立于阼阶，以侍祖先，为孝之心也。”

右第十二节，记孔子居乡之事。

问人于他邦，再拜而送之。

按邢疏云：“此记孔子遗人之礼也。问，犹遗也。问者，或自有事问人，或闻彼有事而问之，悉有物表其意。……此孔子凡以物问遗于他邦者，必再拜而送其使者，所以示敬也。”刘氏《正义》引《论语稽》云：“士相见当再拜，今拜使者，如拜所问之人。”本节的意思，是说孔子遣使至外国访问朋友，同时以物送给朋友。当使者出国时，孔子再拜而送之，如送其所访问的朋友也。

右第十三节，记孔子遣使遗问友人。

康子馈药，拜而受之。曰：“丘未达，不敢尝。”

馈，音愧。康子，季康子，鲁卿。他送药品给孔子。孔子拜而受之。按受大夫之馈而拜，礼也。“丘未达，不敢尝”者，言我还不知道这药治什么病，所以不敢尝也。《曲礼》曰：“医不三世，不服其药。”孔子不服康子的药，就是这个意思。

右第十四节，记孔子受人馈药。

厩焚。子退朝，曰：“伤人乎？”不问马。

厩，马房也。孔子上朝之时，家中的马房被火烧毁。孔子退朝以后，只问伤不伤人，不问马，这是贵人而贱畜也。《经典释文》云："一读至'不'字绝句。"盖读"不"为"否"；先问"伤人乎否"，然后问马，先人而后畜也。此别一解。

右第十五节，记孔子马厩被焚时事。

君赐食，必正席先尝之。君赐腥，必熟而荐之。君赐生，必畜之。侍食于君，君祭先饭。

赐食，指君以熟食赐孔子也。必正席先尝之者，受了君所赐的熟食以后，必恭恭敬敬地坐着，先自己来尝，然后再以馀者颁赐他人。盖敬君之惠，而又不留君之惠也。腥，是生的肉或鱼。荐是进献的意思。因为荣君之赐，必煮熟了，先祭一祭祖先。君赐熟食所以不荐者，恐为馂馀也。生，是活物。因系君赐，不忍即杀，所以养畜之，以待祭祀之用也。侍食于君者，孔子侍坐于君的旁边，陪君吃饭也。祭，是古礼之一，食时把种种食物，先取出少许，放在俎豆边，以祭先代初造饮食之人也。先饭，即先尝食之，以饭赅其馀的食物也。孔子侍食于君，在君祭时，自己遵礼先吃，如为君尝食一般，故曰"君祭先饭"也。

右第十六节，记孔子受君赐食及侍食的事。

疾，君视之，东首，加朝服，拖绅。

视者，视疾。"疾，君视之"，言孔子有病，君来看病也。东首，是睡时头在东面。病者头在东面，则君临榻前，适南面矣。绅，是大带，朝服所用。孔子有病，不能起床，穿朝服见君，而又不敢以便服见君，所以君来看病，把朝服盖在身上，又把绅拖在朝服上面，以尽礼也。

右第十七节，记孔子承君问疾时事。

君命召，不俟驾行矣！

君命召者，君有命令来叫孔子也。上呼下曰召。凡遇君命来召，来不及等到马和车子驾好，即时步行而去。此言孔子急趋君命，急迫先行，不及俟驾车，及行后而家人始以车随及之耳。

右第十八节，记孔子奉君召时事。

入太庙，每事问。

已见前《八佾》篇。按《论语稽》谓此篇："杂记圣人之事，入庙在所当记，非重出也。"

右第十九节，记孔子入太庙事。

朋友死，无所归。曰："于我殡。"朋友之馈，虽车马，非祭肉，不拜。

"朋友死，无所归"者，孔子的朋友死了，没有家族来料理丧事也。曰于我殡者，孔子说由我来殡殓他也。馈，是送的东西。朋友虽把车马等贵重的东西来送，也视为平常的事情，而不拜；只有朋友把祭祖先的肉来送，孔子因敬重朋友的祖先，故必拜而受之。

右第二十节，记孔子的交友。

寝不尸，居不容。

寝不尸者，不像尸首一般直挺挺地卧在床上也。《正义》云："夫子曲肱而枕，则侧卧可知。今养生家亦如此说。"居，是平日住在家里。不容者，不像上朝或祭祀时，有庄肃的容仪，这时的态度，十分自然活泼也。按《经典释文》，容，一作客，《唐石经》亦作客。臧琳《经义杂记》解孔注"为室家之敬难久"云："谓因一家之人，难久以客礼敬己也。"此别一解。

右第二十一节，记孔子平居仪容。

见齐衰者，虽狎必变。见冕者与瞽者，虽亵必以貌。凶服者式之，式负版者。

此节与《子罕》篇所说“子见齐衰者、冕衣裳者与瞽者，见之虽少必作，过之必趋”一段，大同小异。意思亦是哀有丧，尊在位，矜残废之人。但《子罕》篇所记，为对于齐衰、冕、瞽之不相识者，而此节则为对于相识之齐衰、冕、瞽者耳。狎，与自己素来亲热也。变者，变了容色对他，异于常时也。亵，与狎义同。或曰燕见也。貌，礼貌。凶服即丧服。凶服者，即上所云齐衰者。式，即轼，是车上一条横木；此作动词用，引申为把身体凭在式上以表敬意的意思。版者，古时无纸，国家的图籍，都是用竹版、木版写。负版者，捧国家图籍的人也。孔子在车子上，见穿丧服的，负国家图籍的人，必在式上凭着，以表敬意。

右第二十二节，记孔子特施敬礼的人。

有盛馔，必变色而作。

盛馔者，即丰富的酒席。变色而作者，《集解》引孔曰：“作，起也。敬主人之亲馈。”现在正式宴会，还有主人亲自上菜的礼节，就是亲馈。此时孔子必变色而起，敬礼有加也。此节对于孔注“亲馈”二字，极要注意。因非亲馈，则虽为盛馔，孔子亦不若是重视也。

右第二十三节，记孔子宴会中的仪容。

迅雷、风烈，必变。

忽然一声霹雳，叫做迅雷。忽然起了一阵大风，叫做风烈。风烈，即是烈风，此与“迅雷”错综以成文耳。必变者，敬天也。《礼记·玉藻》云："若有疾风、迅雷、甚雨，则必变，虽夜必兴，衣服冠而坐。"义与此同。

右第二十四节，记孔子天变时的仪容。按刘氏《正义》，本节与上节并为一节。兹因二事，性质并不相同，故分之。

升车，必正立执绥。车中，不内顾，不疾言，不亲指。

绥是挽以上车的一条绳索。孔子上车的时候，必正立而手执绥，表示不乱动，亦防倾跌也。内顾者，回头看后面。疾言者，说话说得响而又快也。亲指者，把手指头指来指去也。《正义》曰："亲字义不可解。《曲礼》云：'车上不妄指。'亲，疑即妄字之误。"孔子坐在车中，不回头看后面，说话不响而快，不把手指来指去，其庄敬可知。

右第二十五节，记孔子乘车的仪容。

色斯举矣，翔而后集。曰："山梁雌雉，时哉！时哉！"子路共之，三嗅而作。

朱注云："言鸟见人之颜色不善则飞去，回翔审视而后下止。人之见几而作，审择所处，亦当如是。然此上下必有阙文矣。"又引邢疏曰："梁，桥也。时哉，言雉之饮啄得其时。子路不达，以为时物而共具之。孔子不食，三嗅其气而起。"引晁氏曰："石经嗅作戛，谓雉鸣也。"引刘聘君曰："嗅当作狊，古阒反，张两翅也。见《尔雅》。"又云："愚按如后两说，则共字当为拱执之义。然此必有阙文，不可强为之说。"王引之《经传释词》云："色斯者，状鸟举之疾也。色斯即色然，惊飞貌也。……哀六年《公羊传》：'诸大夫见之，皆色然惊而骇。何注曰：'色然，惊骇貌，义与此相近也。'并历举汉人'色斯，二字连用之例为证。按'色斯举矣'，记鸟飞举之速；'翔而后集'，记鸟翔集之迟，疑即记所见之雌雉。但为记事状物之语，不寓他义，不必过于深求，致难索解。'山梁雌雉，时哉时哉！'则孔子见之，偶然脱口而出之语也。山石有在两岩间如梁者，谓之山梁，此雉集其上也。共为拱之借字。《尔雅·释诂》：‘拱，执也。’嗅，当从刘说作‘狊’。形与臭字近，因讹为臭，故《五经文字》尚作臭。《唐石经》乃加口作嗅耳。作，飞举也。《吕氏春秋·审己》篇言‘子路揜雉而复释之’。揜即共也。盖雉以倦飞而集，子路掩而执之，亦游山时随意游戏之乐事，而旋即释之，故雉张两翅，三搏而迅飞耳。”

右第二十六节，记孔子与子路出游时琐事。文虽简短，记叙极生动。注家过于深求，望文生义，反致迂曲难晓耳。

[问题]

（一）孔子在乡党、庙朝，何以言语时态度不同？
（二）孔子在朝时，对上大夫与下大夫谈论，有何不同？
（三）孔子做傧相时仪容如何？
（四）孔子聘问他国时，仪容如何？
（五）孔子对于食物的卫生如何？
（六）孔子何以不敢尝季康子送他的药？
（七）孔子于厩焚后退朝，何以问伤人而不问马？
（八）孔子对死友如何？
（九）有盛馔，孔子何以必变色而作？
（十）本篇末一节所记为何事？

下论

先进第十一

按《乡党》以上十篇，旧称《上论》；本篇以下十篇，旧称《下论》。大概原编仅前十篇，增辑后始有后十篇，观于在体制上应居最后的《乡党》篇，排列在第十篇可知也。又后十篇，文体亦多与前十篇不同，读者细玩之自知。崔述于末五篇尤疑之，谓是后人续入也。

子曰："先进于礼乐，野人也。后进于礼乐，君子也。如用之，则吾从先进。"

乐，音乐之乐。先进、后进，犹今言前辈、后辈。"先进于礼乐，野人也"者，言前辈对于礼乐，文质得宜；但流俗不明白，以为是质朴的野人也。"后进于礼乐，君子也"者，言后辈对于礼乐，文过其质；但流俗不明白，以为是彬彬的君子也。这两句是说后辈不及前辈，而流俗对于野人、君子之辨的错误。"如用之，则吾从先进"者，孔子自言"我如果要行起礼用起乐来，一定从前辈的文质得宜"也。这是依程朱之说（见《集注》）解释的。《集解》邢疏以"先进"为前辈不因时损益礼乐而有古风的，"后进"为后辈因时损益礼乐而得时之中的。皇疏以"先进"为质朴的前辈，"后进"为文胜质的后辈。二说皆谓孔子之"从先进"，是要还淳返素。刘氏《正义》以为"先进于礼乐"，是先习礼乐而后服官的。因其未服官时，没有爵禄，而为平民，故曰野人。"后进于礼乐"，是袭先世的爵禄，起先并没有学习礼乐，到了服官之后，才思为礼乐之事的。因其袭先世的爵禄，世代为卿大夫，故曰君子。孔子反对当时世袭爵禄的制度，主张行古代的选举法，所以说如果有用我的，我必行先学而后服官的制度。

统观诸说，以程朱与刘氏《正义》之说为长。何、邢、皇之说，与孔子平日贵时中，贵文质彬彬之义不符，《正义》已驳之。

子曰 :“从我于陈蔡者，皆不及门也。”

孔子曾在陈蔡之间绝粮，这时回忆相从于患难中的弟子都不在门，心里记念他们，所以说 :“从我在陈蔡受难的弟子，现在都不在门下了！”按“不及门”训“不在门”，是朱子之说。何《解》引郑玄注及邢疏、皇疏均训为“不及仕进之门”。一谓“孔子言时世乱离，非唯我道不行；只我门徒，虽从我在陈蔡者，亦不复及仕进之门”。刘氏《正义》说 :“《孟子》云 :‘君子之厄于陈蔡之间，无上下之交也。’无上下之交，即此所云不及门也。”又说 :“夫子周游，亦赖君弟子仕进，得以维护之。今未有弟子仕陈蔡，故致此困厄也。”则以此语为孔子自言所以厄于陈蔡之故。

“德行 :颜渊、闵子骞、冉伯牛、仲弓。言语 :宰我、子贡。政事 :冉有、季路。文学 :子游、子夏。”

行，去声。此章是记述孔子的高足弟子。孔子弟子三千人，身通六艺者七十二，而此十人，尤为杰出也。朱注与上章合为一章，则此十人是从孔子于陈蔡者。

孔子之学，是学做人，所以“德行”列在第一。“言语”列第二者，因孔子时列国并立，做官的人，常要出国外交，所以说话极其注重。“政事”是有政治学识而能从政的人才。“文学”者，能读诗书，知典则的人。十人均称字，其名已散见以前各篇。

子曰 :“回也，非助我者也，于吾言无所不说。”

助我，指质疑问难，以启发孔子的施教，如孔子称子夏的“起予”。说，今作悦。颜渊对于孔子的话，默识心通，无所疑问的，所以不能为孔子启发也。旧解多作此说，惟皇疏引孙绰曰：“所以每说吾言，理自玄同耳，非为助我也。”则谓“助我”为帮助我，此另一说。

子曰：“孝哉！闵子骞，人不间于其父母昆弟之言。”

朱注之胡氏曰：“父母兄弟，称其孝友，人皆信之无异词者，盖其孝友之实，有以积于中而著于外，故夫子叹而美之。”此训间为异，言父母兄弟称闵子骞孝友，别人也称闵子骞孝友，而无异辞；“孝哉！闵子骞”一句，即为别人称闵子之言，故称闵子之字也。刘氏《正义》曰：“不字作无字解。人无非间之言，不是无非间闵子之言，乃无非间其父母昆弟之言。”此解“间”字与“禹吾无间然矣”之“间”同。“人不间于其父母昆弟之言”者，言人于其父母昆弟无间言也。《后汉书·范升传》云：“升闻子以人不间于其父母为孝，臣以下不非其其君上为忠。”即本此义。《太平御览·孝部》引《说苑》云：“闵子骞母死，其父更娶，复有二子。子骞为其父御车，失辔。父持其手，衣甚单，父归，呼其后母儿，持其手，衣甚厚温。”即谓其妇曰：“吾所以娶汝，乃为吾子。今汝欺我。去，无留！”子骞曰：“母在一子单，母去三子寒。”其父默然。故曰：“孝哉闵子骞，一言其母还，再言三子温。”《韩诗外传》亦载此事，并谓其母改悔，遂成慈母。据此，则人之所以无间言于其父母兄弟者，以闵子骞之能感格之。此与舜之感化父母及象正同，故孔子称其孝。

南容三复白圭，孔子以其兄之子妻之。

妻，去声，作动词用。孔子把侄女许给南容为妻，已见前《公冶长》篇。《诗经·大雅·抑》云：“白圭之玷，尚可磨也；斯言之玷，不可为也。”白圭，是白玉。玷，是疵点。言白玉上有一些疵点，尚可把它磨去；一个人说话说错，有了污点，被人听去，便永久被人看不起了。这四句诗，是教人说话要谨慎。南容常把这四句诗，反复念诵，其能慎言可知。所以能“邦有道不废，邦无道免于刑戮”也。“三”是虚数，言其常常复诵耳。

季康子问："弟子孰为好学？"孔子对曰："有颜回者好学，不幸短命死矣！今也则亡。"

亡，今作无。按本章与《雍也》篇"哀公问"章，大同小异。不过那章问者为鲁哀公，此章问者为鲁大夫季康子；那章孔子答语，于"好学"下，多"不迁怒，不贰过"两句而已。崔述《洙泗考信录》谓此未必果为两事。

颜渊死，颜路请子之车以为之椁。子曰："才不才，亦各言其子也。鲤也死，有棺而无椁。吾不徒行以为之椁，以吾从大夫之后，不可徒行也。"

颜路是颜渊之父，名无繇，字路，亦孔子弟子。椁，亦作槨，现在用石椁，古有木椁。路见孔子最爱颜渊，自己家又极贫，故请孔子之车卖以为之椁也。鲤是孔子之子，字伯鱼。徒行，就是步行。孔子自言我为鲁国的大夫，别的大夫都坐车子，我也只得坐车子，不便步行跟在人后也。实为大夫，而曰"从大夫之后"者，《集解》引孔曰："谦辞也。"刘氏《正义》则曰："孔子初仕鲁为大夫，及去位，从士礼。其后鲁人以币召孔子归，自必复其爵而不居位，若大夫致仕者然，故但从大夫之后。"按古代送丧事人家的礼物，车马曰賵。（见隐元年《公羊传》）是賵丧之礼，本以车马，故孔子于旧馆人之丧，脱骖以赠。颜渊死，孔子亦必有赠，而颜路复有此请，故孔子以鲤死无椁，未尝卖车事告之。

颜渊死。子曰："噫！天丧予！天丧予！"

噫，叹声。天丧予，意思是说颜渊丧亡，和天丧亡我自己一样。连说两句，痛悼之深也。

颜渊死，子哭之恸。从者曰："子恸矣！"曰："有恸乎？非夫人之为恸而谁为？"

恸者，悲伤过甚也。颜渊死的时候，孔子往颜渊家哭之，悲伤过甚。从者，是从孔子往颜渊家去的弟子，见孔子悲伤到这样地步，所以说："子恸矣！"有恸乎者，是孔子不自知己之悲伤过甚，听见从者说，他就问道："我悲伤过甚了吗？"接着又说道："我不为这个人悲伤过甚，还为哪一个人这样悲伤呢？"夫，音扶。夫人，就是这个人。

颜渊死，门人欲厚葬之。子曰："不可。"门人厚葬之。子曰："回也，视予犹父也，予不得视犹子也。非我也，夫二三子也！"

古代礼制甚严。诸侯、大夫、士、庶人丧葬，都有一定的制度。颜渊虽贤，但终是一个平民。厚葬，就是违礼了。门人因为仰慕颜渊的贤德，又以他是孔子最爱的弟子，所以要厚葬他。孔子以厚葬为违礼，故曰"不可"也。门人不听孔子的话，竟把颜渊厚葬了。孔子因叹道："颜回看待我同父亲一样；他若真是我的儿子，我可出主意，不使他们违礼厚葬。现在颜回的父亲颜路，竟听门人厚葬了。我虽爱颜回如子，但不便干涉。这个违礼的举动，不是我的主意，是弟子们的主意也。"

季路问事鬼神。子曰："未能事人，焉能事鬼？"曰："敢问死？"曰："未知生，焉知死？"

季路，即子路。子路问对于鬼神应如何奉事。"子曰：'未能事人，焉能事鬼'者，刘氏《正义》说："事人，若子事父，臣事君是也。焉能事鬼，言鬼，则神可知。或以'事鬼'，下脱'神'字，非也。"子路又由鬼而联想到死，就再问孔子。"曰：'未知生，焉知死'"，言未能知道生，怎能知道死也。盖孔子主张"务民之义，敬鬼神而远之"，故于子贡问死后有知无知，亦答以"死，徐自知之，未为晚也。"（见《说苑》）与此答子路之问，其旨相同。

闵子侍侧，訚訚如也。子路，行行如也；冉有、子贡，侃侃如也。子乐。"若由也，不得其死然！"

侍侧，伺候在孔子旁边也。訚訚，中正之貌，恭恭敬敬的相貌。侃侃，和乐之貌。已见《乡党》篇。行行，刚强之貌。见郑玄注。行，胡浪反。宋翔凤《过庭录》引《说文》解本章，说“行行”应作“侃侃”，下“侃侃”，应作“衎衎”。(《乡党》篇“侃侃”亦“衎衎”，同音假借字）因侃侃训刚强，而衎衎训和乐也；至“行行”二字，想是涉下文“衎衎”而误。其说亦通。孔子见四人侍于左右，各有真性情流露出来，所以很欢喜。子乐之乐，音洛。孙奕《示儿编》说，“子乐”应作“子曰”，当属下。因下云子路不得其死然，有何可乐呢？皇本“若”字上亦有“曰”字。然字是助词。这句话的意思就是说，由的神气，像将来要不得好死似的。按孟子所谓“得天下英才而教育之”为君子三乐之一。孔子之乐，即因此也。“若由也，不得其死然”一语，正是孔子对子路之关切忧虑。后来子路在卫国做官，果然死于乱事，可见孔子观察的不错。

鲁人为长府。闵子骞曰：“仍旧贯，如之何？何必改作？”子曰：“夫人不言，言必有中。”

长府是库名，是藏货财的府库。为，改造。仍，因也。贯，事也。仍旧贯者，言因仍旧事，只加修理而不改造也。朱注引王氏曰：“改作劳民伤财，在于得已，则不如仍旧贯之为善。”夫，音扶。夫人，这个人也。中，去声。孔子赞闵子，言此人但不言耳，言则必中于事理也。此朱注说。刘氏《正义》引阎若璩《四书释地》说，而稍正之，谓长府是府库名，在公宫内。《左传·昭公二十五年》公居于长府，九月戌戌，伐季氏，入其门。此云“鲁人为长府”，正是如公预谋伐季氏，欲居此而先事改作。但季氏擅权得民已久，非可以力制之，故子家羁曾力阻其谋，宋乐祁亦知鲁君之不得逞。闵子此言，正指其事，但辞微而婉耳。故孔子称之。此说与朱注异，义亦精当。

子曰：“由之瑟，奚为于丘之门？”门人不敬子路。子曰：“由也升堂矣，未入于室也。”

瑟是一种乐器，鼓瑟的声音，要和而能使人优游自得才好。子路好勇喜斗，所以他鼓瑟，变成一种杀伐的声音。孔子不以为然，就对门弟子说：“由的这种鼓瑟，怎么鼓到我（丘）的门里来了？”门弟子听了孔子说子路的错处，就看不起子路，不敬重他。孔子知道门人不敬子路的原因，于是又对门人解释道：“由的人品学问，已经是好的了，不过没到顶好的地步，譬如一个人，已经走到堂上，还没有走进室内罢了！”按子路鼓瑟事亦见《说苑·修文》篇。

子贡问：“师与商也孰贤？”子曰：“师也过，商也不及。”曰：“然则师愈与？”子曰：“过犹不及。”

与，今作欤。师是子张的名。商是子夏的名。弟子对师，都应称名，所以尊师也。孰贤者，犹云谁好也。子曰：“师也过，商也不及。”意思是说两个人都不能适中，都有短处也。子贡误以为过头好些，故又问：“然则师愈与？”故孔子答以“过犹不及”。盖孔子之道以“中庸”为主，过与不及，皆非中庸。

季氏富于周公，而求也为之聚敛而附益之。子曰：“非吾徒也！小子鸣鼓而攻之，可也。”

周公为武王之弟、成王之叔，官冢宰，封鲁侯，其富宜也。季氏不过鲁国一个贵族，他的财产，竟比周公还要富，已经是不应该了。不料冉求为季氏宰，还要帮他搜刮钱财，增加季氏的财富，故孔子深恶而痛绝之，曰：“非吾徒也！”并命其馀的学生对冉有声罪致讨，故又曰：“小子鸣鼓而攻之，可也。”按《孟子·离娄》篇亦载此事。

“柴也愚，参也鲁，师也辟，由也喭。”

这四句，亦是孔子所说的话，不过记者未加“子曰”二字而已。高柴，字子羔，孔子弟子。《史记集解》引郑玄云：卫人。《集解》云：“愚，愚直之愚。”按本书下文言：“古之愚也直。”愚直，即俗语说的戆直。朱注云："愚者，知不足而厚有馀。"亦通。参，是曾参。鲁，是迟钝而不灵敏。师，是子张。朱注云："辟，便辟也。谓习于容止，少诚实也。"便辟即盘辟，指周旋动止之仪容。《荀子·非十二子》云："禹行而舜趋，是子张氏之贱儒也。"由，是子路。喭，即畔喭，亦作畔援，(《诗·大雅·皇矣》"无然畔援")强武粗率之貌，故引申为跋扈恣睢之意。盖过于刚直，而涵养有亏也。这四个人，每人都有一种短处，故孔子时常说起，想他们改过也。按注疏本及皇本，皆以本章与下章相连。朱注分之，今从朱注。

子曰："回也其庶乎！屡空。赐不受命而货殖焉，亿则屡中。"

此章是孔子说颜渊和子贡也。庶，庶几也。言颜渊庶几是个完人了也，屡空者，他家里的衣食屡次空而没有也。意思是说颜渊，能够安贫乐道。不受命者，不肯听天任命，安贫乐道也。殖，积也；滋，生也。货殖，是居积生财的意思，就是现在所谓"做生意"。亿者，猜测也。屡中者，每每猜着也。中，去声。子贡会做生意，买贱卖贵，猜得着这货物，将来要涨价，在便宜的时候，买了进来，到价涨了卖出去。孔子之意，是说子贡不能安贫乐道，不及颜渊，但其才识过人，故能亿则屡中。《史记货殖传》首列子贡，即是因此。

子张问善人之道。子曰："不践迹，亦不入于室。"

善人，质美而未学者也。子张问孔子，善人当怎样自处。践迹，就是效前言往行以成其德。入于室，即德成也。"不践迹，亦不入于室"者，言质美的人，不照前言往行去做，德也不会成的。譬如入室，不照别人由堂户进来的一条路走，总不会走进室内也。这是从刘氏《正义》的说法。《集解》引孔曰："践，循也。言善人不但循追旧迹而已，亦多少能创业，然亦不能入于圣人之奥室也。"朱注引程子曰："善人虽不必践旧迹，而自不为恶，然亦不能入圣人之室也。"均与上说不同。

子曰："论笃是与？君子者乎？色庄者乎？"

与，今作欤。《集解》此节与上节相连为一章。邢疏云："此亦善人之道也，故同为一章。当是异时之语，故别言'子曰'也。"此节意思，就是言论厚重，是善人；没有鄙行的君子，是善人；颜色不恶而严，使小人畏他的，也是善人。疑问词或作与，或作乎者，文法的变化也。以上三种人，有时有似是而非的，故孔子但为疑辞。（此刘氏《正义》说）朱注则此节自为一章。解亦不同。他说这是不可以言貌取人的意思。与字当作许解。只看人言论为笃实，就称许他，是靠不住的。这个人究竟真是君子呢？还是不过脸上装出庄重的神气来的呢？

子路问："闻斯行诸？"子曰："有父兄在，如之何其闻斯行之？"冉有问："闻斯行诸？"子曰："闻斯行之。"公西华曰："由也问：'闻斯行诸？'子曰：'有父兄在。'求也问：'闻斯行诸？'子曰：'闻斯行之。'赤也惑，敢问。"子曰："求也退，故进之。由也兼人，故退之。"

闻斯行诸者，就是听见了一句话当即去做吗？诸，之乎二字之合音。子路所问的话，和冉有相同。孔子答子路则说："有父兄在，应该请示于父兄，然后去做，哪里好一听见就去做呢？"答冉有则说："听见了，就去做罢！"公西华因二人问的同是一句话，而孔子答话不同。故曰："赤也惑，敢问。"赤，是公西华的名。孔子把答两人不同之意，告诉公西华道："冉有做事，有些畏畏缩缩，不肯向前，所以教他上紧一些。子路的性质，遇事勇往直前，往往凭自己的勇气要一个人去做两个人的事体。所以教他做事要退一步。"这就是孔子的因材施教。

子畏于匡，颜渊后。子曰："吾以女为死矣！"曰："子在，回何敢死？"

"子畏于匡，颜渊后"者，孔子被匡人包围，解围以后，弟子失散，后来渐渐复集，颜渊后到也。女，同汝。孔子见了颜渊，对他说道："我以为你已经死了！"颜渊回答说："夫子还在，我何敢先死呢？”

季子然问：“仲由、冉求，可谓大臣与？”子曰：“吾以子为异之问，曾由与求之问！所谓大臣者，以道事君，不可则止。今由与求也，可谓具臣矣！”曰：“然则从之者与？”子曰：“弑父与君，亦不从也。”

季子然，季氏子弟。戴望《论语注》谓疑即季襄。曾，朱注与刘氏《正义》皆谓“犹乃也”。但《正义》谓异是异人，犹今云：“别的人也。”朱注云：“异，非常也。”则以“异”为非常之事矣。其实“吾以子为异之问”者，即“我以为你问别的”，指人指事均可。“所谓大臣者，以道事君，不可则止。今由与求也，可谓具臣矣”者，孔子告季子然做大臣的与平常的臣不同，须能以道事君，君上不听他的道理，就辞官不做。今由与求两个人，未必能“以道事君，不可由止”，故只可说是备数之臣，不能谓为“大臣”也。季子然又问：“然则从之者与？”与，今作欤。意思是说：“由求既然是备数目之臣，那么凡事都听从上司去做吗？”“子曰：‘弑父与君，亦不从也’”者，孔子又答季子然也，意思是说：“由与求两个人，虽不足称大臣，但也不是寻常庸碌之人，他们也深明大义，若命他去做弑君弑父的事情，他两人也是不肯从的。”盖当时季氏已有无君之心，故孔子答之如此。

子路使子羔为费宰。子曰：“贼夫人之子！”子路曰：“有民人焉，有社稷焉，何必读书，然后为学？”子曰：“是故恶夫佞者！”

费，音秘，季氏邑。子路为季氏宰，故举子羔。贼，害也。夫，音扶。夫人之子，指子羔。孔子不以此事为然，所以说：“害了人家的儿子！”子路听了孔子的话，强辩道：“费虽小邑，也有百姓，有社稷，叫他去办事，这也是求学问。何必读书，然后算是求学问呢？”孔子听了子路强辩而不肯认错的话，更气了起来，所以老实斥子路道：“是故恶夫佞者！”佞，是有口才会说话的人。这句话就是说：“你自以为会说话，强词夺理，所以我憎恶有口才会强辩的这一种人！”

子路、曾皙、冉有、公西华侍坐。子曰：“以吾一日长乎尔，毋吾以也！居则曰：‘不吾知也。’如或知尔，则何以哉？”

曾皙是曾参的父亲，名点。有一天，子路、曾皙、冉有、公西华四人侍坐在孔子身边。孔子对他们说道：“你们以我的年纪，比你们大一些罢？但你们不要以我年纪大些，在我面前，不敢把心里的话爽爽快快地说。”居，谓平居之时。不吾知即是不知吾。意思是说：“你们平时常说：‘没有人知道我。如或有人知道你，能用你们，那么，你们将何以自见其长呢？”

子路率尔而对曰：“千乘之国，摄乎大国之间，加之以师旅，因之以饥馑，由也为之，比及三年，可使有勇，且知方也。”夫子哂之。

率尔，是莽撞轻率，不加思索之貌。摄乎大国之间，就是夹在大国的中间，“加之以师旅，因之以饥馑”者，师旅，是军队，二千五百人为师，五百人为旅；此指战事而言。饥馑，是灾荒。这句话的意思是：千乘之国，夹在大国中间，又加之以军事，并因此而遇着荒年也。比，音避。比及，到也。方，义方。知方，民知向义也。这是说，使我子路治理起来，到了三年，就可使百姓都有武勇，且能够晓得向义，为国效死也。哂，笑也。《曲礼》云：“笑不至矧。”郑玄注：“齿本曰矧，大笑则见。”释文：“矧，本又作哂。”是哂者，笑而露齿也。

“求，尔何如？”对曰：“方六七十，如五六十，求也为之，比及三年，可使足民。如其礼乐，以俟君子。”

此孔子又以次问冉求也。“对曰”以下，冉有答辞。如，或也。言面积六七十方里或五六十方里的小国也，冉有善治赋，故云：“求也为之，比及三年，可使足民。”百姓既已富足，就当教以礼乐。但冉有自谦，故说：“如其礼乐，以俟君子。”再有见子路见哂，所以愈加谦逊。

“赤，尔何如？”对曰：“非曰能之，愿学焉。宗庙之事，如会同，端章甫，愿为小相焉。”

孔子问了冉有以后，又问公西华。“非曰能之，愿学焉”者，是公西华未说志愿，先说谦虚话也。宗庙之事，是说在宗庙里祭祀的事体。如，与也。会同，诸侯相会见也。端，玄端，礼服。章甫，玄冠，礼冠也。诸侯祭祀、会同都有相，即赞礼之人。公西华自谦不敢为大相，而愿在诸侯行此二礼时，做一小相也。一说，宗庙之事，是朝聘；会同，是许多诸侯相聚会，其聚会在坛坫而不在宗庙。又“端章甫”三字，或说是做相的自己穿玄端之服，戴章甫之冠；一说是诸侯穿此服，戴此冠。

“点，尔何如？”鼓瑟希，铿尔，舍瑟而作，对曰：“异乎三子者之撰。”

此孔子又问曾皙也。鼓，作弹解。曾皙这时候，正在弹瑟，听见孔子问自己，停止弹瑟，初则瑟声稀疏，继则铿然的一声，停住不弹也。作，起也。舍瑟而作，就是推开不弹的瑟，而站起来也。撰，具也。言和他们三个人所具的志愿不同也。郑玄本撰作僎。注云：“僎，读曰诠。诠，言之善也。”郑以点为谦言谓不能如三子之言之善也。此别一解。

子曰：“何伤乎？亦各言其志也。”

孔子听曾皙说，与前三子的志趣不同，所以说道：“这有何妨碍呢？也不过各人自己说说自己的志趣而已。”

曰：“莫春者，春服既成，冠者五六人，童子六七人，浴乎沂，风乎舞雩，咏而归。”夫子喟然叹曰：“吾与点也！”

莫，今作暮。冠，音贯，去声。沂，音遗。雩，音予。喟，音愧。此又是曾皙之答辞。莫，今作暮。暮春，即夏历三月。春服既成，言单衣夹衣，都做成也。冠者，是二十岁以外的人，古时，一个人到了二十岁，算为成人，要行冠礼。童子，是未冠的人。沂，水名，在鲁城南。浴乎沂者，到沂水里去洗浴也。风，是乘凉。舞雩，是天旱时的求雨坛，坛上多种树木，故有荫可乘凉。咏者，吟诗。归，是归来。这一段，是曾皙说自己的志趣，喜欢在暮春的时候，单夹的春衣都做成了，同二十岁以外的人五六个，二十岁以内的人六七个，到沂水里洗个浴，再到舞雩的地方，去乘一会凉，然后一路上，吟吟诗，大家高高兴兴地归来。孔子听了曾皙的话，微微地叹了一声道："我倒是赞成你的！"按《论衡·明雩》篇解此，谓鲁设雩祭于沂水之上，冠者童子即雩祭之乐人。浴乎沂，是涉沂而往。风乎之风，为讽歌。咏而归，为歌咏馈祭。归，当作馈。此别一解。

三子者出，曾皙后。曾皙曰："夫三子者之言何如？"子曰："亦各言其志也已矣！"

三子，即子路、冉有、公西华。三子出，曾皙在后未去，又问孔子："他们三人所说的话怎样？"夫，音扶，彼也。孔子答："也不过各人自己说说自己的志趣而已！"

曰："夫子何哂由也？"曰："为国以礼，其言不让，是故哂之。"

曰者，曾皙又问也。曾皙问孔子："那么，夫子为什么笑子路呢？"第二个"曰"字，是孔子答。言治国当以礼。礼贵谦让。子路之言不让，所以我笑他。

"唯求则非邦也与？""安见方六七十，如五六十，而非邦也者？"

与，今作欤。此节与下节，朱注皆以为是曾皙问，孔子答。皇、邢疏及刘氏《正义》都说是孔子接上去说的话。今从朱注曾皙问：

“求所讲的志愿，不是治邦国吗？”孔子答：“怎见得面积六七十方里或五六十方里的，不是邦国呢？”

“唯赤则非邦也与？”“宗庙会同，非诸侯而何？赤也为之小，孰能为之大？”

曾皙又问：“赤所讲的，不是治邦国吗？”孔子答：“宗庙会同之事，不是诸侯的事，是谁的事？赤自言‘愿为小相’。赤只能为小相，谁又能为大相呢？”

此章记子路、冉有、公西华、曾皙四个人的志愿。子路、冉有、公西华三人说的，都是想治邦国。只有曾皙，能明白那时候的局势，不想做官，毫无名利思想，所以孔子特地称赞他，说：“吾与点也。”

孔子未尝绝对不想做官，不过孔子的做官，是想行道救民，而当时的局势，道已不能行，民也无从救，正是“舍之则藏”的无道之世。曾皙也能观察及此，故孔子特许之。

[问题]

（一）孔子何以说先进于礼乐者为“野人”，后进者为“君子”？

（二）孔子高足弟子于四科各有所长，试列举之。

（三）本篇所记，孔子和颜渊的情谊如何？

（四）本篇记孔子对闵子骞的赞语如何？

（五）本篇所记，孔子对子路的批评如何？

（六）本篇所记，孔子对冉有的批评如何？

（七）子路冉求同问“闻斯行诸”，何以孔子的答语不同？

（八）孔子使弟子言志，何以哂子路而赞曾皙？

颜渊第十二

颜渊问仁。子曰："克己复礼为仁。一日克己复礼，天下归仁焉！为仁由己，而由人乎哉？"颜渊曰："请问其目。"子曰："非礼勿视，非礼勿听，非礼勿言，非礼勿动。"颜渊曰："回虽不敏，请事斯语矣！"

《集解》马曰："克己，约身。"孔曰："复，反也。"按"克己"，就是制住自己，约束自己。反，犹归也。克己复礼者，言约束自己，使件件事归于礼，即"约之以礼"也。为仁，即行仁，亦即"用力于仁"；为，犹事也。言"克己复礼"，就是行仁之道。天下归仁者，言天下都以仁之名归他，大家称他为仁人也。《汉书·王莽传赞》："宗族称孝，师友归仁。"称归并举，归即称也。此句言为仁之效。一日者，极言其效之速；天下者，极言其效之大也。"为仁由己，而由人乎哉"，是说行仁在己，不在人也。朱注训克为胜、己为私欲、复礼为反于天理，与《集解》不同。

颜渊听了孔子的话，大旨已经明白，故又问：复礼的细目如何。孔子答以"非礼勿视，非礼勿听，非礼勿言，非礼勿动"。勿，禁止之词。此四者，即所以"克己复礼"也。颜渊听了此话，完全明白孔子的意思，所以说："回虽不敏，请事斯语矣！"事，动词。请事斯语者，请即从事于此语也。

仲弓问仁。子曰："出门如见大宾，使民如承大祭。己所不欲，勿施于人。在邦无怨，在家无怨。”仲弓曰：“雍虽不敏，请事斯语矣！”

大宾，是贵重的宾客，大祭，是重要的祭祀。“出门如见大宾，使民如承大祭”者，孔子告仲弓行仁之道，首须敬也。这就是待人办事，都要规规矩矩，恭恭敬敬，不可随便轻率也。“己所不欲，勿施于人”者，是推己也就是《大学》的“絜矩之道”。此孔子告仲弓行仁之道，又须恕也。一个人，能敬以待人，人亦自然敬他；能恕以待人，人亦自然爱他。无论仕于诸侯的邦国，或仕于卿大夫的家，自然无怨恨他的人。故曰：“在邦无怨，在家无怨。”此孔子告仲弓敬与恕之效，亦即行仁之效也。

司马牛问仁。子曰：“仁者，其言也切。”曰：“其言也切，斯谓之仁已乎？”子曰：“为之难；言之，得无切乎？”

司马牛，孔子弟子，就是宋桓魋之弟。《史记·仲尼弟子列传》，说他名耕，字子牛。但《集解》引孔注说他名犁。切者，忍也。司马牛问仁，孔子告以“仁者，其言也切”者，就是说，能仁的人，他有难言之事，亦必忍而言之。盖忍而言，正所以达其不忍之情也。当时牛之兄魑为恶，孔子以牛应涕泣而道，故告他行仁之道如此。司马牛听了孔子的话，不明白忍而言，正所以达其不忍之情，以为仁者必有不忍之心，忍而言，怎么可说是仁呢？所以又问：“其言也切，斯谓之仁矣乎？”为之难的为，与“夫子为卫君乎”之为同义。言为恶之人，等到身败名裂，要救助他，是很难也。后来救助很难，故当趁早劝阻。既欲趁早劝阻，说话可以怕伤感情而不忍吗？孔子这话，把忍而言，正所以达其不忍之情的意义解释得很明白。此刘氏《正义》说。朱注云：“切，忍也，难也。仁者心存而不放，故其言若有所忍而不易发，盖其德之一端也。夫子以牛多言而躁，故告之以此。”又引杨氏曰：“观此及下章再问之语，牛之易其言可知。”与刘氏说异，但亦可通。

司马牛问君子。子曰：“君子不忧不惧。”曰：“不忧不惧，斯谓之君子矣乎？”子曰：“内省不疚，夫何忧何惧？”

司马牛自宋来学，知其兄桓魋有宠于宋景公而为害于公，将有身败名裂覆宗绝世之祸，故忧惧特甚。所以他问君子，孔子答以“君子不忧不惧”也。司马牛听了孔子的话，以为不忧不惧，怎么就可以算为君子呢？孔子又答道：“内省不疚，夫何忧何惧？”内省，是内心反省；疚，是惭愧悔恨。夫，音扶。君子不做对不住人的事，自己反省，毫为愧怍，还担甚么忧，还怕甚么呢？

司马牛忧曰：“人皆有兄弟，我独亡！”子夏曰：“商闻之矣：‘死生有命，富贵在天。君子敬而无失，与人恭而有礼，四海之内，皆兄弟也。’君子何患乎无兄弟也？”

亡，今作无。桓魋有宠于宋景公，而害于公，公将讨之，未发，魋先谋公。公伐桓氏，魋叛，奔卫，又奔齐。见《左传哀十四年》。司马牛兄弟本有多人长于魋者，尚有向巢；幼于魋者，尚有子颀、子车。子颀、子车皆党恶；向巢伐魋不克，不得入国，入曹，又奔鲁。牛亦致邑与珪而适齐，又适吴，后过鲁而卒于鲁东门之外。此章所记，或云在事发后，或云在事未发时。“死生有命”至“皆兄弟也”，都是子夏平日所闻的成语，故以“商闻之矣”四字冠之。“死生有命，富贵在天”者，言一个人的死生富贵有命在天，不可以人力挽回。子夏引此二句，盖以慰司马牛。敬而无失者，敬以持己，而没有过失也。与人恭而有礼者，恭以待人，而事事遵礼也。“四海之内，皆兄弟也”者，能如此，则四海之内的人，都愿和他亲近，都可算是他的兄弟了。“君子何患乎无兄弟也”句，是子夏引成语后，自己所加的按语。

子张问明。子曰：“浸润之谮，肤受之愬，不行焉，可谓明也已矣。浸润之谮，肤受之愬，不行焉，可谓远也已矣。”

谮，音庄荫反，以谗言毁人曰谮。浸润之谮，谓谗言毁人如水之浸物，渐渐浸透也。愬，今作诉。肤受者，谓本无情实，徒为皮肤外语也。《文选·东京赋》云："末学肤受。"注云："肤受，谓皮傅之，不经于心胸。"此《集解》马说。朱注谓愬为愬己之冤；肤受谓肌肤所受，利害切身，如《易》"剥床以肤，切近灾也"之义。盖诉冤之辞，偓似有切身之痛，则听者易信为真也。其说亦通。一说肤受者，言如皮肤之受尘埃，渐渐积成污垢；则与浸润之义同矣。《尚书·太甲》云："视远惟明。"远者，明之至也。《周书·谥法解》云："谮诉不行曰明。"与本章所说正同。

子贡问政。子曰："足食，足兵，民信之矣。"子贡曰："必不得已而去，于斯三者何先？"曰："去兵。"子贡曰："必不得已而去，于斯二者何先？"曰："去食。自古皆有死，民无信不立！"

子贡问政孔子，答以"足食，足兵，民信之矣"者，以此三者为政治的要项也。足食之食，指民食。足兵之兵，兼指军器和徒卒。民信之，是使人民信仰政府。子贡又问："万一这三件事不能都做到，哪一件可以暂时先去掉呢？"孔子答道："去兵。"子贡又问："万一'足食'和'民信之'两件事还不能都办到，那么，又把哪一件先去掉呢？"孔子又答道："去食。"把足食的去了，不将有饿死的人吗？故接下去说："自古皆有死，民无信不立。"盖死是自古以来人人所不能免的。人民如能信仰政府，则虽民食不充，军备不足，亦能效死勿去，与国家共存亡；若为政者失信于民，则兵和食虽充足，民亦将叛之。民为邦本，民叛之，国还能立吗？刘氏《正义》谓：去兵，是去力役之征。去食，是赋税皆蠲除，又发仓廪以赈贫穷。此是指国有灾荒的时候而言。此别一解。

棘子成曰："君子质而已矣，何以文为？"子贡曰："惜乎夫子之说君子也！驷不及舌。文，犹质也；质，犹文也。虎豹之鞟，犹犬羊之鞟。"

棘子成，卫国大夫。质，本质；文，文采。棘子成的意思，以为做君子者，只要本质好，何必要文采呢？何以文为之以，用也；为，助词。子贡听了棘子成这句话，以为不然。故对棘子成说道：

"可惜夫子这句说君子的话说错了！"一个人说错了话，就是立刻要想改变，也不成功的。驷不及舌，是譬喻的话，就是俗话所说"一言既出，驷马难追"的意思。夫子，指棘子成。朱注云：言"子成之言乃君子之意"。则"夫子之说"当略读。鞟，《说文》作鞹，是去掉了毛的皮。虎豹之皮去毛，犬羊之皮也去了毛，便分不出甚么来。子贡的意思，以为质与文一样重要，一样是不可少的。故曰："质犹文也，文犹质也。"若君子去了文，只存质，则与小人亦不易分别，如虎豹之鞟，与犬羊之鞟了。此朱注说。一说"鞟为革，凡去毛不去毛，皆得称之。……虎豹之鞟喻文，犬羊之鞟喻质。虎豹犬羊，其皮各有所用，如文质二者，不宜偏有废置也"。此刘氏《正义》说。此章棘子成和子贡的意思，都不大妥。故朱子评之曰："棘子成矫当时之弊，固失之过；而子贡矫子成之弊，又无本末轻重之差，胥失之矣。"

哀公问于有若曰："年饥，用不足，如之何？"有若对曰："盍彻乎？"曰："二，吾犹不足，如之何其彻也？"对曰："百姓足，君孰与不足？百姓不足，君孰与足？"

哀公是鲁哀公。他问有若道："年年饥荒，国家的用度不足，怎么办呢？"盍，即"何不"二字的急读。彻者，古时田税的名称。通盘计算，取十分之一，叫做彻。哀公因用度不足，问有若。有若对道："何不行十分取一之彻税呢？"

鲁国自宣公十五年初税亩（见《左传》），田税已经十分取二。故哀公道："二，吾犹不足，如之何其彻也？"言我现在取十分之二的税，还不够用，如何叫我取十分之一也？有若又对曰："百姓足，君孰与不足？百姓不足，君孰与足？"孰，犹谁也。百姓与国君，犹一家人。百姓有财，自能供君之用，如此，则君哪里会不足呢？若百姓穷苦了，无财以供君之用，君哪里会足呢？

鲁自宣公税亩以来，已取十分之二之税，有若岂有不知，"二犹不足"，何以反劝哀公行什一之税呢？盖按春秋时代，中国还是地广人少，不开垦的土地甚多。哀公因国内不够用，想把钱粮增加。不知征税过重，百姓因为生活难以维持，只得舍田不耕，去另谋生活，或往别国谋生，于是种田的人越发少了。种田的人一少，钱粮自然也越少。若把钱粮减轻，使种田的人，少出租税，得以温饱，或有赢馀，则种田的人自然多起来了。种田的人一多，钱粮自然也越多，用度也不会不足了。所以有若对哀公言何不改行十一之税也。

子张问崇德、辨惑。子曰："主忠信，徙义，崇德也。爱之欲其生，恶之欲其死，既欲其生，又欲其死，是惑也。'诚不以富，亦只以异。'"

崇德，就是尊重道德。辨惑，就是辨别怎样是迷惑，使自己不至迷惑。子张问此二事于孔子也。

孔子说，主忠信，徙义，就是崇德之道。"主忠信"，已见《学而》篇。《述而》篇记孔子以"闻义不能徙"为忧。可见二事之重要。恶，去声，憎也。一般人对人往往随爱憎为转移。所爱的人，要他活着；所恶的人，要他死去。或者我所爱的人，忽然厌恶他了，便又要他死去；我所恶的人，忽然见爱于我了，便又要他活着。这就是一种迷惑。

"诚不以富，亦只以异"，为《诗经·小雅·我行其野》篇的诗句也。程子以为"此错简，当在第十六篇'齐景公有马千驷'之上。"宦氏《论语稽》则曰："引《诗》者，断章取义。'富'如'富哉言乎'之'富'，以富于闻见言；'异'如'异乎三子者之撰'之'异'，以异于庸俗言。言欲崇德辨惑，岂在富于见闻哉？亦只求存养省察之精，有以异于庸俗而已。"

齐景公问政于孔子。孔子对曰："君君，臣臣，父父，子子。"公曰："善哉！信如君不君，臣不臣，父不父，子不子，虽有粟，吾得而食诸？"

景公名杵臼，齐君，景是谥法。鲁昭公末年，孔子游历齐国。景公问政，当在此时。孔子对他，只不过"君君，臣臣，父父，子子"八个字。这八个字，就是说为君者，要尽君道；为臣者，要尽臣道；为父者，要尽父道；为子者，要尽子道。景公听了，也称赞道："善哉！"又自己申明道："信如君不君，臣不臣，父不父，子不子，虽有粟，吾得而食诸？”诸，为之乎二字的合音，言虽有粟，吾亦不得而食之也。朱注曰：“是时景公失政，而大夫陈氏厚施于国；景公又多内嬖，而不立太子。其君臣父子之间，皆失其道，故夫子告之以此。”又曰：“景公善孔子之言而不能用，其后果以继嗣不定，启陈氏弑君篡国之祸。”就事实观察，是孔子确有先见之明也。

子曰：“片言可以折狱者，其由也与？”子路无宿诺。

与，今作欤。《集解》引孔曰：“片，犹偏也。听讼必须两辞以定是非，偏信一言，以折狱者，惟子路可。”照此解释，是片言即单辞，亦即“一面之辞”也。折狱，就是判断官司。孔子说：“审官司的时候，只听了一面之辞，就可以把这件官司判决的，只有由这个人能够罢？”照常理判断官司，必须兼听两造之辞。子路何以只要听一面的话呢？这疑问，我想大家都有的。所以记者记了孔子称赞子路的话，又在下面补记一句子路平日的行为道：“子路无宿诺。”何谓无宿诺呢？就是平日不轻易允许人家的请求；如果允许了，便一定立刻照他所请求的去做，不隔一天或数天，才去做；更不以空话敷衍人家而永远不去做。子路平日的行为如此，所以大家都说他有信用。别人受了他的感化，也以信待他，不敢在他面前说谎，所以但听片言便可折狱也。《左传》载小邾射以句绎奔鲁，曰：“使子路要我，吾无盟矣。”子路终不肯诺之。即此，可以见子路之不轻于一诺，亦可以见千乘之国之盟反不如子路之一言也。朱注谓：“子路忠信明决，故言出而人信服之，不待其辞之毕也。”此训片言为半句话，似不及孔说为长。

子曰：“听讼，吾犹人也；必也，使无讼乎？”

听讼，就是审案。吾犹人也，是说我也和人一样的。“必也，使无讼乎”者是说为政者，必使人不涉讼，方可贵也。孔子之意以为为政者能道之以德，齐之以礼，则民有耻且格，自无争夺之事，便不至涉讼也。孔子此语亦见《大学》。

子张问政。子曰：“居之无倦，行之以忠。”

居之无倦者，言居官行政，要始终如一，不可始勤终怠也。行之以忠者，言施政于民，要切切实实，求其确于人民有益也。

子曰："博学于文，约之以礼，亦可以弗畔矣夫？"

此章重出，已见《雍也》篇。但《雍也》篇有"君子"二字，此记者各记所闻，互有详略也。

子曰："君子成人之美，不成人之恶。小人反是。"

人家做好的事情，我去帮助他成功，这是"成人之美"。人家做不好的事情，我不去帮助他，这是"不成人之恶"。小人反是者，小人喜成人之恶，而不成人之美也。

季康子问政于孔子。孔子对曰："政者，正也。子帅以正，孰敢不正？"

此章记季康子问政于孔子。孔子即就"政"字的意义答之。"政者，正也。"是以音近为训。政训中正之正，无非求上下皆归于正也。但欲在下者归于中正，必在上者自己先中正才行，故又曰："子帅以正，孰敢不正？"子，指季康子。帅，今作率，《说文》云："先道也。"言你是执政的人，自己先行中正之道，以为表率，那么在下的哪个敢不归于中正呢？朱注引胡氏曰："鲁自中叶，政由大夫。家臣效尤，据邑背叛。不正甚矣！故孔子以是告之。"

季康子患盗，问于孔子。孔子对曰："苟子之不欲，虽赏之不窃。"

此章记孔子答季康子患盗之问，与上章之旨同。欲，贪欲也。言"如果你自己不贪财聚货，则人民都被你感化，就是赏他们去为盗，他们也自知羞耻而不肯为盗了"。《大学》说："尧舜率天下以仁，而民从之。桀纣率天下以暴，而民从之。"盖儒家之道，重在以身作则，以德化民也。按张栻《论语解》引张载云：“假使以子不欲之物，赏子使窃，子必不窃。故为政者，先乎足民。……盖盗生于欲之不足。使之足乎此，则不欲乎彼。此古人弭盗之原也。”按此即《孟子》“使民菽粟如水火，焉有不仁”之意。义亦可通。

季康子问政于孔子曰：“如杀无道，以就有道，何如？”孔子对曰：“子为政，焉用杀？子欲善，而民善矣！君子之德风，小人之德草，草上之风必偃。”

此章孔子答辞之旨，仍与上二章同。季康子又问政于孔子道：“如把无道的坏人杀掉，以成就有道的好人，你以为怎样？”“子为政，焉用杀”者，言你办政事何必杀人也。焉，平声，安也，副词。子欲善而民善矣者，就是说：“你自己想为善，那么，人民自然都看你的样，也去为善了。”君子，指在上位者；小人，指人民。上，同尚，加也。草上之风，即草加之以风。言在上的君子好像风，在下的人民好像草。风吹在草上，草必跟着风倒来倒去的。《说苑君道》篇云：“夫上之化下，犹风靡草，东风则草靡而西，西风则草靡而东。”盖本于此。《韩诗外传》载鲁有父子讼者，康子欲杀之。孔子曰：“未可杀也。夫民为不善，则是上失其道。上陈之教而先服之，则百姓从风矣。”疑此云康子欲杀无道，即指父子相讼之人。

子张问：“士，何如斯可谓之达矣？”子曰：“何哉，尔所谓达者？”子张对曰：“在邦必闻，在家必闻。”子曰：“是闻也，非达也！夫达也者，质直而好义，察言而观色，虑以下人，在邦必达，在家必达。夫闻也者，色取仁而行违，居之不疑，在邦必闻，在家必闻。”

子张问孔子，一个士人，要怎样方可叫做“达”。“你所说的‘达’是什么呢？”“何哉，尔所谓达者”，是倒装句法，就是尔所谓达者何哉。子张回对道：“在邦必闻，在家必闻。”这就是子张对于“达”的界说。邦，指诸侯之国；家指大夫之家；闻是声闻之闻。孔子听了，又对他道：“是闻也，非达也。”盖闻是声誉，人人都晓得他之谓；达是人人都信服他，而所行没有窒碍也。孔子既告子张

“在邦必闻，在家必闻”者，是闻而非达，又正式把如何才可以达的道理告子张。所谓达者，必定质朴，正直而好义；对人家，能体察他的言语，观察他的神色，又自己思虑周详，态度谦逊，甘为人下。因此，才能够仕于诸侯之国或大夫之家，一定做到达的地步。达的道理，既说明了，又把所谓闻者再解说一番。夫，音扶。色取仁者，脸色上表面上装得像仁人一般。而行违者，做出来的事体，都和仁相违背。居之不疑者，像煞有介事地自以为是一个仁人，一些没有疑惑也。这种假仁假义的人仕于邦国，或大夫之家也，能得到虚誉浮名，使人人晓得他，而成闻人也。曾子尝说：“堂堂乎张也，难与并为仁矣！”大概子张为人喜虚荣，尚表面，是个“色取仁而行违，居之不疑”的人，故孔子因其问而不惮反复以告之也。

樊迟从游于舞雩之下，曰：“敢问崇德、修慝、辨惑。”子曰：“善哉问！先事后得，非崇德与？攻其恶，无攻人之恶，非修慝与？一朝之忿，忘其身以及其亲，非惑与？”

舞雩，是求雨的坛，已见前《先进》篇。樊迟从孔子在舞雩之坛的下面游览也。崇德、辨惑已见前。慝，音忒，恶之匿于心者。修慝者，治匿于心之恶而去之也。孔子先答以“善哉问”者，称樊迟问得好也，先事后得者，先劳力做事，然后取得报酬；这就是先义后利，先难后获的意思。“攻其恶，无攻人之恶”者，攻治自己的恶，而不攻击人家的恶也。“一朝之忿，忘其身以及其亲”者，一朝，犹云一旦，因一日里偶然碰着的小事情，忿怒起来，甚至与人打架涉讼，不顾自己的性命，更不顾父母也。三“与”字，皆同欤。

樊迟问仁。子曰：“爱人。”问知。子曰：“知人。”樊迟未达。子曰：“举直错诸枉，能使枉者直。”樊迟退，见子夏曰：“乡也吾见于夫子而问知，子曰：‘举直错诸枉，能使枉者直’，何谓也？”子夏曰：“富哉言乎！舜有天下，选于众，举皋陶，不仁者远矣。汤有天下，选于众，与伊尹，不仁者远矣！”

问知之知，今作智。樊迟问仁，孔子答以“爱人”；问智，答以“知人”；樊迟未能通晓，故孔子又告以“举直错诸枉，能使枉者直”二语。樊迟疑此二语为答非所问，故退而问之子夏也。乡，音向，去声，同嚮，昔也。“举直错诸枉”，与《为政》篇答哀公语同。举直错枉是智，使枉者直是仁。“富哉言乎！”是子张赞美孔子的话，含意很丰富。他赞美孔子的话以后，随即引历史上的事实来证明。如舜有天下的时候，在众人中，举用了一个皋陶，汤有天下的时候，在众人中，举用了一个伊尹，不久，那些不仁的人，都变为仁人，好像不仁的人都远远地避去了。舜与汤之举皋陶、伊尹，是“举直”，远不仁者是“错枉”，此即“知”也；其使不仁的人都变为仁人，是“使枉者直”，此即“仁”也。皋，音高；陶，音遥。舜时皋陶为士，执法不阿。伊尹，汤相，佐汤伐桀以有天下。

子贡问友。子曰：“忠告而善道之，不可则止，毋自辱焉！”

告，读如谷。道，去声，同导。此章记子贡问交朋友的道理，而孔子答之。忠告而善道之者，如果朋友有过处，要尽我的心委委婉婉地劝导他也。“不可则止，毋自辱焉”者，他若不听我的话，就不必多说；多说了，他反以你为不是，不要自己反取耻辱也。

曾子曰：“君子以文会友，以友辅仁。”

此章记曾子所说的话。文，指诗书礼乐而言。以文会友者，讲学以会友，即《易》所谓“君子以朋友讲习”也。辅，助也。以友辅仁者，德相劝，过相规互相切磋，以进于仁也。此言以学问道德交友，贤于世之以酒食征逐，势利相交者远矣。

问题

（一）颜渊、仲弓、司马牛、樊迟问仁，孔子答语有何不同？

（二）何谓“明”？

（三）孔子答子贡问政，有何三要事？三者之中，以何者为最重要？

（四）哀公忧国用不足，何以有若反劝他减轻田赋？

（五）子张、樊迟问“崇德”、“辨惑”，孔子答语有何不同？

（六）子路何以能片言折狱？

（七）何谓“成人之美”？

（八）季康子三次问政，孔子答他的要旨如何？

（九）“闻”与“达”有何分别？

（十）本篇所记交友之道如何？

子路第十三

子路问政。子曰："先之，劳之。"请益。曰："无倦。"

子路问政于孔子。孔子答以"先之，劳之"。子路以为为政之道，当不仅"先之，劳之"，故请益；孔子又答以"无倦"也。先之者，以身作则，为民先导也。《大戴礼·子张问入官》云："君子欲政之速行也，莫若以身先之也。"即此章之旨。劳字有二音：一音如字，一音力报反，如慰劳之劳。下《子张》篇子夏曰："君子信而后劳其民。"先之，即所以立信；劳之，即劳其民也。《国语·鲁语》敬姜曰："昔圣王之处其民也，择瘠土而处之，劳其民而用之，故长王天下。夫民劳则思，思则善心生。逸则淫，淫则忘善，忘善则恶心生。沃土之民不材，淫也。瘠土之民向义，劳也。"即阐发劳之之义。此劳字如字读之解也。其音力报反者，即孟子"劳之来之"之意。劳者，劝勉之也。谓不以刑趋迫之也。说亦可通。无倦者，言行此二事勿倦也。朱注引吴氏曰："勇者喜于有为而不能持久，故以此告之。"

仲弓为季氏宰，问政。子曰："先有司，赦小过，举贤才。"曰："焉知贤才而举之？"曰："举尔所知。尔所不知，人其舍诸？"

皇疏曰："仲弓，将往费，为季氏采邑之宰，故先问孔子，求为政之法也。"有司，指宰的属官。先有司者，刘氏《正义》以为先信任之，使得举其职。《论语稽》曰："先者以身率之也。"似较刘氏为长。赦小过者，有司偶有失误，其大者或于事情有碍，不得不惩；小者则当宽宥他，原谅他也。举贤才者，有德的人曰贤，有能的人曰才，举而用之，使有司得人，事无不举也。孔子答仲弓为政之法，就是这三项。"曰'焉知贤才而举之'"者，仲弓又问也。焉，平声，安也。言怎能知道某人是贤，某人是才，去举用他呢？孔子又答道："只要把你所知道的贤才举他出来，你所不知道的，别人肯舍弃他们吗？"舍，今作捨，弃置也。诸为之乎二字之合音。

子路曰："卫君待子而为政，子将奚先？"子曰："必也正名乎？"子路曰："有是哉！子之迂也。奚其正？"子曰："野哉！由也。君子于其所不知，盖阙如也。名不正则言不顺，言不顺则事不成，事不成则礼乐不兴，礼乐不兴则刑罚不中，刑罚不中则民无所措手足。故君子名之必可言也，言之必可行也。君子于其言，无所苟而已矣！"

卫君，出公辄也。出公六年，即鲁哀公十年，孔子自楚返卫。《孟子》言孔子于卫孝公为公养之仕。先儒言孝公即出公。是时孔子居卫，凡六七年。子路之问，当在此时。辄为卫灵公世子蒯聩之子。蒯聩恶南子淫乱，欲杀之，见逐于灵公。灵公欲立公子郢，郢辞。及灵公卒，南子又欲立郢。郢曰："有亡人之子辄在。"乃立辄。按灵公生于鲁昭公二年，卒年四十七。蒯聩有姊曰卫姬，而辄又为蒯聩之子，则灵公卒时，辄年仅十岁左右耳。其二年，蒯聩入戚，卫入围戚；此非辄之本意欲以武力拒父，而出于南子及其臣石曼姑等，灼然易见。蒯聩居戚，至出公十四年，凡十三年，绝无举动，殆辄能以国养耳。若辄公然拒父，孔子岂肯留卫为公养之仕乎？孔子适卫时，辄年约十六七，欲用孔子。孔子知卫人虽借口于辄受祖父之命以拒父，而辄尚有不忍于其父之心，故欲以"正名"为先。正名者，即上篇答齐景公所谓"君君臣臣父父子子"也。蒯聩欲借他国之力以与子争国，则父不父矣。辄借口于祖父之命以拒父，则子不子矣。"正名"云者，盖欲有善处其父子之间，以弭将来不测之祸耳。子路不知此旨，故曰："你老先生的迂执竟有这样厉害吗？正名，正什么名呢？"孔子听子路这样说，就申斥他道："由啊！你这个人真粗鄙啊！君子对于自己所不知的道理，只有阙之而不说，不强以为知而硬说。”盖子路不知正名之重要，正名于当时的卫国之尤为重要，而自以为知，妄说孔子是迂，所以孔子先这样把他申斥一番也。自“名不正”至“无所苟而已矣”，是孔子仔细解说正名之重要。无论做什么事，名义不正，则你把这事说出去，人民将不来听你也。对外宣布时，必不能理正言直，而此事也无成功之望。故曰：“名不正则言不顺，言不顺则事不成。”礼所以别上下，以让为本；乐所以陶性情，以和为主，事既不成，固无以兴礼乐；即今以逆取得之，亦已违礼乐之本。故曰：“事不成，则礼乐不兴。”即不能兴礼乐以化民治国，则必滥施刑罚，而不能刑罚得当。故曰“礼乐不兴则刑罚不中，刑罚不中则民无所措手足”也。中，去声。人民畏刑罚之滥，则跼天蹐地，不能自安，像手足无所安置。孔子既把正名的大道理说给子路听了，又总结几句道：“故君子名之必可言也，言之必可行也。君子于其言，无所苟而已矣！”这是说君子做事，必定先正其名义，名正，则理正言直而可以言了。且可以见诸实行了。故君子对于他所说的话，决不苟且。孔子告子路这样详细，而子路终不悟，卒因事辄而死于孔悝之难。这是很可惜的。

樊迟请学稼。子曰：“吾不如老农。”请学为圃。曰：“吾不如老圃。”樊迟出。子曰：“小人哉！樊须也。上好礼，则民莫敢不敬。上好义，则民莫敢不服。上好信，则民莫敢不用情。夫如是，则四方之民襁负其子而至矣！焉用稼？”

朱注云：“种五谷曰稼，种蔬菜曰圃。”小人，谓细民，即《孟子》“有大人之事，有小人之事”之“小人”。须，樊迟之名。三“好”字皆去声。情，实也，诚也。用情者，以诚实对上也。夫，音扶。襁，音居丈反，亦作“繦”。襁褓，以布为之，负小儿于背之具。焉，平声，安也。樊迟请学稼学圃，孔子以不如老农老圃答之。及迟出，始明言以晓之也。盖以稼圃为小人之事，礼义信为大人之事。古者四民各有其业，为士者当致力于大人之事以治小人，不以无事而食为泰也。此章大旨，或谓樊迟见道不行，学稼学圃之问，盖有激而发；故孔子不面斥其非，但云不如农圃，以微言答之；及其既出，始阐明本旨。或谓樊迟学稼学圃之请，殆亦如许行为神农之言，主并耕而治；故孔子所言，与孟子答陈相，明劳心而治人之君子与劳力而治于人之野人，各有专职，治天下不可耕且为之旨相同。或又谓当时土旷人稀，为农圃者少，樊迟以为士亦不妨兼营稼圃；故孔子答以上好礼义信，则四方之农民皆襁负其子而至，不必使士兼为稼圃。以上三说，虽见仁见智，各有不同，颇能持之有故，言之成理，故并记之。

子曰："诵《诗》三百，授之以政，不达；使于四方，不能专对。虽多，亦奚以为？"

《诗》三百，即现在的《诗经》三百零五篇。诵，读也。不达，谓不能明达治理。使于四方，谓奉君命，使诸侯。专对之专，《集解》与朱注均训独，阎若璩云："专，擅也。即《公羊传》'聘礼，大夫受命，不受辞；出竟，有可以安社稷利国家者，则专之可也。'"朱注曰："《诗》本人情，该物理，可以验风俗之盛衰，见政治之得失。其言温厚和平，长于风谕，故诵之者，必达于政而能言也。"按《左传》所载，朝聘会盟之时，皆须赋诗见志。《汉书·艺文志》云："登高能赋，可以为大夫。"登高，谓登会盟之坛。能赋，谓能赋《诗》也。《周礼》大司乐以乐语教国子。《战国策》所载游士之辞，《史记》所载淳于髡等之辞，大都为讽喻寓言，且多韵语。是春秋战国辞令妙品，皆出于《诗》，故诵《诗》可以专对也。若诵《诗》而仍不达于政，不能专对，则记诵虽多，亦何用乎？

子曰："其身正，不令而行；其身不正，虽令不从。"

此章亦言为政当以身作则，与前篇"子帅以正，孰敢不正"之意相同。故治平当以修身为本。

子曰："鲁卫之政，兄弟也。"

鲁是武王弟周公的封国，卫是武王弟康叔的封国。所以两国的政治也多相同，像兄弟一样。汉晋诸儒，解本章都如此说。朱注则就衰世言，谓两国衰乱，政亦相似，故孔子有此叹。

子谓卫公子荆善居室。始有，曰："苟合矣！"少有，曰："苟完矣！"富有，曰："苟美矣！"

公子荆，卫国大夫。因鲁国也有公子荆（哀公庶子，见《左传·哀二十五年》），故加"卫"字以分别之。子谓卫公子荆善居室者，孔子说卫国公子荆居家，俭而不奢侈也。当时世卿之家，多尚奢侈，公子荆独不然，故孔子称之。有，指财富言。始有，谓初有资财；少有，谓财富略增；富有，谓资财充足。朱注训苟为聊且粗略之意，训合为聚，完为备，"言其循序而有节，不以欲速尽美累其心"。刘氏《正义》训苟为诚、为信，合为合礼，与朱子略异。

子适卫，冉有仆。子曰："庶矣哉！"冉有曰："既庶矣，又何加焉？"曰："富之。"曰："既富矣，又何加焉？"曰："教之。"

适，往也。仆，御车也。庶，人民众多也。富之者，使人民生计充裕也；教之者，民生既裕，加以教育也。按《说苑·建本》篇："子贡问政。孔子曰：'富之。既富，乃教之也。'"与此章略同。此章之旨，与孟子论仁政当先制民之产，使人民不饥不寒，足以仰事俯蓄，然后谨庠序之教，申之以孝弟之义正同。孙中山先生的民族主义主张增加人口，就是要使之"庶"，民生主义主张平均地权，节制资本，使人民大家有饭吃，就是要"富之"，民权主义中的训政时期，开发民知，训练人民，使能运用四权，就是"教之"。治国之道，三者尽之矣。

子曰："苟有用我者，期月而已可也；三年有成。"

期，音基，《注疏》本作期。期月者，周一年之岁月也。孔子自己说："苟有人用我去治国，一周年工夫，已经可以见成效了。到了三年，种种政事，都可成功。"按《史记·孔子世家》，孔子这话，是在卫国时所说。这时灵公说自己老，不能用孔子，所以孔子说这几句话。

子曰："'善人为邦百年，亦可以胜残去杀矣。'诚哉是言也！"

善人为邦百年者，言善人相继治理邦国，到百年之久也。胜残者，使残暴凶恶的人，都化为善也。胜，平声。去杀者，人都化善，杀人之刑可废去也。这是前人传下来的老话，孔子以为不错，故曰："诚哉是言也！"

子曰："如有王者，必世而后仁。"

王者，言圣人为天子也。三十年曰一世。言圣人做天子后，到三十年，教化大行，可使天下的人，都相爱相助，成为仁的社会。此言圣人化速，对上章而言，所谓仁，较"胜残去杀"，亦更进一层。

子曰："苟正其身矣，于从政乎何有？不能正其身，如正人何？"

此章是说从政当先自正其身，与上"其身正，不令而行；其身不正，虽令不从"，同一义旨。

冉子退朝。子曰："何晏也？"对曰："有政。"子曰："其事也？如有政，虽不吾以，吾其与闻之。"

冉有此时为季氏宰，退朝者，从季氏的私朝退出来也。晏，迟也。孔子问他："今天退朝，何以这样迟？"冉有对曰："有政。"其事也者，是孔子故作疑问的口气说。事指家事。政指国政。以，用也。孔子说："你所谓'政'是季氏的家事吧？如确有国政，那么我虽然不见用，我犹当与闻也。"礼，大夫致仕，犹得与闻国政。孔子曾为大夫，故有"吾其与闻之"的话。时季氏专政，国政亦往往不与同列议于公朝，而与家臣谋于私室。孔子非不知冉有"有政"之对为实情，特欲正名分，抑季氏，所以故意这样说。

定公问："一言而可以兴邦，有诸？"孔子对曰："言不可以若是，其几也。人之言曰：‘为君难，为臣不易。’如知为君之难也，不几乎一言而兴邦乎？”曰：“一言而丧邦，有诸？”孔子对曰：“言不可以若是，其几也。人之言曰：‘予无乐乎为君，唯其言而莫予违也！’如其善而莫之违也，不亦善乎？如不善而莫之违也，不几乎一言而丧邦乎？”

鲁定公问孔子：“一言而可以兴邦，有诸？”“一言而可以丧邦，有诸。”二诸字皆之乎二字之合音。丧，去声，亡也，失也。孔子对曰：“言不可以若是，其几也。”朱子九字作一句读。故注云：“几，期也。《诗》曰：‘如几如式。’言一言之间，未可以如此而必期其效。”王若虚《论语辨惑》云：“‘其几也’三字，自为一句。一言得失，何遽至于兴丧？然有近之者。”按：“几，近也”，见《尔雅·释诂》。《集解》引王说亦如此解，较朱注为长。易，去声；乐，音洛。“为君难，为臣不易”，“予无乐乎为君，唯其言而莫予违也”，都是当时人常说的话，而孔子引之。于前者，则取“为君难”为近于可以兴邦之一言。于后者，则又申说道：“如果君所说的话是善的，没有人违反他，固然很好；如果君所说的话，是不善的，也没有人违反他，那么国事败坏，或者竟会弄到亡国。‘言莫予违’这不是近乎一言而丧邦吗？”

叶公问政。子曰：“近者说，远者来。”

叶公，是楚国大夫，见前《述而》篇。孔子到楚国时，叶公向孔子问政。孔子对答他道：“近者说，远者来。”说，同悦。言为政当使近地方的人民，能够安居乐业而欢悦，则远方的人民，自然大家都要来做他的人民也。此事亦见《韩非子·难》篇。

子夏为莒父宰，问政。子曰：“无欲速，无见小利。欲速则不达，见小利则大事不成。”

父，音甫。莒父，是鲁国的一个小邑。子夏做莒父的邑宰时，向孔子问政。孔子告以“无欲速，无见小利”。无，同毋，禁止之词。又申说“欲速”和“见小利”之害道：“欲速则不达，见小利则大事不成。”办事有一定的次序，有必需的时间，不能求速；若以欲速之故，而不照次序，缩短时间，反弄得这事办不成功：故曰“欲速则不达”也。办事要从大处落墨，只要事体成功，遇些小小损失，是不能顾及的。若是处处贪小便宜，反弄得大事不能成功，故曰“见小利则大事不成”也。程子曰：“子张问政，子曰：‘居之无倦，行之以忠。’子夏问政，子曰：‘无欲速，无见小利。’子张常过高而未仁，子夏之病常在近小，故各以切己之事告之。”

叶公语孔子曰：“吾党有直躬者，其父攘羊，而子证之。”孔子曰：“吾党之直者异于是！父为子隐，子为父隐，直在其中矣。”

语，去声，犹告也。吾党，犹云吾乡。《集解》孔曰：“直躬，直身而行。”朱注同。郑玄注本“躬”作“弓”，注云：“有直人名弓者。”以其行直，故称直弓，犹跖为盗，故称盗跖也。《集解》周曰：“有因而盗曰攘。”朱注同。《说文》云：“证，告也。”谓父盗人之羊，而子告发之也。两“为”字皆去声。隐者，不扬其恶也。父子之爱，根于天性，故互相为隐，直在其中。此与孟子所谓瞽瞍杀人，舜当窃负而逃之义正同。若证父攘羊，则病在好名，故孔子非之。

按《韩非子·五蠹》云：“楚有直躬，其父窃羊而谒之吏。令尹曰：‘杀之’。以为直于君而屈于父，执而罪之。”《吕氏春秋·当务》云：“楚有直躬者，其父窃羊而谒之上。上执而将诛之。直躬者请代之。将诛矣，告吏曰：‘父窃羊而谒之，不亦信乎？父诛而代之，不亦孝乎？信且孝而诛之，国将有不诛者乎？’荆王闻之，乃不诛也。孔子闻之曰：‘异哉，直躬之为信也！’活父而再取名焉，故直躬之信，不如无信。”二书所记，当与此章同指一人。

樊迟问仁。子曰：“居处恭，执事敬，与人忠。虽之夷狄，不可弃也。”

居处恭者，言日常起居不可放肆也。执事敬者，言办事不可懈怠轻忽也。与人忠者，言须以忠心待人也。之，往也。“虽之夷狄，不可弃也”者，言上面所说的三项，虽到野蛮地方去做人，也是不可弃掉的。按樊迟问仁，见于本书者，此已为第三次。但问的先后，朱注采胡氏说，以为此最先，“先难而后获”次之，“爱人”又次之。

子贡问曰：“何如斯可谓之士矣？”子曰：“行己有耻；使于四方，不辱君命：可谓士矣。”曰：“敢问其次？”曰：“宗族称孝焉，乡党称弟焉。”曰：“敢问其次？”曰：“言必信，行必果，硁硁然小人哉，抑亦可以为次矣。”曰：“今之从政者何如？”子曰：“噫！斗筲之人，何足算也！”

子贡问：“怎样的人可以叫做士？”“子曰‘行己有耻；使于四方，不辱君命：可谓士矣’”者，朱注曰：“此其志有所不为，而其材足以有为者也。”“曰‘敢问其次’”者，子贡又问也。第二个“曰”字以下是孔子的答话。“宗族称孝，乡党称弟”者，朱注曰：“此本立而材不足者，故为其次。”弟，今作悌。子贡又问再次一等的士。“曰‘言必信，行必果，硁硁然小人哉，抑亦可以为次矣’”者，孔子又答也。行，去声。硁，音若耕反。朱注曰：“硁，小石之坚确者。”按硁硁，是以小石坚确之状，喻小人必信必果之貌也。小人，指识量浅狭的人。抑，语助词。朱注又曰：“此其本末皆无足观，然亦不害其为自守也。故圣人犹有取焉。”刘氏《正义》引《孟子·离娄》篇文说之曰：“‘大人者，言不必信，行不必果，唯义所在。’明大人言行皆视乎义：义所在，则言必信，行必果；义所不在，则言不必信，行不必果。反是者为小人。”子贡又问：“现在一班做官的人怎样呢？”子曰：“噫！斗筲之人，何足算也！”噫，是叹词。斗，容十升；筲，竹器，容一斗二升。斗筲，状其人识量之小。一说谓其但事聚敛。算，数也。言何足数及之。《汉书·公孙贺传》赞引此文，算作“选”。选、算，一声之转，音近通用。

子曰：“不得中行而与之，必也狂狷乎！狂者进取，狷者有所不为也。”

中行者，能依乎中庸之道而行，无过与不及者也。狂者，有大志者也。狷者，有气节者也。狂者进取，时或过乎中庸；狷者有所不为，时或不及中庸：皆非“中行”。孔子不得中行而与之，故思其次耳。《孟子·尽心》“孔子在陈”所记，与此略同。按伊尹为圣之任者，其个性实近于进取之狂；伯夷为圣之清者，其个性实近于有所不为之狷。惟孔子为圣之时，所谓“时中”之君子，合乎“中行”者也。

子曰：“南人有言曰：‘人而无恒，不可以作巫医。’善夫！不恒其德，或承之羞。”子曰：“不占而已矣！”

南人，南方人。恒，恒心也。巫是古时候一种祈祷鬼神，替人治病求福的人。医，是医生。孔子引南方人的成语道：“一个人而没有恒心，就是巫医等技能职业，也是学不成功的。”“善夫”二字，是孔子的赞语。此章之旨，在明有恒之重要。《礼记·缁衣》所记与本章同；惟“巫医”作卜筮。

“不恒其德，或承之羞”两句，是《易经·恒卦》九三的《爻辞》。皇疏云：“羞辱必承，而云‘或’者，或，常也，言羞辱常承之也。”按《诗》“无不尔或承”，郑笺曰：“或，常也”。《老子》“湛兮其或存”，河上公注亦曰：“或，常也。”皇疏谓“羞辱常承之”，承似训“继”。刘氏《正义》云：“言无恒之人，无所容身，将承羞辱也。”承似训受。并可通。“不占”上的“子曰”二字，朱子以为分别《易》文与孔子的话而加上的。“不占而已矣”者，《集解》郑曰：“《易》所以占吉凶；无恒之人，《易》所不占。”朱注引杨氏曰：“君子于《易》，苟玩其占，则知无常之取羞矣。其为无常也，盖亦不占而已矣。”

子曰：“君子和而不同，小人同而不和。”

《集解》云：“君子心和，然其所见各异，故曰不同。小人所嗜好者则同，然各争利，故曰不和。”朱注云：“和者，无乖戾之心；同者，有阿比之意。”按《左传·昭公二十年》晏子与齐侯论和同之异，以“君所谓可而有否焉，臣献其否以成其可，君所谓否而有可焉，臣献其可以去其否”为“和”；以“君所谓可曰可，君所谓否曰否”为“同”。可与本章互证。

子贡问曰：“乡人皆好之，何如？”子曰：“未可也。”“乡人皆恶之，何如？”子曰：“未可也。不如乡人之善者好之，其不善者恶之。”

好、恶，均读去声。此章有二种解说：一说以“好恶”属我。子贡言一乡之人，我皆好之；一乡之人，我皆恶之；何如？孔子曰皆未可，不如于乡人之中，择其善者好之，其不善者恶之。盖一乡之人，未必皆善，亦未必皆不善，故我之或好或恶，亦不可以一律也。一说以“好恶”属乡人。言有人于此，一乡之人皆好之，或一乡之人皆恶之，则何如。孔子皆曰未可。不如乡人之善者则好此人，乡人之恶者则恶此人，方可断定此人之为善士。盖一乡之人皆好之，此人或为同流合污之乡愿，一乡之人皆恶之，此人或为众所共嫉之恶人也。

子曰：“君子易事而难说也。说之不以道，不说也；及其使人也，器之。小人难事而易说也。说之虽不以道，说也；及其使人也，求备焉。”

此章所说的君子、小人，都指在位者而言。易，去声。说，今作悦。器之，随其材器而使之也。求备，求全责备也。

在位者是君子，在他手下做事，是容易的；要使他欢喜，却是难的。“说之不以道，则谄也。此君子之所恶，小人之所喜。君子用人，因材器使，故易事；小人用人，求全责备，故难事。”朱注云：“君子之心公而恕，小人之心私而刻。”

子曰：“君子泰而不骄，小人骄而不泰。”

泰，是安舒。骄，是恣肆。君子坦荡荡，故态度安舒；卑以自牧，敬以自持，故不恣肆。小人无忌惮，喜陵人，故态度恣肆；长戚戚，故不安舒也。君子循理，心中无挂无碍，所以能安舒。小人逞欲，心中常常不足，所以永不安舒。

子曰："刚、毅、木、讷，近仁。"

讷，音纳。公正无欲叫做刚，果敢坚忍叫做毅，性情朴实叫做木，说话迟钝叫做讷。《中庸》言"力行近乎仁"，刚毅故有能力行。本书上文言"仁者其言也切"，讷即切也。"木讷"正与"巧言令色"相反。上文言"巧言令色，鲜矣仁"，则木讷之近仁可知。

子路问曰："何如斯可谓之士矣？"子曰："切切偲偲，怡怡如也，可谓士矣。朋友切切偲偲，兄弟怡怡。"

偲，音思。切切偲偲，是相切磋勉励之貌。怡怡，和顺也。子路问士，孔子告以"切切偲偲，怡怡如也"；又恐子路混于所施，随着说明道："朋友切切偲偲，兄弟怡怡。"意思是："对于朋友，要能切磋勉励；对于兄弟，要能和顺。"但孔子之意，盖朋友主于义，兄弟主于恩；朋友不可有善柔之损，兄弟不可有贼恩之祸也。此朱注引胡氏说。一说孔子的话，止于"如也"。以下为记者释之，即所谓七十子之大义。见刘氏《正义》末句"怡怡"下，皇疏本亦有"如也"二字。

子曰："善人教民七年，亦可以即戎矣！"

即，就也。戎，兵戎。即戎者，去打仗也。孔子说："善人把百姓教训了七年工夫，也可以叫他们去打仗了。"按古时有"十年生聚，十年教训"之语。此只言"教民"，必是已经生聚也。又言"七年"，而不言"十年"者，《论语稽》曰："善人教之有法，故速也。""可以"上加一"亦"字，是仅可而犹有所未尽的语气。至于所杀之事，战术以外，朱子以为尚有孝弟忠信之行，务农之法。盖民知亲其上，死其长，始能力战也。古时寓兵于农，有事之时为兵，无事之时为农，务农之法，自亦不可不教也。

子曰："以不教民战，是谓弃之。"

此章与上章相连。朱注："用不教之民以战，必有败亡之祸，是弃其民也。"《孟子·告子》："鲁欲使慎子为将军。孟子曰：'不教民而用之，谓之殃民。'"与此章同意。

[问题]

（一）子路、仲弓、叶公、子夏问政，孔子答语如何？

（二）子贡、子路问政，孔子答语如何？

（三）樊迟问仁，见于本书者凡三，孔子答语如何？

（四）孔子居卫，何以为政必先正名？

（五）樊迟请学稼学圃，其本意如何？

（六）诵《诗》与专对之关系如何？

（七）孔子论政，有"庶"、"富"、"教"三步，其旨如何？

（八）孔子自言朞月已可，三年有成，论善人为邦，则期之百年王者亦必世后仁其言似自夸者。试申论之。

（九）证父攘羊，孔子何以不许其直？

（十）何谓"中行"？何谓"狂"、"狷"？

（十一）"和"与"同"，"泰"与"骄"，区别如何？

（十二）刚毅木讷，何以近仁？

宪问第十四

宪问耻。子曰："邦有道，谷；邦无道，谷，耻也。"

宪，是原宪。此章或是宪自记，故不称字，不加姓。宪问孔子："什么是可羞耻的事？"孔子告他道："邦有道，谷；邦无道，谷，耻也。"谷，指俸禄。古时候做官的俸禄，都是给谷米的。《集解》孔曰："邦有道，当食禄。君无道而在其朝，食其禄，是耻辱。"朱注云："邦有道，不能有为；邦无道，不能独善，而但知食禄，皆可耻也。"与孔说异，但亦可通。

"克、伐、怨、欲不行焉，可以为仁矣？"子曰："可以为难矣。仁则吾不知也。"

《史记·仲尼弟子列传》记此，上有"子思曰"三字。子思，原宪字。《集解》本与上章合为一章，朱注分作两章。朱云："克，好胜；伐，自矜；怨，忿恨；欲，贪欲。"四者不行，仅能无损于人，还不能有益于人；仅能注意于消极方面，还不能注意于积极方面。亦即是仅能行仁的一面，而不能得仁之全也。故不说是仁不是仁，而只说我不晓得，使原宪自思之，亦希望原宪于不行克、伐、怨、欲之后，更求进步。

子曰："士而怀居，不足以为士矣！"

士，即子贡、子路所问的士。怀居，即《左传》所谓“怀安败名”的“怀安”。居字所包甚广，凡宫室之安，口体之奉皆居也。士者，事也。既名为士，则顾名思义，当有无穷责任，无穷事业，怎么可以贪恋安逸呢？故曰“不足以为士”也。

子曰：“邦有道，危言危行。邦无道，危行言孙。”

行，读去声。孙，今作逊。《广雅》云：“危，正也。”危言者，不顾什么，据理直言也。孙，即今逊字，当为逊避之义。邦无道时，往往以言语文字触犯忌讳，而致杀身之祸，故行动，确仍旧不可失理，而说则当逊避，此明哲保身之旨。

子曰：“有德者必有言，有言者不必有德。仁者必有勇，勇者不必有仁。”

有道德的人，和顺积中，而英华发外，故曰：“有德者必有言。”会说话的人，或为便佞口给，未必有道德，故曰“有言者不必有德。”孔子尝言：“志士仁人，无求生以害仁，有杀身以成仁。”死都不怕，自然见义勇为，故曰：“仁者必有勇。”勇者虽什么都不怕，但或为血气用事，未必有爱人利人之心，故曰：“勇者不必有仁。”

南宫适问于孔子曰：“羿善射，奡荡舟，俱不得其死然。禹稷躬稼而有天下。”夫子不答。南宫适出，子曰：“君子哉若人！尚德哉若人！”

适，音括。羿，音义。奡，音傲。南宫适，即孔子弟子南容。羿是夏朝一个善射箭的人，曾距太康而代夏政。奡荡舟者，奡也是夏朝人，力大，曾伐斟鄩氏，左右冲杀，而覆其船。此顾炎武说。旧解荡舟为陆地行舟，不妥。俱不得其死然者，谓羿为其臣寒浞所杀，而奡为少康所杀也。稷，周之始祖，舜时为后稷。禹和稷，一个亲自治水，一个教民种田，后来一个自己做天子，一个到后代也有天下。南宫适的意思，实在是以羿、奡比当时的权臣，而以禹、稷比孔子。故“夫子不答”也。及南宫适出，孔子方赞美他道：“君子哉若人！尚德哉若人！”若人，即此人也。

子曰：“君子而不仁者有矣夫！未有小人而仁者也。”

夫，音扶。仁是做人的完全美德。虽然是君子，未免有时候违仁，故曰：“君子而不仁者有矣夫！”小人则存心利己，总不会爱人利人，故曰：“未有小人而仁者也。”

子曰：“爱之，能勿劳乎？忠焉，能勿诲乎？”

劳，勤劳。爱之而勿令劳，是听其逸乐也，所谓“禽犊之爱”而已。忠于某人，而当其有错误时，并不规诲，是长恶也，所谓“妇妾之忠”而已。

子曰：“为命：裨谌草创之，世叔讨论之，行人子羽修饰之，东里子产润色之。”

命，指应对诸侯之辞令。为命，言有诸侯之事，预为辞令也。裨谌，郑大夫，江声《论语竢质》谓谌当作堪，裨谌、裨灶当是一人，盖名灶字堪也。《史记·屈原传》：“屈平属草稿未定。”草创，即属草也。世叔，《左传》作子太叔，郑大夫游吉字。讨论，就草稿加以审议也。行人，官名，掌使各国。子羽，郑大夫公孙挥字。修饰，谓增损之。东里，里名，子产所居。润色，谓加以文采。按《左传》襄三十一年所记，多一冯简子，次叙亦与此略异。

或问子产。子曰：“惠人也。”问子西。曰：“彼哉？彼哉？”问管仲。曰：“人也。夺伯氏骈邑三百，饭疏食，没齿无怨言。”

此章记孔子与或人论春秋时各国之贤大夫。《左传》记孔子论子产，以为“古之遗爱”，与此云“惠人”同。子西，楚令尹公子申字。子西让国于昭王，而改纪其政，亦当时之贤大夫。然不能使昭王斥贪庸之囊瓦，又召白公而致杀身祸国之变。故孔子曰“彼哉，彼哉”，言无足称也。“人也”，犹言“这个人呀”。阮元谓“人也”即仁也，孔子称子产为惠人，管仲为仁人。此别一解。伯氏，齐大夫，皇疏云：“名偃。”骈邑，地名，伯氏之采邑。三百，骈邑有三百户也。伯氏有罪，故夺其邑。一说谓桓公夺伯氏之邑以封管仲。伯氏邑既被夺，故贫至饭疏食也。齿，年也。没齿，犹云终身。终身无怨言者，夺当其罪也。

子曰：“贫而无怨，难；富而无骄，易。”

易，去声。贫而无怨，就是乐道的君子；富而无骄，就是好礼的君子。孔子此言，是要人勉为其难，而亦不忽于其易。

子曰：“孟公绰为赵、魏老则优，不可以为滕、薛大夫。”

孟公绰，是鲁国的大夫。《史记·仲尼弟子列传》：“孔子之所严事，于鲁，孟公绰。”是公绰为孔子同时人。赵、魏是晋国两个大夫的姓。老，是大夫的家臣。滕、薛是两个小国。此说孟公绰这个人，廉静寡欲，而短于才。故优于为赵、魏二家的家臣，而不可以做滕、薛的大夫。

子路问成人。子曰：“若臧武仲之知，公绰之不欲，卞庄子之勇，冉求之艺；文之以礼乐，亦可以为成人矣！”曰：“今之成人者何必然？见利思义，见危授命，久要不忘平生之言，亦可以为成人矣！”

成人者，成德之人，犹现在说人格完全的人也。臧武仲，为鲁大夫臧孙纥。知，同智。公绰，即孟公绰；不欲，不贪财也。卞庄子，亦鲁大夫，卞，邑名。卞庄子是一个勇士，《史记·陈轸传》记其刺虎事。《韩诗外传》及《新序》记其战死事。求之艺，已见前篇。孔子之意，是要把四个人的长处合为一人，又能够节之以礼，和之以乐，也可以算为完人了。按《说苑·辨物》篇孔子答颜渊问成人之行，陈义极高。此仅合四人之长，文之以礼乐，故曰“亦可以为成人”也。

孔子说了上节的话以后，移时又说，故加“曰”字。言“今之成人者何必然”者，更退一步，说较次的一种完人也。朱注引胡氏说，则谓此节是子路之言。“见利思义，见危授命”，即《曲礼》所云“临财毋苟得，临难毋苟免”也。授命，犹言致命。要，约也。平生，犹云平时。平时期约，虽过得长久了，仍旧不忘记也。孔子之意，是现在时候，能这样忠信做人，虽比上节所说的完人，又觉不如，但也可以算一个完人也。

子问公叔文子于公明贾曰：“信乎夫子不言，不笑，不取乎？”公明贾对曰：“以告者过也。夫子时，然后言，人不厌其言。乐，然后笑，人不厌其笑。义，然后取，人不厌其取。”子曰：“其然？岂其然乎？”

公叔文子，卫大夫，姓公孙，名拔（《左传》作发）。文是谥（《檀弓》谓谥贞惠文子）。公明贾，亦卫国人，姓公明，名贾。夫子，指称文子。孔子初到卫国，听见人家说公叔文子有此三项德行，自已不能相信，所以问公明贾也。以告者过也者，言来告诉你的人，话说得过甚也。文子这个人，在他应当说话的时候，然后说话，所以人家不讨厌他所说的话；在应当欢乐的时候，才有笑脸，所以人家不讨厌他的笑；对于财物，应该取的始肯取，所以人家不讨厌他的取。

“子曰‘其然？岂其然乎’”者，因公明贾说文子的德行，竟无异圣人，孔子不大相信，不过当面不便直说，所以说出这两句疑而不断的话来。

子曰：“臧武仲以防，求为后于鲁，虽曰不要君，吾不信也！”

要，读平声。防，鲁地，臧武仲的食邑。鲁襄公二十三年，武仲为孟孙所谮，出奔邾，自邾至防，请立后。鲁许之，立其子臧为，武仲乃致防而奔齐。事见《左传》。朱注云：“要，有所挟而求也。”武仲卑辞请立后，面子上虽不像对于君，有所要挟；但他占据防的地方而请求，明明是不允其请，将据防以叛了。所以说："人家虽然说他不是对君要挟，我是不相信的！"

子曰："晋文公谲而不正，齐桓公正而不谲。"

谲，读决。晋文公，名重耳。齐桓公，名小白。二人都曾为诸侯盟主，攘夷狄以尊周室。但桓公则下拜受胙，不敢逾越名分，伐楚而责包茅之不贡，问昭王之不返，所以为正而不谲。文公则践土之会，实召周王，其于诸侯，则以报恩怨为快，所以为谲而不正也。谲，诈也。正，直也。王引之《经义述闻》谓正为经，谲为权；谲非贬辞。文公能行权而不能守经，桓公能守经而不能行权，各有所长，各有所短也。此别一解。

子路曰："桓公杀公子纠，召忽死之，管仲不死。"曰："未仁乎？"子曰："桓公九合诸侯，不以兵车，管仲之力也。如其仁！如其仁！"

齐僖公生诸儿、纠、小白。僖公卒，诸儿立，是为襄公。公无道，鲍叔牙知乱将作，奉小白奔莒。及襄公从弟无知杀公自立，召忽、管仲奉纠奔鲁。齐人杀无知，小白自莒先入，立为桓公。鲁以师纳纠。齐师败之乾时。齐使鲁杀纠，执管召送之齐。召忽自杀。管仲囚而至齐，桓公释而相之。详见《左传》及《史记》。"未仁乎"，为子路问语。以上是子路叙事语，故加"曰"字以别之。

《管子·小匡》云："兵车之会六，乘车之会三。"《史记·齐世家》及《封禅书》则云："兵车之会三，乘车之会六。"此云"九合"，总数虽同，但又云"不以兵车"。《穀梁传·庄公二十七年》言衣裳之会十有一，兵车之会四。衣裳之会，似即所谓"不以兵车"，而次数又异。注家虽历举桓公合诸侯之事以实之，而所说又各不同。朱注谓"九"与"纠"通，即《左传》之"纠合诸侯"。（按，见《僖公九年》）其说较长。不以兵车者，言不假威力也。如，乃也。见王引之《经传释词》。言功业如此，乃其仁也。

子贡曰："管仲非仁者与？桓公杀公子纠，不能死，又相之。"子曰："管仲相桓公，霸诸侯，一匡天下，民到于今受其赐！微管仲，吾其被发左衽矣！岂若匹夫匹妇之为谅也，自经于沟渎而莫之知也？"

与，同欤。相，去声。子贡此问，与子路同。相，辅也。霸，伯也，诸侯之长。《孟子》云："以德行仁者王，以力假仁者霸。"此对"王"而言也。匡，正也。桓公北伐山戎，南伐楚，驱狄存卫，攘夷尊王，以正天下。郑玄谓一匡指阳谷之会，明天子之禁。按《孟子》盛言葵丘之会，似亦可指为"一匡"："一匡天下"，但言桓公之霸，天下自此一正耳，不必指一事以实之。微，无也。被发左衽，夷狄之俗。衽，即衣襟。那时候，夷狄的人，都是不梳头，披着发，故曰被发。中国人衣服的大襟向右扣；夷狄的衣服，大襟是向左扣的，故曰左衽。这句话的意思，就是说："如没有管仲，我们都要做披着头发，衣襟向左扣的夷狄了！"匹夫匹妇，指无知识的小百姓。谅，小信也。自经，自缢而死也。沟渎，田间水道。刘氏《正义》引宋翔凤《论语发微》谓沟渎是地名，即子纠被杀处，《左传》作生窦，《史记》作笙渎；《集解》引贾逵曰："鲁地句渎也。"此解殊胜。"莫之知"谓无功绩，人莫知之。此言管仲之生愈于召忽之死也。

公叔文子之臣大夫僎，与文子同升诸公。子闻之，曰："可以为文矣！"

僎，音撰。刘氏《正义》曰："家臣之中，爵秩不同，尊者为大夫，次亦为士。故此别之云'大夫僎'，明僎为家臣中之为大夫者也。"文子荐他，和自己并登于公朝。孔子听了这件事情，称赞文子道："可以为文矣！"言文子谥文，确是名副其实也。钱坫《论语后录》曰："《周书谥法》，'文，有六等，即经天纬地、道德博厚、勤学好问、慈爱惠民、愍民惠礼、锡民爵位，并无修制交邻、不辱社稷等例'。《檀弓》公叔文子卒，其子戌请谥于君（灵公）。君曰：'夫子（公叔文子）听卫国之政，修其班制以与四邻交，卫国之社稷不辱，不亦文乎？'灵公之论，不本典制，故孔子举同升佚事以合之。”

子言卫灵公之无道也。康子曰："夫如是，奚而不丧？”孔子曰："仲叔圉治宾客，祝鮀治宗庙，王孙贾治军旅。夫如是，奚其丧？”

夫，音扶。丧，去声。孔子与季康子谈及卫灵公之无道。康子听了孔子所说，因问道："无道到这样，怎么能不失国呢？”“仲叔圉”即孔文子，与祝鮀、王孙贾，均见前注。孔子对康子道："卫灵公虽然无道，但他使仲叔圉治宾客，祝鮀治宗庙，王孙贾治军旅，这三个人，都能负责办事。这样，灵公哪里会失国呢？”盖称灵公用之，能各当其才而已。

子曰："其言之不怍，则为之也难。”

言之不怍，即今人所说的“大言不惭”也。专说大话的人，若教他真真实实做起事体来，是一定做不到的。故曰“则为之也难”。

陈成子弑简公，孔子沐浴而朝，告于哀公曰："陈恒弑其君，请讨之！”公曰："告夫三子。”孔子曰："以吾从大夫之后，不敢不告也。君曰：‘告夫三子者。’”之三子，告，不可。孔子曰："以吾从大夫之后，不敢不告也。”

陈成子，姓田，名恒，是齐国的大夫；田、陈，古音同。简公，齐君，名壬。陈恒弑简公，在鲁哀公十四年。朝，音潮。夫，音扶。此时鲁国政权，在季孙、孟孙、叔孙三家手里，故哀公命孔子去告三子也。孔子退而自言道："以吾从大夫之后，不敢不告也。君曰：‘告夫三子者。’”此时孔子虽由鲁君召他回国，并未做官，不过他见齐国的陈成子以臣弑君，大义所在，不可不讨，所以特地沐浴而朝，告于哀公；而哀公教孔子去告三子，孔子心中，实在不以为然，因以退而这样自说也。但既奉君命，不得不去，故就至三子处，告以此事，三子果然不许。孔子此时，就把退朝时自说的两句话，再对三子说明："以吾从大夫之后，不敢不告也。”

按此时鲁弱齐强，似乎鲁国不能去讨齐国。然据《左传》所载，鲁国苟能出兵讨齐，孔子自有胜算。因为陈恒弑君，齐国的人民，心都不服，只要鲁能出兵去讨，齐民必能响应于内。故孔子对于战事，是和齐、疾一样谨慎的，是要“临事而惧，好谋而成”的，此孔子郑重地请讨陈恒，决非全无把握者。

子路问事君。子曰：“勿欺也，而犯之。”

欺，是欺瞒。犯，是犯颜谏诤。刘氏《正义》曰：“子路仕季氏，夫子恐其为具臣，又季氏伐颛臾，子路力未能谏止。故此告子路以勿欺，而又嫌其意不明，故更云‘而犯之’。”

子曰：“君子上达，小人下达。”

上达，力求上进，即朱子所谓“日进乎高明”也。下达，日趋于下流，即朱子所谓“日究乎污下”也。人无生而为君子者，亦无生而为小人者，到后来有的求上进，有的趋下流，于是有君子、小人之分了。孔子所谓“君子上达，小人下达”，就是这个意思。何解：“本为上，末为下。”皇疏：“上达者，达于仁义也；下达谓达于财利。”按《大学》曰：“德者，本也；财者，末也。”故何、皇二说，是相通的。总之，行仁义，就是务本，就是朱子所谓“循天理”，也就是力求上进，日进乎高明的方法；谋财利，就是舍本就末，就是朱子所谓“徇人欲”，也就是日趋于下流，日究乎污下的原因。

子曰：“古之学者为己，今之学者为人。”

朱注引程子曰：“为己，欲得之于己也；为人，欲见知于人也。”《荀子·劝学》篇云：“古之学者为己，今之学者为人。君子之学也，以美其身；小人之学也，以为禽犊。”杨倞注云：“禽犊，馈献之物也。”可与本章参阅。为字，去声。

蘧伯玉使人于孔子。孔子与之坐而问焉，曰：“夫子何为？”对曰："夫子欲寡其过而未能也。"使者出，子曰："使乎！使乎！"

蘧伯玉，名瑗，卫贤大夫，谥成子。孔子在卫国的时候，常主其家，见《孟子》蘧伯玉派使者来望孔子。孔子和他同坐，而问他道："夫子何为？"夫子，指蘧伯玉。使者答道："夫子欲寡其过而未能也。"意思是说蘧伯玉想少做错些事体而不能够也。刘氏《正义》曰："……《淮南子·原道训》：'蘧伯玉年五十而知四十九年非。'观此，是伯玉欲寡过而常若未能无过，亦是实语。其平居修省，不自满假之意可见。使者直对以实，能尊其主，非只为谦辞。"按使者这句话，确是不亢不卑，很得体的。故孔子于使者出门以后，称赞他道："使乎！使乎！"

子曰："不在其位，不谋其政。"曾子曰："君子思不出其位。"

此章朱子分为二章，以"子曰不在其位，不谋其政"。一章为重出。（按见《泰伯》篇）注疏及皇本则合为一章，今从之。"君子思不出其位"，是《易经·艮卦》的《象辞》。《论语稽》曰："此因夫子有是言，而曾子引《易·象辞》以伸之也。"

子曰："君子耻其言而过其行。"

朱注云："耻者，不敢尽之意；过者欲有馀之辞。"按"而"字用同"之"字，言"君子耻其言之过其行也"。《尚书大传》云："君子耻其言而不见从，耻其行而不见随。"（《诗·周颂疏》引）二"而"字亦作"之"字用。如宋说，则"耻其言"是一事，"过其行"是一事，意虽是，而文义殊不可通。

子曰："君子道者三，我无能焉！仁者不忧，知者不惑，勇者不惧。"子贡曰："夫子自道也。"

知，今作智。"仁者不忧……"三句，已见前《子罕》篇。孔子以此三者为君子之道，而自谦为不能也。子贡听了孔子的话，知道孔子是谦逊，不肯自己承认有这三种美德，故曰："夫子自道也。"言"仁者""知者""勇者"，孔子就是说自己也。

子贡方人。子曰："赐也贤乎哉？夫我则不暇。"

方，通谤。夫，音扶。郑玄注曰："方人，言人之过恶。"按言人过恶，即谤也。方，即谤字，因声近而通借。子贡喜欢讲别人的过恶。孔子对他说："赐也贤乎哉？夫我则不暇。"就是说："赐啊！你自己的行为，种种都好吗？为什么要讲别人的过恶呢？至于我，则自治还来不及，没有闲工夫讲别人的过恶的。"按旧解除郑注及刘氏《正义》外，如孔注、皇疏、邢疏、朱注，都把"方人"解为比方人，恐不合原意。孔子曾问子贡与回孰愈，子贡曾问子张与子夏孰贤，孔子也没有说他不当问，此皆比方人也。这时怎么又责备子贡呢？

子曰："不患人之不己知，患其不能也。"

不己知，就是人家不晓得我。不能，是我自己不能有道德学问。按《学而》篇云："不患人之不己知，患不知人也。"《里仁》篇云："不患莫己知，求为可知也。"下《卫灵公》篇云："君子病无能焉，不病人之不己知也。"意义均与本章大致相同，而文小异。朱注云："圣人于此一事，盖屡言之；其丁宁之意，亦可见矣。"

子曰："不逆诈，不亿不信。抑亦先觉者，是贤乎？"

邢疏曰："此章戒人不可逆料人之诈，不可亿度人之不信也。"按逆即逆料之逆，朱注所谓"未至而迎之"也。亿，音邑，即亿度之亿，朱注所谓"未见而意之"也。朱注又云："诈，谓人欺己；不信，谓人疑己。"《集解》引孔曰："先觉人情者，是宁能为贤乎？或时反怨人。"怨，与冤通。皇疏曰："……闲邪存诚，不在善察。若见失信于前，必亿其无信于后，则容长之风亏，而改过之路塞矣。"此最能写出孔子之意。朱注曰："言虽不逆不亿，而于人之情伪，自然先觉，乃为贤也。”又引杨氏曰：“君子一于诚而已，然未有诚而不明者，故虽不逆诈，不亿不信，而常先觉也若夫不逆，不亿而卒为小人，所罔焉，斯亦不足观也已。”与孔皇二氏说不同。

微生亩谓孔子曰：“丘何为是栖栖者与？无乃为佞乎？”孔子曰：“非敢为佞也，疾固也。”

栖，音妻。与，今作欤。微生是姓，亩是名。微生亩，大约是孔子的前辈，所以直呼孔子之名。邢疏曰：“栖栖，犹皇皇也。”《文选》班固《答宾戏》曰：“栖栖遑遑，孔席不暖。”李善注：“栖遑，不安居之意也。”微生亩见孔子总是周游四方，不安其居，所至陈说人主，疑孔子但以口才游说时君。所以对孔子道：“丘何为是栖栖者与？无乃为佞乎？”

固，固陋也。谓昧于仁义之道，习非胜是也。“疾固”，以固陋为病也。孔子回答微生亩说：我不是敢以口才游说时君，我是以世人固陋为病，欲明仁义之道耳。微生亩以孔子为佞，与战国时人以孟子为好辩同。

子曰：“骥不称其力，称其德也。”

骥，良马也。良马，不但力大，跑路快，而且有驯调之德。故孔子说：“我们称赞骥，不是称赞它的气力，而是称赞它的道德好。”皇疏曰：“于时轻德重力，故孔子引譬以抑之也。”

或曰：“以德报怨，何如？”子曰：“何以报德？以直报怨，以德报德。”

或，或人之意，以为人有怨于我，而我报以恩德，这是最好没有的了。不料孔子却反驳他的话道：“何以报德？”盖别人有怨于我，而我报以恩德，则有恩德于我者，我用什么去报他呢？“以直报怨，以德报德”二句，是孔子驳了或人的话，继续说明报答他人之道。意思是：人家有怨于我，我以直道报他；人家有恩德于我，我也用恩德报他。所谓直道者，朱注所谓“爱憎取舍，一以至公无私”是也。

子曰：“莫我知也夫！”子贡曰：“何为其莫知子也？”子曰：“不怨天，不尤人。下学而上达。知我者，其天乎？”

夫，音扶。孔子说：“没有人知道我了罢？”这是孔子自叹之言。子贡听了，问孔子道：“为什么没有人知道夫子呢？”“不怨天，不尤人”者，明“莫我知”之叹，并非怨天尤人也。尤，责也。下学而上达者，明己为学之道；学为己而不为人，并不求人知也。下学，指博文约礼，所谓文章可得而闻者也；上达，指尽性知天，所谓天道不可得而闻者也。登高自卑，行远自迩，故曰“下学而上达”。“知我者，其天乎”者，言我固非时人之所能知也。

公伯寮愬子路于季孙。子服景伯以告，曰：“夫子固有惑志于公伯寮，吾力犹能肆诸市朝。”子曰：“道之将行也与？命也。道之将废也与？命也。公伯寮其如命何！”

寮，音聊。愬，音素。朝，音潮。与，今作欤。公伯寮，鲁人，公伯，复姓。《史记》列入《仲尼弟子列传》，《集解》引马氏，亦以为孔子弟子。愬，音诉，讲坏话也。此时子路做季孙的家臣，公伯寮在季孙面前，讲子路的坏话也。朱子《或问》以为此事当在堕三都出藏甲之时；公伯寮盖言子路将不利于季氏也。子服景伯，鲁大夫。子服，是氏；景，是谥；名何字伯。子服景伯以此事告。孔子且说：“夫子（指季孙）听了公伯寮的话，对于子路固有所疑；我的力量，还能够使季孙不听他的话，而且杀了他陈其尸于市朝。”杀而陈其尸曰肆。大夫陈于朝，士陈于市。若公伯寮，本来应只说“肆诸市”，此云“肆诸市朝”者，“朝”是连带说到的。孔子听了景伯的话，对景伯道：“道之将行也与？命也。道之将废也与？命也。公伯寮其如命何！”此与孟子所云“臧氏之子焉能使予不遇哉”，意旨正同。

子曰："贤者辟世，其次辟地，其次辟色，其次辟言。"

辟，今作避。辟，就是现在的"避"。辟世者，隐居不仕，世主莫得而臣也。辟地者，去乱国。适治邦也。辟色者，礼貌衰，则必去之也。辟言者，有违言而后去也。

子曰："作者七人矣！"

此章意思，与上章相连。《注疏》及皇本并与上章相合为一章，朱注始分之。作，即"见几而作"之作，言起而隐去也。七人，《集解》引包氏谓指长沮、桀溺、丈人，石门、荷蒉、仪封人、楚狂接舆。皇疏引王弼谓指伯夷、叔齐、虞仲、夷逸、朱张、柳下惠、少连。各家所说不同。其实七人之姓名，孔子既没有说出，我们现在也不必一定说是某人某人也。有说此章意思，不与上章相连的。《论语稽》附注则谓"作者七人"，是指尧、舜、禹、汤、文、武、周公等七个圣人。孔子说作者已有七人，所以自己可述而不更作也。

子路宿于石门。晨门曰："奚自？"子路曰："自孔氏。"曰："是知其不可而为之者与？"

与，今作欤。石门，郑玄注曰"鲁城外门"也。宿者，到石门已晚，因宿于石门外也。晨门，是晨起管开城门的人。子路宿于石门，次日早起，行至城门边。管城门的人，问子路道："你从哪里来？"子路答道："我从孔家来。"管城门的人听得说孔家，知道是孔子，即对子路说："就是明知道不能行，而仍是奔波劳苦想行道的那个孔先生吗？""知其不可而为之"，正是孔子救世的精神。这个管城门的人，也是有道之士，避世不仕，而自隐姓名者，故能知孔子也。

子击磬于卫。有荷蒉而过孔氏之门者，曰："有心哉，击磬乎！"既而曰："鄙哉，硁硁乎！莫己知也，斯已而已矣！'深则厉，浅则揭。'"子曰："果哉！末之难矣。"

磬，是一种乐器。孔子居卫国的时候，有一日，击磬消遣。荷，去声，负也。蒉，草制之器。有一个负草器的人走过，听了击磬的声音，知道这击磬的是个有心人，故即赞了一句道："有心哉！击磬乎。""既而曰"者，过一会又说也。《说文》云："硁，古文磬。"《释名》云："磬，罄也。其声罄罄然坚致也。"硁硁，是磬的声音。鄙，狭也。（见《孟子·尽心》赵注）《乐记》云："哀心感者，其声噍以杀。"注云："噍，败也。杀，减也。"言其心有哀感者，则乐音踧踖，衰減，不安舒也。此云："鄙哉，硁硁乎！是言磬声鄙狭，击磬者其有哀感乎。""莫己知也，斯已而已矣"者，言人不知我，则已耳。斯已之已，作止字解；而已矣，语助词。"深则厉，浅则揭"，引《诗·卫风·匏有苦叶》篇句。揭，音起例反。揭者，揭衣也。以衣涉水为厉，由膝以下为揭；由膝以下为揭，由膝以上为厉。见《尔雅·释水》。盖以涉水当视水之深浅不同而异其法为喻，明君子于道可行则行，不可则止，人莫己知，不必悲观也。果哉，《集解》谓孔子以荷蒉者未知己志而讥己为果，朱注则谓孔子言荷蒉者果于忘世。末之难矣，言出处若但如涉水之以深浅而或厉或揭，亦无难矣。朱注与刘氏《正义》同。按果哉，犹今言"果然这样吗"？末之难矣之难，当读去声；言我亦无以难之也。孔子于避世之士，向以尊敬的态度对之，故闻荷蒉者之言，仅如此云云耳。

子张曰："《书》云：'高宗谅阴，三年不言。'何谓也？"子曰："何必高宗？古之人皆然。君薨，百官总己，以听于冢宰，三年。"

《书》，《尚书》也。所引，据伏胜《尚书大传》，见《说命》篇。但今本《说命》无此二句。高宗，商王武丁也。阴，音闇。谅阴，是王者居丧的名称。刘氏《正义》谓"谅闇"亦作"梁闇"。梁，楣也；闇，庐也。即王者丧服中所居之"倚庐"。子张问孔子道："《尚书》里有'高宗谅阴，三年不言'二句话，是什么意思？""何必高宗？古之人皆然"者，孔子告诉子张，说古时帝王居丧，都是这样，不但高宗而已。"君薨，百官总己，以听于冢宰，三年"者，孔子又说明君居丧时的政治也。意思是君死了，三年之内，新君居丧，重哀，所以连话都不说，由宰相代行天子职务。这时，大小百官，都聚其职事，以听冢宰调度。冢宰，即后世的宰相。

子曰："上好礼，则民易使也。"

好、易，均读去声。言在上位者，事事遵礼而行，则在下的人民，自然也没有敢不敬的了。敬则自然听从使命，而不违抗故易使也。

子路问君子。子曰："修己以敬。"曰："如斯而已乎？"曰："修己以安人。"曰："如斯而已乎？"曰："修己以安百姓。修己以安百姓，尧舜其犹病诸！"

君子指在上位的人。修己以敬者，以敬修自己，随事随时尊尊敬敬，不失礼怠忽也。"修己以安人"之人，是指左右及上下百官而言。安人，使这班人都安心办事也。修己以安百姓者，再进一步，要使全国百姓，都能安居乐业也。然而要使全国百姓，都安居乐业，是很不容易的事情，虽使尧舜在位，也未必能做到这个地步。故又曰"修己以安百姓，尧舜其犹病诸"也。病，难之也。诸，为之乎二字之合音。

原壤夷俟。子曰："幼而不孙弟，长而无述焉，老而不死，是为贼！"以杖叩其胫。

原壤，鲁人，孔子故友。夷，同跌，蹲也，箕踞也。古时席地而坐，两足向后，在臀下，今日本之俗犹然。伸两脚，则其形如箕也。俟，待也。孔子去见原壤，原壤蹲夷而待，不出迎也。孙，同逊。弟，同悌。原壤母死，不哭而歌。故孔子骂他年幼的时候，不知谦逊孝悌也。长，上声。长而无述焉者，年纪大了，一些没有可称述的善行也。这种人，早可以死了，现在到老而还不死，徒然败常害俗，故曰"老而不死，是为贼"也。孔子说到这里，就拿起手里的杖，击原壤的脚胫。原壤盖老氏之流，自放于礼法之外者也。

阙党童子将命。或问之曰："益者与？"子曰："吾见其居于位也，见其与先生并行也，非求益者也，欲速成者也。"

与，今作欤。阙党，党名，犹今称某坊、某巷、某里也。将命者，孔子叫这个阙党的童子，跑进跑出，传主客的话也。或问之曰："益者与？"盖疑此童子学问有进益吗？故使之将命也。孔子答道：礼，童子当隅坐随行，而此童子吾见其居于位，见其与先生并行，则于成人之礼，不是求逐步进益，而欲速成矣。所以叫他做传达主客言语的使役，使他可观少长之序，习揖逊之容耳。

［**问题**］

（一）邦有道当如何？邦无道当如何？

（二）"德"与"言"、"仁"与"勇"，关系如何？

（三）孔子对于子产、子西、孟公绰、公叔文子的批评如何？

（四）本篇所记孔子对于管仲的批评如何？

（五）何谓"成人"？

（六）孔子对于齐桓公、晋文公的批评如何？

（七）何谓"方人"？

（八）孔子何以不赞成"以德报怨"？

（九）晨门、荷蒉如何批评孔子？

（十）孔子何以痛责原壤？

卫灵公第十五

卫灵公问陈于孔子。孔子对曰："俎豆之事，则尝闻之矣！军旅之事，未之学也。"明日遂行。

陈，即今阵字，字本作敶。作陈，省。《颜氏家训》谓"阵"字始见于王羲之《小学章则》。俎豆，礼器。军旅，古代军队编制的名称。军，万二千五百人；旅，五百人。卫灵公以战阵之事问于孔子。孔子对曰："关于礼制的事，我倒听见过。练兵打仗的事体，我是没有学过。"明日，就离开卫国。按此事在鲁哀公二年。据《史记·孔子世家》，其明日，见灵公，与之语，灵公仰视飞鸿，去志乃益决云。

在陈绝粮，从者病，莫能兴。子路愠见曰："君子亦有穷乎？"子曰："君子固穷。小人穷，斯滥矣！"

孔子在陈国的时候，粮食断绝。从，去声。从者，从孔子的弟子。兴，起也。莫能兴者，言不能够起来走也。见，音现。愠见者，带着一种怨恨的神色，去见孔子也。子路见孔子，恨恨地道："君子亦有穷乎？"穷，困也。孔子听了子路的话，对子路说："君子固然免不了有穷困的时候。若是小人，到了穷困的时候，就无事不做了。"一说，固穷者，固守其穷。滥者，溢出做人的范围，而无恶不作也。

以上二章，朱注合为一章。《注疏》及皇本分为二章，而以“明日遂行”句属后一章。按《史记世家》，孔子去卫后，尚有适曹、适宋、适郑、然后至陈，绝粮事在鲁哀公六年。江永《乡党图考》以为当在哀公四年。与去卫事隔数年，以分二章为是。但“明日遂行”，明指去卫，不当属后一章。

子曰：“赐也，女以予为多学而识之者与？”对曰“然。非与？”曰：“非也！予一以贯之。”

女，今作汝。识，今作诘。与，今作欤。赐，是子贡的名。孔子呼子贡之名而告之曰：“你以为我是求很多的学问，而记在心里的吗？”子贡以为孔子的贤圣多能，是“多学而识之”的；现在听了孔子的话，又像不是多学而识之者，故曰：“然。非与？”“曰‘非也！予一以贯之’”者，孔子告子贡也。非也，是言我确不是“多学而识之”。予一以贯之者，言我明白了“一贯”的道理，能用这个道理来应付各种事情，推求各种物理也。按《里仁》篇孔子曾告曾子曰：“吾道一以贯之。”曾子释之，以为“夫子之道，忠恕而已矣”。各家释“一贯”，已见《里仁》篇注中。朱注则云：“彼以行言，此以知言。”阮元则谓“多学而识”是“知”，“一贯”是“行”。焦循《补疏》则谓此一贯仍指“忠恕”。忠恕者，成已以成物也。孟子所称大舜之善与人同，舍己从人，乐取人以为善，即是忠恕。不恕则执一，恕则可以一贯；不恕则入主出奴，为我兼爱，各执一端，恕则执两端而用其中，天下之知皆我之知，无俟乎多学而识矣。其说亦通。

子曰：“由，知德者鲜矣！”

鲜，上声，少也。由，是子路之名。孔子呼其名而告之。“知德者鲜矣！”言一般人明白道德的意义者极少也。

子曰：“无为而治者，其舜也与？夫何为哉？恭己，正南面而已矣！”

与，今作欤。夫，音扶。此章言舜，《为政》篇“为政以德，譬如北辰，居其所而众星共之”的话，同旨。舜之恭己无为，即《雍也》篇首章所云“居敬而行简”也。舜何以能无为而治呢？因为他手下的百官，任用得好，所以自己只要恭恭敬敬地居于君位。《中庸》曰：“《诗》云：‘不显惟德，百辟其刑之’。是故君子笃恭而天下平。”亦可与本章互发。

子张问行。子曰：“言忠信，行笃敬，虽蛮貊之邦行矣！言不忠信，行不笃敬，虽州里行乎哉？立，则见其参于前也。在舆，则见其倚于衡也。夫然后行。”子张书诸绅。

子张问孔子：“做人要如何可以行得通？”“子曰”以下是孔子的答话。“笃”上、“不”上的两“行”字，去声。忠者，言语发自中心，即不说违心之言也。信者，不说诳话，不失约也。一个人能够不说违心之言，不说诳话，不失约，就叫做“言忠信”。笃者，厚厚实实。敬者，恭恭敬敬。这样做人，叫做“行笃敬”。蛮貊之邦，是野蛮人的国度。一个人，能“言忠信，行笃敬”，虽然在野蛮人的国里，也可以行得通。州里者，犹云本省本乡也。若一个人，“言不忠信，行不笃敬”，虽在自己的家乡，也是行不通的。所以一个人，对于忠信、笃敬，要时刻不忘。参，七南反。朱注云：“参，读如‘毋往参焉，之参，言与我相参也。”王引之《经义述闻》谓参可训直；直，相当也。俞樾《群经平义》谓参当为厽，积累之意；言见其积累于前也。舆，车子。衡，车前的横木Q言譬如立着似乎有个“忠信笃敬”在我眼前。坐在车子里时，似乎有个“忠信笃敬”，在车前的横木上。要这样，然后行得通也。绅，是大带。子张听了孔子的话，写在衣带上面，俾随时可看到也。

子曰：“直哉史鱼！邦有道如矢，邦无道如矢。君子哉蘧伯玉！邦有道则仕，邦无道则可卷而怀之。”

史鱼，《集解》引孔曰：“卫大夫史鳝也。”朱注曰：“史，官名。”如矢者，孔子形容史鱼之直也。按史鱼以不能进蘧伯玉而退弥子瑕，死而以尸谏，见《韩诗外传》。蘧伯玉，已见前。卷，今亦作棬。卷而怀之者，言其退隐不仕，好像一幅画卷拢来，藏在怀里，使人不见其才也。

子曰："可与言而不与之言，失人。不可与言而与之言，失言。知者不失人，亦不失言。"

知，今作智。知者能知人，可与言者，则与之言，不可与言者，则不与之言，"不失人，亦不失言"也。

子曰："志士仁人，无求生以害仁，有杀身以成仁。"

朱注云："志士，有志之士；仁人，成德之人。"此言如生而至于害仁，则不求生；死如可以成仁，则可杀身也。《孟子》"鱼我所欲也"章言"舍生取义"，可与本，互相发明。

子贡问为仁。子曰："工欲善其事，必先利其器。居是邦也，事其大夫之贤者，友其士之仁者。"

为仁，犹云用力于仁。子贡盖问所以为仁之道。"工欲善其事，必先利其器"，是以做工的人，必须器械锐利，然后能造精巧的器物，为比喻。故"为仁"的人，在一个国内，要择其大夫中之贤者而师事他；择其士中之有仁德者而和他做朋友，以收切磋辅仁之益。

颜渊问为邦。子曰："行夏之时，乘殷之辂，服周之冕，乐则《韶》舞，放郑声，远佞人。郑声淫，佞人殆。"

为邦，犹云治国。故孔子告以治国应采的制度。三代岁首的正月，都各不同。周以阴历十一月为正月，殷以阴历十二月为正月，只有夏以阴历一月为正月。孔子以为夏朝以一月为正月的制度最好，故曰"行夏之时"。汉武帝遵用孔子之说，以阴历一月为正月，一直行到中华民国临时政府成立，始改用世界通用的阳历。辂，音路，亦作路，是天子所坐的车子。周朝天子所坐的辂，饰以金玉，太觉奢华。殷朝的辂，朴实坚固，故孔子取之。冕，是祭祀时所戴的冠。服周之冕，言礼服当取周制。言冠冕可以包衣服。《韶》是虞舜之乐。《韶》乐兼舞，故曰“《韶》舞”。孔子曾称舜的《韶》乐，尽善尽美，故采之。放者，禁绝之也。《乐记》云：“郑音，好滥淫志。”此指音调言。音调各地不同，至今犹然。先儒误以为指《诗经》之《郑风》，故于《郑风》诸篇，多以刺淫释之，非。远，去声。佞人，即所谓利口，足以覆邦家者。这种人，应该远之也。“郑声淫，佞人殆”两句，是说明“放郑声，远佞人”之故。殆，危殆也。

子曰：“人无远虑，必有近忧。”

此言人当思患预防。此二句亦见《易·既济》卦《象辞》。张栻《论语解》云：“虑之不远，其患即至，故曰近忧。”

子曰：“已矣乎！吾未见好德如好色者也。”

好，读去声。此章与《子罕》篇所记同，而多“已矣乎”三字。朱注曰：“已矣乎，叹其终不得而见之也。”《论语稽》曰：“此章……疑因季桓子受女乐，而郊不致膰，孔子时将去鲁而发也。曰‘已矣乎’，有惜功业不就，吾道不行之意。”

子曰：“臧文仲，其窃位者与？知柳下惠之贤而不与立也。”

“者”下之“与”，今作欤。臧文仲，鲁大夫，已见前《公冶长》篇。柳下惠，是鲁国的贤人，姓展，名获，字禽，居柳下，私谥惠，曾为士师而三次被黜。（详见后《微子》篇）按臧文仲为政时，命展喜犒齐师，使受命于展禽，见《左传》；展禽讥文仲祀爰居，文仲谓季子之言不可不法，见《国语》：是文仲知其贤之证。臧氏世为司寇，士师正其属官，乃不能举之与并立于朝，故孔子以“窃位”讥之。窃位，谓私据其位。此与上篇称公叔文子与其大夫僎同升诸公事，正可对照。

子曰："躬自厚，而薄责于人，则远怨矣！"

远，读去声。躬，身也，指自己。躬自厚者，责自己厚也。薄责于人者，责他人薄也。如此，则人之怨恨远矣！按《颜渊》篇答樊迟云："攻其恶，无攻人之恶。"与此章之旨相近。

子曰："不曰'如之何如之何'者，吾未如之何也已矣！"

如之何，就是俗语说的"怎么呢"。朱注曰："如之何如之何者，熟思而审处之辞也。不如是而妄行，虽圣人亦无如之何矣。"按如之何如之何，亦是虑其事之不善，而望有以改善之辞。不曰如之何如之何者，必自甘暴弃之人，或讳疾忌医之人，则虽孔子亦无如之何也。此章语虽简而含意甚广，朱子仅举其一端而已。

子曰："群居终日，言不及义，好行小慧，难矣哉！"

群居，许多人同住在一处也。好，去声。小慧，小聪明也。难矣哉者，孔子以为这种人，难以使改善也。

子曰："君子义以为质，礼以行之，孙以出之，信以成之，君子哉！"

质，本质。孙，今作逊。言君子做人，以义为本质，照礼而行，出以谦逊，而成之以信。信即诚也。能诚实则礼不至成为虚文，义亦不至变为假义。能如此，则成为一个君子，故曰"君子哉"。

子曰："君子病无能焉，不病人之不己知也。"

病，患也。本章与《里仁》篇"不患莫己知，求为可知也"，《宪问》篇"不患人之不己知，患其不能也"，意均相同。

子曰："君子疾没世而名不称焉。"

没世，谓死也。疾，恨也。朱注引范氏曰："君子学以为己，不求人知；然没世而名不称焉，则无为善之实可知矣。"故君子之所疾，在不能立德以致不朽之名，并不在有善之实，而无善之名。学者不可不辨之！按《史记·孔子世家》子曰："弗乎，弗乎！君子疾没世而名不称焉，吾何以自见于后世哉？"以此为孔子作《春秋》时语。

子曰："君子求诸已，小人求诸人。"

按《中庸》云："正己而不求于人。"即本章"君子求己"之旨，本章与前两章义相连贯。"君子病无能焉，不病人之不己知"，即君子求诸己广君子疾没世而名不称"，虽似求名，实在也求自己有为善之实而已：故曰"君子求诸己"。小人则只求人之知己，不问己之能不能；只求人之誉己，不问自己有没有为善之实：故曰"小人求诸人"。

子曰："君子矜而不争，群而不党。"

朱注曰："庄以持己曰矜，和以处众曰群。"刘宗周《论语学案》云："矜者，兢兢自持；不争，则非绝物矣。群者，油油与人；不党，则非徇物矣。"

子曰："君子不以言举人，不以人废言。"

"有言者不必有德"，故君子不以言举人。刍荛之言，圣人择焉，故其言有可采，亦不以其人之无可取而废之。

子贡问曰："有一言而可以终身行之者乎？"子曰："其恕乎！己所不欲，勿施于人。"

刘氏《正义》云："一言，谓一字。"故孔子以一"恕"答之。恕是求仁之方。"己所不欲，勿施于人"二句，是恕字的定义。此但就消极方面而言；其积极方面，即是“己欲立而立人，己欲达而达人”也。子贡曾说：“我不欲人之加诸我也，吾亦欲无加诸人。”他的话，正和这里孔子所说“己所不欲，勿施于人”的意义相同。

子曰：“吾之于人也，谁毁谁誉？如有所誉者，其有所试矣！斯民也，三代之所以直道而行也。”

朱注云：“毁者，称人之恶而损其真；誉者，扬人之善而过其实。夫子无是也。”又引尹氏曰：“孔子之于人也，岂有意毁誉之哉？其所以誉之者，盖试而知其美故也。斯民也，三代之所以直道而行，岂得容私意于其间哉？”按《汉书·艺文志》云：“孔子曰：‘如有所誉，其有所试。’唐虞之隆，殷周之盛，仲尼之业已试之效也。”包慎言《温故录》据此，谓“斯民也……”二句，即言三代已尝试之，非谓身试之。此别一解。

子曰：“吾犹及史之阙文也，有马者，借人乘之。今亡矣夫？”

阙文，指史书上有疑而不明白的文字，把它阙着，不以自己的意思，硬补上去。亡，今作无。夫，音扶。朱注引杨氏曰：“史阙文、马借人，此二事，孔子犹及见之。今亡矣夫，悼时之益偷也。”按宋翔凤《发微》谓此“史”字指文字而言，盖古代书字掌于太史也。以班固《汉书·艺文志》论小学，许慎《说文解字序》均引此语为证。有马者借人乘习，则为学御之事。盖六书、五驭，各为保氏六艺之一，皆有一定之法，故于文字，不知则阙，有马，则借人乘而习之。孔子之时，六艺之学废，二事不可复见，故叹之。其说亦通。

子曰：“巧言乱德。小不忍，则乱大谋。”

孔子尝云：“恶佞，恐其乱义也。”巧言乱德，与佞之乱义同。忍是忍耐。于小事不能忍耐，则乱大谋。大谋，犹云大计划。刘氏《正义》引吴嘉宾说，谓不忍为仁；小不忍则似仁而非仁，足以乱大谋。吴氏之意殆以妇人姑息之爱为小不忍。朱注曰：“小不忍，如妇人之仁、匹夫之勇皆是。”兼有二义，其说较长。

子曰：“众恶之，必察焉。众好之，必察焉。”

恶、好，均读去声。盖众之好恶，未必能公而当，故必察之。此章之意，与前《子路》篇“乡人皆好”、“乡人皆恶”云云，大致相同。

子曰：“人能弘道，非道弘人。”

弘，大也，此作动词用。道待人而明，待人而行，故曰“人能弘道”。人之明道行道，志在乎道，非欲以张己尊己也，故曰“非道弘人”。

子曰：“过而不改，是谓过矣！”

《韩诗外传》云：“孔子曰：‘过而改之，是不过也。’”即本此文而反言之，可以互发。

子曰：“吾尝终日不食，终夜不寝，以思。无益，不如学也！”

此即《为政》篇“思而不学则殆”之意。思，指不学而思者言。《为政》篇又云：“学而不思则罔。”是“学”仍有待于“思”也。

子曰：“君子谋道不谋食。耕也，馁在其中矣！学也，禄在其中矣！君子忧道不忧贫。”

此章之旨，重在“君子谋道不谋食”句。言君子谋道不谋食，非如农夫之耕田，其志全在谋食也。但因谋食而耕，有时年岁俄荒，亦难免挨饿，况本不谋食者乎？学成而仕，固可得禄，但君子所忧者，在道之不明不行，不在禄之不得，故又曰“君子忧道不忧贫”也。

子曰："知及之。仁不能守之，虽得之，必失之。知及之，仁能守之，不庄以莅之，则民不敬。知及之，仁能守之，庄以莅之，动之不以礼，未善也。"

本章指治国为政而言。知，今作智。知及之者，言其才智足以治国为政也。仁者，大公无私之德。知及之仁不能守之者，言智足以知治国为政之道，而无以胜其私欲，则虽得其道，终必失之也。莅，临也。临政临民，皆可曰临。智足以知之，仁足以守之，而不以庄敬临之，则民亦不敬之也。能临之以敬矣，而施治行政，不能以礼行之，犹未为善。动之，指发号施令之政治行动而言。朱注以"动民"释之，恐未妥。

子曰："君子不可小知，而可大受也。小人不可大受，而可小知也。"

朱注云："知，我知之也。受，彼所受也。"是小知者，以一长见知于人；大受者，以器识担当大事也。君子必能以细事见长，却能担当大事；小人则不能担当大事，而亦有一长足录。此君子小人之别。

子曰："民之于仁也，甚于水火。水火，吾见蹈而死者矣！未见蹈仁而死者也。"

此章极言"仁"之重要，且有利而无害。民，就是人。水火是人生日用不可一日少的。仁则比水火还要重要。水火虽是人生不可少的两件东西，但水会溺死人，火会烧死人。至于仁，则彼此互爱互助，断没有害人致死的也。

子曰："当仁，不让于师。"

此章极言行仁之不可缓。为弟子者，于各种事体对师都须谦让。只有当着仁的事体，要赶先去做，虽师还没有去做，我也不妨先做也。

子曰：“君子贞而不谅。”

《集解》采孔曰：“贞，正；谅，信也。君子之人，正其道耳，言不必小信。”按本章《孟子》所说：“大人者言不必信，行不必果，唯义所在。”同一意义。

子曰：“事君，敬其事而后其食。”

邢疏云：“此章言为臣事君之法也。言当先尽力，敬其职事，必有勋绩而后食禄也。”

子曰：“有教无类。”

有教无类者，就是不分贫富，不分贵贱，不分智愚贤不肖，凡来学者，无不教以做人的道理也。孔子弟子，富如子贡，贫如颜回、原宪；孟懿子等则为贵族，子路则为卞之野人；曾参之鲁，高柴之愚，颛孙师之辟：皆为高弟。故东郭子惠有“夫子之门何其杂也”之叹。不知“有教无类”，正是孔子伟大之处。

子曰：“道不同，不相为谋。”

为，去声。按孔子时，已有老子之道，稍后孔子，又有墨子、扬子之道。周秦诸子的各称道术，盛行于战国之世者，大多萌芽于孔子前后。孔子明知各家倡道的人，总以自己所倡的道为是，以他人所倡的道为非，故只有各行其道而不相谋。不谋者，不必使你从我，我从你也。故曰：“道不同，不相为谋。”后世学者，往往攻击他家他人，而孔子则不然。此孔子之所以为大也。

子曰："辞，达而已矣！"

辞者，言辞、文辞也。在口里的言语，称为言辞。在纸上用笔写的，称为文辞。孔子以为这两种辞——言辞、文辞——以能达出意思，使听的人、看的人都能明白为主，故曰："辞，达而已矣！"

师冕见，及阶，子曰："阶也。"及席，子曰："席也。"皆坐，子告之曰："某在斯，某在斯。"师冕出，子张问曰："与师言之道与？"子曰："然！固相师之道也。"

师，乐师。冕，乐师名。见，音现，来见也。古时乐师皆是瞎子。所以他走到阶前，孔子告知他道："阶也。"他上了阶，走到座席前，孔子又告知他道："席也。"大家都坐下了，又告之曰："某人坐在这里，某人坐在这里。"师冕出去后，子张问孔子道："这些是和乐师讲话之道吗？"孔子说："是的！刚才这样的招呼，是扶助乐师应尽的道理。"道与之与，今作欤。相，去声，扶助的人叫做相，此作动词用。

[问题]

（一）孔子何以不答问陈？
（二）何谓"多学而识"？何谓"一贯"？
（三）何谓"无为而治"？
（四）何谓"杀身成仁"？
（五）孔子答颜渊为邦之制如何？
（六）孔子谓何种人最没出息？
（七）本篇论君子如何？
（八）何谓"有教无类"？

季氏第十六

按此篇“子曰”都称“孔子曰”，与以上诸篇不同。

季氏将伐颛臾，冉有、季路见于孔子曰：“季氏将有事于颛臾。”

季氏，季康子也。颛，音专。臾，音俞。颛臾，是鲁国境内的一个小国，其君风姓，伏羲之后。他的朝贡不达于天子，而附于鲁侯，所谓附庸也。冉有、子路，这时正做季氏的家臣，故以季氏的事来告孔子。有事，指伐颛臾。按季氏伐颛臾事，不见于《春秋》经传，殆因孔子之言而中止也。

孔子曰：“求！无乃尔是过与？夫颛臾，昔者先王以为东蒙主，且在邦域之中矣，是社稷之臣也，何以伐为？”

孔子之意，对于季氏之伐颛臾，是大不以为然的，所以独呼冉有之名而斥之者，以子路曾因公伯寮之想，为季孙所疑；冉有尝为季氏聚敛，独得信任也。是，实也。见王引之《经传释词》。与，今作欤。夫，音扶。东蒙，山名。颛臾封在东蒙山的地方，是先王叫他主祭祀东蒙山的，故曰“昔者先王以为东蒙主”也。邦域，即国境。为鲁国附庸，故曰“是社稷之臣也”。为，语末助词。朱注云：“社稷，犹云公家。是时四分鲁国，季氏取其二，孟孙、叔孙各取其一；独附庸之国尚为公臣，季氏又欲取以自益。故孔子言颛臾乃先王封国，则不可伐；在邦域之中，则不必伐；是社稷之臣，则非季氏所当伐也。”

冉有曰：“夫子欲之，吾二臣者，皆不欲也。”

夫子，指季氏。二臣，谓己与子路也。

孔子曰：“求！周任有言曰：‘陈力就列，不能者止。’危而不持，颠而不扶，则将焉用彼相矣？且尔言过矣！虎、兕出于柙，龟、玉毁于椟中，是谁之过与？”

求者，呼冉有之名以告之也。任，平声。《集解》马曰：“周任，古之良史。”按《左传·隐公六年》《昭公五年》皆引周任之言，不言为史官。杜预注云：“周太史。”《路史》注以为商太史。江永《群经补义》疑即《书·盘庚》之迟任。“陈力就列，不能者止”两句，是周任的话，孔子引之。

朱注云：“陈，布也；列，位也。”刘氏《正义》云：“止谓去位也。”按陈力，谓施展贡献其才力；就列，即就职位。言既就其位，当陈其力，不能陈力，便当去位也。焉，平声，安也。相，去声，扶持瞎子的人叫做相。此以相瞽者为喻，言如瞽者遭遇危险颠仆而不扶持，则那个相还有什么用呢？矣字用与乎字同，见王引之《经传释词》。冉有答语，诿为“夫子欲之”，而欲自卸其责，故直斥之曰“且尔言过矣”；过，错误也。兕，野牛。柙，是关虎、兕的木栅。虎与兕，应该关在柙里的。龟、玉，古人都视为宝贝。椟，是藏龟、玉的匣子。言季氏之伐颛臾，有如把虎、兕从柙中放出，把匣中的龟、玉毁坏也。季氏伐颛臾一动兵，必要杀人，好像柙中的虎、兕，跑出来伤人也。颛臾，在鲁国境内，好象藏在匣子中的龟、玉；季氏伐而灭之，又像把龟、玉毁坏也。此黄式三说。虎、兕出柙，是管兽禁者之过；龟、玉毁坏，是守龟、掌玉者之过；季氏之伐颛臾，则是为家臣者不谏止之过也。

冉有曰：“今夫颛臾，固而近于费，今不取，后世必为子孙忧。”

此再有又为季氏辨也。夫，音扶。费，此处音秘。固，言颛臾的城郭，很坚固。费，音秘，是季氏的食邑，与颛臾相近。故曰“今不取，后世必为子孙忧”也。

孔子曰：“求！君子疾夫舍曰欲之，而必为之辞。丘也闻有国有家者，不患寡而患不均，不患贫而患不安；盖均无贫，和无寡，安无倾。夫如是，故远人不服，则修文德以来之。既来之，则安之。今由与求也，相夫子，远人不服而不能来也，邦分崩离析而不能守也，而谋动干戈于邦内，吾恐季孙之忧，不在颛臾，而在萧墙之内也。”

此孔子听了再有的话，又呼其名而斥之也。疾，恶也，恨也。夫，音扶。舍，今作捨。“舍曰欲之，而必为之辞”者，心里实在贪图这个利益，却舍掉这句话，不肯说，而必另外想出一种话来掩饰也。这种事情，是君子所最恶的。孔子既斥其非，又把治国安家的原理，讲出来给他听。丘，是孔子称自己的名。有国，指诸侯；有家，指卿大夫。此二句疑当作“不患贫而患不均，不患寡而患不和”。盖贫与均，指财言；寡与和，指人言。不均，谓贫富相悬；不和，谓上下不协，下言“均无贫，和无寡”，即其证。《春秋繁露·度制篇》、《魏书·张普惠传》引，亦均作“不患贫而患不均”。（参阅俞樾《古书疑义举例》）孙中山先生民生主义谓中国仅有大贫小贫，故社会问题不如泰西各国严重，主张平均地权，节制资本，为曲突徙薪之计，即所谓“不患贫而患不均”也。财均人和，则安而无倾复之患矣。夫，音扶。如是，指上文所说治国家的原理。因为如此，故远地方的人，还有不服者，我惟有修己之德以招徕之。文德正对武力而言。远人来归了，则安抚之。相，去声，助也。现在由与求相助季氏，远人不服，而不能修文德以来之；邦国，分崩离析，有土崩瓦解之虞，而不能固守之，还要在国内打起仗来。动干戈，即指伐颛臾之事。吾恐季孙之可忧者，倒不在固而近于费的颛臾，而在自己的家内也。萧墙即《八佾》篇之“塞门”。后来季氏家臣阳虎囚季桓子，果然不出孔子所料。一说，萧墙惟国君有之，萧墙之内，隐指鲁君。此时哀公欲去三桓（即季孙、孟孙、叔孙三家），而颛臾世为鲁社稷之臣，又近于费。季氏惧其为公家之助，故欲伐之。如克，则取以为己有；不克，则公家之师已备于外，不能复伐己。此齐陈恒伐吴之故智也。冉有谓季氏恐颛臾将为子孙忧，不得不伐之，故孔子直斥其隐也。见方观旭《偶记》。

孔子曰："天下有道，则礼乐征伐自天子出。天下无道，则礼乐征伐自诸侯出。自诸侯出，盖十世希不失矣！自大夫出，五世希不失矣！陪臣执国命，三世希不失矣！天下有道，则政不在大夫。天下有道，则庶人不议。"

制礼作乐，征伐逆叛，照道理，应该是天子做的。故周初天下有道，王室强盛的时候，礼乐征伐都出于天子。到春秋时，王室衰微，诸侯强大起来，已成了无道的天下，故礼乐征伐，自诸侯出。希，少也。陪，重也；陪臣，是臣之臣，即大夫的家臣也。朱注曰："逆理愈甚，则其失之愈速。""天下有道，则政不在大夫"者，言天下有道的时候，礼乐征伐出自天子，其他政权亦操于诸侯，而不操于大夫也。"天下有道，则庶人不议"者，言有道的天下，政治修明，人民自然安居乐业，没有坏事可议论也。

孔子曰："禄之去公室，五世矣！政逮于大夫，四世矣！故夫三桓之子孙微矣！"

鲁国自襄仲杀文公之子而立宣公，于是大权旁落，爵禄不从君主的公室而出，至哀公已五世了。五世者，宣公、成公、襄公、昭公、定公也。逮，及也。鲁大夫季氏执国政，至此已四世了。四世者，文子、武子、平子、桓子也。（郑玄注无桓子，朱注无文子，而皆有悼子。此从《论语稽》）三桓者，季孙、孟孙（亦称仲孙）、叔孙，三氏都出于桓公也。上章不是说"自大夫出，五世希不失"吗？今季氏执政已历四世，所以已到衰微不振的时候了。当时季氏有阳虎，孟氏有公敛处父，叔氏有侯犯，故曰"三桓之子孙微矣"。夫，音扶。

孔子曰："益者三友，损者三友。友直，友谅，友多闻，益矣！友便辟，友善柔，友便佞，损矣！"

此孔子论交友有益或有损也。三种益友：一种是"友直"，就是结交正直的朋友，这种朋友，能规劝我的过处，故有益；一种是"友谅"，就是结交诚实的朋友，这种朋友，不会欺骗我，故有益；一种是"友多闻"，就是结交多见闻的朋友，这种朋友，能指导我不明白的事理，故有益。三种损友：一种是"友便辟"，就是结交"足恭""体柔"而不"直"的人；一种是"友善柔"，就是结交"令色""面柔"而不"谅"的人；一种是"友便佞"，就是结交"巧言""口柔"而无闻见之实的人。这三种朋友，都和前三种相反，故有损。便，平声；辟，音僻。（参阅《公冶长》篇"巧言令色足恭"注）

孔子曰："益者三乐，损者三乐。乐节礼乐，乐道人之善，乐多贤友，益矣！乐骄乐，乐佚游，乐宴乐，损矣！"

礼乐之乐，如字读；骄乐、宴乐之乐，音洛，其馀乐字，皆音耀。与"仁者乐山，知者乐水"之乐同，是爱好的意思。一个人不能无所爱好。孔子说："爱好的事，也有三件是有益处的，三件是有损害的。"乐节礼乐者，爱好行动都以礼乐为节也；乐道人之善者，爱好说别人的好处，不说别人的坏处也；乐多贤友者，爱好多交益友也。这三种爱好，是于自己有益处的。乐骄乐者，爱好骄傲他人以为快乐也；乐佚游者，爱好不做事而游戏过日子也；乐宴乐者，爱好与人酒食征逐以取乐也。这三种爱好，于自己是都有损害的。

孔子曰："侍于君子有三愆：言未及之而言，谓之躁；言及之而不言，谓之隐；未见颜色而言，谓之瞽。"

侍于君子，是侍坐在君子旁边。愆，过失也。是不到应该说话的时候就说话，则有急躁的过失。《鲁论》读躁为傲，意思是言未及之而言，是以己所知者，傲人之不知也。到了应该说话的时候而不说，则有隐匿的过失；不看见别人的颜色而乱说，则有瞽的过失。瞽者，言好像瞎了眼睛一样也。

孔子曰："君子有三戒：少之时，血气未定，戒之在色。及其壮也，血气方刚，戒之在斗。及其老也，血气既衰，戒之在得。"

斗，音豆。少年血气未定，情窦初开，正是知好色，慕少艾的时候，故"戒之在色"。壮是三四十岁，体力最强壮的时候，血气方刚，好胜心正盛，故"戒之在斗。"所谓斗者，不仅指好勇斗狠而言，凡意气之争皆是也。年纪老了，则血气已衰，只想为子孙打算，弄几个钱享享老福，故"戒之在得"。试看现在社会上，青年人往往闹恋爱问题；壮年人往往因意气之争，而不顾大局；老年人往往日暮途穷，不惜出卖人格。此章所记，真是孔子勘透人情之言。

孔子曰："君子有三畏：畏天命，畏大人，畏圣人之言。小人不知天命而不畏也，狎大人，侮圣人之言。"

狎，音狭。畏者，心有所戒惧也。天命，就是天之所命，天赋人之明德正理。畏天命，故戒慎恐惧，尽道正命，而不敢有所怠忽。大人，指在上位的人。畏大人，故秉礼怀刑，不敢干犯其上。圣人之言，指古先圣贤教人的道理。畏圣人之言，故古训是式，不敢违反。小人则与君子，恰是相反。他不知什么是天命，故毫无忌惮。狎者，慢而不敬也。狎大人，故初则逢迎长恶，终乃作乱犯上。小人多自以为是，虽圣人所说的话，也要寻他的漏洞，说他许多不是，此侮圣人之言也。

孔子曰："生而知之者，上也。学而知之者，次也。困而学之，又其次也。困而不学，民斯为下矣！"

凡一事一物，都有一种道理，"生而知之者"，对于种种事物，一看见，就明白它的道理也。这是最聪明的上等人，好像生出来就知道的。其次则对于种种事物，未能一见就知它的道理，但能自己用学问的工夫去求知；结果，对于各种道理，也明白了。“困而学之”者，对事物的道理，固然不能一见就知，不遇到困难，也还不肯去学。一定要到因不明白道理，而发生困难，才肯用学问的工夫去求知。这种人，又次一等。如果遇到困难，还是不肯去学，这种人，必终身做一愚蠢的人，是最下一等的。按《中庸》云：“或生而知之，或学而知之，或困而知之；及其知之，一也。”困而知之，即此所云“困而学之”。“困而不学”，是虽困而终不能知；故曰“民斯为下”也。民，与人同。

孔子曰：“君子有九思：视思明，听思聪，色思温，貌思恭，言思忠，事思敬，疑思问，忿思难，见得思义。”

视思明者，言看一种事物，要想看得很明白，把细微曲折都看出来也。听思聪者，言听人的言语，要想听得仔仔细细，没有错误也。色思温者，言对别人，脸上的颜色，常常要想温和也。貌思恭者，言待人接物时，容貌常常要想恭敬也。言思忠者，言对人说话，常常要想忠实诚恳也。事思敬者，言做事常常想到慎重，不肯轻忽怠慢也。疑思问者，言有疑惑的时候，常常想问个明白也。忿思难者，言当气忿的时候，常常想到患难，不肯因一朝之忿，忘其身以及其亲也。难，去声。见得思义者，言遇见可得的利益，应想一想，这利益是应该得的还是不应该得的，所谓“临财毋苟得”也。这九件，是君子所常常思考的。

孔子曰：“‘见善如不及，见不善如探汤。’吾见其人矣，吾闻其语矣。‘隐居以求其志，行义以达其道。’吾闻其语矣，未见其人也！”

“见善……”二句、“隐居……”二句，皆古语。见善如不及者，见了善人，常常像自己不及他一般，因而努力为善，想及他也。即“见贤思齐”之意。汤是沸水，手探下去，是要烫坏的。所以，汤是探不得的，要避开它才好。见了不善的人，也如不敢探汤一样。总是避开他，唯恐自己染到他的恶习，故曰“见不善如探汤”也。即《大戴礼记·曾子立事》所谓“见不善者，恐其及己也”。孔子说：

“这种人我亲眼看见过，这句古语我也听见人说过了。”《孟子》云：“故士穷不失义，达不离道。”与此章同旨。程瑶田《论学小记》云：“隐居以求其志，求其所达之道也。当其求时，犹未及行，故谓之志。行义以达其道行，其所求之志也。及其行时，不止于求，故谓之道。志与道，通一无二，故曰：‘士何事？曰尚志。’”最是阐明此章之志。

孔子曰：“齐景公有马千驷，死之日，民无德而称焉。伯夷、叔齐饿于首阳之下，民到于今称之。‘诚不以富，亦只以异。’其斯之谓与？”

四匹马曰驰；千马四，即四千匹马也。齐景公虽然有四千匹马，但平生没有好的德行，所以到他死了，百姓没有一个称道他的。伯夷、叔齐，见前《公冶长》篇注。首阳，山名。武王灭纣，夷、齐义不食周粟，采薇而食，卒饿死于首阳山下。直到孔子时，百姓都还称赞他。朱注引胡氏说谓《颜渊》篇“诚不以富，亦只以异”二语，程子以为错简者，当在“称之”之下。言民之所称者，诚不以其富，而只以其异也。此《诗·小雅·我行其野》篇语。上引《诗》故下云“其斯之谓与”也。与同欤。朱注谓章首当有“孔子曰”三字。按，苏子由《柳下惠论》引上章，合此章为一义。皇疏解上章第二“吾闻其语”曰：“唯闻昔有夷齐能然。”本章首又无“孔子曰”三字，故有合二章为一章者。今仍从朱注。

陈亢问于伯鱼曰：“子亦有异闻乎？”对曰：“未也。尝独立，鲤趋而过庭，曰：‘学《诗》乎？’对曰：‘未也。’‘不学《诗》，无以言！’鲤退而学《诗》。他日又独立。鲤趋而过庭，曰：‘学礼乎？’对曰：‘未也。’‘不学礼，无以立！’鲤退而学礼。闻斯二者。”陈亢退而喜曰：“问一得三：闻《诗》，闻礼，又闻君子之远其子也。”

皇疏曰：“陈亢即子禽也。”已见前《学而》篇。伯鱼名鲤，孔子之子。陈亢的意思，以为孔子教儿子当与教学生不同，故问伯鱼有异闻否。对曰，伯鱼对陈亢也。未也，言未有异闻。以下即述所闻二事以证其未有异闻。《诗》为写人情事理的文学作品，且多比兴之作，故与言辞有关。礼者，人之所履，孔子尝云“立于礼”，故不学礼无以立也。陈亢退而自喜，以为问一事而得了三种知识：一是学《诗》，则可以言；一是学礼，则可以立；一是君子之对儿子，是不十分接近的。远，去声。司马光《家范》引此文，说之云：“远者，非疏远之谓也。谓其进见有说，接遇有礼，不朝夕嘻嘻相亵狎也。”

“邦君之妻，君称之曰夫人，夫人自称曰小童；邦人称之曰君夫人，称诸异邦曰寡小君；异邦人称之，亦曰君夫人。”

邦君，就是国君。此章所记，在本书中最为不类，疑学者于简末别记所闻，后遂掺入《论语》也。按《集解》引孔曰：“当此之时，诸侯谪妾不正，称号不审，故孔子正言其礼也。”如孔说，则本章为孔子之言，上阙“子曰”二字，或“孔子曰”三字也。《曲礼》又云：“夫人自称于诸侯曰寡小君。”胡培翚《研六室杂著》云：“此节惟‘小童，句，系夫人自称，馀皆他人称谓之辞。称诸异邦，亦是邦人称之。”刘氏《正义》曰；“小君者，比于君为小也。……于本国称小君，于异邦称寡小君，犹称其君：于本国曰君，于异邦曰寡君也。”又“夫人自称”，谓夫人自称于其君。《曲礼注》云：“小童，若云未成人也。”误。此孙奇逢引郝敬说。

[问题]

（一）孔子谓季孙之忧不在颛臾而在萧墙之内，其意何在?

（二）“益友”有何三种? “损友”有何三种?

（三）何谓“三愆”?

（四）何谓“三戒”?

（五）何谓“三畏”?

（六）何谓“九思”?

（七）何谓“隐居求志”、“行义达道”?

（八）孔子之教子如何?

阳货第十七

阳货欲见孔子，孔子不见。归孔子豚，孔子时其亡也，而往拜之，遇诸涂。谓孔子曰："来！予与尔言。"曰："怀其宝而迷其邦，可谓仁乎？"曰："不可。""好从事而亟失时，可谓知乎？"曰："不可。""日月逝矣！岁不我与。"孔子曰："诺！吾将仕矣！"

阳货，《史记》作阳虎，刘氏《正义》云："货、虎一声之转，疑货是名，虎是字也。"此时鲁国的政权全在季氏手里，阳货是季氏最信用的家臣，以陪臣而执国政。归，同馈，《古论》作馈。豚，小猪。时，伺也。"时其亡也，而往拜之"者，伺阳货不在，而往拜谢之也。《孟子·滕文公》篇云："阳货欲见孔子而恶无礼。大夫有赐于士，不得受于其家，则往拜其门。阳货目阚孔子之亡也，而馈孔子蒸豚。孔子亦其亡也，而往拜之。当是时，阳货先，岂得不见？"所记较详。孔子本来是不愿意和阳货见面的，所以时其亡也而往拜之，不料偏在街路上遇着他。诸即之于二字的合音。涂，路也。阳货既在路上遇见孔子，便对孔子道："来！予与尔言。""曰怀其宝……"以下，仍是阳货的话。他既在路上遇到孔子，便邀到自己家中和孔子说也。宝，譬喻道德才学。怀其宝而迷其邦者，说孔子有了道德、才学，而不肯出来做官、治国也。胡绍勋《论语拾义》谓宝指身，怀宝谓藏身。亦通。好，去声。亟，音器。知，今作智。"好从事而亟失时"，喜欢做事，而屡次失了可做事的时机也。二"不可"，通解以为皆孔子答语。毛奇龄《稽求篇》、王引之《经传释词》均谓阳货自为问答，盖以怀宝迷邦之不可谓仁；好从事，亟失时之不可为知，二者皆必然之理也。逝，往也。言日月都像水的流去，不会再回转来；人的年纪，也一年一年的老去，岁数是不会给我增添的。意思是劝孔子及早出来做官。“诺！吾将仕矣”句，是孔于的答话。故特加“孔于曰”三字。

子曰：“性相近也，习相远也。”

性，生而然者也。天生的性质，善恶不甚相违，故曰“性相近也”。一个人处在某个环境里，到后来就有某种习惯，如在善良的环境里长大，就有善的习惯；在恶浊的环境里长大，就有恶的习惯。因为各人的环境不同，所以各人的习惯也就差得很远，而不能一样。故曰“习相远也”。

孔子说性，只说相近，不言善恶。后来孟子便说人性是善的；荀子又说人性是恶的；世硕与公都子言性有善有恶；告子又言性无善无不善，或可以为善，可以为不善；扬雄、王充、韩愈等，也纷纷说性；至宋儒则以论性为专家学问。其实都不如孔子只轻轻八个字，说得包括无遗。

子曰：“唯上知与下愚不移。”

知，今作智。一个人的性，是相近的，差不多的。至于一个人的天资，则各有不同：有绝顶聪明的人，所谓“生而知之”者；有绝顶呆笨的人，所谓“困而不学”者；也有中等的人。绝顶聪明的人，与绝顶呆笨的人，从小到老，总不会改变的。但此等人，不过千万人中之一二个。其馀的，都是中等天资，就不免随着环境而改变，习于恶则恶，习于善则善也。

子之武城，闻弦歌之声。夫子莞尔而笑曰：“割鸡焉用牛刀？”子游对曰：“昔者，偃也闻诸夫子曰：‘君子学道则爱人，小人学道则易使也。’”子曰：“二三子，偃之言是也，前言戏之耳。”

之，往也。武城，鲁邑。这时子游做鲁国武城县的县令。孔子到武城地方，听得有弦歌的声音也。弦，是乐器，如琴瑟之类；歌，是歌诗。子游教武城的百姓，都学礼乐，故闻弦歌之声。莞尔，微笑貌。割鸡焉用牛刀，是譬喻之辞。犹言治天下，移风易俗，要用礼乐；如今治一个小小的县，何必费这样的大气力呢？偃，是子游的名。他对答孔子道："从前我曾经听得夫子说过：'在上位的君子，能够学礼乐等等，则能爱护人民，在下面的人民，能够学礼乐等等，则容易使他们做事。'"孔子听了子游的话。二三子，指同到武城去的几个学生。牛刀割鸡之喻，孔子自认是戏言，其实是可惜子游不得行其化于天下国家，只能小试于县耳。

公山弗扰以费畔，召，子欲往。子路不说曰："末之也已！何必公山氏之之也！"子曰："夫召我者，而岂徒哉？如有用我者，吾其为东周乎！"

公山氏，鲁之公族。弗扰，名，《左传》及《史记孔子世家》作不狃，字子泄。费，季氏邑。《集解》及朱注均云，公山弗扰为季氏宰，与阳虎共执季桓子，而召孔子。说，同悦。"末之"及"之也"两之字，均作往解。末，无也。言道既不行，无可往矣，何必公山氏之往乎？夫，音扶。徒，徒然也。言召我者，岂徒然召我乎，必将用我也。其为东周，言将兴周道于东方。一说，东周，指成周。其，岂也；为，助也。言岂助成周也。按阳虎执季桓子，见《左传·定公五年》。阳虎出奔，在定公八年。及定公十二年，子路为季氏宰，将堕费。弗扰据费拒命。孔子时为司寇，命申句须乐颀伐之，败之于姑蔑，弗扰奔齐。则弗扰之以费叛，正为反抗孔子堕都之命，岂有召孔子而孔子欲往之理？故崔述谓此章所记，殊不可信。详见《洙泗考信录》。

子张问仁于孔子。孔子曰："能行五者于天下，为仁矣！"请问之。曰："恭、宽、信、敏、惠。恭则不侮，宽则得众，信则人任焉，敏则有功，惠则足以使人。"

子张问仁，孔子告以："能行五者于天下，为仁矣。"五者，即指"恭、宽、信、敏、惠"五种德行。恭则不侮者，在上者能够恭敬，则人民不会侮慢他也。宽则得众者，能够以宽弘大量待人，则人民的心，必归服他也。信则人任焉者，能够不失信于人民，则人民都信任他也。敏则有功者，为政能够敏捷而不迟钝，自然会有功绩也。惠则足以使人者，有恩惠及于人民，则使人民服役时，人民都愿尽力也。朱注引李氏曰："此章与'六言六蔽'、'五美四恶'之类，皆与前后文体大不相似。"按《论语》文例，记与君大夫问答，则称"孔子"；记与弟子问答，则称"子"。此章记弟子问亦称孔子，体例上亦极不合。

佛肸召，子欲往。子路曰："昔者，由也闻诸夫子曰：'亲于其身为不善者，君子不入也。'佛肸以中牟畔，子之往也，如之何？"子曰："然！有是言也。不曰坚乎，磨而不磷？不曰白乎，涅而不缁？吾岂匏瓜也哉？焉能系而不食？"

佛，音弼。肸，音许密反。朱注云："佛肸，晋大夫赵氏之宰也。"盖从《集解》孔说，以中牟为赵简子的食邑。按《史记·孔子世家》"佛肸为中牟宰。赵简子攻范中行，伐中牟，佛肸叛，使人召孔子"云云，则中牟为范中行之食邑，而佛肸为范中行之臣也。《左传·哀公五年》赵鞅伐卫，范氏之故也，遂围中牟，即此事。子路的意思，不以孔子欲赴佛肸之召为然，故对孔子说道："昔者，由也闻诸夫子曰：'亲于其身为不善者，君子不入也。'佛肸以中牟畔，子之往也，如之何？"亲，犹云本身。不入，为不入其境。如之何，犹今云怎么样也。磷，平声。是言，指子路所说"亲于其身为不善者，君子不入也"的一句话，言我从前曾经有过这句话也。坚，指天下最坚硬的东西。磷，音吝，薄也。白，指天下最白的东西。涅，音孽，即皂矾，本名词，此作动词用，谓以皂矾染物使黑。缁，是黑色。言"我从前不曾说过，天下最坚的东西，是磨不薄的，天下最白的东西，是染不黑的吗？"这两句的意思是说我虽往佛肸辈不善的人那里，也不会被染累也。匏，音袍。匏瓜，是一种吃不来的苦瓜，如现在的葫芦，只能挂在壁上看看。焉，平声，安也。意思是说："我岂和匏瓜一样，只能挂在壁上，可看而不可吃的？"黄震

《日钞》谓匏瓜是星名，系于天而不可食，犹《诗》云："维南有萁，不可以簸扬；维北有斗，不可以挹酒浆。"《集解》云："言匏瓜得系一处，不食故也。吾自食物，当东西南北；不得如不食之物，系滞在一处。"黄说可通，《集解》说则迂曲。按崔述《洙泗考信录》谓此事亦不可靠。

子曰："由也，女闻六言六蔽矣乎？"对曰："未也。""居！吾语女。好仁不好学，其蔽也愚。好知不好学，其蔽也荡。好信不好学，其蔽也贼。好直不好学，其蔽也绞。好勇不好学，其蔽也乱。好刚不好学，其蔽也狂。"

女，今作汝。语、好，均去声。知，今作智。六言六蔽，当是古代成语。名六言，即指"仁、知、信、直、勇、刚"六字。蔽者被一件东西遮蔽，不能通明也。六蔽，指"愚、荡、贼、绞、乱、狂"六者，因不好学，故各有所蔽，而生此六病也。"居！吾语女"者，子路起对，故孔子命之坐而后详语之也。所谓六言六蔽者，好仁，而不好学，一味以仁爱待人，则将如宋襄公之不教不成列，不重伤，不擒二毛，有类于愚人。有才智的人，而不好学，势必汪洋自恣，泛滥无所归，流荡无所止。则性知重然诺而不明事理之是非，谨厚者则为硁硁之小人，刚强者则为轻身殉人之游侠，而皆足以害事贼义。好信而不好学，好直而不好学，必过于急切，好讥刺他人，即绞也。此与前篇"直而无礼则绞"同意。好勇而不好学，必至和人争斗，可以酿成乱事。此与下文"君子勇而无义为乱"同意。好刚而不好学，虽然能够无欲，不至曲求，但必流而为愎，师心自用，则成狂妄之人。孔子因为子路有好仁、好知、好信、好直、好勇、好刚的六项美德，所以劝他加以学问，使六项美德，不至有缺憾的地方也。

子曰："小子，何莫学夫《诗》？《诗》可以兴，可以观，可以群，可以怨，迩之事父，远之事君，多识于鸟兽草木之名。"

小子，孔子称诸弟子也。夫，音扶。言何不学《诗》也？

《诗》，指三百零五篇之《诗经》。《诗》为文学作品，感人最易，可以兴感人之情意，故曰"可以兴"。《诗》皆美刺政治，抒写人情之作，可以考见得失，了解人情，并可以观察各时代各地方之风俗，春秋时列国大夫多赋诗见志，故曰"可以观"。《诗》教温柔敦厚，且通于乐，乐以和为主，故曰"可以群"。《诗》所以写哀怨之情，亦用以讽刺政治，但怨而不怒，哀而不伤，不务言理而言情，不务胜人而感人，故曰"可以怨"。小之则写家庭之情感，故近之可以事父；大之则陈政治之美刺，故远之可以事君。其中多托物比兴，用鸟兽草木为譬，故其绪馀，又足以资多识也。

子谓伯鱼曰："女为《周南》、《召南》矣乎？人而不为《周南》、《召南》，其犹正墙面而立也与？"

前章是孔子教弟子们学《诗》。此章是孔子教自己儿子伯鱼学《诗》。《注疏》本与前章合为一章，今依朱注本分之。女，今作汝。为，治也。与，今作欤。《周南》、《召南》，是《诗经》最前的两篇。周公旦、召公奭夹辅成王，分陕而治。南国被其化，故所采南国之诗，分系之于周、召二公，曰《周南》、《召南》，而列之于国风之首。近人梁启超则谓"南"为音乐之一种。用于曲终之合奏，故《论语》有"《关雎》之乱"云云。正墙面者，面对着墙壁也。面墙，喻无所见，不能行，不能同人家说话也。与，同欤。《周南》始于《关雎》，《召南》始于《鹊巢》，皆婚姻之诗。《中庸》言"君子之道，造端乎夫妇"；《大学》引《桃夭》诗亦云："宜其家人，而后可以教国人。"刘氏《正义》言："时或伯鱼授室，故夫子时举《二南》以训之。"

子曰："礼云礼云，玉帛云乎哉？乐云乐云，钟鼓云乎哉？"

礼之本在敬，乐之本在和。兹徒有玉帛之币，钟鼓之音而遗其本，此岂足云礼乐哉？

子曰："色厉而内荏，譬诸小人，其犹穿窬之盗也与？"

与，今作欤。色厉者，言人的面色严厉而庄重也。荏，音忍。内荏者，言人的心里没有骨气，柔而不刚也。小人，细民也。窬，穴也。穿窬之盗，就是挖壁洞偷东西的窃贼。《集解》引孔云：“穿，穿壁；窬，窬墙。”是以窬为逾之借字。朱注云：“言其无实盗名，而常畏人知也。”

子曰：“乡原，德之贼也！”

原，同愿，善也。乡原，就是一乡都以为是好人的。按《孟子·尽心》篇答万章问，引孔子曰：“过我门而不入我室，我不憾焉者，其惟乡原乎？乡原，德之贼也。”又释之曰：“‘生斯世也，为斯世也，善斯可矣。’阉然媚于世也者，是乡原也。”又曰：“非之，无举也；刺之，无刺也；同乎流俗，合乎污世；居之似忠信，行之似廉洁，众皆悦之；自以为是，而不可与入尧舜之道，故曰德之贼也。”又引孔子曰：“恶似而非者。……恶乡原，恐其乱德也。”释本章之义，最为明白。《集解》所举二说皆误。

子曰：“道听而涂说，德之弃也。”

涂，同途。道听涂说者，在街道上听了胡言乱语，不问真假，不管是非，自以为是也，到路涂上去说给人听也。此以喻人云亦云，不知辨别审择的人，是有德者所弃，亦是自弃其德，故曰“德之弃也”。

子曰：“鄙夫，可与事君也与哉？其未得之也，患得之。既得之，患失之。苟患失之，无所不至矣！”

鄙夫者，卑鄙之人。可与，即可以，见王引之《经传释词》。与哉之与，今作欤。下文即申明鄙夫不可以事君之故。患者，劳心焦虑于此也。鄙夫所贪念者，无非是富贵禄位。未得的时候，只劳心焦虑以求必得；既得之后，又只劳心焦虑以防失去。这种人，专顾自己的禄位，不顾君主与国家的好歹，既怕禄位失去，于是卑鄙下流之事，无所不为了。

子曰："古者民有三疾，今也或是之亡也。古之狂也肆，今之狂也荡。古之矜也廉，今之矜也忿戾。古之愚也直，今之愚也诈而已矣！"

亡，今作无。孔子言古时候的人民有三种毛病，现在的人，却并这三种毛病或者也没有了。三疾者，狂、矜、愚也。狂者，心志太高大也。肆者，不拘小节也。言古时候狂的人，有不拘小节的毛病。现在所谓狂的人，连大节也不管了，此不得谓之狂也。矜者，持守太严也。廉者，棱角太露也。言古时候矜的人，有棱角过于锋利的毛病。现在所谓矜的人，只是与人闹意气而已，此不得谓之矜也。古时候愚的人，是直直爽爽的。现在的愚者，只是装作假痴假呆罢了，此不得谓之愚也。盖古人虽有此三疾，不过因气禀之偏，故尚有可取；今则并此而无之，盖伤俗之益衰也。

子曰："巧言令色，鲜矣仁！"

此章重出，已见《学而》篇。

子曰："恶紫之夺朱也，恶郑声之乱雅乐也，恶利口之覆邦家者。"

三"恶"字皆去声，厌恶也。朱，大红，正色；紫，红而稍带黑者，间色。《礼记·玉藻》言："玄冠紫緌，自鲁桓公始。"《管子》言："齐桓公好服紫衣，齐人尚之。"盖春秋时服色好用紫，而不知其非正色也。郑声，其音淫；雅乐，周代之正乐。利口，即所谓"言伪而辨"者，足以覆亡国家。此三者，皆时人所喜尚，而孔子所深恶者也。

子曰："予欲无言。"子贡曰："子如不言，则小子何述焉？"子曰："天何言哉？四时行焉，百物生焉。天何言哉？"

孔子本以身教，恐弟子徒于言语求之，故曰："予欲无言。"小子，弟子自称。《诗日月》"报我不述"，《毛传》云："述，循也。"言夫子如不言，则弟子何所遵行也。《礼哀公问》曰："孔子云：'无为而物成，是天道也。'"故此以天不言而四时成、百物生为喻。

孺悲欲见孔子，孔子辞以疾。将命者出户，取瑟而歌，使之闻之。

孺悲，是鲁人，曾学士丧礼于孔子，见《礼记·杂记》。是孺悲亦孔子弟子。此云欲见孔子，当是始见之时。《仪礼·士相见礼》疏谓孺悲不由绍介，故孔子辞以疾。将命者，传达言语的人也。传达言语的人走出户外，把孔子有病不见的话去对孺悲说时，孔子故意取了瑟，一面鼓瑟，一面唱起歌来，使孺悲听见，知道夫子并不生病，要他自己想想有何不合礼的地方。此孟子所谓"不屑教诲，是亦教诲之"也。

宰我问三年之丧："期已久矣！君子三年不为礼，礼必坏；三年不为乐，乐必崩。旧谷既没，新谷既升，钻燧改火，期可已矣！"子曰："食夫稻，衣夫锦，于女安乎？"曰："安。""女安则为之！夫君子之居丧，食旨不甘，闻乐不乐，居处不安，故不为也。今女安，则为之。"宰我出，子曰："子之不仁也！子生三年，然后免于父母之怀。夫三年之丧，天下之通丧也。予也，有三年之爱于其父母乎？"

此三年之丧，指父母丧。郑玄谓丧期实际为二十七月。期，音基，一周年也。宰我问三年之丧于孔子，以为三年，时候太长久，故曰"期已久矣"云云。古人居丧，种种事体都不做，所以宰我又说："君子三年不为礼，礼必坏；三年不为乐，乐必崩。"坏崩，犹云荒废也。没，尽也。升，成也，登也。古时候钻木取火，所用的木头，四时不同，春天用榆、柳，夏天用枣、杏，季夏用桑、柘，秋天用柞、猶，冬天用槐、檀。过了一年，四时取火的木头，改钻已遍了。宰我说谷与取火，意思是人情本依天道，天道一年则周而复始，人情亦宜法此，故曰"期可已矣"，就是说居丧满一年，可以止了。夫，音扶。衣，去声，动词。女，今作汝，下同。古时候居丧止食黍稷，不食稻粱；止服麻衣，不衣锦帛。故孔子对宰我说：“父母死后，未满三年，你就吃稻煮的饭，穿丝织的锦，于你的心里安吗？”宰我答道：“安的。”“闻乐不乐”，上乐字，是音乐之乐，下乐字，是欢乐之乐。孔子又说道：“你既然心里安的，就自己去行罢！至于君子的居丧，因为过于悲苦，所以即使吃好的东西，也不觉得甘美；即使听音乐，也不欢乐；即使住在华美舒服的地方，也不安适。因此，衣食住都不求好的了。现在你既然食稻、衣锦，是心里安的，那么你就去食稻衣锦罢！”宰我走出去后，孔子又对别个弟子说：“予之不仁也！”予，是宰我的名。仁以亲亲为大，孝是为仁之本，故以“不仁”斥之。“子生三年”以下云云，是说明父母丧所以必须规定三年的理由。父母之丧三年，自天子以至于庶人，都是这样的，故曰“通丧”。“予也，有三年之爱于其父母乎”，说宰我这个人，对于他的父母，有三年的恩爱去报答过了吗？

子曰：“饱食终日，无所用心，难矣哉！不有博弈者乎？为之犹贤乎已！”

博，古时局戏，掷采行棋，用子十二枚，六白六黑，故亦名六博。弈，即今之围棋。已，止也。言博弈虽非正事，但终有所用心，故较终日不事事者好也。朱注引李氏曰：“圣人非教人博弈也，所以甚言无所用心之不可尔。”

子路曰：“君子尚勇乎？”子曰：“君子义以为上。君子有勇而无义为乱，小人有勇而无义为盗。”

尚，与上义同。义以为上者，言以义勇为上也。君子、小人，是指在位者，和平民而言。在位之君子是有权力的，故有勇而无义则为乱；平民是无权力的，故有勇而无义，不能为乱，必至为盗也。按朱注疑此章为子路初见孔子时的问答。

子贡曰：“君子亦有恶乎？”子曰：“有恶。恶称人之恶者，恶居下流而讪上者，恶勇而无礼者，恶果敢而窒者。”曰：“赐也亦有恶乎？”“恶徼以为知者，恶不孙以为勇者，恶讦以为直者。”

称人之恶的恶，为善恶之恶；馀均为好恶之恶，去声。讪，读如山，去声，谤毁也。子贡说：“君子也有所憎恶的吗？”孔子答道：“有的。专说人家坏处的，在下位而谤毁在上者的，徒凭勇力而不讲礼的，果敢而窒塞于事理，不通恕道的（依戴望注），是君子所憎恶的。”

朱注以“赐也亦有恶乎”一句，为孔子问子贡的话，“恶徼以为知者”以下，是子贡对孔子说的话。《集解》孔曰：“徼，抄也。抄人之意以为己有。”郑玄本徼作绞，绞，急也。知，今作智。徼以为智，谓行事急迫，自炫其能也。较王说为长。孙，今作逊。亦以不逊让为勇也。讦，音吉，攻发人之阴私也。《中论核辨》篇云：孔子曰：“小人毁訾以为辨，绞急以为智，不逊以为勇，斯乃圣人所恶。”即据本章。但以为孔子所恶，则误。

子曰：“唯女子与小人为难养也。近之则不孙，远之则怨。”

近、远，均读去声。孙，今作逊。女子、小人，指宫闱的嫔妾、奄宦，和士大夫的婢仆而言。养，犹待也。见刘氏《正义》。女子、小人所以难对待者，和他们亲近，必至不谦逊而弄出非礼的事情来；和他们离得远了，又必至生怨恨也。

子曰：“年四十而见恶焉，其终也已！”

恶，好恶之恶，去声。四十，成德之年。若到了四十岁，还见恶于他人，这个人，是终身完了！此亦劝人及时自勉之言；但较“四十五十而无闻焉，斯亦不足畏也已”，更进一层。

[问题]

(一)阳货馈孔子蒸豚，孔子何以时其亡也而往拜之?

(二)何谓“性近习远”？何谓“上知下愚不移”？

(三)何谓“割鸡焉用牛刀”？

(四)公山弗扰章何以可疑?

(五)何谓“不磷不缁”？

(六)何谓“六言六蔽”？

(七)何谓“兴、观、群、怨”？何谓“正墙面而立”？

(八)孔子何以谓“乡原”为“德之贼”？

(九)何谓“患得患失”？

(十)何谓“不言之教”？

(十一)孔子既以疾辞孺悲，何以又取瑟而歌?

(十二)孔子和子贡所恶的是哪几种人?

微子第十八

本篇杂载柳下惠、周公的言语，师挚诸人及八士的事，均与孔子无关，和以前各篇专记孔子及其门弟子的言行者，体例不同。

微子去之，箕子为之奴，比干谏而死。孔子曰："殷有三仁焉。"

《集解》引马曰："微、箕，二国名；子，爵也。微子，纣之庶兄；箕子、比干，纣之诸父。"朱注同。《论语稽》则曰："微箕非国，皆殷圻内之地……盖以其食邑之地称之者也。子，非爵，乃男子之美称。"按微子名启，后受周封于宋，见《史记·宋微子世家》。《孟子告子》云："以纣为兄之子，且以为君，而有微子启、王子比干。"似微子亦为纣之诸父矣。微子因纣王无道，屡谏不听，所以跑到别处去了，故曰"去之"。箕子谏了不听，不忍跑去，被发佯狂而为奴，故曰"为之奴"。比干谏之不已，为纣所杀，故曰"谏而死"。孔子以为三人的行徑虽不同，而其不忍国家陷于危亡，人民困于水火则一，故皆称之为仁人，而云"殷有三仁焉"。

柳下惠为士师，三黜。人曰："子未可以去乎？"曰："直道而事人，焉往而不三黜？枉道而事人，何必去父母之邦？"

三，此处读去声。黜，音触。焉，此处用为副词，平声。柳下惠，已见前《卫灵公》篇。士师者，管狱员也。黜，退也，贬也。

三次为士师，被黜三次也。一次是为岑鼎之事，而为鲁君所黜；一次是为与臧文仲意见不合，而为臧所黜；又一次是为与夏父弗忌意见不合，而为弗忌所黜。子，指柳下惠。或人的意思，以为好好的做管狱员，一些没有错处，被黜至三次之多，这个国家，是黑暗极了，不如去了的好，故问柳下惠："你还不可以去吗？"柳下惠以为政治黑暗，到处一样："若是以直道做官，到哪里去，（焉往）能不被黜三次呢？若是枉道事人，以求不黜，我又何必离去故国呢？"按柳下惠三黜不去，降志辱身，而辞气犹雍容若此，所以后来孟子称为"圣之和"者。他又能不枉道以事，故孟子又称他"不以三公易其介"也。

齐景公待孔子曰："若季氏，则吾不能，以季、孟之间待之。"曰："吾老矣！不能用也。"孔子行。

此齐景公对他人说，自己将如何待孔子也。季氏，鲁国之上卿，掌全国政权者。孟氏，鲁国之下卿，此时不掌政权。齐景公说："要我像鲁国待季氏那样去待孔子，付以全权，我不能够。像鲁国待孟氏，一些无权，我也不以为然。所以我想以鲁国待季孟二氏之间的一种职位待他。""吾老矣，不能用也"，亦齐景公语。刘氏《正义》曰："言非在一时，故《论语》用两曰字别之。"此时齐景公年将六十，所以说"我老了，不能用孔子了"，他说老，固是实情；但其不能用，实并非由于老，特托于老以反悔前言而已。孔子闻景公有此言，知不能用已，故去齐也。

齐人归女乐，季桓子受之，三日不朝。孔子行。

归，同馈。乐，音乐之乐。朝，音潮。上章是记孔子去齐，此章是记孔子去鲁。时孔子在鲁国做司寇的官，参与政权，齐国恐鲁用孔子，国强起来，于齐国有害，所用犁沮之计，以选了许多会歌舞的美女，来送给鲁君。季桓子，鲁大夫季孙斯也，是鲁国最有权力的人。这时齐陈女乐，于鲁城南高门外，桓子先微服往观，乃语鲁君为周道游。受之，接连三日不上朝。孔子见了这种情形，知道政事办不成，所以离去鲁国。按此事《史记》叙在定公十四年。据孟子，则受女乐以后，郊又不致膰于大夫，于是孔子行。

楚狂接舆歌而过孔子曰：“凤兮！凤兮！何德之衰？往者不可谏，来者犹可追。已而！已而！今之从政者殆而！”孔子下，欲与之言。趋而辟之，不得与之言。

楚狂接舆者，楚国的狂人，姓接名舆也。皇、邢疏均据《高士传》，以为姓陆名通，字接舆。后人又有谓“接舆”非姓名，亦非字，而为与孔子之舆相接者。刘氏《正义》已引《庄子》、《秦策》、《楚辞》、《史记》等书，证明其非是矣。歌而过孔子者，旧解谓过孔子的车前。说以《庄子》“孔子适楚，楚狂接舆游其门”为证，以为是走过孔子的门前。“凤兮”以下云云，就是狂人所唱的歌。意思是比孔子为凤凰；凤凰是禽类中的圣鸟，天下有道则见，无道则隐。今孔子栖栖皇皇，无道不隐，故曰“何德之衰”也。“往者不可谏，来者犹可追”者，言过去的栖栖皇皇，不必说了，今后隐居，还来得及也。已而已而者，犹言可以休矣，可以休矣。今之从政者殆而，是说现在从事于政治的人是危险的。戴望注据《庄子》解此文，曰：“往，往世。谏，正也。言祸乱相寻，已往不可以礼义正之。来，来世也。言待来世之治，犹可追耶？明不可追。殆，疑也。昭王欲以书社地封孔子，令尹子西沮之，故言今之从政者见疑也。”此别一解。孔子下，一说谓下车，一说谓下堂出门。趋，走得快；辟，即今避字。接舆见孔子来，就很快地走着避开了。孔子想和他说话而不得也。

长沮、桀溺耦而耕。孔子过之，使子路问津焉。长沮曰：“夫执舆者为谁？”子路曰：“为孔丘。”曰：“是鲁孔丘与？”曰：“是也。”曰：“是知津矣！”问于桀溺。桀溺曰：“子为谁？”曰：“为仲由。”曰：“是鲁孔丘之徒与？”对曰：“然。”曰：“滔滔者，天下皆是也，而谁以易之？且而与其从辟人之士也，岂若从辟世之士哉？”耰而不辍。子路行以告。夫子怃然曰：“鸟兽不可与同群！吾非斯人之徒与而谁与？天下有道，丘不与易也。”

沮，音居。长沮、桀溺，是两个人名。金履祥《集注考证》谓长沮、桀溺字皆从水，水路问津，一时何自识其姓名，谅以物色名之，如荷蒉、晨门、荷篠丈人之类。盖二人耦耕于田，其一人长而沮洳，其一人桀然高大而涂足，因以名之。按沮洳，水泥相和也。此说亦近情理。耦耕者，两人拿着耜，同在一地方耕田也。津，是过渡的地方。夫，音扶。与，今作欤，下同。执舆者，就是在车上执辔的人。此时子路前去问路，孔子自已执辔，故子路说："为孔丘。"长沮又问："是鲁孔丘与？"子路又答道："是也。"长沮又说"是知津矣"者，意思是说孔子周流已久，当已知济渡处也。长沮既不肯说，反讥笑孔子，故子路又去问于桀溺。桀溺还问子路："子为谁？"子路答道："为仲由。"桀溺又问："是鲁孔丘之徒与？"子路答道："然。"

"滔滔者"以下，桀溺又说也。滔滔，大水横流之貌。意思是说，时局的不安定。天下皆是，言到处一样也。易，音亦。而谁以易之者，言天下大势如此，谁能够把他改变也。而，汝也。辟，今作避字。辟人之士，指孔子，辟世之士，指自己。言你与其跟从避人的人，不如跟从避世的人也。耰而不辍者，仍旧只顾自己种田，不把器具放下，来指引子路的路径也。怃，音武。易，音亦。子路回到孔子面前，把长沮、桀溺二人的话，告诉孔子。怃然，犹怅然，失意之貌。刘氏《正义》曰："沮溺不达已意，而妄非已，故夫子有此容者。"孔子意思是说："现在天下的人，都和鸟兽一样，不可和他们同伙做事。长沮、桀溺，是两个有道德的隐士。我不和这种人相与，和谁相与呢？然而我不肯隐居者，正因为天下无道，所以奔波劳碌，辛辛苦苦的，想把我的道去改易天下的无道也。若是天下有道，我也不去改易它了。"按《集解》引孔曰："隐居于山林，是与鸟兽同群也。"又曰："吾自当与此天下人同群，安能去人从鸟兽居乎？"皇疏、邢疏及朱注解"鸟兽不可与同群"二句，亦均依孔说，与上说不同。

子路从而后，遇丈人，以杖荷篠。子路问曰："子见夫子乎？"丈人曰："四体不勤，五谷不分，孰为夫子？"植其杖而芸。子路拱而立，止子路宿，杀鸡为黍而食之，见其二子焉。明日，子路行以告。子曰："隐者也。"使子路反见之。至，则行矣。子路曰："不仕无义。

长幼之节，不可废也；君臣之义，如之何其废之？欲洁其身而乱大伦！君子之仕也，行其义也。道之不行，已知之矣！”

子路从孔子行，在后面，相离远，而不见孔子也。丈人，老人也。蓧，《集解》引包曰：“竹器。”《说文》作莜。段氏注：“子路见丈人用手杖，莜加于肩，行来；至田，则置杖于地，用莜芸田。”是蓧，当是芸草器也。荷，背负也。子路遇见此用杖背着芸草器的老人，便问他：“你看见我的夫子吗？”四体，即四肢，谓两手两脚。五谷，稻、粱、麦、黍、稷五种谷类也。丈人言：“像你们这种人，手脚不动，五谷尚不能分辨，哪个是你的夫子，我怎么认得他呢？”说完了话，把拐杖插在田边，拿着蓧，去芸他的田了。子路知这丈人，也是个有道德的隐士，所以恭恭敬敬地拱手立着，看他芸田。止，留也。为黍，做饭也。过了一会，天色已晚，丈人留子路到他家里去宿夜，又杀鸡烹饭，请子路吃也。吃饭时，丈人又令他两个儿子来见子路。食，音嗣。见，音现。反，同返。第二日，子路赶上孔子，把遇见丈人及宿夜的事体，告知孔子。孔子说：“隐者也。”又使子路回到原处，去见丈人，和丈人说话。子路回到原处，那丈人已出门去不在家了。子路因丈人不在家，就把话和丈人的两个儿子说，使他们转达丈人。不仕无义者，言不做官，则废君臣之义也。昨晚丈人令两个儿子见子路，是知道长幼的礼节之不可废。但君臣、长幼，同属人伦，那么君臣之义怎么可以废掉呢？隐居不仕者，不过看得官场恶浊，要自己身子清洁些；不知因此把君臣一项的大伦乱掉了。君子的出仕做官，并不是为得爵禄起见，是为着要尽君臣之义。现在的时局，不能行道，是早已知道了！

逸民：伯夷、叔齐、虞仲、夷逸、朱张、柳下惠、少连。子曰：“不降其志，不辱其身，伯夷、叔齐与？”谓：“柳下惠、少连，降志辱身矣！言中伦，行中虑，其斯而已矣。”谓：“虞仲、夷逸，隐居放言，身中清，废中权。我则异于是！无可无不可。”

少、中，均读去声。与，今作欤。逸民，是有德而隐居的一流人。伯夷、叔齐、柳下惠，均已见前。虞仲，朱注以为即泰伯之弟仲雍。但六人皆周时人，于商独举一仲雍，似乎不类；且仲雍在夷齐前百馀年，而列于夷齐下，亦不合；夷齐并称，而泰伯不与仲雍并称，又可疑；且仲雍终为吴君，非民也。故周国价以为是仲雍的曾孙周章之弟，见《论语稽》。夷逸是夷诡诸之裔，见《尸子》及《说苑》。朱张，王弼以为即《荀子》所谓子弓者，但不知何所据。少连是东夷人，见《礼杂记》及《家语》。孔子批评这几个逸民道："不肯把自己的志向降屈，不肯使自己的身子受辱的，就是伯夷、叔齐两个人罢？"又说："柳下惠和少连两个人，志向是降屈了，身子也受辱了；不过他们所说的话，都合于伦理；他们行出来的事，都合于思虑，如此而已。"又说："虞仲和夷逸两个人，隐居而不仕于乱朝，放置世事而不谈（一说：放言，是放肆其言，以论世事），他们的身子是合于清的；自己废弃以免祸患，又是合于权道的。""我则异于是，无可无不可"者，是孔子说自己也。像上面所举的这些人，都有可有不可；至于孔子自己，不一定主张进，亦不一定主张退；可进则进，可退则退；义苟可进，虽乱亦进；义苟宜退，虽治亦退。孟子谓"孔子可以仕则仕，可以止则止，可以久则久，可以速则速"，亦即说他"无可无不可"，故曰："孔子圣之时者也。"按此章上面所举共有七人，而孔子所评只有六人，少一个朱张，这是记者的疏失。或朱张行事，当孔子时已失传，故孔子论列诸贤，不及其人。

大师挚适齐，亚饭干适楚，三饭缭适蔡，四饭缺适秦，鼓方叔入于河，播鼗武入于汉，少师阳、击磬襄入于海。

大，今作太。缭，音僚。鼗，音桃。少，去声。此章记鲁哀公时，礼坏乐崩，所有乐师，多离开鲁国，到别处去也。大师，乐官之长也。挚，大师之名也。适齐者，去鲁往齐也。亚饭，即次饭，亚饭、三饭、四饭者，皆古时吃饭时奏的乐章。分管这些乐章的乐官，亦叫做亚饭、三饭、四饭等。任亚饭的乐官名叫干者，去鲁往楚国；任三饭的乐官名叫缭者，往蔡国；任四饭的乐官名叫缺者，往秦国也。鼓方叔入于河者，敲鼓的乐官名方叔，往河内地方去也。播，摇也。鼗，小鼓，有两耳，摇之则响。播鼗的乐官名叫武者，往汉中去也。少师，亦乐官，其人名阳。击磬，为专司击磬的乐官，其人名襄，这二人都往海中的岛上去了。一说："河、汉、海，当以水滨言之。不必河内、汉中之地与海之岛也。”见《论语稽》。

周公谓鲁公曰：“君子不施其亲，不使大臣怨乎不以，故旧无大故，则不弃也，无求备于一人。”

周公封于鲁，自己留相成王，故使儿子伯禽，到鲁国去做君主，称为鲁公。此章记周公训鲁公之言。施，用也。君子不施其亲者，言君子为国君，不专用自己的亲戚也。（旧解，谓不遗弃其亲；或谓不以他人之亲，易己之亲。前者以施为弛的假借，后者训施为易）以，用也。言不使大臣，我不用他也。故旧者，以前的旧臣也。无大故则不弃者，没有做错大事体，不弃掉他也。无求备于一人者，言一个人，只要有一技之长，就委以一技之职，则事无不举；不必求一个人，件件都能，而后用之也。

周有八士：伯达、伯适、仲突、仲忽、叔夜、叔夏、季随、季騧。

此章记周初的异事，亦记那时人才之盛也。一母生了四胎，每胎都是双生，所以所取的名，伯、仲、叔、季都有两个。那时一门之中，一母所生，即有俊杰八人，则人才之盛可知了。适，音括。騧，音乌瓜反。按八士所生的时代，郑玄以为在成王时，刘向、马融以为在宣王时。卢文弨《释文考证》据《晋语》“文王即位，询于八虞”，以为八士文王时人，皆在虞官。孔广森《经学卮言》以为即武王时之尹氏八士，见《逸周书》。

［问题］

（一）何为殷之“三仁”？

（二）柳下惠何以三黜而不去？

（三）孔子何以去鲁？

（四）本篇所记隐逸之士有几？对孔子的批评如何？

（五）许多乐官何以纷纷去鲁？

（六）本篇所记逸民有几人？孔子的批评如何？

子张第十九

此篇所记，皆为孔子门弟子的话。

子张曰："士，见危致命，见得思义，祭思敬，丧思哀，其可已矣！"

士，即《子张》篇子贡、子路所问的士也。见危致命者，遇着应该做的事情，虽有危险，不顾性命，即孔子所说的"杀身成仁"、孟子所说的"舍生取义"是也。见得思义者，见有利益可得，要想一想这个利益是应该不应该得的。应该得的，则受；不应该得的，则不受也。"祭思敬，丧思哀"者，逢着祭祀，要想到恭敬，有了丧事，要想着哀戚也。子张以为如此做士，也算好了，故曰："其可已矣！"

子张曰："执德不弘，信道不笃，焉能为有？焉能为亡？"

焉，平声，副词。亡，今作无。弘，大也。执，手也。笃，厚也，切实也。言一个人守德而不能弘大之，信道而游移不定，不能切实，这种人，虽存在世间，何足重？虽没有了，何足轻？故曰"焉能为有？焉能为亡"也。

子夏之门人问交于子张。子张曰："子夏云何？"对曰："子夏曰：'可者与之，其不可者拒之。'"子张曰："异乎吾所闻！君子尊贤而容众，嘉善而矜不能。我之大贤与，于人何所不容？我之不贤与，人将拒我，如之何其拒人也？”

子夏的学生，去问子张交友之道。是子张问子夏的学生道：“子夏如何说呢？”子夏的学生对答子张道：“子夏曰：‘可者与之，其不可者拒之。’”与，今作欤。子张听了子夏门人述子夏的话，不以为然，故说：“这和我所听到的交友之道不同。”矜，怜也。言君子交友之道，当尊贤而容众，嘉善而矜不能；不当“可者与之，其不可者拒之”也。下两“与”字均同欤。我若是大贤人，对于他人，我都能够容纳他；我自己若是不贤，人家将拒绝我，不和我结交，我怎么还要拒绝人家呢？按《集解》引包曰：“友交当如子夏，泛交当如子张。”此言是也。孔子所谓“泛爱众，而亲仁”，“泛爱众”，即泛交；“亲仁”，即友交也。

子夏曰：“虽小道，必有可观者焉；致远恐泥，是以君子不为也。”

小道者，不过是一技一艺之长，但也必有可取可观的地方也。泥，去声，滞陷不通也。这种小道，想久远行去，恐怕要行不通，所以君子不去学它。按《集解》云：“小道，谓异端。”焦循《补疏》云：“圣人一贯，则其道大；异端执一，则其道小。”

子夏曰：“日知其所亡，月无忘其所能，可谓好学也已矣！”

亡，今作无。好，去声。日知其所亡者，知新也；月无忘其所能者，温故也。能温故而知新，“可谓好学也已矣”！

子夏曰：“博学而笃志，切问而近思，仁在其中矣！”

博学，是对于各种学问，都要去学他。笃志，《集解》及皇、邢疏皆训志为识，同志；笃志，即牢牢地记志。朱注，志如字读，谓笃志好学。其义较长。切，切实也。切问，则不泛。皇疏谓：“切，犹急也。”言所学有不明白的，应急去问人。近思者，问明白以后，再实心体认一番也。按《中庸》言："博学之，审问之，慎思之，明辨之，笃行之。"又言："力行近乎仁。"此言博学、笃志、切问、近思，皆学问思辨之道，未及力行，但能从事于此，则仁自在其中也。

子夏曰："百工居肆以成其事，君子学以致其道。"

肆，即工场。事，指百工之业。致，极也。言做百工的人，必须日日在工场里，然后才能专心致志，各成其业。君子亦必须力学，乃能深造其道。或曰："此学字以地言，乃学校之学，与'居肆'相对，省一'居'字。"（见赵佑《温故录》）

子夏曰："小人之过也必文。"

过，是过失；文，去声，就是掩饰。小人惮于改过，而不惮于自欺，所以做错了事，一定自己要掩饰，不肯认错也。若是君子，则做错了事情，就老老实实认错，不过下回小心，不再做错罢了。这是君子与小人不同的地方。

子夏曰："君子有三变：望之俨然，即之也温，听其言也厉。"

三变者，在他人视之，有三种不同的态度，不是君子有意做出这三种态度也。望之俨然者，一时望见他，觉得他的容貌，十分庄重也。即之也温者，去和他接近时，他又是颜色温和也。听其言也厉者，他虽然待人和气，但说出来的话，又是很严正的也。

子夏曰："君子信而后劳其民，未信，则以为厉己也。信而后谏，未信，则以为谤己也。"

君子，指在位之人。对人民，必须自己先有信用，然后再使人民做劳苦的工役；若没有信用，就要使人民做劳苦的工役，则人民必以为是虐政。厉，害也。对国君，也必先使国君信任自己，然后去谏；若国君不信任而去谏，则必以我之谏为谤毁他，不但于事无济，而反受其祸也。

子夏曰："大德不逾闲，小德出入可也。"

闲，音贤。闲，犹现在一般人所常说的范围。做人，只要大处不逾越范围，至于小事体，日常的琐碎言动，就是在范围内外，偶然出入些，也是可以的。按此为拘小节而坏大防者发。《书》曰："不矜细行，终累大德。"故"出入"两字，只是出入于范围的内外，不能太远于范围。

子游曰："子夏之门人小子，当洒埽应对进退则可矣。抑末也！本之则无，如之何？"子夏闻之曰："噫！言游过矣！君子之道，孰先传焉？孰后倦焉？譬诸草木，区以别矣。君子之道，焉可诬也？有始有卒者，其惟圣人乎？"

此章是子游批评子夏之教学生也。洒，同灑。埽，同扫。言："子夏的学生对于洒水扫地，对付人家说话，以及关于进退等种种仪节，是都学得不错。但这些都是末务。至于做人的根本，却没有学到，这是什么教法也。"子夏闻子游的批评，不以为然，故加以辩驳说明。噫，叹词。君子之道，即子游所谓本也。传，传授也；倦即"诲人不倦"之倦。言君子之道，谁当为先而传之，谁当为后而倦教。施教贵于因材。人之材质，譬如草木，种类不同。若欲概以君子之道传之，是诬君子之道也，此岂可乎？按《汉书·薛宣传》用此，诬，作怃。注引苏林曰："怃，同也。"言君子之道，焉可一律以之教人也。始卒，即始终，亦即本末。《大学》言："物有本末，事有终始。"是其证。有始有卒，即本末兼具。此惟圣人能之，非可责之门人也。

子夏曰："仕而优则学，学而优则仕。"

优者，有馀裕之意。言仕而有馀力，仍须求学，学而有馀裕，始可仕也。

子游曰："丧致乎哀而止。"

致，至也，极也。"丧致乎哀而止"，向来有两种解释：《集解》引孔注说，谓居丧至能尽哀而止。哀不足，固不可；哀有馀，而至灭性，伤生，亦不可也。朱注说，居丧至能尽哀而止，不尚文饰。二说并通。

子游曰："吾友张也，为难能也！然而未仁。"

张，谓子张也。子游说："我的朋友子张，做到像他的人，已经是不容易了！然而还没有做到仁人的地位。"

曾子曰："堂堂乎张也！难与并为仁矣。"

此曾子说子张也。堂堂乎，是曾子说子张的仪容。子张仪容堂皇，过于务外自高，故人不能辅他为仁，他亦不能辅人为仁也。

曾子曰："吾闻诸夫子：'人未有自致者也，必也亲丧乎！'"

自致，犹云自己尽心。《论语稽》曰："'自'之云者，出于性情之真挚，不待勉强，自然而然也。"言人于他事，未有能自尽其心者，只有对于父母的丧事罢。孟子曰："亲丧，固所自尽也。"意与此同。

曾子曰："吾闻诸夫子：'孟庄子之孝也，其他可能也。其不改父之臣，与父之政，是难能也。'"

孟庄子，鲁国的大夫，姓仲孙，名速，是孟献子（仲孙蔑）之子。孔子说他的孝行，别的事情，是人人做得到的，只有他在父亲死后，于父亲所用的人，及父亲所行的各种政事，都不改换，这是别人家难以做到的。按孔子此言，与"三年无改于父之道，可谓孝矣"，同一意思。但亦因庄子的父亲献子，是有贤德的，所以才这样说。否则，正当干父之蛊矣。

孟氏使阳肤为士师，问于曾子。曾子曰："上失其道，民散久矣！如得其情，则哀矜而勿喜。"

阳肤，是曾子的弟子。士师，犹现在的管狱员。阳肤要去做管狱员，故来问曾子也。"上失其道，民散久矣"者，言在上位的人，久已失了教养人民之道，因之民心离散而为种种犯法的事体也。按当时世卿如季氏等，类皆剥民以肥私，民之陷于罪，其情确有不可言，不忍言者。"如得其情，则哀矜而勿喜"者，谓查得其犯罪行为的实情，要哀怜他，不要以为他作了恶，犯了罪，被我查出，自以为能而欢喜也。哀矜者，哀其罹刑，怜其无知，或有所不得已也。

子贡曰："纣之不善，不如是之甚也。是以君子恶居下流，天下之恶皆归焉。"

两"恶"字，上为好恶之恶，下为善恶之恶。纣，即殷朝亡国的君主。言纣的不好，实在没有如一般人所传说的那样厉害。下流，本谓江河将入海之处。上流的水，都流到这里入海，故所有的浊水，下流里都有。一个人做了恶事，后人把种种罪恶，都归在自己身上，好像居在江河下流，浊水都流到这里也。所以君子不肯自居于下流，以致天下的罪恶，都归在自己身上。近人顾颉刚，曾作《纣七十罪恶》一篇文章。他从各种古书上，搜集说纣王罪恶的言语，共有七十件大罪。但他所述最古的书，说纣王的，不过几句平常罪恶的事体。这很可为本章"纣之不善，不如是之甚"及"天下之恶皆归焉"诸语的实证。

子贡曰："君子之过也，如日月之食焉：过也，人皆见之；更也，人皆仰之。"

子夏曾说："小人之过也必文。"此章子贡说君子之过不文，而且能改过也。食，即蚀字。子贡说："君子做错了事，好像日蚀月蚀。”君子对于错处，并不遮瞒，所以大家都看见他，好像日蚀月蚀时，大家都看见日月的失明也。更，就是改。君子能够改过，等到改了以后，人家仍旧信仰他是个君子，这又好像日蚀月蚀之后，人们仰望日月，见其朗然如故也。

卫公孙朝问于子贡曰："仲尼焉学？"子贡曰："文武之道，未坠于地在人；贤者识其大者，不贤者识其小者，莫不有文武之道焉。夫子焉不学？而亦何常师之有？"

朝，音潮。焉学、焉不学的焉，均平声，副词。识，今作诘。公孙朝，是卫国的大夫。当时鲁有成大夫公孙朝，楚有武城尹公孙朝（均见《左传》），郑子产之弟亦叫公孙朝（见《列子》），故此标"卫"字以别之。公孙朝向子贡问道："孔子学责甚么人？"文武之道，指周文王、武王所定一切礼乐文章。未坠于地，言未亡失也。贤人记得文武之道之重大的，不贤的人记得文武之道之细小的。是贤者与不贤者，都有文武之道保守着也。夫子无所不学，哪里有一定的老师呢？按孔子学琴于师襄，问礼于老聃，访乐于苌弘，问官于郯子，即其无常师之证。

叔孙武叔语大夫于朝曰："子贡贤于仲尼。"子服景伯以告子贡。子贡曰："譬之宫墙：赐之墙也及肩，窥见室家之好。夫子之墙数仞，不得其门而入，不见宗庙之美，百官之富。得其门者或寡矣！夫子之云，不亦宜乎？"

叔孙武叔，鲁国的大夫叔孙州仇也。武，是他的谥。语，去声。朝，音潮。叔孙武叔在上朝的时候，对大夫们说子贡贤于孔子也。子服景伯，已见前《宪问》篇注。他听了叔孙武叔的话，去告诉子贡。宫墙，是房屋的围墙。古时候自天子以至士，所居都可称"宫"。仞，是长度的名称，或言七尺，或言八尺；《论语稽》谓以《周礼》沟、洫、浍深广之文考之，当以八尺为断。两"夫子"，前指孔子，后指叔孙武叔。子贡言以房屋的围墙作譬，我的墙，不过和人的肩部这般高，所以在墙外，可以看见墙里人家房屋的美好。

孔子的墙，高到几仞了。如果你找不到它的门，不能走进去，便不能见到里面祖庙的华美，朝堂官吏的众多。一般人不明白夫子的高深之道，好像这所房屋的门，能够找到的少，里面的情形能够看见的也少。叔孙武叔自然也不能够明白夫子之道，他说我贤于夫子，不是应该的吗？

叔孙武叔毁仲尼。子贡曰："无以为也！仲尼不可毁也。他人之贤者，丘陵也，犹可逾也；仲尼，日月也，无得而逾焉。人虽欲自绝，其何伤于日月乎？多见其不知量也！"

叔孙武叔谤毁仲尼，故子贡发此论。无以为，犹云无用为此毁也。他人之贤，譬如丘陵，尚可逾越；仲尼之圣，则如日月，至高至明，无人得而逾越之。多，只也，适也。人虽欲自绝于日月，于日月何害，适足以见不知自度其德，自量其力而已。皇疏解"量"为圣人之度量；言只见汝之愚暗，不知圣人之度量而已。亦可通。

陈子禽谓子贡曰："子为恭也，仲尼岂贤于子乎？"子贡曰："君子一言以为知，一言以为不知，言不可不慎也！夫子之不可及也，犹天之不可阶而升也。夫子之得邦家者，所谓立之斯立，道之斯行，绥之斯来，动之斯和。其生也荣，其死也哀，如之何其可及也？"

陈子禽，皇疏说不是孔子的弟子陈亢（按见前《学而》篇），当是另一同姓名的人。他见子贡时时称赞孔子，所以对子贡说："是你对先生恭敬而已，孔子岂能比你好吗？"知，今作智。子贡答陈子禽说："君子说一句话，说得不错，则人家以为他智；说错了，则人家以为他不智。说话，是不可不谨慎的。孔子之不可及，好像天一般，是不可用阶梯升上去的。孔子如果得国而为诸侯，得家而为大夫，其于人民，立之以礼则人立，导之以教令则人行，安抚之则近悦而远来，役使之则心悦而诚服（此从皇疏）；活着的时候，人人敬爱，非常荣显，死了，人人为他悲哀。像夫子这样的人，怎么能够及得上呢？"

[问题]

（一）子夏、子张论交友之道有何不同?

（二）何谓“日知所亡，月无忘所能”?

（三）何谓“博学笃志，切问近思”?

（四）小人、君子有过失时，有何不同?

（五）何谓“君子有三变”?

（六）何谓“大德不逾闲，小德可出入”?

（七）子游、子夏论教育有何不同?

（八）子游、曾子对子张之批评如何?

（九）何谓“如得其情，则哀矜而勿喜”?

（十）叔孙武叔、陈子禽皆谓子贡贤于仲尼，其说然否?

尧曰第二十

此篇凡三章：《尧曰》章载二帝三王之事；《子张问》章记子张与孔子问答；《不知命》章记孔子的言语。篇幅最短，体例亦杂。《古文论语》又分《子张问》以下别为一篇，更不伦矣。

尧曰："咨！尔舜，天之庥数在尔躬。允执其中，四海困穷，天禄永终。"

尧因自己的儿子丹朱不肖，乃把天子之位传于舜。此节系对尧舜所说的话也。咨，音资。嗟叹声也。尔，你也。庥，今作历。《尚书·洪范》五纪："一曰岁，二曰月，三曰日，四曰星辰，五曰历数。"《尧典》云："乃命羲和，钦若昊天，历象日月星辰，敬授民时。"历数，即历象，岁月日星辰运行之法也。古代以定历数为王者之大事，故尧禅位于舜，曰"天之历数在尔躬"也。允者，信也，诚也。执中者，即《中庸》称舜"执其两端，用其中于民"也。中者，无过不及之中道。天子玉食万方，其禄自天予之，故曰"天禄"。朱注云："四海之人困穷，则君禄亦永绝矣，戒之也。"毛奇龄《稽求篇》则云："四海困穷是儆辞；天禄永终是勉辞，盖四海当念其困穷，天禄当期其永终也。"二说均通。

舜亦以命禹。

舜的儿子商均亦不肖，舜把天子位传授于夏禹，仍把尧的话告知禹也。按江声《尚书集注音疏》疑上节为《舜典》佚文，东晋《伪古文尚书》入之《大禹谟》中。

曰："予小子履，敢用玄牡，敢昭告于皇皇后帝：有罪不敢赦，帝臣不蔽，简在帝心。朕躬有罪，无以万方；万方有罪，罪在朕躬。"

履，音吕。朕，音阵。"予小子履"云云者，履，商王汤之名。予小子履，汤自称也。禹受了天子之位，传到桀为天子，暴虐无道，被商王赶出在南巢的地方，汤遂自己做了天子。此汤告于天之辞的牲也。玄牡，黑色的牺牲也。昭，明也。皇，大也。后，君也。皇皇后帝，指天上的上帝。夏尚黑，商尚白。此时商初克夏，尚未改所尚，故仍用玄牡。帝臣，《集注解》谓指桀。桀为天子，亦为上帝之臣，故曰帝臣。言我对于有罪的人，不敢违天赦他。像桀的罪过，已经不能给他隐蔽了。简，阅也。他的罪过，已经简阅在上帝的心里也。朕，我也，汤自称。言我身若有罪过，与万方的人民，是无与的；至若万方人民有罪，那是我天予做得不好，应该将这个罪，责在我身上。朱注云："言桀有罪，已不敢赦；而天下贤人皆上帝之臣，己不敢蔽，简在帝心，惟其所命。"与《集解》说异。又朱注以此为汤的请命于天而伐桀之辞。《吕氏春秋·顺民》篇、《墨子·兼爱下》，则均以为克夏后大旱祷天之辞。东晋《伪古文尚书》采此节入《汤诰》，而辞句稍异。

周有大赉，善人是富。"虽有周亲，不如仁人。百姓有过，在予一人。"

汤做天子以后，传到纣王，也是个无道之君。周武王伐之。纣兵败，自己举火烧死，商朝又换了周朝。赉，赐也。富，多也。"周有大赉，善人是富"者，言天赐周期许多善人也。一说周家大赐财帛于天下之善人，善人因是而富也。周亲，至亲也。纣王的至亲，有箕子、微子、比干等，虽然很多，但不能用，不如周家有许多仁人，而都能用，故曰"虽有周亲，不如仁人"也。（按此本孔颖达《诗疏》之语，朱注亦采之)《集解》引孔注谓周亲是指管叔、蔡叔，仁人是指箕子微子；并以诛管、蔡，封箕、微，为“虽有周亲，不如仁人”。是周为周代。“百姓有过，在予一人”二语，与上文汤“万方有罪，罪在朕躬”的话，同一意义。按“虽有周亲……”四句，亦见《墨子·兼爱》中，宋翔凤以为封太公之辞。《伪古文尚书》采入《泰誓》，以为誓师之辞。

谨权量，审法度，修废官，四方之政行焉。兴灭国，继绝世，举逸民，天下之民归心焉。所重民：食、丧、祭。宽则得众，信则民任焉，敏则有功，公则说。

以此下，皆周得天下以后之作为也。权，称重轻的秤也。量，量多少的斗斛也。谨者，整饬之，使民谨守也。成蓉镜《经义耕枝》谓“法度”与“权量”相对为文，当为二事。法度，即律度。律，谓十二律，乐声也；度，谓尺，量长短者也。审，谓审察之，使归于一。此二语，即《尚书·尧典》之“同律度量衡”。朱注则谓礼乐制度皆是法度。成氏又谓修废官者，即修掌权量法度之官。《集解》及朱注不释“举废官”，盖谓凡已废之官皆修举之。能“谨权量，审法度，修废官”，则四方的政事，都很顺遂地施行了。灭国，谓已被灭之诸侯国；绝世，谓世系断绝，祭祀已废者；逸民，谓有贤德而遗逸在路之人。能“兴灭国，继绝世，举逸民”，则天下的人民，都归心了。“所重民：食、丧、祭”者，即《伪古文尚书武成》篇所谓“重民五教，惟食、丧、祭”也。食为民命所关，故重之；“慎终追远，民德归厚矣”，故又重丧与祭也。《集解》引孔说以民、食、丧、祭四项并列，亦通。“宽则得众，信则民任焉，敏则有功”三语，与《阳货》篇答子张问仁语同。“公则说”者，说，今作悦，言为政事事公平，则人民都欢悦也。

按本章凡五节：一记尧禅舜时语；二记舜禅禹亦以尧语告舜；三记汤告天语；四记周武王事；第五节，皇疏以为明二帝三王所修相同之政。《汉书·律历志》引“谨权量”云云，以为是孔子语。

子张问于孔子曰：“何如，斯可以从政矣？”子曰：“尊五美，屏四恶，斯可以从政矣！”子张曰：“何谓五美？”子曰：“君子惠而不费，劳而不怨，欲而不贪，泰而不骄，威而不猛。”子张曰：“何谓惠而不费？”子曰：“因民之所利而利之，斯不亦惠而不费乎？择可劳而劳之，又谁怨？欲仁而得仁，又焉贪？君子无众寡，无小大，无敢慢，斯不亦泰而不骄乎！君子正其衣冠，尊其瞻视，俨然人望而畏之，斯不亦威而不猛乎？”

子张问“何如则可以从政”。孔子告以“尊五美，屏四恶”。屏，去声，除去也。子张不知何谓“五美”，故孔子列举“惠而不费……”五语告之。子张仍不解其意，故孔子又逐句解释之也。因民之所利而利之者，邢疏云：“民居五土，所利不同。山者，利其禽兽；渚者，利其鱼盐；中原，利其五谷。人君因其所利，使各居所安，不易其利，则是惠爱利民，在政，且不费于财也。”“择可劳而劳之，又谁怨”者，意思是拣择可以使人民劳作之时，而又为人民所能够劳作的事，去叫人民劳作，人民自然不生怨恨之心也。焉，平声，副词。一般的欲，总是贪财货。但若以仁爱待民，为己之欲，则只要能以仁爱待民，即得所欲，又哪里会有贪财货的毛病也。常人之情，见人众则怕，遇位高的大人则敬。君子则不然，无论众寡小大，都不存轻视之心，怠慢之意，如此，故常舒泰，而又并不骄傲也。把衣冠穿戴得端端正正，又能庄以莅之，则观瞻所及，自能令人尊敬；人见了他的威仪俨然，自然会畏敬他，但并不以凶猛威吓人也。

子张曰：“何谓四恶？”子曰：“不教而杀谓之虐；不戒视成谓之暴；慢令致期谓之贼；犹之与人也，出纳之吝，谓之有司。”

子张明白了五美，又问：“什么叫四恶呢？”孔子以下四语告之。不先以礼义教导百姓，见百姓犯了罪，便把他杀了，这叫做虐。叫百姓做事，不预先告诫百姓，开着眼睛，等到事体做成以后，再去下批评，加刑罚，这就是暴。慢其令于先，而刻期于后，百姓不能照着期限做成，就加以刑罚，这叫做贼。贼，残害也。犹之与人也，言这笔钱，总是要给人的，而于出纳之间，妄生吝惜之意，舍不得拿出去，这可说是有司。有司，皇疏谓是库吏之属。言为政者于应当与人之款，若像库吏的吝于出纳，如军旅之费，迟之则败征见；灾赈之需，延之则饿莩众矣。故孔子以为是四恶之一。

子曰："不知命，无以为君子也。不知礼，无以立也。不知言，无以知人也。"

这章的君子，是指有道德知识的人。言不知有命而信之，则见害必避，见利必趋，不能成为君子也。《韩诗外传》及董仲舒《对策》均言人受天命以生，故有仁义礼智之心；故不知命，无以为君子。此说亦通。礼为人生日用间所不能无，故不知礼的人，不能立于社会也。按《泰伯》篇孔子曰"立于礼"；《季氏》篇孔子告伯鱼曰"不学礼，无以立"，均与此同旨。《〈易系辞〉传》云："将叛者其辞惭，中心疑者其辞枝，吉人之辞寡，躁人之辞多，诬善之人其辞游，失其守者其辞屈。"故听人言语的得失，可以知人的邪正；不知言，就不能知人。

[问题]

（一）何谓"允执其中"？
（二）何谓"谨权量，审法度"？
（三）何谓"所重民：食、丧、祭"？
（四）何谓"五美"？
（五）何谓"四恶"？
（六）何谓"知命、知礼、知言"？

孟子读本

孟子提要

《孟子》一书，有人说是孟子自己著的，有人说是他的弟子记的，总之是一部极有价值的书，发挥儒家思想行事，最为确当详尽，就是研究中国文学，也是一部重要的宝典，与《论语》有异曲同工之妙。《论语》简炼，意多含蓄，《孟子》宏畅，词极锋利，初学者自以先读《孟子》为是。

《孟子》现在只存七篇，向来是列在诸子略的，自宋朝朱熹把他收在四子书以后，就一跃而入于经部了，第一《梁惠王》篇，第二《公孙丑》篇，第三《滕文公》篇，第四《离娄》篇，第五《万章》篇，第六《告子》篇，第七《尽心》篇，这些篇名，也只就开首和孟子谈论的几个人或一件事作为标识而已。至于它的内容，照本书所分，就可得其大概。

（甲）心性的研讨。心和性是历来儒家和儒家、儒家和别家争持不决的问题。孟子传述孔子之道，自是最有权威的主张，而且也是教育上的大问题，人人都应加以研究。

（乙）修养的方法。《孟子》关于修养的方法，比《论语》一书发挥得更透彻，更明白，他能随事点化，妙趣横生。

（丙）处世的态度。孟子所处是异说横兴，暴君日作的时代，处境是极难的，而孟子却能从容讲说其间，唯求义理之所当，确是我们做人的模范。

（丁）政治的主张。孟子很想找到一个实现他的理想主张的机会，所以对于时君无不婉曲引导，富而后教，发挥得尤其透彻。

其他尚有人事的批评等，也很鞭辟入里，而为我们所必须知道的。

它和《论语》是儒家两部宝典，风调不同，是因孟子的时代与孔子的时代而异，而两人的个性，也确有殊异的地方，但其体裁却和《论语》是一致的。中国民族几千年来，始终蓄养在儒家的思想中，这就是民族生命的根源，我们有保存它的责任，也有发扬它的责任。

《孟子》一书，向来也以朱熹的《集注》为最精粹，现在仍以朱注为本，更用白话为之解释。疑难字句，剖析无遗，总以人人能读为标准，至于体例的谨严，不拘守汉宋门户之见，而唯以保存儒家思想的真面目为标准，更合于现代科学的精神。

孟子

《汉书·艺文志》诸子略儒家有《孟子》十一篇，班固自注云："名轲，邹人，子思弟子。"是《孟子》一书，本在子部之列。宋儒喜言心性，大抵宗孟子性善之说，故特加提倡。朱子既作《论语集注》，复取《小戴礼记》中《大学》、《中庸》二书，为作《章句》，又作《孟子集注》，与《论语》、《大学》、《中庸》合称"四书"，盖以大学为曾子（名参）所述，《中庸》为子思（孔伋，孔子孙）所作，曾子传孔子"一贯"之道，授之子思，子思又授之孟子，孔、曾、思、孟，一脉相传，为道统所在也。自是而后，子部之孟子，乃一跃而为"经"矣。今"十三经"中有《孟子》，以此。

《汉志》，《孟子》凡十一篇。《史记·孟荀列传》则云"作《孟子》七篇"。《风俗通·穷通》篇言孟子作书中外十一篇，是七篇为中，馀四篇为外。赵岐《孟子注》亦仅七篇，其《题辞》云："又有外书四篇，《性善辨》、《文说》、《孝经》、《为政》，其文不能宏深，不与内篇相似，似非孟子本真，后世依放而托也。"是此四篇东汉末犹存，司马迁殆亦知为后人依托，故径云七篇耳。顾炎武《日知录》，谓《史记》、《法言》、《盐铁论》诸书所引《孟子》，今《孟子》七篇中无其文，疑即在外篇中。《隋书·经籍志》有梁綦母邃《孟子注》九卷，较他家注本多二卷；或外书四篇，梁时尚存其二。孙奕《示儿编》谓尝闻前辈言，馆阁中有《孟子外书》四篇，曰《性善辨》，曰《文说》，曰《孝经》，曰《为政》。此为传闻之辞。刘昌诗《芦浦笔记》谓其乡新喻谢氏藏有《性善辨》一帙，似系曾亲见之。但《论衡·本性》篇云："孟子作《性善》之篇。""辨"字似当与"文"字合为一篇名，"《说孝经》"则三字为一篇名，因《孝经》本另为一书，《孟子》篇名，不当但云"孝经"。今四篇均亡，无从详考矣。至明末姚士粦所传《孟子外书》四篇，云是熙时子注（相传即刘贡父），有马廷鸾序者，则又伪托之伪书也。

《孟子》虽入诸子略，而其体例与《老子》、《墨子》、《庄子》、《荀子》诸书不同，却极似《论语》，疑亦如《论语》，为诸弟子所记，后乃纂辑成书者。赵岐《题辞》云："七十子之畴，会集夫子所言，以为《论语》……《孟子》之书则而象之。"书中记公孙丑、万章问答为最多，疑即二子所辑录。故于陈子、孟仲子等均称曰"子"，于孟子所见之时君，皆称其谥也。《论语》中长篇极少，其语意亦多含蓄；《孟子》长篇甚多，文笔则波澜翻腾，言辞则锋芒锐利。此固由于孔子、孟子个性与修养之不同，但亦时代使然。老子与孔子同为春秋末人，庄子与孟子同为战国时人，故老子质朴似《论语》，庄子雄奇似《孟子》。观此，可以知周末文学之变迁矣。

《史记》本传言孟子"受业子思之门人"。《索隐》引王邵说，以"人"为衍字。故赵岐《题辞》亦云："长师孔子之孙子思。"《史记·孔子世家》谓："子思卒年六十二。"孔子卒于周敬王四十一年；子思之父伯鱼，先孔子三年卒；子思最迟当生于伯鱼卒之年。而孟子明言子思当鲁缪公时，而自缪公元年上溯至孔子卒年，已六十八年，则子思之年寿不止六十二，明矣。但孟子曾及见鲁平公，自平公元年上溯至缪公元年，凡九十三年；子思、孟子即均高寿，子思卒时，孟子亦仅为孩提之童，决不能亲受业于子思也。焦循《孟子正义·赵岐题辞疏》中，考之甚详。以此为研究《孟子》者所不可不知，故略述之。

上孟

梁惠王篇第一

一

孟子见梁惠王。王曰："叟！不远千里而来，亦将有以利吾国乎？"

梁惠王即魏侯罃。周显王三十五年，和齐威王会于徐州后三十七年，自称为王。本都安邑，后迁于大梁，于以称魏惠王，又称梁惠王。按《史记》惠王三十五年，大招贤士，故孟子到梁。叟，老人之称。当时秦国用商鞅，国富兵强，魏国受其压迫而迁都，故梁惠王一见孟子，便问以利。所谓利者，乃指富国强兵之术，如商鞅之相秦也。

孟子对曰："王何必曰利？亦有仁义而已矣！王曰何以利吾国，大夫曰何以利吾家，士庶人曰何以利吾身：上下交征利，而国危矣！万乘之国，弑其君者，必千乘之家。千乘之国，弑其君者，必百乘之家。万取千焉，千取百焉，不为不多矣！苟为后义而先利，不夺不餍。"

弑，音试。餍，音厌。梁惠王所说之利，就是富国强兵，以侵略征伐为荣，而孟子却主张王道，王道所重的是“仁义”。仁义是以“仁爱”和“正义”，就是以德治天下，与当时之以霸力服人者，旨趣绝对不同。所以孟子对梁惠王第一句便说：“何必曰利？”针对着当时诸侯的缺点来说。这是孔孟政治学说的基本，也是全部《孟子》的中心。

征，取也；上下交取，谓之交征。交征的原因，由于国人都重于一己之利。仁是爱人，爱人便不利征，义是正谊，正谊便不乱取，所以尊利而国乱，重仁义而国治。三代时，天子称王，天子之国，有兵车万乘；诸侯或称伯、称子、称男、称公、称侯，有兵车千乘。到孟子时，各国诸侯，都已自己僭称为王，都有兵车万乘，所以有万乘、千乘之说。餍，就是满足。“万取千焉，千取百焉，不为不多矣”，是说帝王拥有万乘，而诸侯有他的十分之一，诸侯拥有千乘，而贵族有他的十分之一；十分之一的数目，在理已经是不少了。然而终是以“利”为前提，那么非争夺不能满足。这是专务争权夺利的害处，其结果必使国家走上危亡的道路。故曰：“上下交征利，而国危矣！”只有仁义则不然，讲仁义的人，接着大声道：

“未有仁而遗其亲者也！未有义而后其君者也！王亦曰仁义而已矣，何必曰利？”

《中庸》言：“仁者，人也，亲亲为大。”孝亲是仁的根本。不能爱其父母，焉能爱别人？君臣的关系是义，义者不后其君，所以便无篡夺之事。这是孟子拿“仁义”和“利”来比较的话，末二句是他的结论。

二

孟子见梁惠王，王立于沼上，顾鸿雁麋鹿，曰：“贤者亦乐此乎？”孟子对曰：“贤者而后乐此，不贤者虽有此，不乐也。

沼，池也。乐，欢乐之乐。据《战国策》上的记载：“梁王魏婴，觞诸侯于范台，鲁君避席择言曰：……今主君前泱林而后兰台，强台之乐也。……”可见梁王很喜欢建奢华的池苑的。这时候，他竟以此为荣，所以孟子说出这番理论。鸿雁麋鹿，都是花园中所蓄养，以点缀景色的动物，梁王的话，意思是问孟子，你也喜欢这些吗？这是梁王随便的一句问话，而孟子却说出许多理由和故事来。“贤者而后乐此，不贤者虽有此，不乐”者，贤者以仁义之道治国，国家安宁，故有此乐；不贤者当国，国不可保，争乱日多，虽多池苑，亦不能享乐也。

“《诗》云：‘经始灵台，经之营之，庶民攻之，不日成之。经始勿亟，庶民子来。王在灵囿，麀鹿攸伏。麀鹿濯濯，白鸟鹤鹤。王在灵沼，於牣鱼跃。’文王以民力为台为沼，而民欢乐之，谓其台曰灵台，谓其沼曰灵沼，乐其有麋鹿鱼鳖。古之人与民偕乐，故能乐也。

这是孟子引《诗经》里《大雅·灵台》篇的句子。《诗序》解释这篇的意义道：“《灵台》，民始附也。文王受命而民乐其有德，以及鸟兽昆虫焉。”经始，是开始计划。经之营之，是有了规划而进行营治。攻者，是用力治造的意思。“庶民攻之，不日成之”者，说文王叫百姓来造灵台，百姓很高兴给文王出力，不到几日，便建成功了。亟，同急。“经始勿亟，庶民子来”者，说文王并不督着百姓急速完工，而百姓却自愿给文王造台，好像儿子为父母做事，一齐努力。下文是说文王在灵台的乐处。囿，即花园。麀鹿，是雌鹿。“攸伏”有二说。郑玄《毛诗笺》说：“攸，所也。文王亲至灵囿视牝鹿所伏之处，言爱物也。”而赵翼以为“伏”字即古之“包”字，而“包”字的本义是怀妊。按下文都说到各种动物优游自得的态度，所以“攸伏”也以作游伏解为妥当。麀鹿濯濯者，麀鹿身上的毛，非常肥泽；鹤鹤者，形容鸟毛的洁白。於，音乌，叹词。牣，音刃，满也。说文王到小池边去，看见水中满游着的鱼，活泼地跳跃着。焦循说：“灵训善，灵台即善台，灵沼即善沼。”这灵台灵沼之名，是由于人民爱戴文王而取的名字。所以孟子说：“以民力为台为沼，而民欢乐之。”偕乐，就是同乐的意思。

“《汤誓》曰：‘时日害丧？予及女偕亡。’民欲与之偕亡，虽有台池鸟兽，岂能独乐哉？”

上段是孟子引《诗经》，证明“贤者而后乐此”的话，这段孟子又引用桀的故事来说明“不贤者虽有此，不乐”的意义。《汤誓》，《尚书》篇名。《书序》说：“伊尹相汤伐桀，升自陑，遂与桀战于鸣条之野，作《汤誓》。”时，是也。害，音曷，同盍，何不的意思。“时日害丧，予及女偕亡”，是《汤誓》文中述百姓的话。因夏桀自己曾说：我犹如天上的日，日不亡，我也不亡。所以百姓就引用桀的话，说这个日何以还没有丧亡？我们这种苦楚，已够了，愿与你同归于尽，这故事正证明“独乐”之不可能；民心既失，即有台沼，欲独自乐，也是做不到的。

三

梁惠王曰：“寡人之于国也，尽心焉耳矣！河内凶，则移其民于河东，移其粟于河内；河东凶，亦然。察邻国之政，无如寡人之用心者。邻国之民不少，寡人之民不加多，何也？”

古之君主，自己谦称“孤”与“寡人”。焉耳，何休说是于是的意思，河内、河东，都是梁国的地方。凶，指水灾、旱灾等祸患。梁王的意思，他已尽心想利百姓，使百姓安谧了，而邻国却没有这种仁政，何以邻国的百姓不移居到梁国来呢？

孟子对曰：“王好战，请以战喻：填然鼓之，兵刃既接，弃甲曳兵而走，或百步而后止，或五十步而后止。以五十步笑百步，则何如？”曰：“不可！直不百步耳，是亦走也。”

好，去声。喻，比喻。孟子知梁惠王最喜战争，就把战事来做比喻。填，鼓声。古代战争的时候，击鼓而兵进，击金而兵退。兵刃既接，是说战争已开始。曳，拖也。兵，兵器也，弃甲曳兵，是败退的意思。以五十步笑百步，意思是说，逃了五十步的人在取笑逃一百步的人，说他们胆怯或无用。曰不可，是梁王的答话。王引之《经传释词》："直，犹特也，但也。"直不百步者，乃是说，既然都是逃走，其两者间之差很小，有什么可以取笑别人？

曰："王如知此，则无望民之多于邻国也。"

此段又是孟子的话。赵岐解释道："孟子曰：'王如知此不足以相笑。王之政，犹此也。王虽有移民转粟之善政，其好战残民，与邻国同，而犹望民之多，何异于五十步笑百步者乎？'"意思是说梁王虽然关怀百姓，好行小惠，但比之邻国好得不多，犹战阵时逃卒五十步与百步之差。既然相去无几，百姓如何能加多？

"不违农时，谷不可胜食也。数罟不入洿池，鱼鳖不可胜食也。斧斤以时入山林，材木不可胜用也。谷与鱼鳖不可胜食，材木不可胜用，是使民养生丧死无憾也。养生丧死无憾，王道之始也。"

此段即根据上文，再告王要使百姓加多，须先施以王道仁政；而王道仁政，以民生为本。农时，指民众耘耕之时序，春耕夏耘，秋收冬藏，即所谓农时也。使百姓征伐，不得耕耘，便失其农时了。胜，音升。不可胜食，是吃不胜吃的意思。数，音促，细也；罟，网也；数罟，是密网。洿，音污。洿池，是深池。不用密网，到深池里去捕鱼鳖，使小的都得长大。高诱说："古者鱼不尺不升于俎，这样可以使鱼不致绝种。"孟子所说，亦是此意。斧斤以时入山林者，山里的草木，要在适当的时节去砍伐也。秋冬时，草木已黄落，或已枯槁，然后拣取不会再长的树木，用斧砍下，如此便保存了将来尚须生长的许多树木。憾，恨也。养生，是为生者谋生。丧死，是为死者治丧。养生丧死，指人民之生计既裕，则养生丧死，一切可以无憾了。这是以民生为国力基础的说法，便是仁政，故曰："王道之始也。"实是推行王道的初步办法，故曰"王道之始"。

"五亩之宅，树之以桑，五十者，可以衣帛矣。鸡豚狗彘之畜，无失其时，七十者，可以食肉矣。百亩之田，勿夺其时，数口之家，可以无饥矣。谨庠序之教，申之以孝弟之义，颁白者，不负戴于道路矣。七十者，衣帛食肉，黎民不饥不寒，然而不王者，未之有也。”

此节是说推行王道的具体办法。五亩之宅，据赵岐所说，是一夫所受，二亩半在田，二亩半在邑，田中不得有木，恐妨五谷，故于墙下植桑，以供蚕事。古代庶人的衣料是布，《周礼》上说：“庶民不蚕者不帛。”所以有许多人到老不能穿帛。孟子说五十衣帛，是养老之意。豚、彘，是小猪。鸡豚狗彘，统言农家所豢养的牲畜也。畜，养也。时，是说动物孵化和生育的时候。这意思和“数罟不入洿池”一样，是使生物自然滋长的方法。人到七十岁，非肉不能滋补。家中既常养着鸡豚狗彘，肉类就不会短缺，故曰：“七十者，可以食肉矣。”百亩之田，是古时一夫妇，常规定种田百亩。勿夺其时，就是上段所说不违农时。如是百姓有得吃，有得穿了。但是，训练人民不单是使他们衣食足而已，还得教化他们，所以下文又说，“谨庠序之教，申之以孝弟之义”。庠序，赵岐说：“殷曰序，周曰庠。”是古代学校之名称。谨者，严饬的意思。申，反复说明也。弟，今作悌。孝父母曰孝，爱兄弟曰悌。孝悌是仁义的出发点。颁白，就是头发半白的老人。负戴于道路，是说把重大东西，用肩挑着或用头顶着，在道路上走。这是说举办了学校，教百姓都晓得孝、悌。做子弟的，都能替父兄去做事。因此颁白者，便不负戴于道路上了。到了这时候，七十的老人，能够衣帛食肉，少壮的黎民，也不忧饥寒，就是教化大行，王道成功的时候。

“狗彘食人食而不知检，涂有饿莩而不知发。人死，则曰：‘非我也，岁也。’是何异于刺人而杀之，曰：‘非我也，兵也。’王无罪岁，斯天下之民至焉。”

此段孟子再接着说当时的情形，和王道相反。检，就是把事体检点。涂，同途。莩，同殍，音瓢；饿莩，是饿死的人。孟子就梁国当时的情形说道：王所养的猪狗，常给他吃人的食料，道路上却有饿死的人。王不知检点这种现状，又不肯发仓库的米谷救济百姓。百姓饿死了，王却说：这不是我饿死他，是因年岁灾荒而饿死的。

这更何异于拿了兵器，把人刺死，却说不是我杀死他，是兵器杀死他的。你不要诿罪于岁，则天下之民都来归了。

梁惠王曰："寡人愿安承教。"孟子对曰："杀人以梃与刃，有以异乎？"曰："无以异也。""以刃与政，有以异乎？"曰："无以异也。"

承教，承受教训。安，一说是安心的意思，一说是语助辞，无义。梃，木棍也。刃，刀也。孟子因梁惠王愿听教训，故意用比喻来说。以梃与刃，以刃与政，一层进一层来问。"曰：'无以异也。'"都是梁惠王回答的话。

曰："庖有肥肉，厩有肥马，民有饥色，野有饿莩，此率兽而食人也。兽相食，且人恶之。为民父母行政，不免于率兽而食人，恶在其为民父母也？"

此孟子又进一层说也。庖，是厨房。厩，是马房。率兽食人，是间接的说法。恶之之恶，去声。恶在之恶，平声，何也。言兽相搏食，人尚且见而厌恶之。今为民之父母行政，而不免于率兽以食人，则其所以为民父母者何在乎？

"仲尼曰：'始作俑者，其无后乎！'为其象人而用之也。如之何其使斯民饥而死也？"

仲尼，孔子之字。此节孟子又引孔子之言，以告惠王也。俑，音勇，木雕的偶像。古时人死埋葬，常用草人，算是死者的随从。后来改用木偶，口眼耳鼻，很像真人。其后，许多君主，又以真人来殉葬，所以孔子说："始作俑者，其无后乎！"意思是说发明俑的人太残忍了，一定要绝子绝孙的。孟子引了孔子的话，又自己解释道：用木偶殉葬，不过因他像个人形，孔子尚以为残忍。现在如何竟使百姓弄到饥饿而死呢？

四

梁惠王曰："晋国，天下莫强焉，叟之所知也。及寡人之身，东败于齐，长子死焉；西丧地于秦七百里；南辱于楚，寡人耻之；愿比死者一洒之，如之何则可？"

梁国又称魏国。魏的祖先，本是晋国的大夫，后来和姓赵姓韩的两个大夫，把晋国土地瓜分，自立为王，故魏赵韩三国，又称三晋。晋国未被瓜分时候，是很强的。春秋时，晋文公当国，号称五霸之一，及悼公之世，尚称霸于中原。故曰："晋国，天下莫强焉。"莫强者，言当时各国，没有强于晋国的也。梁国地方，在现在的河南。齐在山东，秦在陕西，楚在河北。周炳中说："齐于桂陵之役，救赵败魏；马陵之役，救韩败魏。"这就是"东败于齐"。长，上声。长子，太子申也，马陵之役被虏。阎若璩说："惠王九年己未，秦魏战于少梁。"《史记·魏世家》亦载，秦用商鞅，数破魏，魏乃割河西之地，遂迁都大梁；此即"西丧地于秦七百里"也。丧，去声，失也。南辱于楚，指魏围赵邯郸时，楚使景舍救赵，取魏睢浅之间。事见《战国策》。朱注所云"又与楚将昭阳战败，亡其七邑"，则在梁襄王十二年。比，音必二反。朱注云："比，为也。"《广雅》云："比，代也。"洒，同洗，雪也。言如何始可以为死者雪耻。

孟子对曰："地方百里，而可以王。王如施仁政于民，省刑罚，薄税敛，深耕易耨；壮者以暇日，修其孝弟忠信，入以事其父兄，出以事其长上；可使制梃，以挞秦楚之坚甲利兵矣！"

本书《公孙丑》篇谓"文王以百里王天下"；王，王天下也，是统一天下的意思。方百里，是东西百里，南北亦百里。省，灭也。易，去声，治也。耨，音奴豆反，耘苗也。减轻刑罚，薄征赋税，教民农事，耕土须深，耘苗须净。更择人民之壮者，以暇日，修其孝悌忠信；入以事其父兄，出以事其长上。梃，是木棍。挞，用力打也。"可使制梃，以挞秦楚之坚甲利兵"者，意思说能行仁政，就是军事器械不及他国，也能打胜仗的。

“彼夺其民时，使不得耕耨以养其父母，父母冻饿，兄弟妻子离散。彼陷溺其民，王往而征之，夫谁与王敌？故曰：‘仁者无敌。’王请勿疑！”

上节就自己方面说，此节更就敌国方面说。陷，是把人推在土坑里；溺，是推在水里。这都是形容国君的虐待百姓。夫，音扶，语助词。仁者无敌，是一句谚句，孟子引用之。

五

孟子见梁襄王，出语人曰：“望之不似人君，就之而不见所畏焉。卒然问曰：‘天下恶乎定？’吾对曰：‘定于一。’‘孰能一之？’对曰：‘不嗜杀人者能一之。’‘孰能与之？’对曰：‘天下莫不与也。王知夫苗乎？七八月之间旱，则苗槁矣。天油然作云，沛然下雨，则苗浡然兴之矣。其如是，孰能御之？今夫天下之人牧，未有不嗜杀人者也。如有不嗜杀人者，则天下之民，皆引领而望之矣。诚如是也，民归之，由水之就下，沛然谁能御之？’”

梁襄王，是梁惠王的儿子，名赫。惠王死后，襄王即位，孟子去见他。语，去声。“出语人曰”以下，是孟子见过梁襄王，出来告诉他人的话。“望之不似人君，就之而不见所畏焉”者，意思是说梁襄王，远望去竟没有人君的威仪，到他面前，更一些没有使人畏敬的地方。卒，同猝。卒然，同忽然。襄王见了孟子，突然发问：“天下恶乎定？”恶，平声，何也；言天下于何定也。一者，就是统一。这时候大国有七，彼此用武力相争，必须并合为一国，然后战争会平定也。孰能一之，是梁襄王又问也。“对曰”以下，又是孟子的答语。嗜，嗜好也。当时国君或暴虐百姓，或以征伐为事，所以孟子说，只有不喜欢杀人的人才能够统一。孰能与之，是梁襄王又问也。与，朱注曰：“犹归也。”韦昭注《战国策》曰：“与，从也。”“对曰”以下，又是孟子对答的话。“王知夫苗乎”以下，是孟子用农田的稻苗，来做譬喻。槁，枯也。油然，是很盛的样子。久旱之后，将要下雨，空中就满布着浓厚的云，故曰“油然作云”。沛然，朱注曰：“雨盛貌。”浡然，是突然起来的样子。将要枯槁的苗，已多奄奄无生气地垂着，一经着雨，就突然复活，依旧直立起来，故曰：“则苗浡然兴之矣。”人牧，是像司畜牧的专司教养百姓的人，即指当时的人君。这是说，帝王施仁政于民，同甘霖之于枯苗；枯苗浡然复活，和人民欣然而往，都是自然的现象，是没法抑制的。引领，是伸着头颈，形容他们盼望之切。水是无不向下流的，并且没有人能抵御得住的。如有不嗜杀人的国君，则天下之民，都来归向，犹如水之向下奔流一样。

六

齐宣王问曰：“齐桓、晋文之事，可得闻乎？”孟子对曰：“仲尼之徒，无道桓、文之事者，是以后世无传焉。臣未之闻也，无以，则王乎！”

齐宣王，齐威王之子，名辟疆，在位十九年，宣是谥。孟子赴齐时，早于赴梁。此书章篇之次，非游历之次也。齐桓公，名小白，晋文公，名重耳，是春秋时五霸中最著名的两个君主。当时国君，都羡慕五霸的功业。宣王好游说之士，也羡慕五霸之业，所以问孟子以齐桓、晋文之事。仲尼，孔子字。孟子受业子思之门人，是孟子为孔子数传以后的儒家。孔子轻霸业而重王道，所以孟子说：“仲尼之徒，无道桓、文之事者。”无以，赵注云：“与无已同。”意思是一定要我说而不容我止住，那就只有说王道了。元人《四书辨疑》说：“无已，无以言也。”谓既无以言齐桓、晋文之事，则不如言王道耳。

曰：“德何如，则可以王矣？”曰：“保民而王，莫之能御也。”曰：“若寡人者，可以保民乎哉？”曰：“可！”曰：“何由知吾可也？”曰：“臣闻之胡龁曰，王坐于堂上，有牵牛而过堂下者，王见之，曰：

‘牛何之？’对曰：‘将以衅钟。’王曰：‘舍之！吾不忍其觳觫，若无罪而就死地。’对曰：‘然则废衅钟与？’曰：‘何可废也？以羊易之。’不识有诸？”曰：“有之。”曰：“是心足以王矣！百姓皆以王为爱也，臣固知王之不忍也。”

龁，音核。衅，血祭也。觳，音斛。觫，音速。与，今作欤。

齐宣王知道霸者是以力服人的，王道则须以德服人，故又发此问。孟子因宣王之问，而说明王道之德，在乎保民。“若寡人者……”句，是宣王的问话。“可”字是孟子的答语。“何由知吾可也”，又是宣王问。孟子乃对宣王转述胡龁的话，以说明其可以保民。胡龁，是当时宣王的一个近臣。“牛何之”，是宣王的问话。之，往也。衅钟，是将牲畜的血涂在钟上。一说，杀牲以祭叫做衅。觳觫，是恐惧战慄非常可怜的状态。一说，此句断句，应作“吾不忍其觳觫若，无罪而就死地”。若，犹然也。觳觫若，犹云觳觫然。不识有诸，是孟子说完这故事以后，问宣王的话。诸，之乎也。犹言：“不知道有此事否？”曰有之，是宣王承认确有其事。“是心足以王矣”以下，又是孟子的话。是心，指爱牛之心。这种心理，已足以王天下了。爱，是爱惜的意思。孟子说，百姓都以为王舍不得牛，所以用小些的羊来代替，我却知王的于心不忍也。

王曰：“然！诚有百姓者，齐国虽褊小，吾何爱一牛？即不忍其觳觫，若无罪而就死地，故以羊易之也。”

诚有百姓者，是真有这种百姓，以为我爱惜一牛也。褊，狭也。褊小，犹言狭小。齐是大国，此言虽褊小，是宣王自谦的话。宣王说明这是不忍之心，并非爱惜一牛。

曰：“王无异于百姓之以王为爱也。以小易大，彼恶知之？王若隐其无罪而就死地，则牛羊何择焉？”王笑曰：“是诚何心哉？我非爱其财，而易之以羊也，宜乎百姓之谓我爱也。”

无异，言不必怪异。以小易大，指以羊易牛。彼，指百姓。恶，平声，何也。隐，痛也。择，别也。言王如痛他无罪而就死地，那么，牛与羊，又有什么分别呢？“宜乎百姓之谓我爱也！”宣王闻牛羊何择之言，不能解释自己当时以羊易牛，是何居心，故不觉失笑曰：“是诚何心哉？我并非惜一牛之值，而易之较小之羊，无怪百姓要说我爱惜了。”

曰：“无伤也，是乃仁术也。见牛未见羊也。君子之于禽兽也：见其生，不忍见其死；闻其声，不忍食其肉。是以‘君子远庖厨’也。”

这又是孟子的话。无伤也，犹云这没有什么妨害。仁术，为仁之道也。见牛未见羊的意思是，见牛之觳觫而未见羊之觳觫，故以下文的话来说明。“君子远庖厨”，本《礼记·玉藻》之文。

王说曰：“《诗》云：‘他人有心，予忖度之。’夫子之谓也。夫我乃行之，反而求之，不得吾心。夫子言之，于我心有戚戚焉。此心之所以合于王者，何也？”

说，同悦。孟子将宣王所以不忍之心，解释明白，所以王悦。所引是《诗经·小雅·巧言》篇的两句。忖度，犹思量也。言他人的心，我能思量之也。夫子，是宣王对孟子的尊称。夫，音扶。一说“夫”字属上句读，同今语之吧，亦通。“夫我乃行之，反而求之，不得吾心”者，是说这件事体，我这样做去，回转来自己想想，不曾想到当时做这事的心理。戚戚，是心动的样子。孟子将当时心理，一解释说明，恰合宣王心理，故使之心动也。“此心之所以合于王者，何也”，是宣王进一步问，何以这不忍之心，是合于王道呢？

曰：“有复于王者曰：‘吾力足以举百钧，而不足以举一羽；明足以察秋毫之末，而不见舆薪。’则王许之乎？”曰：“否。”

这段孟子又以譬喻问宣王。复，告也。钧，三十斤也。百钧，即三千斤。秋毫，是秋天新生的毫毛。动物夏日脱毛，秋日重生，所以新生之毛较普通的为细。舆，即车。薪，即柴。力足以举三千斤之重，而不能举一毛羽；明足以察秋天新生的细毛之末端，而不见一车的柴。此设辞也。许，《说文》云："听也。"王许之乎，犹言"你相信他的话吗"。"否"字为王之答辞。

"今恩足以及禽兽，而功不至于百姓者，独何与？然则一羽之不举，为不用力焉；舆薪之不见，为不用明焉；百姓之不见保，为不用恩焉。故王之不王，不为也，非不能也。"

此段又是孟子说的，省去一"曰"字。宣王既否认世间有能举百钧，不能举一羽，能见秋毫，不能见舆薪的人，孟子因更进一层说道：你王的恩德，足以及于牛，而不曾有功德加到百姓身上，是什么缘故呢？与，同欤。上云"保民而王"，故此云"不见保"，言百姓不为王所保也。"王之不王"，第一个"王"字作代名词，即孟子称宣王之辞。第二个"王"字是动词，是统一天下的意思。

曰："不为者，与不能者之形，何以异？"曰："挟太山以超北海，语人曰'我不能'，是诚不能也。为长者折枝，语人曰'我不能'，是不为也，非不能也。故王之不王，非挟太山以超北海之类也，王之不王，是折枝之类也。"

"不为者，与不能者之形，何以异？"又是宣王问。孟子又设一个极浅显的譬喻来说明。挟，以手夹持之也。超，跃过也。太山，即泰山。"挟太山以超北海"，乃是当时通行的成语。《墨子》上也有"挈太山以超江河，生民以来，未尝有也"的话。折枝，有二说：赵岐《孟子注》、毛奇龄《四书剩言》以为折枝，是幼辈替长辈按摩，折手节，解疲枝，《四书辨疑》以为枝同肢，折肢，磬折腰枝，鞠躬作礼；陆善经以为折枝，乃是折草树之枝。长，上声。挟太山超北海，喻非人力所能为；为长者折枝，喻轻而易举。二喻相形，则"不为"与"不能"之异显然矣。

"老吾老，以及人之老；幼吾幼，以及人之幼；天下可运于掌。《诗》云：'刑于寡妻，至于兄弟，以御于家邦。'言举斯心，加诸彼而已！故推恩足以保四海，不推恩无以保妻子。古之人所以大过人者，无他焉，善推其所为而已矣。今恩足以及禽兽，而功不至于百姓者，独何与？”

此仍为孟子之辞，“老吾老”的上一个“老”，作奉养解。“幼吾幼”的上一个“幼”，作慈爱解。《广雅》云：“运，转也。”天下可运于掌，言其易也。“刑于寡妻，至于兄弟，以御于家邦。”见《诗经·大雅·思齐》篇。刑，今作型，就是典型，模范。寡妻，是国君自称其妻的谦词，犹之国君常自称为寡人。这是说国君能修身以为嫡妻之典型，再推而至于兄弟，更推及于国家，即《大学》由齐家而治国之意。御，是行的意思，和《易》“时乘六龙以御天”的“御”字同。一说，御，音迓，迎也，合也。孟子引了《诗经》的句子，又解释这句话，就是说把这不忍之心，加之于别人身上罢了！这便是推恩，暗暗说明宣王之“不忍”是“仁术”，但未能推恩及于百姓耳。与，同欤。

“权，然后知轻重；度，然后知长短：物皆然，心为甚。王请度之！

权，是秤锤；度，是尺。此皆作动词。凡百事物，一定须权度而后知轻重长短，而人心更甚。禽兽，轻者，短者；百姓，重者，长者：所以恩及禽兽而功不至于百姓者，因未尝推度之也。故曰：“王请度之。”度，入声，量度也。

“抑王兴甲兵，危士臣，构怨于诸侯，然后快于心与。”

抑，转接连词，犹今语之还是。兴，动也。构怨，犹言结怨。与，同欤。这一节，是孟子推测宣王心理的话。

王曰：“否！吾何快于是？将以求吾所大欲也。”曰：“王之所大欲，可得闻与？”

大欲，是极大的欲望。“曰”字以下，是孟子之辞，故意问他“大欲”是什么？

王笑而不言。曰：“为肥甘不足于口与？轻暖不足于体与？抑为采色不足视于目与？声音不足听于耳与？便嬖不足使令于前与？王之诸臣，皆足以供之，而王岂为是哉？”曰：“否！吾不为是也。”曰：“然则王之所大欲可知已。欲辟土地，朝秦楚，莅中国，而抚四夷也。以若所为，求若所欲，犹缘木而求鱼也。”

与，皆同欤。便，此处读皮延反。嬖，音闭。辟，同阔。朝，音潮。莅，音利。

孟子问宣王的大欲，宣王只笑而不说。孟子又故意问他。与，均同欤。肥甘，肥美之肉食。轻暖，轻暖之衣裘。便嬖，便佞宠幸之臣也。孟子故意举出这五种事物来问齐宣王。而又逗他说，王之诸臣皆足以供之，大欲怕不在此。于是得出了下列的结论。辟，同阔。朝，作动词用；朝四夷者，使四夷来朝也。在，临也。抚，安抚也。这四句便是说统一天下，为帝王。若，如此也；一曰汝也。言以宣王所为，求此大欲，必不可得。缘木求鱼，谓上高木以求鱼，言其必不可得。

王曰：“若是其甚与？”曰：“殆有甚焉！缘木求鱼，虽不得鱼，无后灾；以若所为，求若所欲，尽心力而为之，后必有灾。”

孟子说宣王要统一天下，如缘木求鱼之难，故宣王惊问曰：“竟如此困难吗？”有，同又。殆又甚焉，就是说，比缘木求鱼更甚呢。

曰：“可得闻与？”曰：“邹人与楚人战，则王以为孰胜？”曰：“楚人胜。”曰：“然则小固不可以敌大，寡固不可以敌众，弱固不可以敌强。海内之地，方千里者九，齐集有其一；以一服八，何以异于邹敌楚哉？盖亦反其本矣！

是宣王之问话。邹，是当时的小国；楚，是大国。这又是孟子假设来问宣王的话。孟子遂根据宣王“楚人胜”的话而加以说明。《王制》中说：“凡四海之内九州，州方千里。”齐集有其一者，齐国合并诸小国而得其一州也。盖亦反其本矣，意思是你既不能以武力统一中国，当反而求其根本之道；根本之道，即把政治的动向改变一下，走到仁政王道的路上去。盖，疑词。

“今王发政施仁：使天下仕者皆欲立于王之朝，耕者皆欲耕于王之野，商贾皆欲藏于王之市，行旅皆欲出于王之涂；天下之欲疾其君者，皆欲赴愬于王：其若是，孰能御之？”

朝，朝廷。贾，读如古。行曰商，坐曰贾。涂，同途。疾，恨也，仇也。赴愬，往告也。天下之民皆归之如此，孰能止之哉？至此方说到孟子本旨。

王曰：“吾惛，不能进于是矣！愿夫子辅吾志，明以教我。我虽不敏，请尝试之。”曰：“无恒产而有恒心者，惟士为能。若民，则无恒产，因无恒心。苟无恒心，放辟邪侈，无不为已。及陷于罪，然后从而刑之，是罔民也。焉有仁人在位，罔民而可为也？”

惛，同昏。辟，今作僻。侈，音此。焉，音烟。

惛，同昏，不明也，乱也。“曰”字以下，是孟子的话。恒者，久常也。恒产，是能永久保守的财产。恒心，是能永久不变的心志。读书明理的人，虽无恒产，尚可以有所自守，不变其恒心，故曰：“惟士为能。”一般没有知识不明事理的平常百姓，既没有永久的产业，为了生活，不得不另觅途径，所以没有恒心，不免要放僻邪侈，无所不为了。百姓做了种种恶事，陷在罪犯里面，然后加以刑罚，这种政治，实是欺罔百姓的举动。何以呢？百姓犯罪，由于作恶；而所以作恶，皆因为饥寒交迫，没有恒产的缘故。做人君的，能使百姓都有恒产，百姓自然不至于作恶犯罪了。现在做人君的，不知道推行仁政，使百姓增加产业，只知用刑罚禁制百姓犯罪，这就是欺罔了。一说，罔，与网同。罔民，谓以刑法陷民，犹以网罟捕禽鱼也。

“是故明君制民之产，必使仰足以事父母，俯足以畜妻子，乐岁终身饱，凶年免于死亡；然后驱而之善，故民之从之也轻。今之制民之产，仰不足以事父母，俯不足以畜妻子；乐岁终身苦，凶年不免于死亡；此惟救死而恐不赡，奚暇治礼义哉？王欲行之，则盍反其本矣！”

乐，音洛。赡，音占。盍，音合。

这段连接上文，仍为孟子之言。上文说民之作恶犯罪，由于无恒产。故此段是说明贤明的国君，必先制定人民的财产。仰，对上；俯，对下。乐岁，丰熟之年；凶年，饥馑灾祸之年。赡，足也。奚，何也。盍，何不也。这段言先富后教，先解民生问题，然后可以谈到政治教育。《管子》云：“仓廪实，知礼节；衣食足，知荣辱。”旨正相同。

“五亩之宅，树之以桑，五十者可以衣帛矣；鸡豚狗彘之畜无失其时，七十者可以食肉矣；百亩之田，勿夺其时，八口之家，可以无饥矣；谨庠序之教，申之以孝弟之义，颁白者不负戴于道路矣：老者衣帛食肉，黎民不饥不寒，然而不王者，未之有也？”

上段说明制民之必要，此段说明制民之产之办法，与上面对梁惠王的话，完全相同。

七

庄暴见孟子曰：“暴见于王，王语暴以好乐，暴未有以对也。”曰：“好乐何如？”孟子曰：“王之好乐甚，则齐国其庶几乎！”

庄暴是齐国的一个臣子，庄暴所称之王，也是齐宣王。见于之见，音现，是被召见的意思。乐，音乐也。语，去声，是告语的意思。好，去声，喜欢也。“曰好乐何如”，是庄暴申述与宣王对话的事以后，又问孟子，宣王好乐，于政治上如何也。庶几，是相近的意思。因为礼和乐，是王道仁政中很重要的两件事，所以孟子说：“齐王果然喜欢音乐而喜欢到极点，那么，齐国就庶几有希望了！”

他日，见于王，曰：“王尝语庄子以好乐，有诸？”王变乎色，曰：“寡人非能好先王之乐也，直好世俗之乐耳！”

见于王者，是孟子。诸，同之乎；有诸，有之乎也。变乎色，有羞惭的意思，齐王因为好世俗之乐，而不懂古乐，所以羞惭。

曰：“王之好乐甚，则齐其庶几乎！今之乐犹古之乐也。”曰：“可得闻与？”曰：“独乐乐，与人乐乐，孰乐？”曰：“不若与人。”曰：“与少乐乐，与众乐乐，孰乐？”曰：“不若与众。”

好乐甚，犹言甚好乐也。由，一本作犹，由、犹古同。可得闻与之与，同欤。“独乐乐”，第一“乐”字为音乐之乐，第二“乐”字为欢乐之乐，下同。意思是一人作乐快乐呢，还是和别人共同作乐快乐？

“臣请为王言乐。今王鼓乐于此，百姓闻王钟鼓之声，管籥之音，举疾首蹙頞而相告曰：‘吾王之好鼓乐，夫何使我至于此极也！父子不相见，兄弟妻子离散。’今王田猎于此，百姓闻王车马之音，见羽旄之美，举疾首蹙頞而相告曰：‘吾王之好田猎，夫何使我至于此极也！父子不相见，兄弟妻子离散。’此无他，不与民同乐也。”

鼓乐，弄音乐的意思。管籥，是箫、笛等的乐器。举，皆也。疾首蹙頞，言其头痛而皱眉。极，因穷之至也。这都是王独乐而不与民同乐之故。

“今王鼓乐于此，百姓闻王钟鼓之声，管籥之音，举欣欣然有喜色而相告曰：‘吾王庶几无疾病与，何以能鼓乐也？’今王田猎于此，百姓闻王车马之音，见羽旄之美，举欣欣然有喜色而相告曰：‘吾王庶几无疾病与，何以能田猎也？’此无他，与民同乐也。今王与百姓同乐，则王矣！”

欣欣然，喜悦之貌。上段言独乐之害，此段言同乐之利，互相比较，所以辞句也差不多。儒家不言征伐，重教化，所以主张帝王当教化体恤百姓。此不过借好乐的问题，以引起仁政罢了。

八

齐宣王问曰：“文王之囿，方七十里，有诸？”孟子对曰：“于传有之。”曰：“若是其大乎？”曰：“民犹以为小也。”曰：“寡人之囿，方四十里，民犹以为大，何也？”曰：“文王之囿，方七十里，刍荛者往焉，雉兔者往焉，与民同之。民以为小，不亦宜乎？臣始至于境，问国之大禁，然后敢入。臣闻郊关之内，有囿方四十里，杀其麋鹿者，如杀人之罪，则是方四十里为阱于国中，民以为大，不亦宜乎？”

文王，周文王也。囿，是畜养禽兽的园。方七十里，纵横七十里也。传，书传之文也。《说文》：“刍，刈草也。”“荛，薪也。”刍，所以喂马牛；薪，所以举火。刍荛者，指牧与樵而言。雉兔者，指猎人而言。大禁，是最大的禁令。郊关，赵岐说：“齐四境之郊皆有关。”阱，陷禽兽之陷阱也。齐国之囿，人民不敢轻易进去，杀麋鹿便得死刑，等于一个陷害人民的大阱，所以说“为阱于国中”。这两段相对照而言，也是注重帝王与人民同乐，与上章之旨同。

九

齐宣王问曰：“交邻国有道乎？”孟子对曰：“有。惟仁者为能以大事小，是故汤事葛，文王事昆夷。惟智者为能以小事大，故大王事獯鬻，勾践事吴。以大事小者，乐天者也；以小事大者，畏天者也。乐天者，保天下；畏天者，保其国。《诗》云：‘畏天之威，于时保之。’”

汤，是商朝第一世的王。葛，是夏末一个小国。文王，即周文王。昆夷，是文王时的一种夷狄。大，同太。太王，是文王之祖。那时周国的区域还很小。獯鬻，是西北戎狄所建的大国。勾践，是春秋时越国的国王。吴国，是春秋时的大国。越王勾践为吴王夫差所败，屈身事之。“乐天”这名辞，见于《易经·系辞》传。乐天，是乐于奉承天命的。其仁足以广被天下，不以残杀为能，所以孟子称以大事小者为乐天。天道又亏盈而益谦，不畏则盈满招咎，而害其国，智者知而畏之，故孟子称以小事大者为畏天。所引《诗》为《周颂·我将》之篇的两句。言文王畏天之威，故能保其国家。

王曰：“大哉言矣！寡人有疾，寡人好勇。”对曰：“王请无好小勇。夫抚剑疾视，曰：‘彼恶敢当我哉？’此匹夫之勇，敌一人者也。王请大之！《诗》云：‘王赫斯怒，爰整其旅，以遏徂莒，以笃周祜，以对于天下。’此文王之勇也。文王一怒而安天下之民。”

恶，音乌。赫，音黑。旅，音吕。遏，恩葛切。徂，音租。莒，同旅。祜，音户。

宣王赞孟子之言之大，而自承有好勇之缺点，故不能以大事小也。抚剑，即按剑。疾视，恶视也，即瞋然张目的意思。恶敢，即安敢。恶，平声。王请大之，就是请王不要好小勇要好大勇。“《诗》云”者，是孟子引《诗经·大雅·皇矣》篇赞叹周文王之大勇的句子。赫，发怒的状态。斯，语词。王赫斯怒者，是说文王赫然发动他的怒气。爰，犹于是也。整，整顿也。旅，军队也。遏，是遏止。文王时，有一个密国，屡次侵犯周国土地，文王因此发怒，带了兵去遏止密国的侵犯。徂，往也。莒，《诗经》里作旅，古时音同者多借用。以遏徂莒，是说发兵前往遏止密国来侵犯进攻的军队。笃，增厚也。祜，福也。对字之义有三说：郑玄说：“对，答也。”毛公说：“对，遂也。”赵岐则谓对是扬，此句的意思是扬名于天下。是孟子引《诗经》以证明文王的大勇。

“《书》曰：‘天降下民，作之君，作之师，惟曰其助上帝，宠之四方，有罪无罪惟我在。天下曷敢有越厥志。’一人衡行于天下，武王耻之，此武王之勇也。武王亦一怒而安天下之民。今王亦一怒而安天下之民，民惟恐王之不好勇也！”

此段又引《尚书·泰誓》篇中称赞武王好勇之言。“天降下民，作之君，作之师”者，言上天降生百姓，特为设立君主，使他治理百姓，更立师长，使他教导百姓也。惟曰者，乃假设上天之词以明作君之旨。赵岐读作“惟曰其助上帝宠之”为一句，“四方有罪无罪惟我在”为一句。在，察也。意思是有罪者我去诛灭他，无罪者我去安抚他也。曷，何也，谁也。厥，其也。越其志，即反其道也。一人，犹云一夫、独夫。衡，同横。周武王未即天子位以前，商朝的纣王横行天下，暴虐百姓，武王乃起兵诛纣，故曰“一怒而安天下之民”也。这是孟子引书注以明武王之勇大。今王如能好大勇，亦一怒而安天下之民，则天下之民，唯恐王之不好勇矣。朱注云：“此章言人君能惩小忿，则能恤小事大，以交邻国；能养大勇，则能除暴救民，以安天下。”又引张敬夫云：“小勇者，血气之怒也，大勇者，义理之怒也。血气之怒不可有，义理之怒不可无。”

十

齐宣王见孟子于雪宫，王曰：“贤者亦有此乐乎？”孟子对曰：“有。人不得，则非其上矣！不得而非其上者，非也；为民上而不与民同乐者，亦非也。乐民之乐者，民亦乐其乐；忧民之忧者，民亦忧其忧。乐以天下，忧以天下，然而不王者，未之有也！”

雪宫，齐国离宫之一。贤者，指孟子。乐，欢乐之乐。何异孙谓“有”是一句，“人不得，则非其上矣”为一句。或曰“有人”当作“人有”，韩愈文引作“人有不得志，则非其上者众矣”。不得者，指不得其乐而言。言人民不得其乐，因而非议其上者，固非；君王不与民同乐者亦非。盖君王以百姓的欢乐为欢乐，百姓自然也将君王的欢乐，视同自己的欢乐了；君王以百姓的忧患为忧患，百姓自然也将君王的忧患，视同自己的忧患了。乐则与天下同乐，忧则与天下同忧，上下一心，未有不王者矣。

“昔者，齐景公问于晏子曰：‘吾欲观于转附朝儛，遵海而南，放于琅邪，吾何修而可以比于先王观也。’”

以下是孟子引齐景公的故事来说明君王应行之道。齐景公，是齐国的君主。晏子名婴，字平仲，是齐景公时的名臣。转附、朝儛，是齐国东北近海的两座山名。琅邪，是齐国东南境的地名。遵，循也。放，至也。“吾何修而可以比于先王观”，修，修养。景公欲优游四方，询晏子以修何德行，方可比于先王之游观。

“晏子对曰：‘善哉，问也！天子适诸侯曰巡狩，巡狩者，巡所守也；诸侯朝于天子曰述职，述职者，述所职也。无非事者。春省耕而补不足，秋省敛而助不给。夏谚曰：‘吾王不游，吾何以休？吾王不豫，吾何以助？一游一豫，为诸侯度。’今也不然：师行而粮食，饥者弗食，劳者弗息，睊睊胥谗，民乃作慝。方命虐民，饮食若流；流连荒亡，为诸侯忧。从流下而忘反谓之流，从流上而忘反谓之连，从兽无厌谓之荒，乐酒无厌谓之亡。先王无流连之乐，荒亡之行。惟君所行也。’”

此系当时晏子回答齐景公之语。无非事者，是说从没有无事而出行的。省，察视也。敛，收也。春耕，耒耜不足者补之；秋收，收获不足者助之。夏谚，是夏朝的谣谚民歌，夏谚云云，乃晏子举以证明君王之出游与农事的关系。度，即法度，是晏子说明夏谚的意思，圣王的一游一豫，都是各国诸侯所应当取法的。今也，指景公时。师行而粮食，是食粮为国君所带的军队吃了。睊睊，是侧着眼睛看人。胥谗，是都有一种谤恨的意思。慝，隐恶也。这两句是说百姓愤恨的态度。方，违背也；命即天子的命令。诸侯本应奉天子的命令去安抚百姓，现在变成违背命令而虐待百姓了。饮食若流，言其饮食之无穷竭也。流连荒亡，解见正文。晏子之意，谓先王出行，专为农事，非游乐也。惟君所行也，就是“任君所择耳”的意思。

“景公说，大戒于国，出舍于郊，于是始兴发，补不足。召太师曰：‘为我作君臣相说之乐。’盖《徵招》、《角招》是也。其诗曰：‘畜君何尤？’畜君者，好君也。”

说，同悦。景公听了晏子的话，非常欢喜，故出示告诫全国。出舍于郊者，不敢安居宫内，搬到郊外去住也。这是表示接近平民的意思。兴、发意同。兴，举也；发，开也。于是始开了仓库，把米谷发给不足的农民。太师，是乐官。徵，音止。招，音韶。《徵招》、《角招》，两种乐歌，即当时太师所作。畜君何尤，这乐歌中的一句。尤，过也。“畜君者，好君也。”是孟子解释“畜君”二字之义。

十一

齐宣主问曰：“人皆谓我毁明堂。毁诸？已乎？”孟子对曰：“夫明堂者，王者之堂也。王欲行王政，则勿毁之矣。”

明堂者，据赵岐注：“泰山下明堂，本周天子东巡狩朝诸侯之处也。”或曰：“明堂本在鲁境。”此时朝狩之礼已废，故当时人劝宣王毁明堂。因明堂系周天子之堂，故孟子称为“王者之堂”。夫，音扶。

王曰：“王政可得闻与？”对曰：“昔者，文王之治岐也，耕者九一，仕者世禄，关市讥而不征，泽梁无禁，罪人不孥。老而无妻曰鳏，老而无夫曰寡，老而无子曰独，幼而无父曰孤。此四者，天下之穷民而无告者，文王发政施仁，必先斯四者。《诗》云：‘哿矣富人，哀此茕独。’”

与，同欤。岐，即岐山，地名。此举周文王治岐之政以为例。周行井田制，田九百亩，画作井形，家各耕百亩，其中百亩为公田及卢井，公田所入，即为田赋，故曰“耕者九一”。做官的人，世世有禄米可得，故曰“仕者世禄”。讥，同稽，稽查也，一说：问也。对于关里市里，只稽查出入而并不征商民的税，故曰“关市讥而不征”。泽者，有水的地方。梁者，堰水捕鱼的场所。有水的地方，听民养鱼捕鱼，没有禁令，故曰“泽梁无禁”。孥，妻子也；罪人不孥，罪不及妻子也。且发政施仁，必先及于鳏寡孤独四种无可诉苦的穷民。又引《诗经·小雅·正月》中的二句为证。《毛传》云：“哿，可也。”茕独，即上文所说鳏寡孤独之人。言富人犹可，唯哀此茕独之人耳。

王曰：“善哉言乎！”曰：“王如善之，则何为不行？”王曰：“寡人有疾，寡人好货。”对曰：“昔者公刘好货，《诗》云：‘乃积乃仓，乃裹猴粮。于橐于囊，思戢用光。弓矢斯张，干戈戚扬，爰方启行。’故居者有积仓，行者有裹粮也，然后可以爰方启行。王如好货，与百姓同之，于王何有？”

货，货财也。孟子以宣王自承好货，乃引公刘之事以说之。公刘，是周代的祖先，夏朝的一个诸侯，其事迹见于《诗经》。孟子所引，是《诗经·大雅·公刘》篇的第一章。乃，发语辞。乃积乃仓，是说居者把米谷堆积在仓库里。猴粮，即干粮，出行的人常包裹带在身边的。橐与囊，都是盛粮食的袋。此言行者裹干粮于囊橐也。戢，集也。光，大也。思戢用光者，言思安集人民以光大其国也。弓矢、干戈、戚扬，皆兵器。戚，即斧；扬，即钺，大斧也。爰，于是也，启行，犹言起程。此三句，是孟子更说明所引诗句的意义。故“居者”以下，是孟子的话。于王何有，言无妨于王天下也。

王曰：“寡人有疾，寡人好色。”对曰：“昔者大王好色，爱厥妃。《诗》云：‘古公亶父，来朝走马。率西水浒，至于岐下。爰及姜女，聿来胥宇。’当是时也，内无怨女，外无旷夫。王如好色，与百姓同之，于王何有？”

大，同太。大王，是公刘之孙，周文王之祖。那时候，周还是一个小国诸侯，故称古公。亶父，是太公的名号。孟子又引《诗经·大雅·绵》篇的话，以证太王之好色，明好色也只须与民同之。来朝，翌晨也。走马，跃马疾驰也。率，循也。浒，水边之地。爰及，犹言乃与。聿，自也。胥，相也。宇，房宅。聿来胥宇，言自来看房宅，与古公亶父同居也。太王好色，自爱其妃，而能与民同之，故人民婚姻皆得完满，无怨女旷夫也。怨女，是无夫之女。旷夫，是无妇之夫。

十二

孟子谓齐宣王曰："王之臣，有托其妻子于其友，而之楚游者，比其反也，则冻馁其妻子。则如之何？"王曰："弃之。"曰："士师不能治士，则如之何？"王曰："已之。"曰："四境之内不治，则如之何？"王顾左右而言他。

此系孟子设喻以问齐宣王也。之楚，往楚也。比，及也。馁，饿也。孟子设问说有这样一个朋友，试设身处其地，应当如何对付他？宣王答道："弃之。"弃之者，与之断绝交往也。曰者，孟子又问也。士师，掌管监狱的官；士，士师之属员。已之者，罢免之也。治四境是君王的责任，所以孟子以四境之内不治当如何来问他，宣王暂而无可答，乃顾左右而说别的事也。

十三

孟子见齐宣王曰："所谓故国者，非谓有乔木之谓也，有世臣之谓也。王无亲臣矣！昔者所进，今日不知其亡也。"王曰："吾何以识其不才而舍之？"曰："国君进贤，如不得已。将使卑逾尊，疏逾戚，可不慎与？左右皆曰'贤'，未可也；诸大夫皆曰'贤'，未可也；国人皆曰'贤'，然后察之；见贤焉，然后用之。左右皆曰'不可'，勿听；诸大夫皆曰‘不可’，勿听；国人皆曰‘不可’，然后察之；见不可焉，然后去之。左右皆曰‘可杀’，勿听；诸大夫皆曰‘可杀’，勿听；国人皆曰‘可杀’，然后察之；见可杀焉，然后杀之，故曰‘国人杀之’也。如此然后可以为民父母。”

故国，是传世久远的国家。乔木，是高大的树木。世臣，是世代做官与国家极有关系的臣子。王，指宣王。亲臣者，亲任之臣。进，引也，登也。亡，丧弃也。孟子谓宣王用人不明，始则不待详察而用之，后又恶而弃之。昔者，前日。前日进，今日亡，甚言之耳。舍，今作捨。宣王听了孟子的话，反问孟子言吾何以预知其不才而舍之不用呢？“曰”字以下，为孟子的话。言如不得已，而欲特加拔擢，使卑贱者逾尊贵者，疏远者逾亲近者，不可不慎也。孟子接着又说明选贤去奸的方法。左右，是在王左右的人。诸大夫，是朝中的职官。国人，是国内的百姓。孟子就选贤、去奸二件事说明，着重在“然后察之”四字。所谓“察”，便是选贤弃奸的要诀。但也得听左右诸侯国人的公论，而其中尤重国人，所谓重民意也，故曰“国人杀之”者，言非出于王之私意也。

十四

齐宣王问曰：“汤放桀，武王伐纣，有诸？”孟子对曰：“于传有之。”曰：“臣弑其君，可乎？”曰：“贼仁者谓之贼，贼义者谓之残，残贼之人，谓之一夫。闻诛一夫纣矣，未闻弑君也。”

桀，是夏朝末代的王。因桀暴虐百姓，成汤举兵讨伐，驱桀于南巢。故曰：“汤放桀。”纣，是商朝末代的王。纣暴虐百姓，周武王举兵去讨伐，纣自焚死，故曰：“武王伐纣。”有诸，即有之乎？宣王问孟子果有此二事否也。臣杀君称为弑。在古代，弑的罪名，是非常重的。汤武在当时都是诸侯，是臣；桀与纣是天子，是君。故宣王以此来责问孟子。“曰”字以下，孟子答。贼，作动词用，伤害也。一夫者，即《书经》中所说的“独夫”，其众叛亲离，故有此称。

十五

孟子见齐宣王曰："为巨室，则必使工师求大木。工师得大木，则王喜，以为能胜其任也。匠人斫而小之，则王怒，以为不胜其任矣。夫人幼而学之，壮而欲行之，王曰：'姑舍女所学而从我'，则何如？今有璞玉于此，虽万镒，必使玉人雕琢之。至于治国家，则曰'姑舍女所学而从我'，则何以异于教玉人雕琢玉哉？"

巨室，大屋也。工师，主工匠之吏。匠人，工人也。斫，以斧削之也。这是孟子以匠人来作比喻的话。夫，音扶，语辞。壮，壮年也。姑，且也。舍，同捨。女，同汝。匠人不胜其任，王怒之，可也；如欲使匠人弃其所学而从王之命，则非矣。此孟子自言所学者为仲尼之术，仁政王道，不能舍其所学，以徇宣王也。璞，玉之未琢者。一镒为二十两。万镒，言此璞价值之贵。玉人，专治玉器之匠。教玉人琢玉，是以不懂琢玉的人，依自己的主意教玉人琢玉，其玉必毁矣。盖古之贤者，常患人君不能行其所学，而世之庸君，亦常患贤者不能从其所好，故孟子言之。

十六

齐人伐燕，胜之。宣王问曰："或谓寡人勿取，或谓寡人取之。以万乘之国，伐万乘之国，五旬而举之，人力不至于此。不取，必有天殃。取之，何如？"孟子对曰："取之而燕民悦，则取之，古之人有行之者，武王是也。取之而燕民不悦，则勿取，古之人有行之者，文王是也。以万乘之国，伐万乘之国，箪食壶浆，以迎王师，岂有他哉？避水火也。如水益深，如火益热，亦运而已矣。"

《史记》载燕王哙让国于其相子之，而国大乱，齐伐之，燕兵不战，遂大胜燕。殃，即祸害。旬，十日也。举之，言灭燕全国。宣王以为伐燕而胜，必有天助，故曰："人力不至于此。不取，必有天祸。"武王伐纣，而殷民喜，咸来迎师。故孟子以武王为"取之"之例。文王为殷诸侯，三分天下有其二，而尚未伐殷，以三仁尚在，恐殷民不悦也，故孟子以文王为“不取”之例。箪，竹器；食，音嗣，饭也。言人民以箪盛饭，以壶盛浆，欢迎王师也。水火，均以喻灾祸。如水益深，如火益热，言灾祸愈甚也。运，转也，避也。亦运而已矣者，言亦只有转望别的人再来拯救也。一说，运即命运之运。言此亦燕民之劫运耳。

十七

齐人伐燕，取之。诸侯将谋救燕。宣王曰：“诸侯多谋伐寡人者，何以待之？”孟子对曰：“臣闻七十里为政于天下者，汤是也。未闻以千里畏人者也！

宣王不听孟子之言，而取燕国的土地，于是诸侯共谋救燕伐齐。宣王恐惧而问孟子。千里畏人，即指齐王。

“《书》曰：‘汤一征，自葛始，天下信之。东面而征西夷怨，南面而征北狄怨，曰：奚为后我？’民望之，若大旱之望云霓也。归市者不止，耕者不变，诛其君而吊其民，若时雨降，民大悦。《书》曰：‘徯我后，后来其苏！’

霓，音泥。

孟子又引《尚书·仲虺之诰》的话，以证明汤以七十里为政于天下的事实。葛，是当时的一个小国。汤初次出兵，先伐葛国，汤征葛的时候，天下的人，都相信汤是个仁君，故曰“天下信之”。奚为后我，就是为什么不先来伐我国呢？意思是盼望汤师的早日到来。霓，虹也；虹出而雨，故大旱时望之。“归市者不止，耕者不变”，言商贾农夫依旧营业工作。下文所引，也是《尚书·仲虺之诰》的两句。徯，等待的意思。后，作人君讲。徯我后即待我君。苏者，已死而复醒也。言人民都说我君一到，我们便能脱离苦难了。

“今燕虐其民，王往而征之，民以为将拯己于水火之中也，箪食壶浆，以迎王师。若杀其父兄，系累其子弟，毁其宗庙，迁其重器，如之何其可也？天下固畏齐之彊也，今又倍地而不行仁政，是动天下之兵也。王速出令，反其旄倪，止其重器，谋于燕众，置君而后去之，则犹可及止也。”

此段仍为孟子所说。拯，救也。系，同繫。系累，捆缚也。迁，运也。重器，即宝器。迁其重器，犹言将他们的宝器运回齐国。固，久也。彊，同强。倍地，谓并吞燕国，齐地倍广。反，放回去。旄，同耄，老人也。倪，小儿也。止其重器者，止其宝器，不迁移也。犹可及止，言尚来得及止诸侯之兵。

十八

邹与鲁哄。穆公问曰：“吾有司死者三十三人，而民莫之死也。诛之，则不可胜诛；不诛，则疾视其长上之死而不救，如之何则可也？”孟子对曰：“凶年饥岁，君之民，老弱转乎沟壑，壮者散而之四方者，几千人矣。而君之仓廪实，府库充，有司莫以告，是上慢而残下也。曾子曰：‘戒之！戒之！出乎尔者，反乎尔者也。’夫民今而后得反之也，君无尤焉。君行仁政，斯民亲其上、死其长矣。”

邹国、鲁国，都是当时的小国。哄，战斗。穆公是邹国的国君。有司，官吏也。疾视，仇视也。穆公因人民战时不勇，致官吏死了三十三人，而百姓却不肯拼死去救官吏。这种百姓，杀之，则诛不胜诛；不杀，则坐视长官之死而不救，罪又无可报，故问孟子也。转，饥饿辗转而死也。沟壑，田中沟、山中涧也。民死者多，不胜葬，故曰“转乎沟壑”。仓廪，储粟；府库，贮财。慢，怠忽也。残，伤害也。言上慢君命，下残民命。曾子，孔子弟子曾参。“出乎尔，反乎尔”，言自己所作，必致自食其报。尤，过也。谓穆公不必责备百姓。长，去声，即指官吏。

十九

滕文公问曰："滕，小国也，间于齐楚，事齐乎？事楚乎？"孟子对曰："是谋，非吾所能及也；无已，则有一焉：凿斯池也，筑斯城也，与民守之，效死而民弗去，则是可为也。"

滕亦当时一小国。齐、楚，皆大国，滕在齐楚之间，联齐则楚怒，联楚则齐恨，所以滕文公以此问孟子。是谋，即事齐事楚之谋也。无已，解见第一章。效，犹致也。致死以守国，而民亦肯效死以守，故尚可为也。

二十

滕文公问曰："齐人将筑薛，吾甚恐。如之何则可？"孟子对曰："昔者，大王居邠，狄人侵之，去之岐山之下居焉。非择而取之，不得已也。苟为善，后世子孙必有王者矣。君子创业垂统，为可继也。若夫成功，则天也。君如彼何哉？强为善而已矣！"

薛，也是当时的小国，为齐国所灭。齐灭薛后，又在薛地筑城。文公以其逼近滕国，恐齐又来灭滕，所以甚为恐惧。邠，地名。狄，北狄也。太王事详见下章。创业者，创立事业也。垂统者，把君位相继不断，传于后世子孙也。孟子的意思是以齐国比狄人，叫滕文公也学太王。强，上声，勉强也。

二十一

滕文公问曰："滕，小国也。竭力以事大国，则不得免焉。如之何则可？"孟子对曰："昔者大王居邠，狄人侵之，事之以皮币，不得免焉；事之以犬马，不得免焉；事之以珠玉，不得免焉。乃属其耆老而告之曰：'狄人之所欲者，吾土地也。吾闻之也，君子不以其所以养人者害人，二三子何患乎无君，我将去之。'去邠，逾梁山，邑于岐山之下居焉。邠人曰：'仁人也，不可失也。'从之者，如归市。或曰：'世守也，非身之所能为也。效死勿去。'君请择于斯二者。"

此章与上章同意。文公因自己国小力弱，问孟子以外交之道。皮，狐貂之裘；币，缯帛之货也。犬马，古时玩物。免者，免其侵略也。属，同嘱。耆老，长老也。土地生五谷，所以养人。狄人因欲土地而来侵，若与之战，则是"以所养人者害人"矣。二三子，即指耆老。如归市者，言从之者众也。或曰云云，亦孟子之言，乃另一办法，即前章"效死弗去"之旨。身，我也。言国土为世传之基业，非可由己意弃之也。

二十二

鲁平公将出。嬖人臧仓者请曰："他日君出，则必命有司所之。今乘舆已驾矣，有司未知所之，敢请。"公曰："将见孟子。"曰："何哉？君所为轻身以先于匹夫者，以为贤乎？礼义由贤者出，而孟子之后丧逾前丧。君无见焉！"公曰："诺。"

鲁平公，鲁君。将出者，将出外也。嬖人，是君王左右极宠幸的小人。臧仓，姓臧，名仓。请曰，请问平公也。有司，执事之吏。言平公常时将出，一定先以所要去地方，告诉执事的官吏。乘舆已驾，言平公所乘的车子已预备好。敢请者，敢请问你往何处去也。平公为千乘之国君，孟子不过一平民，故臧仓有"轻身以先于匹夫"的话。先者，孟子未谒平公，平公先往见之也。孟子先丧父，丧礼很俭约，后丧母，丧礼很丰盛，故臧仓以这一点来责备孟子，说孟子不是贤者。公曰诺者，平公答应臧氏，不去访孟子也。

乐正子入见曰："君奚为不见孟轲也？"曰："或告寡人曰：'孟子之后丧逾前丧'，是以不往见也。"曰："何哉？君所谓逾者？前以士，后以大夫；前以三鼎，而后以五鼎与？”曰：“否，谓棺椁衣衾之美也。”曰：“非所谓逾也，贫富不同也。”

乐正，复姓。乐正子，是孟子的弟子，时为鲁臣。孟柯，即孟子，名柯也。鼎，是丧祭时用以盛食物的器皿。与，同欤。乐正子为孟子辩护，言君所谓后丧逾前丧者，前以士礼，后以大夫之礼；前以三鼎祭，后以五鼎祭吗？那是因孟子前后官职的不同，故丧礼各异也，乃是贫富的关系。鲁平公答说：“我所指的是棺椁衣衾之美。”乐正子又说：“这也不能说‘逾’，是贫富不同之故。”

乐正子见孟子曰：“克告于君，君为来见也。嬖人有臧仓者沮君，君是以不果来也。”曰：“行，或使之；止，或尼之。行止，非人所能也。吾之不遇鲁侯，天也。臧氏之子，焉能使予不遇哉！”

克是乐正子的名。沮，阻住也。尼，亦是阻止的意思。鲁侯，即指平公。君为来见者，言君将为我而来见也。“曰”字以下，是孟子的话。鲁平公因乐正子之言而欲来见孟子，又因臧仓之言而不果来，是其行止皆非出于自动，故曰“或使之”。但鲁君之行止，亦非乐正子与臧仓所能为；因孟子之不遇鲁侯，不得行其道，乃天未欲平治天下耳。臧氏之子，岂能使孟子不遇乎？一说行、止是指行仁义而言。欲行仁义，非人力所能为。故孟子叹曰，仁义不行，乃是天意，臧仓焉能阻我行仁义乎？

［问题］

（一）孟子见梁惠王，首开言“利”，其故何在？

（二）本篇孟子屡言“同乐”，屡辟“独乐”，试举其说。

（三）孟子论仁政王道，首重民生问题，试申其说。

（四）孟子谓“仁者无敌”，其说如何？

（五）孟子谓“不嗜杀人者能一天下”，其说然否？

（六）何谓“保民而王”？

（七）齐宣王之恩，及于牛而不及于百姓，何故？

（八）“不为”与“不能”，有何分别？

（九）孟子谓齐宣王“好乐”、“好勇”、“好货”、“好色”均不害于王天下，其说如何？

（十）孟子论任贤去奸之法如何？

（十一）孟子对滕文公处国家危急时之道如何？

（十二）鲁平公何以欲往见孟子而又中止？

公孙丑篇第二

一

公孙丑问曰："夫子当路于齐，管仲、晏子之功，可复许乎？"孟子曰："子诚齐人也，知管仲、晏子而已矣！或问乎曾西曰：'吾子与子路孰贤？'曾西蹵然曰：'吾先子之所畏也。'曰：'然则吾子与管仲孰贤？'曾西艴然不悦曰：'尔何曾比予于管仲。管仲得君，如彼其专也；行乎国政，如彼其久也；功烈，如彼其卑也：尔何曾比予于是！'"曰："管仲，曾西之所不为也，而子为我愿之乎？"

公孙丑，姓公孙，名丑，孟子弟子，齐人也。当路者，居重要地位，如在当道，系指掌握国家政权而言。管仲，名夷吾，相齐桓公。晏子，名婴，字平仲，相齐景公，均春秋时齐之名臣。复，扶又反。许，进也，兴也。朱注云："许，期也。"言可再见管仲、晏子之功业否也。子，称人之词。诚，真也。言你真是齐人，只知道管、晏二人。曾西，孔子弟子曾参之子。吾子，亦称人之词。子路，孔子弟子仲由字。蹵然，不安之貌。先子，曾西称其父，犹云先父。畏，敬也。艴然，即勃然，忿怒变色之貌。曾，乃也。桓公信任管仲，国政一以委之，故曰"得君如彼其专"。管仲相齐，凡四十馀年，故曰"行乎国政如彼其久"。但不能以王道佐齐桓公，故曰"功烈，如彼其卑"。孟子引曾西之言，以明己之不屑管仲、晏子，故复加“曰”字以别之。而子为我之为，同谓，见王引之《经传释词》。

曰：“管仲以其君霸，晏子以其君显，管仲、晏子，犹不足为与？”曰：“以齐王由反手也。”

此节是公孙丑又问，孟子又答。与，同欤。由，同犹。反手，犹言反掌，言其易也。

曰：“若是，则弟子之惑滋甚！且以文王之德，百年而后崩，犹未洽于天下。武王周公继之，然后大行。今言王若易然，则文王不足法与？”

此节又是公孙丑问孟子的话。惑，疑也。滋，益也。洽，遍也。言文公德行甚佳，尚不能及身而王。待武王起，方灭纣而得天下，周公继之，相成王制礼作乐，然后教化大行。若，如此也。“以齐王犹反掌”，其易如此，则文王不足效法欤？“然”字用作“易”字之语尾。

曰：“文王何可当也？由汤至于武丁，贤圣之君六七作，天下归殷久矣，久则难变也。武丁朝诸侯，有天下，犹运之掌也。纣之去武丁未久也，其故家遗俗，流风善政，犹有存者；又有微子、微仲，王子、比干、箕子、胶鬲，皆贤人也。相与辅相之，故久而后失之也。尺地莫非其有也，一民莫非其臣也。然而文王犹方百里起，是以难也。齐人有言曰：‘虽有智慧，不如乘势；虽有镃基，不如待时。’今时则易然也。夏后、殷、周之盛，地未有过千里者也，而齐有其地矣；鸡鸣狗吠相闻，而达乎四境，而齐有其民矣。地不改辟矣，民不改聚矣，行仁政而王，莫之能御也。且王者之不作，未有疏于此时者也。民之憔悴于虐政，未有甚于此时者也。饥者易为食，渴者易为饮。孔子曰：‘德之流行，速于置邮而传命。’当今之时，万乘之国行仁政，民之悦之，犹解倒悬也。故事半古之人，功必倍之，惟此时为然。”

武丁，即高宗，是殷朝的贤君。作，兴也。犹运之掌，喻其易。自武丁至纣凡九世。故家，旧臣之家。微子、微仲、王子、比干、箕子、胶鬲等，都是殷朝纣王时候的贤臣。犹方百里起之犹，同由。是时商德未甚衰，而文王仅为百里之侯，故文王王天下难也。镃基，是种田的器具。待时，待农时也。所引两句，是齐人的俗语。鸡鸣狗吠相闻，用以形容人烟之稠密，人口之众多。《说文》："改，更也。"辟，同阔。地大民多，故不必更辟地，更聚民，能行仁政，即足以王天下。作，起也。疏，稀也。憔悴，是说人脸黄肌瘦，形容极困苦的样子。虐政，是虐待人民的政治。易，去声。饥渴之人，不论其饮食之优劣，得之便足。以喻民久困于虐政，行仁政，易使民归向。邮，驿也，古代置驿以传命令，极为捷速。德之流行，则更速于置邮传命。人被倒悬，有解救之者，必甚喜悦。民之憔悴于虐政，其苦亦犹倒悬耳。故行仁政可以收事半功倍之效。以凭借论，则已有广土众民；以时势论，又正当事半功倍：故不能与文王相提并论也。

二

公孙丑问曰："夫子加齐之卿相，得行道焉，虽由此霸王，不异矣。如此，则动心否乎？"孟子曰："否！我四十不动心。"

加，犹居也。异字有二解：一为异同之异，"由此霸王不异"者，谓不异于古之霸王也；一为怪异之异，谓从此成霸王之业亦不足怪异。动心者，是说担了重大责任，心中有所疑惧而不安定也。顾炎武《日知录》解释"动心道："我四十不动心者，不动其'行一不义，杀一不辜，而得天下有不为也'之心。"

曰："若是，则夫子过孟贲远矣！"曰："是不难。告子先我不动心。"

孟贲，是古时候的勇士，卫人。水行不避蛟龙，陆行不避兕虎。

告子，赵岐注《告子》篇曰："名不害，尝学于孟子。"盖即以为浩生不害。阎若璩云："浩生复氏，不害其名，与见公孙丑之告子及告子题篇者，自各一人。"毛奇龄亦以赵岐为误，但其生平已不可考。

曰："不动心有道乎？"曰："有。北宫黝之养勇也，不肤桡，不目逃，思以一豪挫于人，若挞之于市朝，不受于褐宽博，亦不受于万乘之君；视刺万乘之君，若刺褐夫，无严诸侯；恶声至，必反之。孟施舍之所养勇也，曰：'视不胜，犹胜也。量敌而后进，虑胜而后会，是畏三军者也。舍岂能为必胜哉？能无惧而已矣！'孟施舍似曾子，北宫黝似子夏，夫二子之勇，未知其孰贤？然而孟施舍守约也。昔者，曾子谓子襄曰：'子好勇乎？吾尝闻大勇于夫子矣：自反而不缩，虽褐宽博，吾不惴焉。自反而缩，虽千万人，吾往矣！'孟施舍之守气，又不如曾子之守约也。"

"不动心有道乎"，公孙丑又问。"曰有"以下，孟子又答也。北宫，是姓。黝，是名。据高诱《淮南子注》，也是齐国人。养，是修养。桡者，屈也。不肤桡者，有人刺他的肌肤，他也不缩做一团的。不目逃者，有人刺他的眼睛，他也不逃避的。挫，辱也。言所受挫辱，虽细至一毫，如被挞于市朝，引以为奇辱大耻也。市朝，普通解为市场与朝廷。顾炎武谓市朝者，市之有行列如朝也，非朝廷之谓。阎若璩谓市朝，乃杀人陈尸之所。俞樾曰："朝市，双言，朝也市也；市朝，单言，市之朝也。若挞之于市朝，正是司市之朝耳。古之朝名，通行上下，并非朝廷也。"按如俞说，则市朝犹今之公安局、警察署耳。褐宽博者，穿粗布衣的穷人仅一衣，故宽大。万乘之君，是大国的诸侯。不受于褐宽博云云，意思是无论一个平常的穷人，或大国的国君把他羞辱时，他都不愿意承受的。褐夫，同褐宽博，贱夫也。严，畏敬也，无严，犹言不怕。恶声，叱骂之声。人以恶声加之，必以恶声报之也。赵岐云："孟，姓；舍，名；施，发音也。"因为下文孟施舍自称作舍，故赵岐以"施"为发音。与介之推、孟之反之"之"字同，阎若璩及翟氏灏云：古人双名可以称一字，赵岐说非。"曰"字以下，引孟施舍之言。曾子，即曾参。子夏，孔子弟子卜商字。夫，音扶。二子指孟施舍及北宫黝。约，简要也。子夏博学切问，得六经之传；曾子反己三省，闻一贯之道。故子夏所得者博，曾子所守者约。北宫黝之勇，在视万乘之君如褐夫。孟施舍之勇，在不复量敌虑胜，且视不胜犹胜，其所守在己，故似曾子，而较北宫黝为简要也。子襄，曾子的弟子。缩，直也。自反，自己反省。不惴，旧有三解：(一）不惴谓不恐惧之（朱注及焦循《正义》)；(二）不惴，惴也，不，发语词，无义（王引之《经传释词》)；(三）不惴，岂不惴也（阎若璩《四书释地》)；又一说，惴，当作遄，往也。不遄正与下“往矣”相对。孟施舍之所守在“气”，曾子之所守则在“义”。故孟施舍之所守，又不如曾子之简要矣。

曰：“敢问夫子之不动心，与告子之不动心，可得闻与？”“告子曰：‘不得于言，勿求于心；不得于心，勿求于气。’不得于心，勿求于气，可；不得于言，勿求于心，不可。夫志，气之帅也。气，体之充也。夫志，至焉。气，次焉。故曰：‘持其志，无暴其气。’”

与，音欤。

上文公孙丑以孟贲为比，故孟子引北宫黝、孟施舍二勇士及曾子论大勇之言，以明不动心之道。此则公孙丑又问孟子的不动心，和告子之不动心也。孟子先说明告子的不动心。“不得于言，勿求于心；不得于心，勿来于气。”是告子之言，孟子引之。“不得于心，勿求于气，可；不得于言，勿求于心，不可。”是孟子批评告子之言。“夫志，气之帅也”以下，是孟子批评告子之说，又自己加以申说。朱注云：“告子谓于言有所未达，则当舍置其言，而不必反求其理于心；于心有所不安，则当力制其心，而不必更求其助于气。此所以固守其心而不动之速也。”按“不得于言”，正由告子未能知言。能知言，则于彼淫邪遁之辞，皆有以得之矣。告子云：“不得于言，勿求于心。”不过如道家之心若死灰，佛家之离心意识参而已，故孟子以为不可。心是理智的主宰，气是情感的作用。若不得于心而求之于气，则理智不明，情感妄动，徒然发生盲目的冲动，故孟子以为“可”。心之所之，谓之志。志者，即是心的理智作用所定的行为的动向。故当以志为气之帅。但徒有志而无充乎体之气，则又因循退缩，无进取之勇。气充乎体，则不馁矣。朱子释“志至气次”云：“志为至极，而气次之。”似与孟子崇养气之旨未合。次当训为次舍之次（见陈组绶《近圣居燃犀》解）。盖志为气之帅，则志之所至，气即随之也。持其志者，使趋向正而不可移易也；无暴其气者，使能听命于志也。

“既曰‘志至焉，气次焉’，又曰‘持其志，无暴其气’者，何也？”曰：“志壹则动气，气壹则动志也。今夫蹶者，趋者，是气也；而反动其心。”

蹶，音厥。

“既曰”以下，是公孙丑又问也。公孙丑之意，以为既云志之所到，气即随之，则气已听命于志，何必又云“持其志无暴其气”呢？壹，专一也。一个人志向专一，去做一件事，气必随之而动。志壹则动气者，即上文所云“志至焉，气次焉”也。但在气专一的时候，志也会随之而动的，这就是“气壹则动志”也。蹶，是倾跌。趋，是向前急走。赵氏以“行而蹶者”解之，是“蹶者趋者”即趋而蹶者也。一个人因趋走而倾跌，是气的作用，然而因此就动心了。这是气壹则动志的一个实例。因为气壹可以动志，故又须“持其志，无暴其气”。

“敢问夫子恶乎长？”曰：“我知言，我善养吾浩然之气。”

恶，音乌，何也。公孙丑又问孟子也。“曰”字以下，为孟子答语。浩然，正大之貌。

“敢问何谓浩然之气？”曰：“难言也。其为气也，至大至刚，以直养而无害，则塞于天地之间。其为气也，配义与道，无是馁也。是集义所生者，非义袭而取之也。行有不慊于心，则馁矣。我故曰：‘告子未尝知义’，以其外之也。必有事焉而勿正，心勿忘，勿助长也。无若宋人然，宋人有闵其苗之不长而揠之者，芒芒然归，谓其人曰：‘今日病矣！予助苗长矣。’其子趋而往视之，苗则槁矣。天下之不助苗长者寡矣。以为无益而舍之者，不耘苗者也；助之长者，揠苗者也。非徒无益，而又害之。”

公孙丑又问：“什么叫做浩然之气？”孟子道：“这是很难说明的。”“曰”字以下，又为孟子之答辞。气为抽象之词，故难言。至大，故没有限量；至刚，故不可屈挠。以直养，谓以直道好好地蓄养它。直，即义也。下文以苗为喻：耘苗，即是养；揠苗，则是害。以直养而无害，则此浩然之气，日滋月长，充其量可以充塞于天地之间。这一种气，是配合义与道的。义者，人心之当然；道者，天理之自然也。无是，朱注谓“无此气”；毛奇龄《四书逸讲笺》谓“无是道义”。按无道义，即不能有浩然之正义；无浩然之气，则馁矣。此浩然之气，乃由平时集义所生者。朱注曰：“集义者，犹言积善。盖欲事事皆合于义也。”集，合也。平时所为，事事皆合于义，则集合此义自能生浩然之气，此即所谓“以直养”也。朱注又曰：“袭，如‘齐侯袭莒’之袭。”并不是所做的事偶然合义，就能袭取于外而得到这浩然之气的。慊，口劫反。朱注：“快也，足也。”一个人行事，自己觉得有所不足，那就心中惧怯，气也馁了。告子尝谓“仁内义外”（见《告子篇》)。外义，故不知义，亦不能集义以生浩然之气。其不动心，不过是“勿求于气”，而非能善养其浩然之气也。疑告子主义外之说，以孟子之集义为袭取于外，故孟子辨之如此。朱注曰：“必有事焉，有所事也。如‘有事于颛臾，（见《论语·季氏》）之‘有事’。正，预期也。《春秋传》曰：‘战不正胜’，是也。……此言养气者，必以集义为事，而勿预期其效。其或未充，则但当勿忘其所有事，而不可作为以助其长，用集义养气之节度也。”焦循《正义》训正为止（《诗·终风》郑笺云：“正，犹止也”)。必有事焉而勿正者，言必有事于集义而勿止也。何以不止？心勿忘也。时时以不得于言不得于心者，求诸心，则心勿忘而义集也。俞樾《古书疑义举例》则谓“正心”二字为“忘”字之误。此文当作“必有事焉而勿忘；勿忘，勿助长也”。言必有事于集义而勿忘，但虽勿忘，亦勿助长。按下文不耘苗者，即是“忘”，揠苗则是助长。忘，则不“以直养”矣；助长，则非“无害”矣。无，同毋，禁之之词。闵，同悯，忧也。长，上声。揠，读如挖，拔也。芒芒，赵注云“疲倦之貌”。朱注云：“无知之貌。”其人，指宋人之家人。病，疲倦也。槁，枯萎也。舍，同捨，弃置也。

"何谓知言？"曰："被辞知其所蔽，淫辞知其所陷，邪辞知其所离，遁辞知其所穷。生于其心，害于其政；发于其政，害于其事。圣人复起，必从吾言矣！"

被，读如避。

上节所说，单是说明"养浩然之气"。故公孙丑又问"何谓知言"也。朱注云："被，偏陂也；淫，放荡也；邪，邪僻也；遁，逃遁也。四者相因，言之病也。蔽，遮隔也；陷，沉溺也；离，叛去也；穷，困屈也。四者亦相因，则心之失也。"按彼辞为偏于一隅，执其一端之辞。《荀子·解蔽》篇云："墨子蔽于欲而不知得，慎子蔽于法而不知贤，申子蔽于执而不知知，惠子蔽于辞而不知实，庄子蔽于天而不知人。"是皆"蔽于一曲而暗于大理"，故其言皆有所偏执也。淫辞，犹放言，所谓汪洋自恣之议论也。此皆有所陷溺，不能复出者也。邪辞，即邪说。春秋战国时弑父弑君之暴行，亦必有邪说为之辩护，如卫辄拒父，而借口于王父之命之类。盖其心反叛离道义，故有此等邪辞耳。遁辞者，隐曲之言，其本意则隐而不明，其言辞则妄而不实，苏秦、张仪之言，大多如此。若能知其辞之所穷，则其奸不能售矣。以上四句，释"知言"。以下则推论四种言辞之害。盖言为心声，所以言有被淫邪遁之辞者，皆由心有蔽陷离穷之病。下《滕文公》篇云："邪说者不得作。作于其心，害于其事；作于其事，害于其政。圣人复起，不易吾言矣。"与此略同。吾言，是指"生于其心"四句。

"宰我、子贡，善为说辞。冉牛、闵子、颜渊，善言德行。孔子兼之。曰：'我于辞命，则不能也。'然则夫子既圣矣乎？"

朱注云："此一节，林氏以为皆公孙丑之问，是也。"公孙丑听孟子说"我知言，我善养吾浩然之气"，故有此问。宰我，名予；子贡，姓端木，名赐；冉牛，名耕，字伯牛；闵子，名损，字子骞；颜渊，名回：皆孔子弟子。《论语·先进》云："德行，颜渊、闵子骞、冉伯牛、仲弓；言语，宰我、子贡。"公孙丑盖以长于言语者指"知言"，长于德行者指"养气"也。孔门弟子各有所长，孔子兼而有之，但犹自谦为不能辞命；今孟子自谓善知言，又善养气，是已成圣人矣。

曰："恶！是何言也！昔者子贡问于孔子曰：'夫子圣矣乎？'孔子曰：'圣则吾不能，我学不厌而教不倦也。'子贡曰：'学不厌，智也；教不倦，仁也：仁且智，夫子既圣矣！'夫圣，孔子不居，是何言也！"

此段是孟子回答的话。恶，音乌，叹词。公孙丑以为孟子已经是圣人，所以孟子答道："唉！这是什么话呢？"乃引子贡与孔子的一段谈话为证，并道："这个'圣'字，孔子尚且不敢自居；如今说我是圣人，这是什么话呢！"

"昔者窃闻之：子夏、子游、子张，皆有圣人之一体；冉牛、闵子、颜渊，则具体而微。敢问所安？"曰："姑舍是。"

此段又是公孙丑所问。因为孟子既不敢自比于孔子，所以又把孔子的弟子，提出来请教。子夏，卜商字；子游，言偃字；子张，颛孙师字：皆孔子弟子。有一体者，有圣人一部分的长处；具体而微者，有圣人全部分的长处，不过比圣人规模小一点。所安，谓愿自处于哪一等也。"曰：'姑舍是'"者，孟子不欲与孔子弟子度长絜短，故有此答。姑，姑且；舍同捨，丢开不谈也。

曰："伯夷、伊尹何如？"曰："不同道。非其君不事，非其民不使治则进，乱则退，伯夷也。何事非君？何使非民？治亦进，乱亦进，伊尹也。可以仕则仕，可以止则止，可以久则久，可以速则速，孔子也。皆古圣人也。吾未能有行焉，乃所愿，则学孔子也。"

此段仍是公孙丑问的话。伯夷，殷末孤竹君的长子。与弟叔齐让国而逃，避纣居北海之滨。周武王伐纣，得了天下，伯夷情愿在首阳山饿死，不食周朝的粟米。伊尹，夏末时人，助汤伐桀，后来做了商朝的宰相。伯夷为圣之清者，近于有所不为之狷；伊尹为圣之任者，近于进取之狂：故二人不同道。孟子说明了二人的不同道，接下去说到孔子的为人。则孔子是圣之时者，故仕止久速，各以其时之宜。孟子于三人，虽皆自谦曰“吾未能有行焉”，而又云愿学孔子，盖以时中之圣为鹄者也。

“伯夷伊尹于孔子，若是班乎！”曰：“否！自有生民以来，未有孔子也。”

公孙丑又问：“伯夷伊尹对于孔子，是同等的吗？”孟子道：“并不！自从天地间有人民以来，没有一个能及得孔子的！”

曰：“然则有同与？”曰：“有。得百里之地而君之，皆能以朝诸侯，有天下。行一不义，杀一不辜，而得天下，皆不为也。是则同。”

与，同欤。公孙丑又问：“然则这三个人，亦有相同的地方吗？”得百里之地而君之者，言假使得到百里的地方，使这三个人做君主也。朝诸侯有天下，即是王天下。不辜，即是无罪。假如使他们行一件不义的事体，杀一个无罪的人民，而取得天下，这三个人都是不肯做的。这就是他们相同的地方。

曰：“敢问其所以异？”曰：“宰我、子贡、有若，智足以知圣人，污不至阿其所好。宰我曰：‘以予观于夫子，贤于尧舜远矣！’子贡曰：‘见其礼而知其政，闻其乐而知其德，由百世之后，等百世之王，莫之能违也。自生民以来，未有夫子也。’有若曰：‘岂惟民哉！麒麟之于走兽，凤凰之于飞鸟，泰山之于丘垤，河海之于行潦，类也。圣人之于民，亦类也。出乎其类，拔乎其萃，自生民以来，未有盛于孔子也。’”

公孙丑又问：“那么，三个人的所以不同在哪里？”“曰”字以下，又是孟子答语。有若，也是孔子的弟子。朱注以“污下”释“污”字，非。当从焦循《正义》作“洿”，是夸大之“夸”的假借字。阿者，是私心爱好的意思。孟子说："像宰我、子贡、有若，其才智，都足以知道圣人，即使说话夸大一点，也不至于阿私于心所爱好的人。"故即引三人称赞孔子之言，以示伯夷、伊尹之不及孔子。古先圣王，去今久远，已人亡政息矣。然孔子观其所遗之礼（包典章制度言），而可以推知其政，闻其所遗之乐（如舜之《韶》，武王之《武》），而可以推知其德。等，差等也。从百世之后，上溯百世之前王，虽有差等，皆不违离孔子之道，此即所谓"集大成"，故为生民以来未有之大圣也。古以麒麟为兽之长，凤凰为鸟之长，太山为山之最高者，黄河及海为水之最大者，故以喻人中之圣人。丘垤，小山；行潦，是道旁沟中之水。出，高出；拔，特起；萃，聚也。出类、拔萃，言与众不同也。

三

孟子曰："以力假仁者霸，霸，必有国大。以德行仁者王，王不待大，汤以七十里，文王以百里。以力服人者，非心服也，力不赡也。以德服人者，中心悦而诚服也，如七十子之服孔子也。《诗》云：'自西自东，自南自北，无思不服。'此之谓也。"

此章说明"王"与"霸"的分别。力，兵力也。假，假托也。必有大国，必大国而后能霸也。德者，道德也。不待大，不必待大国也。赡，足也。所引《诗·大雅·文王有声》篇。无思不服，犹云无不心服。

四

孟子曰："仁则荣，不仁则辱。今恶辱而居不仁，是犹恶湿而居下也。如恶之，莫如贵德而尊士。贤者在位，能者在职，国家闲暇，及是时，明其政刑，虽大国必畏之矣！《诗》云：'迨天之未阴雨，彻彼桑土，绸缪牖户。今此下民，或敢侮予。'孔子曰：'为此诗者，

其知道乎！能治其国家，谁敢侮之？’

恶，去声，厌也。卑下则近水，故湿。职，官职。闲暇，言无外患内祸之时。明，察也。所引《诗经》，见《幽风·鸱鸮》篇，是诗人假托鸟的口气而说的。迨，及也。彻，取也。桑土，桑树的皮和泥土也。《毛诗释文》云：“土，音杜。《韩诗》作杜。”《方言》：“东齐谓根曰杜。”是桑土即桑根。缪，音谋。绸缪，缠结也。牖，即户。言鸟取桑根以结巢也。今此下民，今《毛诗》作今女下民。女，同汝。或敢，即谁敢也。

“今国家闲暇，及是时，般乐怠敖，是自求祸也。祸福无不自己求之者！《诗》云：‘永言配命，自求多福。’太甲曰：‘天作孽，犹可违；自作孽，不可活。’此之谓也。”

般，音盘，大也。乐，欢乐之乐。怠，懒惰也。敖，骄傲也。上文说国家当闲暇之时，应先修明其政刑。此段说现今的国家，在闲暇时候，国君只知道大大地享乐，懒惰骄傲，这是自求祸殃。所引《诗经》，是《大雅·文王》篇的句子，用以证明祸福自求的道理。永言配命，朱注云：“永，长也。言，犹念也。配，合也。命，天命也。”言当永念所配受之天命，以自求多福也。太甲，商王。今《尚书》有《太甲》篇，系东晋伪古文。此引《诗》以明自己求福，引太甲之言以明自己求祸。

五

孟子曰：“尊贤使能，俊杰在位，则天下之士，皆悦而愿立于其朝矣。市，廛而不征，法而不廛，则天下之商，皆悦而愿藏于其市矣。关，讥而不征，则天下之旅，皆悦而愿出于其路矣。耕者，助而不税，则天下之农，皆悦而愿耕于其野矣。廛，无夫里之布，则天下之民，皆悦而愿为之氓矣。信能行此五者，则邻国之民，仰之若父母矣。率其子弟，攻其父母，自生民以来，未有能济者也。如此，则无敌于天下；无敌于天下者，天吏也，然而不王者，未之有也。”

有道德的人曰贤，有才干的人曰能，才德出众者曰俊杰。廛，是市场上的房屋，此指市屋之税而言。征，是征税。廛而不征，乃税其舍而不税其物。或曰，商贾居此屋，不征其税。赵岐曰：法而不廛者，“当以什一之法征其地耳，不当征其廛宅也。”朱注引张子曰：“或赋其市地之廛而不征其货，或治之以市官之法而不赋其廛。”焦循《正义》引郑玄谓市廛而不征者，言货物储藏于市中者不取租税；法而不廛者，言有货物久滞于廛者，官以法为居取之。（郑说见《礼记·王制》“市廛而不税”句注）关，境上之门也。讥，犹言稽察。言但稽察而不取税。旅，行旅之人。征，亦税也。助，是古代井田制度借民力助耕公田的一种方法。“廛，无夫里之布”。赵岐注曰：“里，居也。布，钱也。夫，一夫也。”朱注云：“《周礼》‘宅不毛者有里布。民无职业者，出夫家之征。’郑氏谓宅不种桑麻者，罚之，使出一里二十五家之布；民无常业者，罚之，使出一夫百亩之税，一家力役之征也。今战国时一切取之，市宅之民，已赋其廛，又令出此夫里之布，非先王之法也。”江永《群经补义》则谓上“廛而不征，法而不廛”之“廛”，是市宅；此“廛”字，则指民居。布，泉也，钱也，非布帛之布。夫布，见《周礼·闾师》，“凡无职者出夫布”。谓闲民为人佣力者，不能赴公家旬三日之役，使出一夫力役之泉，犹后世之雇役钱。里布，见《周礼·载师》：“凡宅不毛者有里布。”谓不种桑麻之荒地，或为台榭游观者，仍使出地税也。战国时，则非闲民，已有力役之征者，仍使出夫布；宅种桑麻，已有布缕之征者，仍使出里布：故孟子主废除之。其说最为明白。氓，民也，一声之转。信，诚也。五者，即指上文所说五事。仰，仰望也。济，成也。天吏，天使也。为天诛伐无道，故曰天使。

六

孟子曰：“人皆有不忍人之心。先王有不忍人之心，斯有不忍人之政矣。以不忍人之心，行不忍人之政，治天下可运之掌上。所以谓人皆有不忍人之心者，今人乍见孺子将入于井，皆有怵惕恻隐之心，非所以内交于孺子之父母也，非所以要誉于乡党朋友也，非恶其声而然也。”

不忍人之心为仁心，不忍人之政为仁政，仁政以仁心为本。以仁心行仁政，则仁可以覆天下。可运之掌上者，言其易也。下乃举事实以证“人皆有不忍人之心”。乍，犹忽然也。孺子，即小孩。怵惕，受惊的样子。恻，伤悯也。隐，隐痛。内，今作纳，内交，犹说结交。要誉，求以很好的名誉。恶，去声。恶其声，厌恶小儿哭喊的声音也。今人忽见小孩子将入于井，都会引起惊惶恻隐之心，此乃纯粹由于内心的同情，并非由于外力，有所为而出此。故可证明，不忍人之心是人类同具的天性。

“由是观之：无恻隐之心，非人也。无羞恶之心，非人也。无辞让之心，非人也。无是非之心，非人也。”

恻隐之心，即不忍人之心。此心既为人所同具，则无此心者，即非人矣。因而推论及于羞恶、辞让、是非之心。恶，去声。是非之心，谓辨别是非之心。

“恻隐之心，仁之端也。羞恶之心，义之端也。辞让之心，礼之端也。是非之心，智之端也。人之有是四端也，犹其有四体也。有是四端而自谓不能者，自贼者也。谓其君不能者，贼其君者也。”

端，是一件事物的起头。仁，是爱人无私的心，也就是推己及人。恻隐，既由于纯粹的同情，故是仁的起头。义，是做应该做的事。人做了错事，总觉得自己惭愧，见人做了错事，就要厌恶他，这是人的本性，也是义的起头。人家给我东西，我总要推辞，与人同在一处，总要谦让，这是礼的起头。是非之心，所以辨别一切，故是智的起头。四体，就是四肢。人的心中有仁义礼智四端，犹之身上有手足四肢，都是生来俱有的。不能，言不能有此四端。贼，害也。

“凡有四端于我者，知皆扩而充之矣；若火之始然，泉之始达。苟能充之，足以保四海；苟不充之，不足以事父母。”

扩，音廓，推广也。充，满也。然，同燃。泉流出去叫做达。星星之火，可以燎原；涓涓之流，可成江河：故以比此四端之扩充。保四海，保天下也。古先圣王能以仁心行仁政，故可以保四海之民，皆扩充此四端之效。

七

孟子曰：“矢人岂不仁于函人哉？矢人唯恐不伤人，函人唯恐伤人，巫匠亦然，故术不可不慎也。孔子曰：‘里仁为美。择不处仁，焉得智？’夫仁，天之尊爵也，人之安宅也。莫之御而不仁，是不智也。不仁不智，无礼无义，人役也。人役而耻为役，由弓人而耻为弓，矢人而耻为矢也。如耻之，莫如为仁。仁者如射。射者正己而后发，发而不中，不怨胜己者，反求诸己而已矣！”

矢是箭；矢人，是造箭的人。函是甲；函人，是造甲的人。造箭的人，唯恐所造的箭，不能伤被射的人。造甲的人，唯恐所造的甲，被箭射透，以至伤披甲的人。巫，是代人祈祷禳疾的。匠，即梓匠，是代人制造棺木的。这两种人，与矢人、函人正相同。孟子以为矢人与函人，巫与匠，其本性是相同的，而所操的职业不同，致使他们一则有唯恐不伤人，一则唯恐伤人；一则唯求人之生，一则以利人之死：故选择技术职业不可不慎。这还是譬喻之辞，下面方说到本旨。所引孔子语，《论语·里仁》篇。里，居也。里仁，即处仁也。焉，平声，副词。“夫仁”以下，是孟子解释之辞。天之尊爵者，言是上天所认为最尊重的爵位。安宅，谓可以安居之处。御，止也；莫之御，无止之者也。莫之御而不仁者是不智，不仁不智之人，必无礼无义，此等人只能为人役耳。人役，是受人役使之人，奴仆之属。既是人役，必为人所役使，犹弓人必为弓，矢人必为矢也。如果耻为人役，则莫如为仁。仁者必先正己，行有不得，则反求诸已，故以射为喻。《中庸》云："射有似乎君子，失诸正鹄，反求诸其身。"与此同义。

八

孟子曰："子路人告之以有过，则喜。禹闻善言，则拜。大舜有大焉：善与人同，舍己从人，乐取于人以为善。自耕稼陶渔以至为帝，无非取于人者取诸人以为善，是与人为善者也。故君子莫大乎与人为善。"

此章系孟子说子路、禹、舜三人的美德。言子路乐闻自己的过失。禹，即夏禹。《尚书·皋陶谟》曰："禹拜昌言。"昌言，即善言也。大舜，是虞代的圣君。有，同又，谓舜之德更大也。善与人同者，视人家的善，犹自己的善也。善与人同，故能"舍己从人，乐取于人以为善"。朱注云："舜之侧微，耕于历山，陶于河滨，渔于雷泽。"陶，制造过瓦器也。后受尧禅为帝。言舜一生之善，无非取于人者。诸，之于也。与人为善之与，许也，助也。取人之善，则人益劝，故曰"与人为善"。此朱子说。焦氏《正义》则谓与人为善即善与人同，言与人同为善也。说亦可通。

九

孟子曰："伯夷，非其君不事，非其友不友，不立于恶人之朝，不与恶人言。立于恶人之朝，与恶人言，如以朝衣朝冠，坐于涂炭。推恶恶之心，思与乡人立，其冠不正，望望然去之，若将浼焉。是故诸侯虽有善其辞命而至者，不受也，不受也者，是亦不屑就已。

伯夷见前《不动心》章注。"非其君不事"，故"不立于恶人之朝"；"非其友不友"，故"不与恶人言"。朝衣朝冠，整洁之礼服。

涂，泥也。涂炭，污秽之处。恶恶，上恶字去声，厌恶恶人也。把这种厌恶恶人的心思推而广之，可以想象他与乡人立，见他的冠戴得不正时，就向他看看，便走开了，要沾染着污秽似的。赵注云："望望然，惭愧之貌。"朱注云："望望，去而不顾之貌。"二解俱未安。《礼记·问丧》云："其送往也，望望然，汲汲然，如有追而弗及也。"注云："望望，瞻望之貌。"其说较长。浼，音莫罪反，浼也，污也，是沾染污秽的意思。辞命，谓来致聘之言辞。屑，洁也。不屑说，言不以就为洁，赵、朱二注同。按不屑，不肯也，不愿也。心有所不愿，不肯屈己意以为之，曰不屑。《庄子·则阳》篇："而心不屑与之俱。"《释文》："屑，本亦作肯。"

"柳下惠，不羞污君，不卑小官。进不隐贤，必以其道；遗佚而不怨，厄穷而不悯。故曰：'尔为尔，我为我，虽袒裼裸裎于我侧，尔焉能浼我哉？'故由由然与之偕而不自失焉，援而止之而止。援而止之而止者，是亦不屑去已！"

柳下惠，鲁公族大夫也，姓展名禽，字季，居于柳下，惠，其谥也。他的性质，恰与伯夷相反。"不羞污君，不卑小官"者，不以事污君为羞，不以小官为卑也。"进不隐贤，必以其道"者，进身做官，不隐己之贤能，而必以其道也。遗佚，即遗弃，谓被君主所弃也。厄，困也。悯，忧也。"故曰"以下，是柳下惠所说。袒裼，音但锡，即露臂。裸，音鲁果反；裎，音程，即露体。由由然，自得之貌。不自失，即自得也。援而止之而止，言虽欲去，仍可攀留之也。

孟子曰："伯夷隘，柳下惠不恭。隘与不恭，君子不由也。"

隘，意买反。

孟子既述伯夷、柳下惠之为人，复批评之，故加"孟子曰"三字。隘，犹狭陋也。伯夷斤斤自守，惧人污己，故孟子评之曰"隘"。柳下惠放浪形骸，故孟子评之曰"不恭"。其性质相反，而各趋极端，虽为"圣之清"、"圣之和"，而亦各有所偏，各有其弊。故孟子称君子不由。不由，犹云不从。盖孟子所愿学者，孔子之“圣之时”耳。

十

孟子曰：“天时不如地利，地利不如人和。三里之城，七里之郭，环而攻之而不胜；夫环而攻之，必有得天时者矣，然而不胜者，是天时不如地利也。城非不高也，池非不深也，兵革非不坚利也，米粟非不多也，委而去之，是地利不如人和也。故曰：域民不以封疆之界，固国不以山溪之险，威天下不以兵革之利。得道者多助，失道者寡助。寡助之至，亲戚畔之；多助之至，天下顺之。以天下之所顺，攻亲戚之所畔，故君子有不战，战必胜矣！”

天时，古时预备战争，都先用占卜方法，选定一出兵的吉日。地利，指城池山川之固而言。人和，谓人民与国君上下一心。郭，外城也。三里、七里，言其城郭之小。环，围也。池，即城外的护城河。兵，兵器；革，甲也。坚指甲，利指兵。委，弃也。孟子以天时、地利、人和三者相比，明人和为最重要也。朱注云：“域，界限也。”时君以封疆之界。域民，禁往他国，然民实非封疆之界所能域。“故曰……”三句，承上文“地利不如人和”而言。畔，同叛。

十一

孟子将朝王。王使人来曰：“寡人如就见者也，有寒疾，不可以风。朝将视朝，不识可使寡人得见乎？”对曰：“不幸而有疾，不能造朝。”

朝，音潮。就见，齐王往见孟子也。寒疾，感冒风寒之疾。不可以风，谓有寒疾，当避风也。朝将视朝，朱注读前“朝”字如字，早也；后“朝”字音潮；言翌晨将视朝也。赵注前“朝”字亦音潮，一字作一读，言如孟子果来朝也。此言孟子本将朝见齐王。王使人来谓孟子，言有寒疾，当避风；但如孟子能来朝，仍将力疾视朝，不知孟子能否来朝，可使寡人得见，如亲来孟子馆中就见否也。造，音七到反，赴也。

明日，出吊于东郭氏。公孙丑曰：“昔者辞以病，今日吊，或者不可乎？”曰：“昔者疾，今日愈，如之何不吊？”

东郭氏，是齐国的大夫。孟子前去吊东郭氏之丧也。昔者，昨日也。公孙丑见孟子昨天以病辞齐王，不往朝，而今天去吊东郭氏之丧，疑其不可。“曰”字以下，为孟子答语。

王使人问疾，医来。孟仲子对曰：“昔者有王命，有采薪之忧，不能造朝。今病小愈，趋造于朝，我不识能至否乎？”使数人要于路曰：“请必无归而造于朝。”

孟仲子，据赵岐注，是孟子从弟，在孟子身边就学的。这时候，孟子已往东郭氏去吊丧，所以由孟仲子答复齐王的使者。采薪之忧，谓病也。言因病不能采薪也，自谦之辞。《曲礼》云：“君使士射，不能，则辞以疾，曰：‘某有负薪之忧。’”要，平声，同邀。使人邀孟子于路中也。

不得已而之景丑氏宿焉。景子曰：“内则父子，外则君臣，人之大伦也。父子主恩，君臣主敬。丑见王之敬子也，未见所以敬王也。”曰：“恶！是何言也？齐人无以仁义与王言者，岂以仁义为不美也？其心曰‘是何足与言仁义也’云尔，则不敬莫大乎是！我非尧舜之道，不敢以陈于王前，故齐人莫如我敬王也。”

之，往也。景子名丑，亦齐大夫。孟子刚从东郭氏吊丧回来，被孟仲子所派的人拦住，要孟子去朝见齐王。孟子不愿去朝，不得已到景丑家里去宿夜。主恩、主敬者，为以恩为主、以敬为主也。

"曰"字以下，为孟子答语。恶，平声，叹词。岂以仁义为不美也，是反诘语。是何足与言仁义之是，即指齐王。云尔，语词，言齐人心中，如此云云也。

景子曰："否！非此之谓也。《礼》曰：'父召无诺，君命召，不俟驾。'固将朝也，闻王命而遂不果，宜与夫礼若不相似然！"

《礼记·曲礼》曰："父召无诺，先生召无诺，唯而起。"《玉藻》曰："父命呼，唯而不诺。"《曲礼》注云："应辞，唯恭于诺。"《玉藻》曰："君召……在官不俟屦，在外不俟车。"《论语·乡党》曰："君命召，不俟驾行矣。"言急赴君命，不及俟驾车而先行也。宜，殆也。本书《滕文公》"不见诸侯，宜若小然"，又"枉尺而直寻，宜若可为也"，《离娄》"宜若无罪焉"，《尽心》"宜若登天然"。宜字均当训殆。见王引之《经传释词》。言孟子之不朝王，殆与礼所谓"君命召不俟驾"者，若不相似也。夫，音扶，指示形容词。

曰："岂谓是与？曾子曰：'晋楚之富，不可及也。彼以其富，我以吾仁；彼以其爵，我以吾义。吾何慊乎哉！'夫岂不义而曾子言之，是或一道也。天下有达尊三：爵一，齿一，德一。朝廷莫如爵，乡党莫如齿，辅世长民莫如德。恶得有其一，以慢其二哉！"

与，今作欤。此又为孟子答辨景丑的话。慊，少也，心有所不足也。言晋楚之君虽富贵，而吾之仁义足以当之也。以下是孟子解释曾子之言。夫，音扶。言曾子所言，岂为不义？而曾子言之，这或许是一种道理也。达，通也。齿，年龄；爵，官禄；德，道德。三者人所共尊，故曰达尊。辅，助也；长，上声，动词，长养之也。孟子自以为有齿德二尊，而齐王仅有"爵"之一尊；今齐王命孟子去朝，是以其一慢其二也。恶，音乌，安也。慢，即怠慢。

"故将大有为之君，必有所不召之臣，欲有谋焉则就之。其尊德乐道，不如是，不足与有为也。故汤之于伊尹，学焉而后臣之，故不劳而王。桓公之于管仲，学焉而后臣之，故不劳而霸。今天下地丑德齐，莫能相尚，无他，好臣其所教，而不好臣其所受教。汤之于伊尹，桓公之于管仲，则不敢召；管仲且犹不可召，而况不为管仲者乎？”

大有为，即大有作为。不召，谓不当以命令召见，当就而谋议者。谋，即商量。就，是自己到他那里去。汤，即商汤。伊尹，是商朝的贤相。桓公，即齐桓公。管仲，是齐桓公时的贤相。学焉而后臣，是先到他那里去请教，然后再任用他做官。丑，相类也。齐，相等也。尚，是胜过的意思。好，去声，喜也。所教，是才德不如我而能听我命令，受我指挥之人；所受教，是才德胜我，我须听他教导之人。臣其所教者，则可召；臣其所受教，则不敢召也。不为管仲者，孟子自谓也。“不为管仲”，见本篇第一章。按本章所记，孟子对齐王的态度似乎太傲。其实孟子在齐，此时尚处宾师之位，非当仕有官职之人，不以奉命趋走为恭，而以责难陈善为敬，故与孔子之君命召不俟驾而行不同。

十二

陈臻问曰：“前日于齐，王馈兼金一百而不受。于宋，馈七十镒而受。于薛，馈五十镒而受。前日之不受是，则今日之受非也；今日之受是，则前日之不受非也：夫子必居一于此矣。”孟子曰：“皆是也。当在宋也，予将有远行，行者必以赆，辞曰‘馈赆’，予何为不受？当在薛也，予有戒心，辞曰‘闻戒，故为兵馈之’，予何为不受？若于齐，则未有处也。无处而馈之，是货之也。焉有君子而可以货取乎？”

陈臻，孟子弟子。馈，赠送也。金，指社会上通用的银子。古时金、银、铜都称金。兼金者，最好的银子。镒，古时衡名。一镒，为二十四两。辞，指馈金时的言辞。赆，或作费，音习印切，送行者所赠的旅费叫做赆。馈赆，犹今云送程仪也。戒，备戒也。孟子在薛，有人欲害之。兵，所以戒不虞。薛馈金时云："闻有戒备，故馈金为设兵备之用也。"处，即于义未有所处的意思。货之，谓以金钱收买之也。焉，平声，副词。言君子岂可以金钱收买而得之也。

十三

孟子之平陆，谓其大夫曰："子之持戟之士，一日而三失伍，则去之否乎？"曰："不待三。""然则子之失伍也亦多矣！凶年饥岁，子之民，老羸转于沟壑，壮者散而之四方者，几千人矣。"曰："此非距心之所得为也。"

之，往也。平陆，齐国的边邑。大夫，邑宰也。持戟之士，执兵器的卫士也。失伍，谓值班守卫时无故不到也。去之，罢免之也。此阎若球说。赵朱均以士为战士，伍为行列，去之为杀之，不如阎说为合情理。不待三，言不到第三次，便令出伍也。羸，弱也。距心，姓孔，是平陆的大夫。言此乃齐王之政，非大夫所得擅，故曰"非距心所得为"。

曰："今有受人之牛羊而为之牧之者，则必为之求牧与刍矣。求牧与刍而不得，则反诸其人乎？抑亦立而视其死与？"曰："此则距心之罪也。"

此孟子又设譬对孔距心言也。牧之之牧，即畜牧。求牧之牧，牧地也。刍，喂羊之草。反诸其人，以羊还主人也。抑，转折连词，犹今云还是。与，同欤

他日，见于王曰："王之为都者，臣知五人焉，知其罪者，惟孔距心。"为王诵之。王曰："此则寡人之罪也。"

见于王，孟子见齐王也。为，治也；都，邑也。为都者，即治

理一邑的大夫。诵之，传述与孔距心问答之言也。

十四

孟子谓蚳鼃曰："子之辞灵丘而请士师，似也，为其可以言也。今既数月矣，未可以言与？"

为，去声，同谓。蚳，音池；鼃，同蛙。蚳鼃，人名，齐国的大夫。灵丘，齐邑。士师，刑官之属，在都中，故刑罚不中，可以进谏。一说，古有两种士师：一种是管狱员，如《论语》"柳下惠为士师"是也；一种是诛官，等于汉朝的谏议大夫，清朝的御史之类，此章所说的士师是也。言蚳鼃之辞灵丘大夫，而请改任为士师，似乎合理，因其可以进诛也。今为士师，已数月之久，而无进谏之言，岂未可以言与？与，同欤。

蚳鼃谏于王而不用，致为臣而去。齐人曰："所以为蚳鼃，则善矣；所以自为，则吾不知也。"

致为臣，即致仕，辞职也。齐人因此批评孟子，言所以为蚳鼃计者，则善，所以自为计者如何，则吾辈不知，盖议孟子之不去也。

公都子以告。曰："吾闻之也，有官守者，不得其职则去；有言责者，不得其言则去。我无官守，我无言责也则吾进退，岂不绰绰然有馀裕哉？"

公都子，孟子弟子。以告者，把齐人说的话，来告诉孟子也。"曰"字以下，孟子对公都子之话。做地方官的有应守的职务，叫官守；做谏官的负进谏的责任，叫言责。绰绰，是很宽的样子。馀裕，是很有馀地的意思。孟子在齐，不居官职，故进退绰然也。

十五

孟子为卿于齐，出吊于滕。王使盖大夫王驩为辅行。王驩朝暮见，反齐滕之路，未尝与之言行事也。公孙丑曰：“齐卿之位，不为小矣；齐滕之路，不为近矣。反之而未尝与言行事，何也？”曰：“夫既或治之，予何言哉？”

卿，是客卿，位在大夫之上，但没有一定的职务与责任。孟子出吊于滕，盖奉齐王之命。盖，音古盍反，是齐国的地名。王驩，时为盖邑大夫，是一个小人。辅行，副使也。反齐滕之路，言由齐之滕，又由滕反齐也。行事，使事也。孟子既为正使，一切使事，驩宜听命于孟子，乃驩既自专，而孟子又未尝与言，故公孙丑疑而问也。齐卿之位不为小矣，指孟子而言。朱注谓指王驩，岂公孙丑以驩位不小，故应与之言乎？当从陈组绶《燃犀解》说。孟子答公孙丑之言，是隐约之辞。言彼既或治之，我又说什么呢？夫，音扶，彼也，指王驩。或，疑词。治之，谓治使事。

十六

孟子自齐葬于鲁，反于齐，止于嬴。充虞请曰：“前日不知虞之不肖，使虞敦匠事。严，虞不敢请。今愿窃有请也。木若以美然？”曰：“古者棺椁无度，中古棺七寸，椁称之。自天子达于庶人。非直为观美也，然后尽于人心。不得，不可以为悦；无财，不可以为悦。得之为有财，古之人皆用之，吾何为独不然？且比化者，无使土亲肤，于人心独无恔乎？吾闻之也，君子不以天下俭其亲。”

顾炎武《日知录》云：“言葬而不言丧，此改葬也。礼。改葬，缌，事毕而除。故反于齐，止于嬴，而充虞乃得承间而问。”按赵、朱二注均谓孟子丧母，归葬鲁。则是营葬方毕，即反于齐，有背丧礼矣。若谓终丧而反，则充虞何以至三年后而始问于逆旅之中？且何以云“前日”乎？充虞，孟子弟子。敦匠事，监督制造棺材的事也。此句或读于“匠”字句绝。“事”字属下误，作“事严”。事严，事急也，故无暇请问。以，通已，太也。木若以美然，言棺木似乎太好也。无度，言没有一定的尺寸也。中古，大概指周朝初年。七寸，指棺之厚。称，相当也。椁，是加在棺外的。棺称之者，言与棺的厚薄相当也。非直，即不但。观美，外观形式之美。言葬父母的棺椁，用较好的木材，不但是为了外表上的美观，如此然后尽人子的心。不得，不得好木也。得之为有财，为，与也。言即可得之，又有财足以购之也。朱注曰：“比，犹为也。化者，死者也。恔，快也。”是说为了使已死者的尸体不被泥土黏在皮肤上，这在人子的心里，难道不是很快慰的吗？不以天下俭其亲，言不为天下之故而俭于其亲也。

十七

沈同以其私问曰：“燕可伐与？”孟子曰：“可。子哙不得与人燕，子之不得受燕于子哙。有仕于此，而子悦之，不告于王，而私与之吾子之禄爵。夫士也，亦无王命而私受之于子，则可乎？何以异于是？”

沈同，齐国的大臣。以其私问，以他私人的资格问孟子也。伐与之与，今作欤。这时燕国的国君名叫子哙，让位与子之。子之遂为燕王。孟子以此时尚有周天子在，诸侯之授受，必须王命，今私相授受，是不合法的。

齐人伐燕。或问曰：“劝齐伐燕，有诸？”曰：“未也。沈同问：‘燕可伐与？’吾应之曰：‘可。’彼然而伐之也。彼如曰：‘孰可以伐之？’则将应之曰：‘为天吏，则可以伐之。’今有杀人者，或问之曰：‘人可杀与？’则将应之曰：‘可。’彼如曰：‘孰可以杀之？’则将应之曰：‘为士师，则可以杀之。’今以燕伐燕，何为劝之哉？”

诸即之乎。与，同欤。天吏，指受天命之王者。士师，是审理讼狱的官，能判定人罪而将人杀戮的。以燕伐燕者，是说齐国与燕国同一无道，以齐伐燕，等于以燕国伐燕国也。

十八

燕人畔。王曰："吾甚惭于孟子。"陈贾曰："王无患焉。王自以为与周公，孰仁且智？"王曰："恶！是何言也？"曰："周公，使管叔监殷，管叔以殷畔。知而使之，是不仁也；不知而使之，是不智也。仁智，周公未之尽也，而况于王乎？贾请见而解之。"

畔，同叛。齐国伐燕，五旬而举之。齐王问孟子，孟子告以置君而返，事已见上篇。齐王因不听孟子的话，燕人果然叛齐。故齐王自觉惭愧。陈贾，是齐国的大夫。周武王灭纣后，将纣子武庚仍封在殷的地方做诸侯。管叔，武王之弟，周公之兄。当时因恐殷朝的后代反叛，所以周公使管叔，去监视殷人的行动。不料武王死后，管叔反助殷人反叛。陈贾思以周公之事来安慰齐王也。无患，犹言无忧。请见，请见孟子；解之者，解说王的过失也。

见孟子，问曰："周公，何人也？"曰："古圣人也。"曰："使管叔监殷，管叔以殷畔也，有诸？"曰："然。"曰："周公知其将畔而使之与？"曰："不知也。""然则圣人且有过与？"曰："周公弟也，管叔兄也。周公之过，不亦宜乎？且古之君子，过则改之；今之君子，过则顺之。古之君子，其过也，如日月之食，民皆见之；及其更也，民皆仰之。今之君子，岂徒顺之，又从为之辞。"

此陈贾见孟子而问也。诸，之乎也。与，同欤。孟子以周公为管叔之弟，故信任管叔。周公之过，是在情理之中的。古之君子，指真正的君子如周公者而言。顺者，顺遂其过，不肯改也。日月之食，即日蚀、月蚀。更，改也。仰者，仰望之也。为之辞者，不但不能改过，又从而解说之，以文饰其过也。

十九

孟子致为臣而归。王就见孟子，曰："前日愿见而不可得，得侍同朝，甚喜。今又弃寡人而归，不识可以继此而得见乎？"对曰："不敢请耳，固所愿也！"他日，王谓时子曰："我欲中国而授孟子室，养弟子以万钟，使诸大夫国人皆有所矜式。子盍为我言之？"

孟子在齐国做客卿，因齐王不能行其道，故致仕而归。"前日……"云云，赵注谓指孟子未来齐时。得侍同朝，王之谦辞，言得孟子在朝为臣，指来齐后而言。时子，是齐国的大夫。中国，谓在国之中央。授孟子室，赐孟子以宅第也。钟，古时量名。古时俸禄以粟，以钟为单位。弟子，孟子之弟子。矜，敬也。式，法也。盍，何不也。

时子因陈子而以告孟子，陈子以时子之言告孟子，孟子曰："然。夫时子恶知其不可也。如使予欲富，辞十万而受万，是为欲富乎？"

恶，音乌。

因，托也。时子以齐王之言托陈子转告孟子，陈子，即陈臻。孟子为齐卿，禄富十万钟，孟子不受其禄，故曰"辞十万"。今若受齐王万钟之养，是"受万"矣。

"季孙曰：'异哉，子叔疑！使己为政，不用，则亦已矣。又使其子弟为卿。人亦孰不欲富贵，而独于富贵之中有私龙断焉。'古之为市者，以其所有，易其所无者，有司者治之耳。有贱丈夫焉，必求龙断而登之，以左右望而罔市利，人皆以为贱，故从而征之。征商，自此贱丈夫始矣！"

此章分段有两说，一谓季孙、子叔，均孟子弟子。季孙说"异哉"，子叔亦疑也。以下均为孟子解说之词。一谓季孙之言"自异"哉起，至"断焉"为止。子叔疑为人名。龙，同垄，亦作陇。土山高起而四面削落的，叫做龙断。一个人登在土山上面，左望右望，看见市场上有哪一种货物，可以赚钱的，就用贱价把这货物买来。等到市场上这种货物少了，价钱贵起来，他就把这货物出卖掉。罔，同网。罔市利，谓独占市利，一网打尽也。征，收税也。

二十

孟子去齐，宿于昼。有欲为王留行者，坐而言；不应，隐几而卧。客不悦曰："弟子齐宿而后敢言，夫子卧而不听，请勿复敢见矣！"曰："坐！我明语子。昔者鲁缪公无人乎子思之侧，则不能安子思；泄柳、申详，无人乎缪公之侧，则不能安其身。子为长者虑，而不及子思。子绝长者乎？长者绝子乎？"

昼，地名，齐国西南邑。应，去声。隐，依也，凭也。孟子不与客言，凭几而假寐也。齐，同斋，即斋戒，是竭诚恭敬的意思。缪，同穆。鲁缪公是鲁国的国君。子思，孔子孙，名伋。泄柳、申详，都是鲁缪公手下的贤臣。子思以道不行欲去，缪公常使贤人往留，以诚意达于子思，子思乃安而留之。泄柳、申详，亦是贤人，惟缪公尊之不如子思。然二子义不苟容，非有贤者在缪公之侧，亦不能自安其身。孟子学子思。今留行的人，不在王前宣扬孟子之道，使之改悔，又不奉王命，自来相留，是为孟子计，以为不及子思也。长，上声。长者，孟子自谓。

二十一

孟子去齐。尹士语人曰："不识王之不可以为汤武，则是不明也；识其不可，然且至，则是干泽也。千里而见王，不遇故去。三宿而后出昼，是何濡滞也？士则兹不悦。"

尹士，亦是齐人。干，求取也。泽，恩泽也。干泽，求取恩泽，即干禄也。濡滞，行迟迟也。尹士批评孟子，以为如不知齐王不可行王道，则是他不明；如知齐王不能行王道而贸贸然来，乃是求官。遇，合也。既以不合而去，过了三宿，方才出昼，则尚有希望齐王挽留之意。士，尹士自称其名。兹，此也。言已对此不满意也。

高子以告。曰："夫尹士恶知予哉！千里而见王，是予所欲也；不遇故去，岂予所欲哉？予不得已也！予三宿而后出昼，于予心犹以为速，王庶几改之。王如改诸，则必反予。夫出昼而王不予追也，予然后浩然有归志。予，虽然，岂舍王哉？王由足用为善；王如用予，则岂徒齐民安，天下之民举安。王庶几改之，予日望之！予岂若是小丈夫然哉？谏于其君而不受，则怒，悻悻然见于其面，去则穷日之力而后宿哉？"尹士闻之曰："士诚小人也！"

高子，亦齐人，系孟子弟子。以告者，以尹士所说的话，告诉孟子也。"曰"字以下，孟子答高子也。夫，音扶。恶，平声，何也。诸，同之乎，拟度之词。反，招之还也。不予追，犹言不追予。朱注曰："浩然，如水之流，不可止也。"舍，同捨。由，同犹。用，以也，举皆也。小丈夫，犹言小人。悻悻然，忿忿不平之貌。见，同现，穷竭也。穷日之力，犹言"尽一日之力以行"。尹士闻孟子之言，自知其谬，故曰"士诚小人也"。

二十二

孟子去齐。充虞路问曰："夫子若有不豫色然？前日，虞闻诸夫子曰：'君子不怨天，不尤人。'"曰："彼一时，此一时也。五百年必有王者兴，其间必有名世者。由周而来，七百有余岁矣。以其数，则过矣；以其时考之，则可矣。夫天未欲平治天下也；如欲平治天下，当今之世，舍我其谁也？吾何为不豫哉？"

充虞，是孟子弟子。路问者，在路上问孟子也。不豫色，是不愉快的面色。"君子不怨天，不尤人"，本是孔子之言。名世，谓王者之佐，德业声名，为世所重者。以其数则过矣，言周已来已有七百余岁，则已超过五百岁之期矣。夫，音扶。言如天意欲平治天下，则当今之世，名世之人，非己莫属也。舍，同捨。

二十三

孟子去齐，居休。公孙丑问曰："仕而不受禄，古之道乎？"曰："非也。于崇，吾得见王，退而有去志，不欲变，故不受也。继而有师命，不可以请。久于齐，非我志也。"

休、崇，皆地名。孟子在齐做客卿，并不受齐王的俸禄，故公孙丑以为问也。孟子言见王于崇，即知齐王不能行仁政，故怀去志。不欲变，不欲改变去志也。以不欲久处齐，故不受其禄。有师命，指齐伐燕事。方有军旅之事，故"不可以请"。请者，请辞去也。

［问题］

（一）孟子言以齐王犹反手，何故？
（二）北宫黝孟施舍养勇之法，与曾子所论大勇，有何不同？
（三）告子不动心之道如何？
（四）孟子养气之说如何？
（五）何谓"勿忘"、"勿助长"？
（六）何谓"知言"？
（七）伯夷、伊尹、孔子之异同何在？
（八）王与霸，有何分别？
（九）何谓"四端"？何以知为人所同具？
（十）伯夷、柳下惠有何不同？孟子对二人之批评如何？

（十一）“地利”何以不如“人和”？

（十二）孟子本将朝王，何以闻王命来召，反而不去？

（十三）孟子受宋、薛所馈之金，而独不受齐馈，何故？

（十四）孔子去齐，接淅而行；孟子去齐，三宿出昼；何以迟速不同？

滕文公篇第三

一

滕文公为世子，将之楚，过宋而见孟子。孟子道性善，言必称尧舜。

天子之子称太子，诸侯之子称世子。滕文公在做世子的时候，将到楚国去，路过宋国；这时孟子刚在宋国，故来见也。孟子言人心皆善，人皆可以为尧舜。滕文公来见，即以此勉之。朱注云："道，言也。性者，人所禀于天以生之理也。"按《中庸》云："天命之谓性，率性之谓道。"是子思亦主性善也。孟子道性善之言，散见本书各篇。《告子》篇论性语尤多。荀子书有《性恶》篇，首云："人之性恶，其善者伪也。"伪即人为。故又云："不学而能，不事而成之在天者，谓之性；可学而能，可事而成之在人者，谓之伪。"虽孟子之旨欲人之尽性而乐于善，荀子之旨欲人之化性而勉于善，亦可谓为殊途而同归，但终成为儒家中对峙的两派。《中庸》称仲尼祖述尧舜。孟子言必称尧舜，与孔子之旨正同。《荀子·非十二子》篇讥子思、孟子，"略法先王而不知其统"，故主张"法后王"。此亦孟荀学说不同之点。

世子自楚反，复见孟子。孟子曰："世子疑吾言乎？夫道，一而已矣！成覸谓齐景公曰：‘彼丈夫也，我丈夫也，吾何畏彼哉？’颜渊曰：‘舜何人也，予何人也，有为者亦若是！’公明仪曰：‘文王，我师也。周公岂欺我哉！’今滕，绝长补短，将五十里也，犹可以为善国。《书》曰：‘若药不瞑眩，厥疾不瘳。’”

世子，仍指滕文公。“夫道，一而已矣”者，言别无卑浅易行之道也。盖人之才质容有不齐，故或生知、安行，或学知、利行，或困知、勉行；但及其知之，及其成功，则一也。（见《中庸》）世子之意，殆亦如公孙丑之羡道之高且美，而又疑其不可几及，欲降而求其次。孟子此答，亦不能为拙工改绳墨，为拙射变彀率之意。成覸，古之勇士，《淮南子·齐俗训》及《史记·范雎传》作“成荆”，《汉书·广川王传》作“成庆”。谓齐景公者，与人言齐景公也。彼，即指景公。成覸所云，即北宫黝“无严诸侯”之意。孟子引之，亦与上篇论“不动心”引北宫黝孟施舍二人同。朱注谓“彼”指圣贤，未是。颜渊，孔子弟子。公明仪，亦见《礼记·檀弓》及《祭义》，《祭义》注以为曾子弟子。朱注云：“‘文王，我师也’，盖周公之言。公明仪盖亦以文王为必可师，故诵周公之言，而叹其不我欺也。”绝同截。就滕国地形，截其长以补其短，约可方五十里，言其国之小也。但虽小国，尚可以为善国。“若药……”二句，见《伪古文尚书·说命》篇，《国语·楚语》亦以为武丁命传说语而引之。瞑眩，目眩晕视不明也。瘳，音抽，病愈也。药力大者，服之则瞑眩，但非此不能愈病。盖以病者不惮服药为喻，戒文公勿以尧舜之道为难能而行之也。

二

滕定公薨，世子谓然友曰：“昔者，孟子尝与我言于宋，于心终不忘。今也不幸，至于大故，吾欲使子问于孟子，然后行事。”然友之邹，问于孟子。孟子曰：“不亦善乎！亲丧，固所自尽也。曾子曰：‘生，事之以礼；死，葬之以礼，祭之以礼：可谓孝矣。’诸侯之礼，吾未之学也。虽然，吾尝闻之矣：三年之丧，齐疏之服，飦粥之食，自天子达于庶人，三代共之。”

滕定公是滕文公之父。古时天子死曰崩，诸侯死曰薨。然友，滕人，世子之傅。大故，大丧也，指父母丧而言。行事，办丧事也。这时候，孟子已回邹国，所以然友就至邹国去问孟子。“不亦善乎！”是孟子赞美世子之来问，能郑重丧礼。父母的丧事，做人子的本应该尽自己的心也。下引曾子的话，表示父母生时，奉事固然要尽礼；父母死了，安葬祭祀，也要尽礼。这样，方可说是个孝子也。诸侯丧父母的礼，虽没有学过，但也曾经听人讲过，父母三年之丧应穿下端缝边（齐）的粗布（疏）衣服（齐疏，粗布也），吃些稀烂粥（饣），从天子到小百姓是一律的，这是三代以来共同遵行的礼制。齐，本作齋，音资，衣下缝也。疏，粗也。丧服以粗麻布为之，不缉曰斩衰，缉之曰齐衰。父丧当服斩衰，此言齐者，包斩衰而言。飦，同馑，读若专，粥也。居丧当食粥。按此所引曾子语，亦见《论语·为政》篇，为孔子告樊迟语。殆曾子当述之以告门人也。

然友反命，定为三年之丧，父兄百官皆不欲，曰：“吾宗国鲁先君莫之行，吾先君亦莫之行也；至于子之身而反之，不可！且志曰：‘丧祭从先祖。’”曰：“吾有所受之也。”

反命，然友回到滕国，把孟子的话，转告世子也。世子遵从孟子之说，乃决定实行三年之丧。父兄，是世子的长辈。百官，是国中所有的官。滕君亦姬姓，文王子叔绣所封，与鲁君同出文王，故以鲁为宗国。言鲁国前代的国君，与滕国前代的国君，皆未行三年之丧。今欲行三年之丧，是反之也。志，古时传记之书。“曰：吾有所受之也”，是世子答父兄百官之言，说不是我要违反祖宗，是向人请教过的。

谓然友曰：“吾他日未尝学问，好驰马试剑。今也父兄百官，不我足也，恐其不能尽于大事。子为我问孟子。”然友复之邹问孟子。孟子曰：“然。不可以他求者也。孔子曰：‘君薨，听于冢宰，歠粥，面深墨即位而哭，百官有司，莫敢不哀，先之也。’上有好者，下必有甚焉者矣。'君子之德，风也；小人之德，草也；草尚之风，必偃。'是在世子。"

世子又向然友说道："我在从前没有请求过学问，只喜跑马射箭。现父兄百官，对我都不满意，我也深恐于我这件丧葬大事，有所未尽，你替我再去问问孟子。"然友奉了世子的命令，再到邹国去问孟子。不可以他求者，即下云"是在世子"也。所引孔子语，见《论语·宪问》篇。是佐国君总理政务之上卿。君薨，世子须守丧礼，故委政于冢宰，令代听治之也。歠，音川悦反，饮也。歠粥，即上"飦粥之食"。深墨，深黑色也。居丧哀、戚，形于面，故晦黑也。即位，就丧位也。世子如此，到百官有司执事之人，自为所感，而莫敢不哀矣。好，去声。尚，加也；偃，仆也。言草如加之以风，则草必偃仆。"君子之德……"云云，亦见《论语·颜渊》篇。

然友反命。世子曰："然！是诚在我。"五月居庐，未有命戒，百官族人，可谓曰知。及至葬，四方来观之，颜色之戚，哭泣之哀，吊者大悦。

然友回国复命。世子道："不错！确乎在我自己！"庐，居丧之倚庐。诸侯五月而葬，未葬，孝子居中门外之倚庐中也。听于冢宰，故没有发布命令或告诫。百官和同族的人，都说他可谓知礼了。到了安葬的时候，四方来送葬的人，看见世子颜色的悲戚，哭泣的哀恸，都非常满意，都称赞世子真是个孝子。

三

滕文公问为国。孟子曰："民事不可缓也。《诗》云：'昼尔于茅，宵尔索绹。亟其乘屋，其始播百谷。'民之为道也，有恒产者有恒心，无恒产者无恒心；苟无恒心，放辟邪侈，无不为已。及陷乎罪，然后从而刑之，是罔民也。焉有仁人在位，罔民而可为也？"

为治，治国也。时孟子已到滕国。民事不可缓也，是说治国之道，先要讲求百姓的事，不可迟缓。所引《诗经》见《豳风·七月》篇。于，往取也。茅，茅草也。索绹，用草绞成绳索也。意思是说：日间你去割茅草，夜间你去绞绳索。亟，同急。乘，升也。取茅、索绹，所以修理茅屋。言急急地升到屋顶上去修理好，整治好吧！就要开始播种百谷了。“民之为道也”以下，是孟子说明民事所以不可缓之理。与《梁惠王》篇告齐宣王语同。

“是故贤君必恭俭礼下，取于民有制。阳虎曰：‘为富不仁矣！为仁不富矣！’夏后氏五十而贡，殷人七十而助，周人百亩而彻，其实皆什一也。彻者，彻也。助者，借也。龙子曰：‘治地莫善于助，莫不善于贡。贡者，校数岁之中以为常。乐岁粒米狼戾，多取之而不为虐，则寡取之。凶年粪其田而不足，则必取盈焉。为民父母，使民盻盻然，将终岁勤动，不得以养其父母，又称贷而益之，使老稚转乎沟壑，恶在其为民父母也？’夫世禄，滕固行之矣。《诗》云：‘雨我公田，遂及我私。’惟助为有公田，由此观之，虽周亦助也。

恭，是恭敬。俭，是俭省。礼下，是待臣以礼。取于民有制，是征取赋税，有一定的制度，不额外加增。这都是贤君为国之道。阳虎，是春秋时鲁季孙氏之家臣，《论语》作阳货。阳虎之言，盖主张为富，所以顾不到仁；孟子虽然引用阳虎之言，意思却正与阳虎相反。孟子论仁政，以解决民生问题为前提，其意侧重在“取于民有制”一语，故先引阳虎之言，次论三代取民之制也。夏称夏后氏，殷周称人者，赵注云：“禹禅于君，故夏称后；殷周顺人心而征伐，故言人也。”按《论语·八佾》篇宰我答哀公问社，亦称“夏后氏”、“殷人”、“周人”，疑当时习用语如此。贡、助、彻，三代税制之名。朱注谓夏时一夫授田五十亩，每夫计其五亩之入以为贡；商人始为井田，六百三十亩画为九区，每区七十亩，中为公田，八家各授七十亩，借其力以助耕公田；周时一夫授田百亩，乡遂用贡法，都鄙用助法，耕则通力而作，收则计亩而分，故谓之彻。又谓贡法以十分之一为常数，助法乃是九一，周制公田百亩中二十亩为庐舍，通私田计之，为十一分而取其一云云。顾炎武《日知录》、钱塘《溉堂考古录》则谓五十、七十、百亩，非授田有多少，乃三代丈尺不同之故。丈尺虽异，而所授之田实同，故曰“其实皆什一也”。若授田多少相差如此，则一王之兴，必改畛涂沟洫矣。其说甚通。“彻者，彻也”者，朱注云：“彻，通也，均也。”按《论语·颜渊》篇，有若答哀公云：“盖彻乎。”郑玄注云：“周法什一而税，谓之彻。彻者，通也，为天下之通法。”姚文田《求自斋稿》据《周礼》司稼云：“巡野观稼，以年之上下出敛法。”谓彻无常额，惟视年之丰歉。故无贡法乐岁少取，凶年必取盈之弊，亦无助法不尽力于公田之弊。至其取之之额，仍是什一。谓之彻者，直是通盘核算，犹“彻上彻下”之谓也。说较朱子为详。借，亦作藉，谓借民力以耕公田也。殷助周彻，孟子先释彻，后释助者，孟子主行助法，彻为宾，助为主也。不及贡法者，以下引龙子语已详之也。此倪學宽《读书记》说。龙子，古时的贤人，焦循《正义》疑即《列子·仲尼》篇之龙叔。治地，就是整理土地。龙子以殷人之助法为完善，夏人之贡法为不完善也。校，本作校。从手，比较也。以数岁之秋收为比较，而得一平均数。即以此中数为标准，每年向耕田的人，征收若干米谷也。此与现今田主收田租，不论丰年凶年，总是收租米若干，正是同样的。乐，音洛。狼戾，即狼藉。丰年农民米谷多了，往往不甚贵重，甚至狼藉于地而不顾也。《淮南子·览冥训》云：“流涕狼戾不可止。”亦谓涕之零落于也。粪，治田施肥也。凶年收入薄，以抵偿治田施肥的工本还不够。取盈者，谓取税必满其所定之额也。盻，音兮，恨视貌。称，举也；贷，借也。称贷，犹今云举债。恶，音乌，何也。夫，音扶。《梁惠王》篇孟子说文王治岐云：“耕者九一，仕者世禄。”本章所以仅论税法，不及世禄者，因滕国本已实行世禄了也。故仅提及一语，下文仍续论税法。所引《诗经》，见《小雅·大田》篇。只有助法，中央有一方公田。从这两句诗看来，则周朝虽说是行彻法，仍有公田，仍旧是井田的制度，故曰“虽周亦助也”。以上是论取民制产之法，即《论语》所谓“富之”；以下是论庠序学校之教，即《论语》所谓“教之”。先富后教，与《梁惠王》篇所说仍同。

“设为庠序学校以教之：庠者，养也。校者，教也。序者，射也。夏曰校，殷曰序，周曰庠，学则三代共之，皆所以明人伦也。人伦明于上，小民亲于下。有王者起，必来取法，是为王者师也。《诗》云：‘周虽旧邦，其命维新文王之谓也。子力行之，亦以新子之国。”

庠、序、校，都是乡校的名称；学是国立的学校。庠以养老为重，校以教人为重，序以习练射箭为重，各举其所重为名也。至于国立学校，三代的名称是相同的。设学的宗旨不过讲明人所应知的君臣、父子、夫妇、兄弟、朋友等各种伦常之理。人伦既由在上者详细讲明，那些小百姓就都知亲爱了；不但父子、夫妇、兄弟、朋友之间互相亲爱，对于国君亦知亲爱，所谓“人人亲其上，死其长”也。为国之道，虽千头万绪，举其重要者，不过民生、教育二大问题。滕国如能推行井田、学校之制，将来有王天下的人出来，必定要来采用，那么，就成了王者之师了。所引《诗经》，见《大雅·文王》篇。这二句是说周朝虽然是前代传下来的一个旧国，到了文王，发政施仁，就受了天命，而造成一个新的国家。子，指滕文公，言但能尽力施行起来，也可以把你的国建设成一个新国家也。

使毕战问井地。孟子曰：“子之君，将行仁政，选择而使子，子必勉之！夫仁政，必自经界始。经界不正，井地不均，谷禄不平。是故暴君污吏，必慢其经界。经界既正，分田制禄，可坐而定也。”

毕战，滕文公臣。滕文公使毕战到孟子前请问井田土地的办法也。子，指毕战。夫，音扶。经界，即沟洫畛涂，所以划分井田的界限。故经界不能整理清楚，井田就不能均匀；井田不能均匀，则豪强贪污得以兼并多取，故谷禄不均也。暴虐的君主，贪污的官吏，对于土地的界限，所以混乱之不肯注意厘正者，以便于舞弊也。若是经界一正，分配田亩，制定俸禄的办法，只要坐着就可规定了。故行仁政必自经界始也。

“夫滕，壤地褊小，将为君子焉，将为野人焉？无君子，莫治野人；无野人，莫养君子。请野，九一而助；国中什一使自赋。卿以下必有圭田，圭田五十亩。馀夫二十五亩。死徙无出乡，乡田同井，出人相友，守望相助，疾病相扶持，则百姓亲睦。方里而井，井九百亩，其中为公田；八家皆私百亩，同养公田。公事毕，然后敢治私事，所以别野人也。此其大略也。若夫润泽之，则在君与子矣。”

本篇第一章言“滕绝长补短将五十里”，故云“壤地褊小”。壤地，土地；褊小，狭小也。为，有也。《梁惠王》篇“善推其所为而已矣”。《说苑》引，为作有，是为、有古通之证。言滕国的土地虽小，亦须有做官的君子。在乡野耕田的小人，因为没有君子，无人管治野人，没有野人，无人耕种田地，养活君子也。野，指国都以外四郊的地方。九一而助者，九家为井，中为公田，行助法也。国中，指城中，谓郊门以内，势不能划分井田，故以“什一”为标准，叫百姓自己来缴纳赋税。“野九一”、“国中什一”，轻重不同者，国中役多，野役少也（见《周礼·载师》郑众《注》）。圭，洁也。用以供虔洁的祭祀，故称圭田。圭田，即《周礼·载师》之“士田”，士者，仕也。凡卿以下的官，必给他圭田五十亩，使他们作奉养祭祀的费用。这就是上面所说的世禄。孙阑《舆地隅说》则以此“圭田”即《九章》中之“圭田”，系指零星不井之田。其说较长。朱注引程子注曰：“一夫上父母，下妻子，以五口八口为率，受田百亩。如有弟，是馀夫也。年十六，别受田二十五亩，俟其壮而有室，然后更受百亩之田。”此以“馀夫二十五亩”与圭田并提。亦明在井田之外也。百姓既均有恒产，则安土重迁，故死亡的安葬，生存的迁居，都不会远离故乡。在一乡中，其田同井者，那些农民，出来耕田，回家休息，常常作伴，彼此就非常友善；守望盗贼，也能大家相助；有了疾病，更大家互相扶持帮助：则百姓自然亲爱而和睦了。方里而井者，是说把一里见方的地划成井形，而成为九区；每一井形之地，共田九亩。中央一方百亩为公田，傍边八方为八家私人的田。公田由这八家农民共同耕种，要等公田的农事完毕，然后去做各家私田的农事。“所以别野人也”，赵、朱均谓所以分别野人与君子。按上面所说，是皆就野人（即农民）而言，与君子无涉；别野人者，谓使家受私田，各有恒产耳。这是井田之法的大略情形，至于要如何因时制宜，详加规定，使合于人情，宜于土俗，那是在乎你们的国君和你了。

四

有为神农之言者许行，自楚之滕，踵门而告文公曰：“远方之人，闻君行仁政，愿受一廛而为氓。”文公与之处。其徒数十人，皆衣褐，捆屦织席以为食。

为，治也，犹今云研究。许行为农家，治神农之言。神农，上古之帝王。《汉书·艺文志》农家有《神农》二十篇。班固自注云：“六国时，诸子疾时怠于农业，道耕农事，托之神农。”盖当时农家多依托神农，不但许行为然也。《商子·画策》篇云：“神农之世，公耕而食，妇织而衣，不用刑政而治。”《北堂书钞》引《尸子》云：“神农氏并耕而食。”《吕氏春秋·爱类》篇述神农之教，亦言身亲耕，妻亲绩。许行主张君臣并耕，而托之神农之言，盖因当时本有此种传说耳。周秦诸子各创学说，皆欲以改制救世。但孔孟言尧舜，墨子宗夏禹，道家祖黄帝，所以必托之古人者，以世俗之人，多贵古贱今，非如此不能动人也（说见《韩非子·显学》篇）。许行，楚人，故自楚往滕。踵门，亲至门也。廛，民宅。氓，即民也。与之处者，给以住宅也。褐，粗毛布，贱者所服。衣，去声，穿也。捆，织也（见《说文》）。屦，麻鞋。朱注从赵注，训捆为扣椓，谓织屦欲其坚，故扣振之。言其徒以织屦席为业，卖以供食也。

陈良之徒陈相，与其弟辛，负耒耜而自宋之滕，曰：“闻君行圣人之政，是亦圣人也，愿为圣人氓。”

耒，音类。耜，音似。陈相，为陈良之弟子，陈辛则陈相之弟也。耒耜，农具。从宋国来到滕国，愿为滕君之民。观许行陈相之至自楚宋，可以推想当时文公初行仁政，便有四方之人皆悦而愿为之氓之效。

陈相见许行而大悦，尽弃其学而学焉。陈相见孟子，道许行之言曰：“滕君，则诚贤君也。虽然，未闻道也。贤者与民并耕而食，饔飧而治。今也，滕有仓廪府库，则是厉民而以自养也，恶得贤？”

饔，音雍。飧，音孙。恶，音乌。

陈相见了许行，非常悦服，把从前受于其师陈良的学说都弃掉了，去学许行的学说，故来见孟子时，即述许行之言也。朝饭叫饔，夜饭叫飧。“并耕而食，饔飧而治”，言当与民并耕，自己炊爨而食，兼治民事也。积米谷的曰仓廪，藏银钱的曰府库。厉，害也。言在滕国仍有积满米谷的仓库，积满钱财的府库，这就是害民以奉养自己，哪里算得贤呢？恶，平声，安也。

孟子曰，许子必种粟而后食乎？”曰：“然！”“许子必织布而后衣乎？”曰：“否，许子衣褐。”“许子冠乎？”曰：“冠。”曰：“奚冠？”曰：“冠素。”曰：“自织之与？”曰：“否，以粟易之。”曰：“许子奚为不自织？”曰：“害于耕。”

许子，孟子称许行也。言许子必自己种粟，而后食之乎？必自己织布，而后衣之乎？衣褐者，言许子所穿的是毛布，不是普通的布也。素，白色生绢也。冠素者，以生绢制冠也。与，同欤。孟子问许子所衣之褐，与制冠之素，都是自己织的吗？奚，何也。孟子又问：“许子为什么不自己织也？”

曰：“许子以釜甑爨，以铁耕乎？”曰：“然。”“自为之与？”曰：“否，以粟易之。”

釜，是铁制的烹饪器具，即今之镬或锅。甑，是陶制的烹饪器具，即今之瓦罐。爨，煮饭烧菜也。铁，指用铁制的农器。与，同欤。孟子又问：“许子煮食的釜甑和耕田的农器，是自己制成的吗？”

“以粟易械器者，不为厉陶冶；陶冶亦以其械器易粟者，岂为厉农夫哉？且许子何不为陶冶，舍皆取诸其宫中而用之？何为纷纷然与百工交易？何许子之不惮烦？”曰：“百工之事固不可耕且为也。”

孟子因陈相言许子之褐、素、釜、甑、农具之类，皆不自制而以粟易之，乃驳之也。陶，制造瓦器者；冶，制造铁器者。械器，指釜甑耒耜等物。朱注云："舍，止也。或读句属上，舍，谓作陶冶之处也。"按朱注所举二解均未安。钱玄同先生谓"舍"即今浙江绍兴方言之"啥"，意即什么；言无论什么都可取之于他的家中而用之也。其说甚精。古时凡居室皆可称宫。秦始皇以后，宫字始专指帝王所居。不惮烦，犹说不怕厌烦。以上孟子向陈相问许子的生活情形，所以絮絮不休者，全在逼出"百工之事不可耕且为"一语。下文便以此语为根据，说出一番大道理来。

"然则治天下独可耕且为与？有大人之事，有小民之事。且一人之身，而百工之所为备。如必自为而后用之，是率天下而路也。故曰：'或劳心，或劳力。'劳心者治人，劳力者治于人。治于人者食人，治人者食于人，天下之通义也。

此节仍是孟子之言。与，同欤。百工之事既不可耕且为，则治天下独可耕且为乎？大人，即上章所谓"君子"，治人者也；小人，即上章所谓野人，治于人者也。治天下，大人之事也；耕稼，小人之事也。一人之身，衣食住行各方面，备具百工之所为；如必一切自为而后用之，则是率天下之人而路也。赵注云："是率导天下之人以羸路也。"路，与露通。羸露，谓瘦瘠暴露。朱注云："路，谓奔走道路，无时休息也。"与赵说异。《管子·四时》篇云："不知五谷之故，国家乃路。"房注云："路，谓失其常居。"失其常居者，言日常生活亦不得安也。一人既不能兼为百工之事，故分工互助，为人类生活之原则。耕织陶冶之类，为体力的劳动；政治教育之类，为精神的劳动：其为人类社会工作则一也。《左传·襄公九年》记知武子语，《国语·鲁语》记公父文伯之母语，皆云："君子劳心，小人劳力，先王之制也。"是"劳心劳力"，古有此语，故加"故曰"。食，音嗣。食人，谓耕稼以养人；食于人，谓为人所养。此就理论上驳许行君民并耕之说也。

"当尧之时，天下犹未平，洪水横流，泛滥于天下。草木畅茂，禽兽繁殖。五谷不登，禽兽偪人，兽蹄鸟迹之道，交于中国；尧独忧之，举舜而敷治焉。舜使益掌火，益烈山泽而焚之，禽兽逃匿。禹疏九河，瀹济、漯而注诸海；决汝汉，排淮、泗，而注之江。然后中国可得而食也。当是时也，禹八年于外，三过其门而不入，虽欲耕，得乎？”

尧的时候，有洪水之灾。洪水，大水；横流，不由其道；泛滥，陆上到处都是水也。畅茂，长盛也；繁殖，生殖繁多也。登，成熟也。偪，同逼。印着禽兽的蹄迹的道路，纵横于中国，言禽兽多，且逼人也。帝尧独以此为忧，遂举了舜出来，叫他敷治。敷，分也。尧一人独忧之，不能一人独治之，故举舜而分治焉。下文益掌火，禹治水、后稷教民稼穑，契司教育，即分治也。烈，炽也。烈而焚之，犹云燃火以烧之。烧去山泽中之草木驱禽兽也。疏，分导也。疏九河，即《禹贡》之“播为九河”。九河者，徒骇、太史、马颊、覆釜、胡苏、简、洁、钩盘、鬲津也。盖分黄河下游为九道，一以杀水势，一则每年可以濬一河之淤，周而复始，使不致壅塞也。瀹，亦疏通之意。漯，音塔。决，排，皆濬于导水也。济漯入海，汝汉入长江。朱子谓据《禹贡》，及今水路入江者仅汉水；汝泗皆入淮，则淮自入海：此云四水皆入江，乃记者之误。按《禹贡》无汝水。《汉书·地理志》言汝水入淮。孙兰《舆地隅说》、孙星衍《分江导淮论》则谓淮泗合流之后，有由庐州巢湖胭脂河入江者，有由天长六合入江者；其本流则至清江浦入海。排者，通其上游支流以杀水势也。可以证《孟子》之非误。洪水既平，中国之地然后可耕而食。

“后稷教民稼穑，树艺五谷。五谷熟而民人育。人之有道也，饱食暖衣，逸居而无教，则近于禽兽。圣人有忧之，使契为司徒，教以人伦：父子有亲，君臣有义，夫妇有别，长幼有序，朋友有信。放勋曰：‘劳之来之，匡之直之，辅之翼之，使自得之，又从而振德之。’圣人之忧民如此，而暇耕乎？”

后稷，是管农事的官名，按《尚书·尧典》，那时候做后稷的人名弃，是周朝的始祖。稼穑，农艺也。树艺，种植也。育，养也。“人之有道也”，与本篇第三章“民之为道也”同。有、为古通用。有忧之者，又忧之也。上云“尧独忧之”，故此云“又忧之”。契，音薛，人名，商朝的始祖。司徒，掌教育之官。契为司徒，亦见《尧典》。放勋，尧之号。曰，一作日，言尧日日劳来匡直辅翼之。（见焦循《正义》，据孙奭《孟子音义》）来，亦作勑。《尔雅》："劳来，勤也。"劳之来之，谓勉之以勤；匡之直之，谓正之以义；"辅之翼之"，谓助之以教化，使能自得其本善之性也。振，救也。振德，谓加惠穷民，救其困乏也。朱注则云："又从而提撕警觉以加惠焉。"盖以提撕训振，加惠训德，以"放勋曰"以下云云，为命契之辞也。

"尧以不得舜为己忧，舜以不得禹、皋陶为己忧。夫以百亩之不易为己忧者，农夫也。分人以财谓之惠，教人以善谓之忠，为天下得人者谓之仁。是故以天下与人易，为天下得人难。孔子曰：'大哉！尧之为君！惟天为大，惟尧则之。荡荡乎，民无能名焉！君哉，舜也！巍巍乎，有天下而不与焉！'尧舜之治天下，岂无所用其心哉？亦不用于耕耳。

皋，音高。陶，读如遥。皋陶为士，掌司法，亦见《尧典》。不易之易，去声，即易其田畴之易，治也。与人易之易，亦去声，为难易之易。为天下之为，去声。则，效法也。言尧能取法乎天。荡荡，大貌。民无能名者，言民不能指其德而名之也。君哉，言其能尽人君之道的也。巍巍，高貌。不与，犹言不相关。言舜虽然得了天下，却像毫不相关，只以救民为心，并不以天子的地位自足也。所引孔子语，与《论语·泰伯》篇所记略异。——此又引历史事实以驳许行君民并耕之说也。

"吾闻用夏变夷者，未闻变于夷者也。陈良，楚产也。悦周公、仲尼之道，北学于中国；北方之学者，未能或之先也。彼所谓豪杰之士也。子之兄弟，事之数十年，师死而遂倍之。昔者，孔子没，三年之外，门人治任将归，入揖于子贡，相向而哭，皆失声，然后归。子贡反，筑室于场，独居三年，然后归。他日，子夏、子张、子游以有若似圣人，欲以所事孔子事之，强曾子。曾子曰：'不可！江、汉以濯之，秋阳以暴之，皜皜乎不可尚已！'今也南蛮鴃舌之人，非先王之道，子倍子之师而学之，亦异于曾子矣。吾闻出于幽谷，迁于乔木者；未闻下乔木而入于幽谷者。《鲁颂》曰：‘戎狄是膺，荆舒是惩。’周公方且膺之，子是之学，亦为不善变矣！”

孟子驳许行君民并耕之说既竟，乃复责陈相背其师陈良而去学许行也。夏指中国；夷，指蛮夷。夏，是文明的民族，应该把文化去启导野蛮民族，使他也变成文明，从不曾听说文明民族反愿变成野蛮的。故曰：“吾闻用夏变夷者，未闻变于夷者也。”产，生也。楚产，即是生长于楚国。周公、孔子之道，儒家之道也。那时候，楚国称荆蛮，尚无文化，故陈相特地到中国来求学。北方的学人，没有一个赶得上他。不为地方习俗所囿，力求上进，故称之为豪杰之士。子之兄弟，指陈相、陈辛两人。倍，同背。任，担也。治任，整治行李也。子贡主办孔子丧事，故门人入揖告辞。响，今亦作向。相响，相对也。失声，悲极，哭不成声也。反者，子贡送别了众人回来。场，冢旁空地。子贡筑室于孔子墓旁，独住三年然后去也。子夏、子张、子游以有若似圣人者，如《檀弓》所记，子游谓有若之言似夫子，《史记·仲尼弟子列传》谓有若状似夫子之类。强，上声，勉强也。濯，音浊，洗涤也。周正建子，其七八月，即夏正建寅之五六月；其秋，即夏正之夏。秋阳，夏日也。暴，同曝。朱注云：“皜皜，洁白貌。尚，加也。”朱意盖谓濯以江汉，曝以秋阳，故洁白无以复加。焦氏《正义》则谓皜通颢，言孔子德如天之元气颢颢也。尚，上也。不可上，即子贡所谓“如天之不可阶而升”。江汉非池沼可拟，秋阳非熘燎之伦，盖以江汉、秋阳及天比孔子云。说亦可通。鴃，音决，是一种小鸟。鴂舌之人，谓口音特别，讲话像鸟声的人。南蛮，指楚。“南蛮鴃舌之人”，指许行。其并耕之说，亦非先王之道也。幽谷，即很深的山谷，指黑暗低下的地方。乔木，即高大的树木，指光明高大的地方。《诗经·小雅·伐木》云：“出自幽谷，迁于乔木。”孟子用其意为喻。《鲁颂》，是鲁国中的颂诗。所引，见《鲁颂·閟宫》篇。膺，击也，伐也。荆，即楚。舒，古国名，近楚者也。惩，犹今云惩戒。言周公所伐者戎狄，所惩者荆舒。朱子谓《閟宫》本颂僖公，孟子以指周公，是断章取义，翟颢《孟子考异》则谓《閟宫》一诗第七、第八二章方颂僖公，此在第四章，确指周公。

“从许子之道，则市贾不贰，国中无伪。虽使五尺之童适市，莫之或欺。布帛长短同，则贾相若；麻缕丝絮轻重同，则贾相若；五谷多寡同，则贾相若；屦大小同，则贾相若。”曰：“夫物之不齐，物之情也。或相倍蓰，或相什伯，或相千万。子比而同之，是乱天下也。巨屦、小屦同贾，人岂为之哉？从许子之道，相率而为伪者也，恶能治国家？”

此陈相又称赞许子之道以答孟子也。贾，今作价。贰，同二。陈相以为推行许子的学说，能使市价划一不贰，国中的人都不敢作伪，虽使五尺长的童子到市上去买东西，决没有人会欺骗他。许子的主张，对于货物，只问量的多寡，而不管质的好坏。故布与帛，长短相同，价钱就一样；麻缕丝絮，轻重相同，价钱就一样；连五谷也不问他是米是麦，只要容量的多少相同，价钱也是一样。至于所穿的鞋，也只须大小相同，价钱也是一样。“曰”字以下，又孟子驳陈相之辞。夫，音扶。“物之不齐，物之情也”，是说货物的不能划一，正是货物的实在情形，所以在价值也自然不同了。倍，是一倍；蓰，是五倍；什，是十倍；伯，是百倍；千万，是千倍万倍。比，音必二反，次也。现在你们要把它划成同一的价钱，是反使天下扰乱了。大的鞋如与小的鞋卖同一价钱，制鞋的人还肯做它吗？质料相同的，大小不同，价尚不能划一，何况质量本有高低呢？你以为从许子之道，可以国中无伪，我却以为从许子之道，正是使国人相率为伪，怎能治国家呢？恶，平声，何也。

五

墨者夷之，因徐辟而求见孟子。孟子曰：“吾固愿见。今吾尚病，病愈，我且往见。”夷子不来。他日，又求见孟子，孟子曰：“吾今则可以见矣。不直，则道不见；我且直之。吾闻夷子墨者，墨之治丧也，以薄为其道也。夷子思以易天下，岂以为非是而不贵也？然而夷子葬其亲厚，则是以所贱事亲也。”

《汉书·艺文志》有墨家，以墨翟为始祖。墨者，是宗墨子学说的人。夷之，姓夷名之，是当时的一位墨者。徐辟，孟子弟子。夷子，即夷之。直者，直言以相质也。见，音现。言不直言以质之，则无以现示儒家之道，故我且直言以质之也。墨子书有《节葬篇》，以为儒家厚葬靡财病民，久服丧生害事。《庄子·天下》篇亦言墨子“死无服，桐棺三寸而无椁”。夷子既宗墨子，故思以薄葬改变天下之风气，是以薄葬为贵，而所贱为厚葬；今夷子厚葬其亲，则是以所贱事亲矣。此即孟子直言质问夷子之辞。

徐子以告夷子。夷子曰：“儒者之道，古之人‘若保赤子’，此言何谓也？之则以为爱无差等，施由亲始。”徐子以告孟子。孟子曰：“夫夷子，信以为人之亲其兄之子为若亲其邻之赤子乎？彼有取尔也。赤子匍匐将入井，非赤子之罪也。且天之生物也，使之一本，而夷子二本故也。盖上世尝有不葬其亲者，其亲死，则举而委之于壑。他日过之，狐狸食之，蝇蚋姑嘬之；其颡有泚，睨而不视。夫泚也，非为人泚，中心达于面目。盖归，反虆梩而掩之。掩之，诚是也。则孝子仁人之掩其亲，亦必有道矣。”徐子以告夷子，夷子怃然为间，曰：“命之矣！”

徐子即徐辟，把孟子的话，转告夷子也。道，言也。孟子为儒家，故夷子引儒者之言以反质孟子。赤子，是初生的婴儿。因初生婴儿皮肤色红，故曰赤子。若保赤子，见《周书·康诰》，言古之圣王爱民如保赤子也。之，夷之自称其名。墨子主兼爱，以为“爱人之父若其父，爱人之子若其子”，故曰“爱无差等”，但施爱由亲始耳。盖夷之以为儒者之言“若保赤子”，即是墨家兼爱之意；但爱虽无差等，而施爱则始于亲，故不妨厚葬其亲也。夫，音扶。孟子以为人之亲其兄之子，与亲其邻之赤子，是有差等的。彼有取尔也之彼，指“若保赤子”之言。所谓“若保赤子”者，盖别有取意也。匍匐，手足着地爬行也。赤子无知，在地上匍匐将入于井，犹愚民无知而陷于罪，皆非其罪。故今之人保民若赤子也。人物之生，各有其唯一之父母，故曰“一本”。今夷子以为爱无差等，则视路人如父母，是有二父母矣，故曰“二本”。此就夷之之言驳之也。上世，太古之世。委，抛弃也。壑，山间涧谷也。蝇，苍蝇。蚋，小虫名，蚊的一类。姑，古通蛄，也是一种小虫。嘬者，攒聚在一处吮吸之也。颡，前额。泚，出汗的样子。睨者，斜着眼也。蘽，盛土之草具；梩，掘土的器械。掩，盖也。言上古之世，也曾有不葬其亲之人。其父母死，则抬到山中，弃之于壑。过了几天，偶然重经弃尸之地，见狐狸在那里吃它，蝇蚋蝼蛄在攒集着吮吸它，不觉爱亲之念油然而生，既不忍，又惭愧，额上汗也出来了，斜着眼不忍再看。他的出汗，并不是为了别人，乃是爱亲之念，发于内心，在颜面上表现出来。于是回到家里，取了蘽梩转去，用泥土把它掩埋起来。这便是葬礼的起源。由此可见孝子仁人之葬其亲，也本于爱亲之心，厚葬之礼，即因于此。其不当以薄葬为贵可知。此孟子因夷之厚葬其亲，以启发其本心，而解其蔽也。怃然，茫然如有所失的样子。为间即有间，间，顷也。命之，犹云教之。夷之闻孟子之言，大为感动，故怃然有间，曰："孟子已教我矣。"

六

陈代曰："不见诸侯，宜若小然。今一见之，大则以王，小则以霸。且志曰：'枉尺而直寻'，宜若可为也。"孟子曰："昔齐景公田，招虞人以旌，不至，将杀之。'志士不忘在沟壑，勇士不忘丧其元。'孔子奚取焉？取非其招不往也。如不待其招而往，何哉？"且夫枉尺而直寻者，以利言也。如以利，则枉寻直尺而利，亦可为与？

陈代，孟子弟子。宜，殆也。宜若小然，殆若褊小也；宜若可为，殆若可为也。八尺曰寻。枉，屈也，曲也；直，伸也，正也。枉尺直寻，言所屈者小，所伸者大。代欲孟子去见诸侯，屈己伸道，故有此言。田，打猎。虞人，是专管山泽苑囿的小官。旌，是一种旗。按古礼：国君招大夫用旌，招虞人用皮冠。齐景公招虞人用旌，是失礼的。虞人因守礼而不肯至。景公以为违抗命令，将要杀他。在沟壑者，死于冻馁，无棺椁，委尸沟壑中也。丧，去声，亡失也。元，头也。丧其元，谓被杀也。这两句，是孔子当时赞美虞人的话。

按齐景公事亦见《左传·昭公十二年》，所记与此不同。奚取焉，言孔子对于虞人何所取也。孔子所取，即在这个虞人对于齐景公用旌去招他，决定不去，虽死不顾耳。如不待诸侯来招，我先去见他们，那是什么道理呢？夫，音扶。而且你所说的"枉尺直寻"，无非在利益上计算。如果单以利益为标准，那么如所屈的有一寻，所伸的只有一尺，难道也可以做的吗？与，今作欤。

"昔者，赵简子使王良与嬖奚乘，终日而不获一禽。嬖奚反命曰：'天下之贱工也。'或以告王良，良曰：'请复之。'强而后可，一朝而获十禽，嬖奚反命曰：'天下之良工也。'简子曰：'我使掌与女乘。'谓王良，良不可。曰：'吾为之范我驰驱，终日不获一；为之诡遇，一朝而获十。《诗》云：不失其驰，舍矢如破。我不贯与小人乘，请辞！'御者且羞与射者比，比而得禽兽，虽若丘陵，弗为也。如枉道而从彼，何也？且子过矣！枉己者，未有能直人者也。"

赵简子，晋大夫赵鞅也；简是谥。嬖，是宠爱的意思。奚，是人名。王良，是当时善于驾马的人。《左传·哀公二年》作邮无恤，字子良；《国语·晋语》作邮无正，即邮良，伯乐。乘，去声，御车也。与，为也。使王良为嬖人奚驾车去打猎也。反命，复命于简子。请复之者，请再为奚驾车出猎也。强，上声，勉强也。奚不肯，故强之。朝，犹云上午。女，同汝。使掌与汝乘者，使王良掌为嬖奚御车之职也。范，法也。为，去声。范我驰驱者，按御车之法驰驱也。诡遇，不按御车之法，使与禽遇也。所引《诗经》，见《小雅·车攻》篇。不失其驰，谓不失其驰驱之法，即"范我驰驱"也。舍，上声，同捨。舍矢，发箭也。如破，言发箭必中，贯禽而杀之也。贯，同惯。言为此等小人驾车，我是不惯的，故请辞也。孟子引王良不肯给嬖奚驾车的故事，意在说明自己不肯屈己从人的道理。故述故事完毕后，再加断语。御者，指王良。射者，指嬖奚。比，阿私也。言驾车的人，尚且以与射箭的人阿私为羞耻，因阿比而可以多获禽兽，虽堆积着像山陵般高，也不肯做。如要我枉屈了自己所守之道，去依附那些无道的诸侯，这是什么道理呢？矫枉当以直，已已枉曲，岂能正人？此直指陈代"枉尺直寻"之言之误。

七

景春曰:“公孙衍、张仪,岂不诚大丈夫哉?一怒而诸侯惧,安居而天下熄。”孟子曰:“是焉得为大丈夫乎?子未学礼乎?丈夫之冠也,父命之。女子之嫁也,母命之,往送之门戒之曰:‘往之女家,必敬必戒,无违夫子。’以顺为正者,妾妇之道也。居天下之广居,立天下之正位,行天下之大道,得志与民由之;不得志,独行其道。富贵不能淫,贫贱不能移,威武不能屈。此之谓大丈夫。”

景春,人姓名。公孙衍,即犀首。衍与张仪,都是魏国人,为纵横家的主要人物,见《史记·张仪传》。怒则游说诸侯,使相攻伐,故诸侯惧;安居则各国战争之事也就消灭,故曰“安居而天下熄”也。是,指衍、仪等人。焉,平声,安也。丈夫,指男子。冠,去声,行冠礼也。古礼男子二十而冠,始为成人。父命之者,男子冠,父主其事也。此是喻中之宾。母命之者,女子出嫁,母主其事也。嫁之女,同汝。女子以夫家为家,故曰汝家。夫子,女之婿也。言女子嫁人,在临去的时候,母亲送她到门口,告诫她道:“到你夫家去,必要恭敬,必要谨戒,不可违反丈夫的话。”此是喻中之主。由此可见以顺从为正当的,那是做妾妇之道。这是说公孙衍、张仪这种人,只知奉承国王,好像妻妾之奉承丈夫一样。朱注云:“广居,仁也;正位,礼也;大道,义也。”与民由之,使人民共由此道也。独行其道,安贫乐道,守之不失也。朱注又云:“淫,荡其心也;移,变其节也;屈,挫其志也。”盖大丈夫于其道,能笃信死守,达不离道,故富贵不能淫;穷不失义,故贫贱不能移;有杀身以成仁,无求生以害义,故威武不能屈。必如此,方可谓之大丈夫也。

八

周霄问曰:“古之君子仕乎?”孟子曰:“仕。传曰:‘孔子三月无君,则皇皇如也。出疆必载质。’公明仪曰:‘古之人,三月无君则吊。'"

周霄，魏国人，亦见《战国策·魏策》。传者，指前代所遗留的传记。无君，谓不得仕而无君可事也。皇皇，是求取不到心中不安的样子。《礼记·檀弓》篇云："皇皇焉如有求而弗得也。"《问丧》云："皇皇然如有求而弗得也。"皇皇如，即皇皇焉、皇皇然也。出疆，谓失官去国。疆，境也。质，同贽，亦作挚，臣所执以见君者，如士用雉之类。出疆载质而行，以备见所适之国之君也。三月，虚数，言其久也（用汪中《述学·释三九》说）。言久不得仕，则吊之。

"三月无君则吊，不以急乎？"曰："士之失位也，犹诸侯之失国家也。《礼》曰：'诸侯耕助，以供粢盛；夫人蚕缫，以为衣服。牺牲不成，粢盛不洁，衣服不备，不敢以祭。惟士无田，则亦不祭。'牲杀、器皿、衣服不备，不敢以祭，则不敢以宴，亦不足吊乎？"

以急，太急也。此句为周霄又问。"曰"字以下，孟子又答也。古者天子诸侯皆亲耕以供粢盛，王后、夫人皆亲蚕以供祭服，见《礼记·祭统》。盛，音成。助，藉田也。天子诸侯所耕曰藉田。藉者，助也，借百姓的助力，故名。粢盛，是祭祖时上供的稷稻。蚕缫，饲蚕缫丝也。诸侯夫人饲蚕缫丝，是用以制成祭祀所穿的礼服的。牺牲，是祭祀所用的牛羊豕。不成，没有长成。田，即本篇第三章的"圭田"。无田，没有圭田也。失位不仕，则无圭田，故不祭也。《礼记·曲礼》云："无田禄者，不设祭器。"《王制》云："有田则祭，无田则荐。"并无田不祭之证。牲杀，指祭祀时特杀的牺牲；皿，所以覆器者，器皿，指祭器；衣服，指祭祀的礼服。三者不备，不敢以祭。不祭，则不宴也。

"出疆必载质，何也？"曰："士之仕也犹农夫之耕也，农夫岂为出疆舍其耒耜哉？"曰："晋国，亦仕国也。未尝闻仕如此其急；仕如此其急也，君子之难仕，何也？"曰："丈夫生而愿为之有室，女子生而愿为之有家，父母之心，人皆有之。不待父母之命，媒妁之言，钻穴隙相窥，逾墙相从，则父母国人皆贱之。古之人，未尝不欲仕也，又恶不由其道；不由其道而往者，与钻穴隙之类也。”

“出疆必载质，何也？”周霄又问。“曰士之仕也……”孟子又答也。孟子以仕为士之职业，故曰犹农夫之耕。舍同捨，弃置也。“曰晋国亦仕国……”，周霄又问。周霄，魏人，魏为三晋之一，故据晋为问。难仕，谓不轻易出仕。“曰丈夫生”，孟子又答。男以女为室，女以男为家。妁，音酌，亦媒也。此言凡为父母者，皆愿为子女婚嫁，若不待父母之命，媒妁之言，而私通淫奔，是不为婚姻之正道，则父母国人皆贱之；以喻君子未尝不欲仕，但不由其道而仕，则亦为人所贱也。恶，去声，厌恶也。焦氏《正义》谓末句无“之”字，言与钻穴隙相类。孔广森《经学卮言》谓：与，同欤，属上句。王引之《经传释词》谓：与，语助词，无义。

九

彭更问曰：“后车数十乘，从者数百人，以传食于诸侯，不以泰乎？”孟子曰：“非其道，则一箪食不可受于人。如其道，则舜受尧之天下，不以为泰，子以为泰乎？”

彭更，孟子弟子。彭更此问，疑孟子无功受禄也。后车，弟子所乘以随孟子者。数十乘，数十辆也。从者，从孟子之弟子。乘、从，皆去声。以，同已，太也。泰，侈也，甚也。箪，盛饭之竹器。

曰：“否。士无事而食，不可也。”曰：“子不通功易事，以羡补不足，则农有馀粟，女有馀布。子如通之，则梓匠轮舆，皆得食于子。于此有人焉，人则孝，出则弟，守先王之道，以待后之学者，而不得食于子。子何尊梓匠轮舆，而轻为仁义者哉？”

“曰否……”彭更又问也。易，音亦。羡，有馀也。农耕女织，各尽所能；馀粟馀布，互相交换，各取所需；即所谓“通功易事，以羡补不足”也。此分功互助之法，为人类社会生活之原则。梓人、匠人，皆木工；轮人、舆人，皆车工。弟，今作悌。入孝出弟，守先王之道以待后之学者，即儒者，亦即“为仁义者”。

曰：“梓匠轮舆，其志将以求食也。君子之为道也，其志亦将以求食与？”曰：“子何以其志为哉？其有功于子，可食而食之矣。且子食志乎？食功乎？”

与，同欤。此彭更又问也。“曰”字以下，孟子又答。四“食”字皆音嗣，子之食也。食志，因其志在求食而子之食也；食功，因其有功于我而子之食也。

曰：“食志。”曰：“有人于此，毁瓦画墁，其志将以求食也，则子食之乎？”曰：“否。”曰：“然则子非食志也，食功也。”

墁，音幔。

“曰‘食志。’”彭更又答也。“曰”字以下，孟子又设一个譬喻答他。毁瓦者，把屋上的瓦毁坏；画墁者，把粉饰好的洁白的墙壁涂污也。假定有个人在这里，毁坏屋瓦，涂污墙壁，而他的志愿，是要向你求饭吃的，那么，你也给他饭吃吗？彭更听了这话，回答道：“否。”孟子因又说道：“然则子非食志也，食功也。”

十

万章问曰：“宋，小国也，今将行王政，齐楚恶而伐之，则如之何？”孟子曰：“汤居亳，与葛为邻，葛伯放而不祀。汤使人问之曰：‘何为不祀？’曰：‘无以供牺牲也。’汤使遗之牛羊，葛伯食之，又不以祀。汤又使人问之曰：‘何为不祀？’曰：‘无以供粢盛也。’汤使亳众往为之耕，老弱馈食。葛伯率其民，要其有酒食黍稻者，夺之。不授者，杀之。有童子以黍肉饷，杀而夺之。《书》曰：‘葛伯仇饷。’此之谓也。为其杀是童子而征之，四海之内，皆曰：‘非富天下也，为匹夫匹妇复仇也。’汤始征，自葛载，十一征而无敌于天下。东面而征西夷怨，南面而征北狄怨，曰：‘奚为后我？’民之望之，若大旱之望雨也。归市者弗止，芸者不变。诛其君，吊其民，如时雨降，民大悦。《书》曰：‘徯我后，后来其无罚。’”

万章，孟子弟子。周广业《孟子出处时地考》谓孟子去齐，居休，归邹，闻宋王偃将行仁政，往游焉。万章之问，当在此时。殆其初政有足观者。《史记·宋世家》乃谓偃射天，淫于酒色，杀诛者，诸侯谓之“桀宋”，盖晚节不终者。恶，去声，厌恶也。亳，音仆，汤都也。葛，国名。葛伯，葛国之君。放，放纵无道；不祀，不祭祀也。遗，同馈，赠送也。粢盛，供祭祀之稷稻。要，同邀。亳人老弱馈食于耕者，葛伯率其民邀截而夺其所馈之食也。两“食”字皆音嗣。葛伯仇饷，见伪古文《尚书·仲虺之诰》。王鸣盛《尚书后案》据《书序》：“葛伯不祀，汤始征之，作《汤征》。”以为此句当在《汤征》篇中。《汤征》篇，今逸。仇饷者，谓葛伯如以馈饷者为仇也。为，去声。非富天下，言汤非以天下为富而欲得之。载，亦始也。十一征，言征伐十一次。奚为后我，言何为不先伐我国也。芸，同耘。吊，哀而抚慰之也。徯，待也。后，君也。按《梁惠王》篇述汤征葛事，与此大同小异。引《书》语，作“后来其苏”。

“‘有攸不惟臣，东征，绥厥士女，匪厥玄黄，绍我周王见休，惟臣附于大邑周。’其君子，实玄黄于匪以迎其君子；其小人，箪食壶浆以迎其小人。救民于水火之中，取其残而已矣！”

此节自“有攸不惟臣”，至“惟臣附于大邑周”。是引《尚书》中记周武王伐纣的事。伪古文《尚书·武成》篇中所记，与此大同小异。攸，所也。有攸不惟臣，朱注以为指那时尚有助纣为虐，不愿为周武王的臣子者。焦氏《正义》以为“不惟”即惟，惟，念也。有攸，即有所；有攸不惟，即有所念；所念惟执臣子之节耳。与朱子说异。东征，武王东征伐纣也。绥厥士女，抚慰纣的男女子民也。

匪，同篚，竹编的器具。玄黄，黑色黄色的币帛。言用竹编的器具，盛黑色黄色的币帛也。朱注又云："绍，继也，犹言事也。"焦氏则谓绍者，绍介见周王。亦与朱子不同。休，美也，善也。周王，指武王。我者，亲之之辞；大邑者，尊之之辞也。以上孟子引《尚书》之言。君子，指有爵位者；小人，指百姓。箪食壶浆，以箪盛饭，以壶盛浆也。食，音嗣。取其残，谓取其残民之独夫而诛之。

"《太誓》曰：'我武惟扬，侵于之疆，则取于残，杀伐用张，于汤有光。'不行王政云尔。苟行王政，四海之内，举首而望之，欲以为君；齐楚虽大，何畏焉！"

《太誓》，《尚书》的一篇，是记武王伐纣的文字。今《泰誓》后得，非伏胜所传（见惠栋《古文尚书考》），无此文。侵于、取于，二于字，皆句中助词，无义。言武王奋威扬武，侵纣之疆土，取残民之独夫，以张残伐，继汤而行吊民伐罪之事，故曰"于汤有光"也。孟子既引汤武往事以告万章，乃以己意断之。言所虑者宋王未必能真行仁政耳。苟真行仁政，则天下之民皆欲归之，齐楚又何足畏哉！

十一

孟子谓戴不胜曰："子欲子之王之善与？我明告子：有楚大夫于此欲其子之齐语也，则使齐人傅诸？使楚人傅诸？"曰："使齐人傅之。"曰："一齐人傅之，众楚人咻之，虽日挞而求其齐也，不可得矣。引而置之庄岳之间数年，虽日挞而求其楚，亦不可得矣。子谓薛居州善士也，使之居于王所。在于王所者，长幼卑尊，皆薛居州也，王谁与为不善？在王所者，长幼卑尊，皆非薛居州也，王谁与为善？一薛居州，独如宋王何！"

戴不胜，宋大夫。子，指戴不胜；子之王，指宋王。与，同欤。

齐语，是齐国的方言。傅，教也。诸，之乎也。挞，责打也。咻，喧扰也。庄、岳，街里名，是齐国繁盛的地方。此以学习方言为喻。薛居州，也是宋国人。所，处也。居于王所，在宋王左右也。长，上声。皆薛居州，言皆如薛居州为善士也；皆非薛居州，言皆非善士，不像薛居州也。盖环境移人，其力最大，故近朱者赤，近墨者黑；所谓蓬生麻中，不扶自直；白沙在涅，不染自黑也。

十二

公孙丑问曰："不见诸侯何义？"孟子曰："古者，不为臣不见。段干木逾垣而辟之，泄柳闭门而不内，是皆已甚。迫，斯可以见矣。阳货欲见孔子，而恶无礼。大夫有赐于士，不得受于其家，则往拜其门。阳货瞰孔子之亡也，而馈孔子蒸豚。孔子亦瞰其亡也，而往拜之。当是时，阳货先，岂得不见？曾子曰：'胁肩谄笑，病于夏畦。'子路曰：'未同而言，观其色赧赧然，非由之所知也。'由是观之，则君子之所养可知已矣。"

不在这个国内做官，则和这国的国君没有君臣之义，所以不见也。段干，复姓；木，名。魏人，与文侯同时。泄柳，鲁人，与缪公同时。按《史记·魏世家》言文侯客段干木，过其闾，未尝不轼；《吕氏春秋·下贤》篇言文侯见段干木，立倦而不敢息；本书《公孙丑》篇言泄柳、申详无人乎缪公之侧，则不能安其身；则初虽逾垣闭门，其后仍见之矣。辟，同避。内，同纳。已甚，太过也。迫，切也。言诸侯求见之意，甚迫切也。阳货，即阳虎，鲁大夫。恶，去声。瞰，伺也。亡，不在家也。馈，赠送也。蒸豚，蒸熟的小猪也。此事亦见《论语·阳货》篇。胁肩，是耸着的双肩。谄笑，是奉承人家的笑。夏畦，夏天治畦灌田也。夏天治畦灌田是很劳苦的工作；而胁肩谄笑，其精神上苦痛，实在比夏畦尤其厉害。未同而言，谓与他人意见并不相同，因为要奉承他，勉强和他谈话，所以看他的面色，总是涨红了的。赧，赤也；中心惭愧，故色报赧然也。非由之所知者，子路言这种人，究竟是什么心理，真是我孟子引了曾子、子路的话，又说道：君子平日之所养，已可知了。君子所养者廉耻，若奔走诸侯之门，以求富贵，则廉耻丧尽矣。

十三

戴盈之曰："什一，去关市之征，今兹未能；请轻之。以待来年，然后已，何如？"孟子曰："今有人日攘其邻之鸡者，或告之曰：'是非君子之道。'曰：'请损之，月攘一鸡，以待来年，然后已。'如知其非义，斯速已矣，何待来年？"

戴盈之，也是宋国的大夫。什一，十分之一也。征，征税。田赋收十分之一，阛市讥而不征，是孟子的主张。今兹，今年。《左传·僖公十六年》"今兹鲁多大丧，明年齐有乱"，亦以今兹与明年对举。已，免除之也。攘，偷也。是非君子之道，言偷鸡不是君子之道。损，减少也。孟子以攘鸡为喻，明非义之事，当立即革除，不必有所待也。

十四

公都子曰："外人皆称夫子好辩，敢问何也？"孟子曰："予岂好辩哉？予不得已也。天下之生久矣，一治一乱：当尧之时，水逆行，泛滥于中国，蛇龙居之。民无所定，下者为巢，上者为营窟。《书》曰：'洚水警余。'洚水者，洪水也。使禹治之，禹掘地而注之海，驱蛇龙而放之菹，水由地中行，江、淮、河、汉是也。险阻既远，鸟兽之害人者消，然后人得平土而居之。

好，去声。好辩，喜欢和人家辩论也。天下之生久矣，言天地间自生有人民以来，已经长久了。水逆行者，洪水不循河道，冲到陆地上来也。水既泛滥于大陆，于是水族中蛇龙等物，都跟着大水住到陆地上来了。百姓奔避灾害，没有了一定住所，低下的地方，只好架木为巢，躲在树上；较高的地方，便在泥土上掘了洞，住在里面。洚水警余，见伪古文《尚书·大禹谟》。洚水，是古时候的话，洪水是孟子时通行的话，故以洪水释洚水。掘地，去壅塞以疏导之也。放，逐也。菹，低洼有水草之泽。水由地中行者，行于两岸之中，各循其道也。那就是长江、淮河、黄河、汉水，这几条大川。危险阻害，即指洪水。远，去也；消，除也。然后一般人民，得到平地而可以安居。此一乱而一治也。

"尧舜既没，圣人之道衰，暴君代作，坏宫室以为污池，民无所安息；弃田以为园囿，使民不得衣食。邪说暴行又作，园囿污池，沛泽多而禽兽至。及纣之身，天下又大乱。周公相武王，诛纣伐奄，三年讨其君，驱飞廉于海隅而戮之，灭国者五十；驱虎、豹、犀、象而远之，天下大悦。《书》曰：'丕显哉，文王谟！丕承哉，武王烈！佑启我后人咸以正无缺。'

宫室，指民居。污池，是蓄水的大池。沛泽，水草盛处。暴君弃民田以为园囿，坏民居以为污池，故沛泽多也。奄，是东方国名，是助纣为虐的。飞廉，纣臣，也是助纣为虐的。所引《尚书》，见伪古文《君牙》篇。丕，大也。显，明也。谟，谋也。承，继也。烈，功也。佑，助也。启，开也。咸，皆也。言文王武王，皆以正道佑助开导我后人而无缺失。此又一乱而一治也。

"世衰道微，邪说暴行有作；臣弑其君者有之，子弑其父者有之。孔子惧，作《春秋》。《春秋》，天子之事也。是故孔子曰：'知我者，其惟《春秋》乎！罪我者，其惟《春秋》乎！'

有作，又作也。到了孔子时，天下又一乱。孔子见了这种情形，很觉得忧惧，所以做了一部《春秋》。《春秋》本是鲁国的史书，因为是编年体，故取四季之二以为名。孔子依鲁史作《春秋》，旨在纠正乱臣贼子，以笔削褒贬寓王法，此天子之事也。所以孔子说："后世晓得我的，只在这部《春秋》；责我不应行天子的赏罚的，也只在这部《春秋》。”

“圣王不作，诸侯放恣，处士横议，杨朱、墨翟之言盈天下。天下之言，不归杨，则归墨。杨氏为我，是无君也；墨氏兼爱，是无父也。无父无君，是禽兽也。公明仪曰：‘庖有肥肉，厩有肥马，民有饥色，野有饿莩，此率禽兽而食人也。’杨墨之道不息，孔子之道不著，是邪说诬民，充塞仁义也。仁义充塞则率兽食人，人将相食。吾为此惧，闲先圣之道，距杨墨，放淫辞。邪说者，不得作；作于其心，害于其事；作于其事，害于其政。圣人复起，不易吾言矣！”

作，兴也。放恣，犹云放纵。横，逆也，肆也。杨朱、墨翟，是孟子以前，孔子以后的人。杨朱之书不传，今惟伪《列子》有《杨朱》篇。墨翟有《墨子》，今存，但亦残缺。孟子又言：“杨氏取为我，拔一毛而利天下，不为也。墨子兼爱，磨顶放踵，利天下为之。”盖杨朱为极端的个人主义，不欲为社会国家尽力。此云“无君”，犹今言无国家观念也。墨子主兼爱，以为爱无差等，爱人之父若其父，故谓之无父。儒家之道是人道。无父无君，非儒家之道，故以为“非人之道”，而斥之曰“是禽兽也”。所引公明仪语，与《梁惠王》篇第三章对梁惠王所说同。息，灭也。著，明也。诬，欺罔也。充塞，犹阻塞也。闲，防卫也。距，排抵也。放，驱而远之也。此孟子自言所以与人辩论，是在息灭邪说，使不至深入人心，害及政事，是出不得已，非好辩也。

“昔者，禹抑洪水而天下平。周公兼夷狄、驱猛兽而百姓宁。孔子成《春秋》而乱臣贼子惧。《诗》云：‘戎狄是膺，荆舒是惩，则莫我敢承。’无父无君，是周公所膺也。我亦欲正人心，息邪说，距诐行，放淫辞，以承三圣者，岂好辩哉？予不得已也。能言距杨墨者，圣人之徒也。”

抑，遏止也。兼，并也。“戎狄是膺，并舒是惩”，解见《许行》章。承，当也。莫我敢承，言无人敢当我也。无父无君。夷狄之俗，故曰“是周公所膺也”。颇行，偏颇不正之行。淫辞，放荡之言。三圣，指禹、周公、孔子。此节总结上文，而以己距杨墨为继三圣之功。末句又谓凡能以言论排斥杨墨等学说的，都是圣人的信徒，则不仅己欲辞而距之，且望人亦能距之矣。

十五

匡章曰：“陈仲子，岂不诚廉士哉？居於陵，三日不食，耳无闻，目无见也。井上有李，螬食实者过半矣。匍匐往，将食之，三咽，然后耳有闻、目有见。”孟子曰：“于齐国之士，吾必以仲子为巨擘焉。虽然，仲子恶能廉？充仲子之操，则蚓而后可者也。夫蚓，上食槁壤，下饮黄泉。仲子所居之室，伯夷之所筑与？抑亦盗跖之所筑与？所食之粟，伯夷之所树与？抑亦盗跖之所树与？是未可知也。”

匡章，齐人，为齐宣王将，见《战国策·齐策》及《燕策》、《吕氏春秋·不屈》篇，高诱注则以为孟子弟子。陈仲子，亦齐人，即《战国策·齐策》赵威后问齐使所云於陵仲子，《荀子·非十二子》所云陈仲，《韩非子·外储说》所云田仲。诚，真也。於，音乌。於陵，齐国地名。螬，是一种小虫。实，即李之果实。饿极，故耳不能听，目不能视，足不能行，乃匍匐伏地爬行而往。将食之，取此螬食过半之李子而食之也。咽，音宴，吞也。擘，薄厄反，巨擘，是大拇指。恶，平声，何也。充，是推而极之之意；操，操守也。蚓，是蚯蚓，俗名曲蟮，是一种圆体细长的虫。槁壤，即干燥的泥土。黄泉，地下的泉水。言就仲子之操守，推而极之，必如蚯蚓之食槁壤，饮黄泉方可也。盗跖，是古时大盗，名跖。树，种也。四“与”字，均同欤。

曰：“是何伤哉！彼身织屦，妻辟纩以易之也。”曰：“仲子，齐之世家也。兄戴，盖禄万钟。以兄之禄为不义之禄而不食也，以兄之室为不义之室而不居也，辟兄离母，处于於陵。他日归，则有馈其兄生鹅者，己频顣曰：‘恶用是鶃鶃者为哉？他日，其母杀是鹅也，与之食之。其兄自外至，曰：‘是鶃鶃之肉也。’出而哇之。以母则不食，以妻则食之。以兄之室则弗居，以於陵则居之。是尚为能充其类也乎？若仲子者，蚓而后充其操者也。”

此又是匡章之言。是何伤哉，言这有什么妨害也。身织屦，仲子亲自编织麻鞋也。妻辟纑，他的妻亲自纺织练麻也。辟，绩麻也。纑，练麻也。易之，去换取食住所需的物品。元李治《古今黈》谓：世家，世禄之家。他的兄名戴。盖，地名，其兄之采邑。每年得禄米一万钟也。戴盖，犹云乘轩，为大夫也。是谓盖为车盖，戴非兄名，与通解异。仲子以不肯食兄之禄，住兄之室，故避兄离母，去住在於陵的地方。己，指仲子。频顣，眉皱也。频，额也。顣，同蹙。恶，平声，何也。鶃鶃，音鱼一切，鹅鸣声。哇，音蛙，吐也。充类，犹云类推。言不能以母食之不食推及于妻，以兄室弗居推及于於陵所居之室。然若必欲就仲子之操守推而极之，则必蚯蚓而后可，非人之所能为矣。

[问题]

（一）何谓“道性善，称尧舜”？

（二）滕文公行三年之丧，父兄初则反对，后乃悦服，何故？

（三）何谓“贡”、“助”、“彻”？何以助法为最善？

（四）何谓“庠、序、学、校”？

（五）井田制度，大致如何？

（六）许行君民并耕之说，其缺点何在？孟子驳之，其说如何？

（七）孟子质夷之之言，其要点何在？

（八）何谓“枉尺直寻”？

（九）何谓“大丈夫”？

（十）君子急于求仕，而又不肯轻易出任，何故？

（十一）何谓“食志”、“食功”？

（十二）何谓“月攘一鸡”？

（十三）杨墨之说，何以与儒家不同？

（十四）孟子对陈仲子之批评如何？

中孟

离娄篇第四

一

孟子曰："离娄之明，公输子之巧，不以规矩，不能成方员。师旷之聪，不以六律，不能正五音。尧舜之道，不以仁政，不能平治天下。今有仁心仁闻而民不被其泽，不可法于后世者，不行先王之道也。故曰：'徒善不足以为政，徒法不能以自行。'《诗》云：'不愆不忘，率由旧章。'遵先王之法而过者，未之有也。

离娄，是古时最有眼力的人。即《庄子·天地》篇、《骈拇》篇之离朱。《经典释文》引司马彪云："黄帝时人，百步见秋毫之末。"公输子，名般，亦作班，春秋末鲁人，能造机器，见《墨子·鲁问》篇及《战国策·宋策》。师旷，是春秋晋平公时最精音乐的一个乐师，见《左传》及《吕氏春秋》诸书。规，是画圆的器械；矩，是制方的器械。员，同圆。六律是以竹为筒，分六阴六阳（黄钟、太簇、姑洗、蕤宾、夷则、无射六律为阳，大吕、夹钟、仲吕、林钟、南吕、应钟六吕为阴，是谓十二律。此云六律，以阳兼阴），调节五音高下的一种器具。五音，宫、商、角、徵、羽也。此以技巧聪明喻尧舜之道，以各种工具喻仁政；仁政者，谓行仁之政治制度，如井田学校等，皆政治上的工具也。仁心，即不忍人之心；仁闻，仁爱之声誉闻于远方者也。泽，恩泽。不可法于后世，言不可为后世之法则。先王之道，即先王所定之政治制度。徒善，谓仅有仁心而无仁政；徒法，谓仅有仁政而无仁心。所引《诗经》见《大雅·假乐》篇。愆，就是过失。忘，就是遗忘。率，循也。章，就是法律制度。意思是为政之道，不要有过失，不要遗忘了，须遵守着前代圣王的法度。能遵守前代圣王法度而还有过错的，那是决不会有的。

“圣人既竭目力焉，继之以规矩准绳，以为方员平直，不可胜用也。既竭耳力焉，继之以六律正五音，不可胜用也。既竭心思焉，继之以不忍人之政，而仁覆天下矣。故曰：‘为高必因丘陵，为下必因川泽。’为政不因先王之道，可谓智乎？是以惟仁者宜在高位，不仁而在高位，是播其恶于众也。”

竭，尽也。准，是求平面准确的水准器。绳，是求直线准确的墨线。胜，平声。不可胜用，言其用无穷也。不忍人之政，即上所云“仁政”。覆，被也。言其仁可以遍被天下也。此节仍承上节之意而申说之。又引两句成句，以明为政当因先王之道，则如因丘陵以为高，因川泽以为下，事半而功倍也。但惟仁者能行仁政，所谓“有不忍人之心，斯有不忍人之政”也。故惟仁者当在高位。若不仁者而在高位，徒播其恶于众耳。此又“徒法不能以自行”之意。

“上无道揆也，下无法守也，朝不信道，工不信度，君子犯义，小人犯刑，国之所存者，幸也。故曰：‘城郭不完，兵甲不多，非国之灾也。田野不辟，货财不聚，非国之害也。上无礼，下无学，贼民兴，丧无日矣！’”

此节从反面说明不遵先王之道之害。揆，度也。不遵先王之道，则君上无可揆度之道，臣下无可遵守之法。朝廷不信先王之道，百工不信先王之度。不信道，故犯义；不信度，故犯刑。此种国家，政治制度既荡然无存，其能存者幸也。所，或也；国之所存者，即国之或存者。见王引之《经传释词》。“故曰”以下，是断语，完备也。辟，同闢。礼字本可包典章制度而言。下无学，谓无教化及于民众。如此，则奸宄寇贼并作，而国家之丧亡无日矣。丧，责也。

“《诗》曰：‘天之方蹶，无然泄泄。’泄泄，犹沓沓也。事君无义，进退无礼，言则非先王之道者，犹沓沓也。故曰：‘责难于君谓之恭，陈善闭邪谓之敬，吾君不能谓之贼。’”

所引《诗经》，见《大雅·板》篇。蹶，是颠跌的意思。天之方蹶，是说天意刚要把这个国家倾覆。朱注云：“泄泄，怠缓悦从之貌。”焦氏《正义》则以多言训泄、沓。《说文·口部》：“呭，多言也。”《言部》：“詍，多言也。”均引《诗》此句。是泄为呭或诞之通借字。又《曰部》：“沓，语多沓沓也。”字亦作誻，见《言部》。泄泄，古语；沓沓，孟子时语。此以沓沓释泄泄，犹以洪水释洚水也。泄泄、沓沓指“言则非先王之道”而说，所谓言多而失者也。无然泄泄者，犹云：不要这样地乱说了。吾君不能谓之贼者，即“谓其君不能者，贼其君者也”之意。孟子自谓“我非尧舜之道不敢以陈于王前”，故以“言则非先王之道”为“泄泄沓沓”，而深戒之也。此章要旨，在治国须有仁心（即“不忍人之心”），并须有仁政（即“不忍人之政”，亦即“先王之道”）。孟子对梁惠王、齐宣王所说制产教民之法，对滕文公所说井田学校之制，皆所谓仁政也。

二

孟子曰：“规矩，方员之至也。圣人，人伦之至也。欲为君，尽君道；欲为臣，尽臣道：二者皆法尧舜而已矣。不以舜之所以事尧事君，不敬其君者也，不以尧之所以治民治民，贼其民者也。孔子曰：‘道二，仁与不仁而已矣。’暴其民甚，则身弑国亡。不甚，则身危国削。名之曰幽、厉，虽孝子慈孙，百世不能改也。《诗》云：‘殷鉴不远，在夏后之世。’此之谓也。”

至也者，是到了极点的意思，也就是标准的意思。规矩是方圆的标准，圣人是人伦的标准，尧舜是君道臣道的标准。幽、厉，是残暴君主死后的谥。《周书·谥法解》云：“壅遏不通曰幽，杀戮无辜曰厉。”所引《诗经》，见《大雅·荡》篇。监，同鉴，镜也，所以自照。这两句的意思，是说商朝的明镜不远，就在夏桀之世。孟子引此说后来的人君，也应把这些暴君作为自照的明镜而知所警戒也。

三

孟子曰："三代之得天下也以仁，其失天下也以不仁。国之所以废兴存亡者亦然：天子不仁，不保四海；诸侯不仁，不保社稷；卿大夫不仁，不保宗庙；士庶人不仁，不保四体。今恶死亡而乐不仁，是犹恶醉而强酒。"

四海，犹说四海之内，即指天子所有的天下。社稷者，诸侯所祭的土神与谷神，即指诸侯所有的国土。宗庙，是卿大夫的家祠。四体，指身体生命而言。恶，去声。乐，喜乐之乐。强，上声。强酒，勉强饮酒也。论不仁的害处，自天子至庶人，是一律的。

四

孟子曰："爱人不亲，反其仁；治人不治，反其智；礼人不答，反其敬。行有不得者，皆反求诸己；其身正而天下归之。《诗》云：'永言配命，自求多福。'"

反者，反求诸己也。治人之治，平声；不治之治，去声。不得，不能达其目的也，如爱人而人不亲我，治人而人仍不治，礼人而人不答我。能反求诸己，则责己严而身可正；其身既正，则天下人皆归向之矣。所引《诗经》，见《大雅·文王》篇。解见《公孙丑》篇"仁则荣"章。

五

孟子曰："人有恒言，皆曰'天下国家'。天下之本在国，国之本在家，家之本在身。"

恒言，是常说的话。天下国家，为人所常言也。此章与《大学》以修身为齐家、治国、平天下之本同旨。

六

孟子曰："为政不难，不得罪于巨室。巨室之所慕，一国慕之；一国之所慕，天下慕之。故沛然德教溢乎四海。"

巨室，世臣大家也。这种人家，在国内很有声望，一般人民大都仰望而以为表率的。所以孟子说：施行政治是不难的，但不可开始就得罪这些有声望的大家。须先用诚意去感化，使这些有声望的大家都心悦诚服，则全国的人自然也都仰慕了。再推开去，就能使天下的人都来仰慕。德，道德；教，教化也。溢，充满也。沛然，是广大普遍的样子。为治而为天下人所仰慕，则他的道德教化，就能广大普遍而充满四海以内了。

七

孟子曰："天下有道，小德役大德，小贤役大贤。天下无道，小役大，弱役强，斯二者天也。顺天者存，逆天者亡。齐景公曰：'既不能令，又不受命，是绝物也。'涕出而女于吴。"

天下有道的时世，不论国之大小，而以道德贤能的大小相役。天下无道的时世，那就成为小国服役于大国，弱国服役于强国了。这两种情况都是一定的天理。能够顺这天理，国家就可以存在。逆这天理，国家就必至灭亡。“齐景公曰”以下，是引齐景公当时说的话。不能令，谓齐已衰弱，不能命令诸侯。不受命，谓不肯受吴之命令。绝物者，自绝于人也。女，去声，动词，谓以女嫁之也。《说苑·权谋》篇载齐景公以女妻阖闾，送诸郊，泣曰：“吾死不见汝矣。”《吴越春秋》则云嫁吴王阖闾之太子波。

“今也小国师大国而耻受命焉，是犹弟子而耻受命于先师也。如耻之，莫若师文王。师文王，大国五年，小国七年，必为政于天下矣。”

小国师大国，言效大国之般乐怠傲，而不修德政也。既师大国之所为，又以接受大国的命令为羞耻，这好像做了学生，以听受先生的命令为耻。如果真知道羞耻，不如师周文王，行仁政。那么，大的国家不出五年，小的国家不出七年，必定能为政于天下了。为政于天下，犹言宰天下，主天下之政，即王天下也。

“《诗》云：‘商之孙子，其丽不亿。上帝既命，侯于周服。侯服于周，天命靡常。殷士肤敏，祼将于京。’”

所引《诗经》，见《大雅·文王》篇。丽，数目也。亿，十万也。言商朝的子子孙孙，数目之多，不止十万也。“上帝既命，侯于周服”者，言上帝既然命周文王做天子，则商的子孙，皆当为诸侯而臣服于周也。天命靡常者，天命没有一定，言有德的人，都可以做天子也。肤，伟大也；敏，敏捷也。祼，音灌，祭祀时把酒洒在地上以迎神也。将，助也。言殷的士人，伟大与敏捷的，都来助祭于周京也。孟子引此诗，明周文王修德行仁，能受天命，而使殷的子孙，殷的士人，都来归向，以申说上文，师文王，可以为政于天下之意。

“孔子曰：‘仁不可为众也。夫国君好仁，天下无敌。’今也欲无敌于天下而不以仁，是犹执热而不以濯也。《诗》云：‘谁能执热，逝不以濯。’”

朱注云：“人不可为众，犹所谓‘难为兄，难为弟，云尔。”言有仁者，则虽有十万之众，不能当之。疑孔子之言，因读《诗》而发，仅“仁不可为众也”一句。“夫”字以下，孟子推言之。热，热物。濯，以水灌手也。所引《诗经》，见《大雅·桑柔》篇。

八

孟子曰：“不仁者，可与言哉？安其危而利其菑，乐其所以亡者。不仁而可与言，则何亡国败家之有？有孺子歌曰：‘沧浪之水清兮，可以濯我缨。沧浪之水浊兮，可以濯我足。’孔子曰：‘小子听之！清斯濯缨，浊斯濯足矣。自取之也。’夫人必自侮，然后人侮之；家必自毁，而后人毁之；国必自伐，而后人伐之。《太甲》曰：‘天作孽，犹可违。自作孽，不可活。’此之谓也。”

菑，同灾。不仁的人，逢到危难，尚以为安；逢到灾祸，尚以为有利；荒淫暴虐，明明是所以亡国之道，而尚且自以为快乐。其颠倒昏乱，自取灭亡如此，故不可复以忠言告之也。孺子，小孩也。沧浪，或以为水名，即今之夏水；或以为地名，即武当县汉水中之沧浪洲，或谓沧浪，青色，水之色也。并见焦氏《正义》。缨，是帽上结的丝带。《沧浪之歌》，亦见《楚辞·渔父》篇。孟子引沧浪之歌，及孔子语，旨在喻人之荣辱无非自取。故断之以“人必自侮然后人侮之”云云。所引太甲语，与《公孙丑》“仁则荣’，章同。

九

孟子曰：“桀纣之失天下也，失其民也；失其民者，失其心也。得天下有道，得其民，斯得天下矣。得其民有道，得其心，斯得民矣。得其心有道，所欲与之聚之，所恶勿施尔也。民之归仁也，犹水之就下，兽之走圹也。故为渊驱鱼者獭也，为丛驱爵者鹯也，为汤武驱民者，桀与纣也。今天下之君有好仁者，则诸侯皆为之欧矣，虽欲无王，不可得已。今之欲王者，犹七年之病，求三年之艾也。苟为不畜，终身不得。苟不志于仁，终身忧辱，以陷于死亡。《诗》云：‘其何能淑？载胥及溺。’此之谓也。”

与之之与，为也。为，去声。言民之所欲，则为民聚之也。见王引之《经传释词》。恶，去声。尔，语助，犹云而已。言得民之心有道，为聚其所欲，勿施其所恶而已。圹，旷野也。驱，即驱逐之驱。獭，水獭，兽名，喜食鱼类。丛，即丛林。爵，同雀。鹯，猛鸟，喜食雀。鱼为獭所驱，则潜于渊；雀为鹯所驱，则匿于林；民为桀纣所驱，则归于汤武矣。好、为、王，皆去声。言今之诸侯，皆桀纣之类，故有好仁之君，则诸侯皆为之驱民来归，虽欲不王天下而不可得也。艾，草本植物，其叶可用以灸，以陈者为佳。生了七年的病，方去求三年陈的艾叶，已是太晚了；假使不蓄藏艾叶，则三年之艾终身不得矣。苟为之为，使也，亦假设之词。见王引之《经传释词》。此以求艾喻“志仁”，言及今而志于仁，犹未为晚；苟不志于仁，则将终身受辱以陷于身死国亡矣。所引《诗经》，见《大雅·桑柔》篇。淑，善也。载，则也。胥，相也，皆也。溺，陷也。言如今之诸侯，其何能为善乎，则相偕陷于乱亡而已。

十

孟子曰：“自暴者，不可与有言也。自弃者，不可与有为也。言非礼义，谓之自暴也。吾身不能居仁由义，谓之自弃也。仁，人之安宅也。义，人之正路也。旷安宅而弗居，舍正路而不由，哀哉！”

暴，犹害也。自暴，犹言自己害自己。弃，抛弃也。自弃，犹言自己抛弃自己。一个人，说出来的话，不合礼，不合义的，叫做自暴。自己以为不能居仁由义的，叫做自弃。仁是人的安稳的房屋。义是人的正大的道路。故仁谓之居，义谓之由。旷，空也。舍，同捨，弃置也。

十一

孟子曰："道在尔而求诸远，事在易而求诸难。人人亲其亲，长其长，而天下平。"

尔、迩，古通用。易，去声，难易之易。长，上声。上"亲"字、"长"字皆动词。亲其亲、长其长，此道之近而易者，而平治天下之基在是，不必他求也。故曰："尧舜之道，孝弟而已矣。"

十二

孟子曰："居下位而不获于上，民不可得而治也。获于上有道，不信于友，弗获于上矣。信于友有道，事亲弗悦，弗信于友矣。悦亲有道，反身不诚，不悦于亲矣。诚身有道，不明乎善，不诚其身矣。是故诚者，天之道也；思诚者，人之道也。至诚而不动者，未之有也。不诚，未有能动者也。"

此章自"人之道也"以上，与《中庸》同。获于上，谓得在上者之信任；不能得在上者之信任，则凡事掣肘，不能治民矣。信于友，谓使朋友信任。朋友且不信任，更无怪乎在上者之不信任了。事亲弗悦，谓不能孝亲，使亲心悦也。反身不诚，即自己反省，诸事皆出于虚伪也。诚身之诚，是动词，谓使自己诚实也。诚身先须明善，即《大学》所谓"欲诚其意者先致其知"也。诚是天道，天道不二，天道不息，即至诚之道也。思诚者，思有以诚之，此人之道也。《中庸》作"诚之者，人之道也"。动，谓感动他人。诚之至，未有不能感动他人者；不诚，则未有能感动他人者矣。此章以诚为治民之本，与《大学》、《中庸》相同。

十三

孟子曰："伯夷辟纣，居北海之滨，闻文王作，兴曰：'盍归乎来？吾闻西伯善养老者。'太公辟纣，居东海之滨，闻文王作，兴曰：'盍归乎来？吾闻西伯善养老者。'二老者，天下之大老也，而归之，是天下之父归之也。天下之父归之，其子焉往？诸侯有行文王之政者，七年之内，必为政于天下矣。"

辟，同避。作，起也，兴也，是起来的意思。盍，何不也。来，语末助词，无义。见《经传释词》。纣命文王为西方诸侯之长，故号曰西伯。太公，即姜太公，吕尚。姜是姓，吕是氏，尚是名。初遇文王时，尝曰："太公望子久矣。"因号曰太公望。大老，父老之领袖也。焉，平声，何也。

十四

孟子曰："求也为季氏宰，无能改于其德，而赋粟倍他日。孔子曰：'求！非我徒也，小子鸣鼓而攻之，可也。'由此观之，君不行仁政而富之，皆弃于孔子者也。况于为之强战。争地以战，杀人盈野；争城以战，杀人盈城：此所谓率土地而食人肉，罪不容于死！故善战者服上刑，连诸侯者次之，辟草莱、任土地者次之。"

求，是孔子弟子，冉求。季氏，是鲁国的大臣季孙氏。宰，家臣也。冉求尝在季氏家中做家臣。不能把季氏的道德改好，而征收的钱粮，却比从前加增了一倍。孔子大不以为然，所以不愿认他为弟子，命其馀的学生，声罪致讨。此事见《论语·先进》篇。按鲁哀公十二年，季康子用田赋，见《左传》。赋粟倍他日，正指此事。鲁本用丘赋，今更加以田赋，是于人民一丘所出之赋以外，复以其田之所收为标准而赋之也。孟子引孔子的话，意在为下文作根据。凡是国君不行仁政，而为之增加财富者，都是见弃于孔子的人。况且为他们强战，牺牲人民，争地争城，这真率土地去吃人民的肉了。

这种人的罪恶，是死有馀辜的！故善于打仗的人，应该受最重的刑罚。约从连横的人，辟草莱、任土地的人，受更次等的刑罚。善战者，指孙膑吴起等兵家。连诸侯，即苏秦张仪等之纵横家。辟，同闢。井田之法有莱田。辟草莱，即商鞅之开阡陌，废井田。《吕氏春秋》有《任地》篇，专讲耕耨蓄藏之术，即李悝尽地力之法也。

十五

孟子曰："存乎人者，莫良于眸子。眸子不能掩其恶。胸中正，则眸子瞭焉；胸中不正，则眸子眊焉。听其言也，观其眸子，人焉廋哉？"

《尔雅·释训》云："存，在也。"《礼记·文王世子》"必在视寒暖之节"句注云："在，察也。"存乎人，察乎人也。眸子，就是眼中的瞳神。莫良于眸子，莫好于眸子也。瞭，是明亮。眊，是糊涂。人焉之焉，平声，何也。廋，是隐藏的意思。按《大戴礼记·曾子立事》云："目者，心之浮也。"人心的诚伪、善恶、邪正，往往都从眼光中流露出来，所谓"传神正在阿堵中"。故听其言，察其眸子，确是观人的妙法。

十六

孟子曰："恭者不侮人，俭者不夺人。侮夺人之君，惟恐不顺焉，恶得为恭俭？恭俭，岂可以声音笑貌为哉？"

恭敬的人主，不肯欺侮怠慢他人；俭朴的人主，不肯夺取他人的东西。那些欺侮人，夺人东西的君主，只恐怕人民不顺着自己的欲望。这种君主，哪里能算他是恭俭呢？恭敬俭朴的行为，岂可以说话的声音，对人的笑脸，假装出来的呢？恶，平声。

十七

淳于髡曰："男女授受不亲，礼与？"孟子曰："礼也。"曰："嫂溺，则援之以手乎？"曰："嫂溺不援，是豺狼也。男女授受不亲，礼也。嫂溺援之以手者，权也。"曰："今天下溺矣，夫子之不援，何也？"曰："天下溺，援之以道。嫂溺，援之以手。子欲手援天下乎？"

淳于髡，齐人，与孟子同时人，尝仕齐及魏（《史记·滑稽传》）。"男女授受不亲"，见《礼记·坊记》。与，同欤。溺者，失足坠水中也。援者，牵持之也。男子和女子不把物件亲手授受，是正经的礼节。嫂跌入水里，用手去拉救，那是权宜的办法。淳于髡之问是譬喻，以"男女授受不亲"喻君子出处之大节，以"嫂溺"喻人民之陷于水火；其意盖欲孟子行权，稍自贬损。以救民于水火之中，与《滕文公》篇陈代"枉尺直寻"之言同旨。不知天下溺当援之以道，如枉道以求合，则如救溺者已亦溺矣，故不可也。

十八

公孙丑曰："君子之不教子，何也？"孟子曰："势不行也。教者必以正，以正不行，继之以怒；继之以怒，则反夷矣。夫子教我以正，夫子未出于正也，则是父子相夷也。父子相夷则恶矣。古者易子而教之。父子之间不责善，责善则离，离则不祥莫大焉。"

势，指事实上的情势而言。夷，伤也，见《易序·卦传》。伤者，谓伤父子间的情感。夫子，先生，古时为对父兄之通称。"夫子教我以正……"二语，是述其子反唇相讥之言。父责其子，子讥其父，则父子之间，互伤情感，这是最不好的事体。责善，朋友之道也。父子责善，因而伤了情感，致有脱离亲子关系等事，世间不祥的事，没有比这个更大了。

十九

孟子曰："事，孰为大？事亲为大。守，孰为大？守身为大。不失其身而能事其亲者，吾闻之矣；失其身而能事其亲者，吾未之闻也。孰不为事？事亲，事之本也。孰不为守？守身，守之本也。"

事亲者，奉事父母也。守身者，守住自己的身子，不做坏事也。失其身，则辱及其亲，奉养虽厚，亦非孝矣。故事亲为事之本，守身为守之本，而事亲与守身，其关系也极密切。此节以事亲、守身并举，下节则专论事亲。

"曾子养曾皙，必有酒肉，将彻，必请所与。问有馀，必曰'有'。曾皙死，曾元养曾子，必有酒肉，将彻，不请所与。问有馀，曰：'亡矣。'将以复进也。此所谓养口体者也。若曾子，则可谓养志也。事亲若曾子者，可也。"

曾子，名参；曾皙，名点，曾子之父：皆孔子弟子。曾元，是曾子的儿子。彻者，饭毕，将所剩的酒肉取去也。必请所与者，必定请问他父亲，将所馀的酒肉给哪个人吃也。亡，同无。朱注云："曾元不请所与，虽有言无，其意将以复进于亲，不欲其与人也。"按曾元但不及曾子能养志耳，何至啬饮食之费，而讳有曰无，以欺其父，且既曰无矣，而后复进之，不使曾子知其欺而怒乎？盖曾子之"必曰有"者，虽实无而仍曰有，此其不拂亲意，所谓养志也。若曾元，则据实答曰无矣。将以复进者，言如需此，将再烹饪以复进耳。果如朱注所云，则于曾元当云"必曰亡"；事亲如此，非但不能养志，且并不能养口体矣。

二十

孟子曰："人不足于适也，政不足间也，惟大人为能格君心之非。君仁莫不仁，君义莫不义，君正莫不正。一正君，而国定矣。"

适，同谪，责也，过也。间，去声，读如诛，非，尤也。格，正也。人，指君所用之人。与，以也。不足与适，即不足以责。政，指君所行之政。言君之用人行政，虽不当，皆不足非责；只有大才大德的人，才能用感化的法子，把君主的心改正。因为君心既仁，则用人行政，无有不仁；君心既义，则用人行政，无有不义；君心既正，则用人行政，无有不正。所以只要把君主的心纠正，全国就可以安定了。

二十一

孟子曰："有不虞之誉，有求全之毁。"

虞，意料所及也。行不足以致誉，而偶然得誉，出于意料，叫做不虞之誉。不虞之誉，在己得之，不足喜；在人得之，不足贵也。行本无可訾议，而以求全责备之故，仍加以不好的批评，叫做求全之毁。求全之毁，如出于善意者，则是望之切，故责之详，在己得之，反可喜；在人得之，亦未可以是轻之。若出于恶意，则是吹毛求疵而已，更无足措意也。

二十二

孟子曰："人之易其言也，无责耳矣。"

易，去声，难易之易。易其言者，随口讲话，不知轻重也。孟子说：凡是不顾事实，轻易发言的，是不负责任的缘故。如当局的人，往往大言不惭，是易其言也；将来能否做到，他是不负责任的。如旁观的人，往往喜唱高调，说风凉话，是易其言也；事实上能否做到，他是不负责任的。孟子此言，可谓切中今人之病。朱注以"未遭失言之责"释"无责"，以为此系孟子有为而言，于义似有未安。

二十三

孟子曰："人之患在好为人师。"

好，去声。朱注引王勉云："好为人师，则自足而不复有进，此人之大患也。"按《扬子法言》云："师者，人之模范。"为人师，非易事也。故孟子以好为人师，为人之大患。

二十四

乐正子从于子敖之齐。乐正子见孟子。孟子曰："子亦来见我乎？"曰："先生何为出此言也？"曰："子来几日矣？"曰："昔者。"曰："昔者，则我出此言也，不亦宜乎？"曰："舍馆未定。"曰："子闻之也，舍馆定，然后求见长者乎？"曰："克有罪。"

子敖，王驩字，即孟子和他同行出吊于滕，而不与谈话的人。之，往也。时孟子在齐，乐正子与王驩同来齐也。昔者，前日也。舍馆，所住之客舍。长，上声。克，乐正子名。孟子痛责乐正子，疑另有他故，否则，舍馆定后，再见长者，亦不为大过也。

二十五

孟子谓乐正子曰："子之从于子敖来，徒餔啜也。我不意子学古之道，而以餔啜也。"

此章与上章相接，乐正子与子敖同行之故，而责之。再责乐正子也。徒，但也。餔，食也。啜，饮也。徒餔啜，言但为饮食计。不意，料不到也。

乐正子与王驩同行，决不是真的为了饮食，孟子不过借此责问他罢了。

二十六

孟子曰："不孝有三，无后为大。舜不告而娶，为无后也；君子以为犹告也。"

赵岐注云："于礼，有不孝者三事：阿意曲从，陷亲不义，一也；家贫亲老，不为禄仕，二也；不娶无子，绝先祖祀，三也。三者之中，无后为大也。"舜娶帝尧的女为妻，并没有禀告父母，因为舜虽是个孝子，但他的父亲瞽瞍，非常顽劣，舜若禀告，一定不能允许。所以孟子推论舜的不告而娶，因为是恐怕绝了后代。故君子，以为舜的不告，犹之禀告，不能说他是错的。

二十七

孟子曰："仁之实，事亲是也。义之实，从兄是也。智之实，知斯二者，弗去是也。礼之实，节文斯二者是也。乐之实，乐斯二者，乐则生矣。生则恶可已也？恶可已，则不知足之蹈之、手之舞之。"

事亲，孝也；从兄，弟也。孝弟为仁义之本质，故以事亲为仁之实，从兄为义之实。斯二者，事亲与从兄也，即孝弟也。能知此二者而不离去之，是智也。至于礼，亦自事亲、从兄起。节，品节之也；文，加以种种仪式也。就事亲、从兄二事而品节之，加以种种仪式，如《礼记·内则》《少仪》诸篇所记，此即礼之本质。第一"乐"字是音乐之乐，后二"乐"字是欢乐之乐。于事亲、从兄二者，能雍容和乐，无所勉强，孝弟之心，天伦之乐，自油然而生。恶，平声。欢情快感既已发生，必有不能自已，且不自知其手舞足蹈者，此乐之所自起也。此章言仁义智礼乐五者，皆起于事亲、从兄；"尧舜之道，孝弟而已矣"。

二十八

孟子曰："天下大悦而将归己。视天下悦而归己，犹草芥也，惟舜为然。不得乎亲，不可以为人。不顺乎亲，不可以为子。舜尽事亲之道而瞽瞍厎豫，瞽瞍厎豫而天下化，瞽瞍厎豫而天下之为父子者定，此之谓大孝！"

视犹草芥，言轻之也。不得乎亲，不能得亲之欢心也。不顺乎亲，不能顺亲之志，使之欢乐也。瞽瞍，舜父。厎与致音义并同。豫，乐也。厎豫者，由不乐而使之至于乐也。舜能尽子道，使瞽瞍亦受其感化而乐悦，故天下亦化之，天下之为父子者，亦从此定矣。此《诗》所谓"孝子不匮，永锡尔类"者也，故谓之大孝。

二十九

孟子曰："舜生于诸冯，迁于负夏，卒于鸣条，东夷之人也。文王生于岐周，卒于毕郢，西夷之人也。地之相去也，千有馀里。世之相后也，千有馀岁。得志行乎中国，若合符节；先圣、后圣，其揆一也。"

诸冯、负夏、鸣条，皆地名。岐周，岐山下周之旧都。毕郢，也是地名。郢，亦作程，《吕氏春秋·具备》篇所谓"武王尝穷于毕程"也。"东夷""西夷"之夷，指夷服而言。夷服为九服之一，见《周礼》职方氏。符节，以竹或玉或金属为之，篆刻文字而中分之，彼此各藏一半，合之以为信。若合符节，言其相同。揆，度也。言其道不二。

三十

子产听郑国之政，以其乘舆，济人于溱、洧。孟子曰："惠而不知为政。岁十一月徒杠成，十二月舆梁成，民未病涉也。君子平其政，行辟人可也。焉得人人而济之？故为政者，每人而悦之，日亦不足矣！”

溱，音臻。洧，音委。杠，音缸。辟，同阔。恶，音烟。

子产，春秋时郑国的贤大夫，公孙侨也。听，治也。溱、洧，郑国的两条水名。乘舆，所坐的车子也。济，渡也。杠，桥也。徒杠，可通徒步之桥。梁，也是桥。舆梁，可行车子的桥也。冬日水涸，可以造桥。有桥则不必涉水，故民不以涉水为病。子产在郑国执政时，把他所坐的车子，在溱水、清水地方，渡来往的人。孟子说他只知道以恩惠待百姓，不知道真正办理政治的道理，故曰“惠而不知为政”。辟人，阔除行人，使之避己也。焉，平声。为政者在能平其政，而不在以小惠待人民。郑国之水，不仅溱、洧，如不治桥政，则病涉者众，安得以乘舆济之？故为政者，若欲使人人悦其小惠，则虽日日为之，亦不足也。

三十一

孟子告齐宣王曰：“君之视臣如手足，则臣视君如腹心；君之视臣如犬马，则臣视君如国人；君之视臣如土芥，则臣视君如寇雠。”王曰：“礼为旧君有服，何如斯可为服矣？”曰：“谏行言听，膏泽下于民；有故而去，则君使人导之出疆，又先于其所往，去三年不反，然后收其田里：此之谓三有礼焉。如此，则为之服矣。今也为臣，谏则不行，言则不听，膏泽不下于民；有故而去，则君搏执之，又极之于其所往；去之日，遂收其田里：此之谓寇雠，寇雠何服之有？”

君之于臣，视如手足，恩礼之至也。视如犬马，只供玩好骑乘，已贱之矣，但尚有豢养之恩。视如土芥，则蹂躏斩艾，毫不顾恤矣。臣之于君，视如腹心，亲爱之至也。国人，犹路人；视如国人，则休戚不相关矣。如寇雠，则仇恨之至也。服，丧服。《仪礼》曰：“以道去君而未绝者，服齐衰三月。”是为旧君有服也。王意为旧君，尚有丧服，岂可以寇雠视其君子乎，故有此问。膏泽下于民，言恩泽下及于人民。故，事故。导之出己国之境，又于其所适之国，预为先容也。田里，谓在己国时所授之圭田里宅。此于在位、去国，及去国以后，君之待臣，三次皆有礼也。搏执，逮捕之也。极之于其所往者，设法使其所往之国，皆不收容之，使穷无所之也。孟子所说，二事适相反。明有服无服，当以旧君待其臣如何而定。此章论君臣相互的待遇，至为平等。后世腐儒，乃倡为“臣罪当诛，天王圣明”之谬说，于是专制君主之淫威，遂比虎狼还厉害了。明太祖读《孟子》此章，竟不许孔庙中祭祀孟子，可笑亦复可恨。难怪黄梨洲《明夷待访录》要痛斥小儒的无识而肇祸了。

三十二

孟子曰：“无罪而杀士，则大夫可以去。无罪而戮民，则士可以徙。”

此章言明哲保身，须见机而作。《易》曰：“履霜，坚冰至。”其所由来者渐也。

三十三

孟子曰：“君仁莫不仁，君义莫不义。”

朱注引张氏说，以为重出；然本篇第二十章重在能格君心之非，此章则直诫人君，语虽相同，旨则有异。

三十四

孟子曰：“非礼之礼，非义之义，大人弗为。”

察礼不精，则其所谓礼者非礼，所谓义者非义矣，此大人所弗为也。

三十五

孟子曰："中也养不中，才也养不才。故人乐有贤父兄也。如中也弃不中，才也弃不才，则贤不肖之相去，其间不能以寸。"

中者，无过与不及，恰到好处也。养，谓涵育薰陶之也。乐，音洛。言人之所以乐有贤父兄者，以其能教育之也；若为父兄者，以其子弟为不中不才而遽弃之，则所谓贤父兄者，与不肖之父兄，相去能有多少？不能以寸，极言其相去之少也。

三十六

孟子曰："人有不为也，而后可以有为。"

有所不为者，行己有耻，以廉隅自饬者也。必如此，方可以有为。若寡廉鲜耻，无所不为之人，则败事有馀，成事不足，决不能有所作为。今世往往视有所不为者为迂执，为消极，以为不足有为；奔走钻营，非但恬不知耻，且群目为干练之才。此国事之所以不可为也！

三十七

孟子曰："言人之不善，当如后患何！"

自命能干的人，最喜欢说人家的不好；不知其有后患，故孟子有此叹。

三十八

孟子曰："仲尼不为已甚者。"

已甚，就是太过。做人做事，都要适中，只有孔子能够如此，故孟子称之。

三十九

孟子曰："大人者，言不必信，行不必果，惟义所在。"

此章重在"惟义所在"一句。言义之所在，则言不必信，行不必果耳。若必求其言之信，行之果，而不问是义之所在与否，则为轻硁之小人而已。

四十

孟子曰："大人者，不失其赤子之心者也。"

赤子，初生的婴孩也。婴孩的心，诚实无妄，纯然天理。大人之心，也是如此，故曰"不失其赤子之心"。按赵岐注云："大人谓君。国君视民当如赤子，不失其民心之谓也。"此别一解。

四十一

孟子曰："养生者，不足以当大事，惟送死，可以当大事。"

养生送死，指人子事亲而言。养生固当竭力；至送死，则为人子，自尽其心之最后的机会，不能尽心，将抱恨终身矣。故孟子云然。

四十二

孟子曰："君子深造之以道，欲其自得之也。自得之，则居之安；居之安，则资之深；资之深，则取之左右逢其原，故君子欲其自得之也。"

此章论教学之法。造，音七到反，诣也，致也。深造之者，致其极也。博学而不深造，则不能精而有所得。《学记》云："人不学，不知道。"又云："虽有至道，弗学，不知其善也。"是学以知道为目的也，故曰"深造之以道"。《学记》又云："君子之教，喻也；道而弗牵，强而弗抑，开而弗达。"又云："力不能问，然后语之；语之而弗知，虽舍之可也。"《论语》记孔子之教人，亦曰："不愤不启，不悱不发，举一隅不以三隅反，则不复也。"此皆"欲其自得之也"。自得之，则默识心通，如其性之所自有，而所以处之者安矣。处之既安，则不至见异思迁，浅尝自画，非浅袭于口耳之间，非强拟于形似之迹，而资之深矣。资，犹借也。所资借者既深，则日用之间，取之无尽，不待远求，无不逢其本原矣。自得之，得此道也；居之，居此道也；资之，资此道；取之，取此道也。

此章所论，与现代教育学说重自学辅导的原理，不谋而合。

四十三

孟子曰："博学而详说之，将以反说约也。"

此章论研究学问的方法。《中庸》言博学、审问、慎思、明辨，即博学而详说之也。学不博，则孤陋寡闻；说不详，则不能尽解。然博学详说，非欲以夸多斗靡也，欲其融会贯通，能反而说到至约之地，得其至要之旨耳。约，即简要的意思。若徒事博学详说，而不能反乎约，其学文则博而寡要，其说必芜杂支离矣。多学而识，博而详也；一以贯之，反乎约也。博学切问，博学详说也；笃志近思，反乎约也。此章所说，与现代研究科学的归纳法，同一原理。

四十四

孟子曰："以善服人者，未有能服人者也。以善养人，然后能服天下；天下不心服而王者，未之有也。"

此章言以善去服人，是不能叫人心服的。只有以善去教养人，天下的人才能心服。也可以说空口说善，是无益的；必须有实惠及人，然后人能服他。现在一班人，最喜发表议论，虽所说的都是所谓善，但人家是不会服从他的。要把所说的善，实实在在地做出来，加惠于人，然后才能服天下的人也。天下的人不心服，是断不会王天下的。

四十五

孟子曰："言无实，不祥。不祥之实，蔽贤者当之。"

此章，朱注列举二解：(一)"天下之言，无有实不祥者。惟蔽贤为不祥之实。"此以"实不祥"三字相连，"实"字为形容"不祥"二字之副词。(二)"言而无实者不祥，故蔽贤为不祥之实。"则以"无实"二字相连；"实"字为"无"字之止词。朱子又云："二说未知孰是，疑或有阙文焉。"按《晏子春秋·谏下》云："国有三不祥：有贤而不知，一不祥；知而不用，二不祥；用而不任，三不祥也。"与此以"蔽贤"为"不祥之实"同旨。蔽贤者之言，往往无实，故曰"言无实不祥"也。似以第二说为长。

四十六

徐子曰："仲尼亟称于水，曰：'水哉！水哉！'何取于水也？"孟子曰："原泉混混，不舍昼夜，盈科而后进，放乎四海，有本者如是，是之取尔！苟为无本，七八月之间雨集，沟浍皆盈，其涸也，可立而待也。故声闻过情，君子耻之！”

徐子，赵注谓即徐辟，介绍夷之见孟子者。仲尼，孔子的字。亟，音去吏反，屡次也。原，同源。混混，古音读如衮，俗作滚滚，水涌出不断之貌。舍，止也。科，坎也，坑也。放，至也，达也。本，谓水源。是之取尔，言孔子之取于水者此耳。集，聚也。沟浍，田间路旁行水之沟。涸，水干也。声闻，声名闻望也。情，实也。按《论语·子罕》篇“子在川上”章即记孔子称水之语。此云“亟称”，当不仅一次矣。水流昼夜不止，似君子之自强不息。盈科后进，似君子之循序渐进，而不躐等。放乎四海，似君子之欲罢不能，必求至道，故孔子取之也。若纯盗虚声，而实不足以副之，则如大雨之后，沟浍中一时充满的水；虽亦有泛滥之势，终是无源之水，不久即干。故君子耻之也。

四十七

孟子曰：“人之所以异于禽兽者几希。庶民去之，君子存之。舜明于庶物，察于人伦，由仁义行，非行仁义也。”

人之所以异于禽兽者几希者，言人与禽兽所异的地方，只有这一些也。寻常的庶民，不知道这所异的一些，把它丢掉了。只有君子，才把这一些保存着。庶物，种种事物也。舜明白这种种事物的道理，体察人伦之所以然，一切的动作，就都自然合于仁义，不是晓得了仁义的好处，特地照着仁义去行的。行仁义者，利而行之者也。由仁义行者，安而行之者也。

四十八

孟子曰：“禹恶旨酒，而好善言。汤执中，立贤无方。文王视民如伤，望道而未之见。武王不泄迩，不忘远。周公思兼三王，以施四事。其有不合者，仰而思之，夜以继日；幸而得之，坐以待旦。”

恶，去声。旨，味好的意思。禹厌恶味好的酒，而喜欢听善的言语。仪狄作酒而甘，进之禹。禹饮而美之，遂疏仪狄，绝旨酒，曰：“后世必有以酒亡其国者！”见《战国策·魏策》。《尚书·皋陶谟》曰：“禹拜昌言。”昌言即善言。《论语》亦云：“禹闻善言则拜。”中者，做事刚刚合着要处，没有过头或不及的毛病。执中，即《论语·尧曰》篇所谓“允执其中”也。方，法也，立贤无方，言用贤人，没有一定办法，不拘资格阶级也。视民如伤者，是看得百姓，总像还有伤害，必定要把他医好。而，亦如也，古通用。望道而未之见者，言文王虽然已经知道行道，但他自己，还像没有看见道的一般。泄者，狎也。“不泄迩，不忘远”者，言武王对于近者不狎，对于远者不忘也。三王，三代圣王禹、汤、文、武也。四事，即上面所说禹、汤、文、武的四件事体。自己有不合的地方，仰着头想，日里想不通，夜里继续想下去。如果想到了，那么，就夜里坐着，再也不睡，一直等到天亮，连忙就去做。

四十九

孟子曰：“王者之迹熄而《诗》亡，《诗》亡，然后《春秋》作。晋之《乘》，楚之《梼杌》，鲁之《春秋》，一也。其事则齐桓、晋文，其文则史。孔子曰：‘其义，则丘窃取之矣！’”

熄，灭也。王者之迹熄，言周自平王东迁，文、武、成、康王业的遗迹，都像火一般的熄灭了。朱注云：“《诗》亡者，谓《黍离》降为国风，而雅亡也。”《黍离》为《诗·王风》篇名。《王风》所采本周都之王城之《诗》，今降而列入国风，则王都之雅亡，而颂扬文、武、成、康等诗从此无人再咏。故曰《诗》亡也。按周室盛时，有采诗之官，叫做“猶轩使者”，故各国风诗，均得上之太师。及平王东迁以后，政令不行于诸侯，故采诗之官亦废，于是各国之诗无人采辑，故《诗经》之诗，至春秋中世以前为止，所谓“《诗》亡”，当即指此。采诗之制既废，则各国之政治风俗如何，不得而知。于是孔子作《春秋》，记各国之事，寓王者褒贬之意，故曰“《诗》亡，然后《春秋》作”也。晋之史，名曰《乘》；乘，载也。史所以记载事实，故名。楚之史，名曰《梼杌》；梼杌本恶兽，史记恶人之事以重戒，故名。鲁之史，名曰《春秋》；因为是编年史，故于四季错举其二以为名。孔子作《春秋》以鲁史为根据；其事无非齐桓公、晋文公等的事，其文则鲁史之旧文，但孔子笔则笔，削则削，褒则褒，贬则贬，自己有一种义法在内，故曰“其义，则丘窃取之矣”。窃取，是孔子自谦之辞。

五十

孟子曰：“君子之泽，五世而斩。小人之泽，五世而斩。予未得为孔子徒也，予私淑诸人也。”

泽者，一个人的事业、学术，或此人所造之风尚，遗留于后人者也。斩，绝也。孟子言无论君子或小人，他的事业学术，或风尚之传于后人者，到了五世，都断绝了。父子相继为一世，师生相传亦为一世。孟子去孔子的年代已远，不能亲受业为孔子的弟子，而受业于子思之门人。自孔子而曾子，而子思，而子思之门人，传至孟子，恰好五世。故虽未得为孔子之徒，而尚得私淑于人也。淑，善也。私淑者，间接地私下受其好处也。

五十一

孟子曰：“可以取，可以无取，取伤廉。可以与，可以无与，与伤惠。可以死，可以无死，死伤勇。”

廉是不苟取于人，惠是有利益给人，勇是对于应该做的事毫不退缩。“可以取，可以无取”者，言某项利益，在可以取可以不取之间的。我若把这利益取来，是反有伤于廉的。“可以与，可以无与”者，言某项利益，在可以给人可以不给人之间的。我为要见好于人，竟给了人，这是给得没有什么道理的，是反有伤于惠的，“可以死，可以无死”者，言遇着一件生死关头的的事体，但是在可以死可以不死之间的。我若不顾一切，竟以死殉了，这是反有伤于勇的。如公西华为孔子使齐，而取冉求五秉之粟，则在公西华为伤廉，在冉求为伤惠。（事见《论语》）子路死卫孔悝之难，是为伤勇。（事见《史记·弟子传》）

五十二

逄蒙学射于羿，尽羿之道，思天下惟羿为愈己，于是杀羿。孟子曰：“是亦羿有罪焉。”公明仪曰：“宜若无罪焉。”曰：“薄乎云尔，恶得无罪？”

羿，夏少康时有穷国君，为夏诸侯，善射，百发百中。逄，音庞。逄蒙，《荀子·王霸》篇作蠭门，《吕氏春秋·具备》篇作蠭蒙，《淮南子·原道训》作逄蒙子，羿之弟子。愈，胜也。逄蒙既尽得羿之射法，以为天下能胜己者惟羿一人，于是杀之。《楚辞·离骚》王逸注言羿田猎将归，寒从使其家臣逄蒙射而杀之。这是一个传说的故事。是亦羿有罪焉，是孟子对于此事的批评。宜若，殆也。公明仪，见《滕文公》篇第一章，是孟子以前的人。此非与孟子对语，特因仪有此言，故孟子引之。“曰”字以下，乃复申说己意。薄乎云尔者，言羿罪但较逄蒙为薄而已。恶，平声，何也。

“郑人使子濯孺子侵卫，卫使庾公之斯追之。子濯孺子曰：‘今日我疾作，不可以执弓，吾死矣夫！’问其仆曰：‘追我者，谁也？’其仆曰：‘庾公之斯也。’曰：‘吾生矣！’其仆曰：‘庾公之斯，卫之善射者也。夫子曰“吾生”，何谓也？’曰：‘庾公之斯学射于尹公之他，尹公之他学射于我。夫尹公之他，端人也，其取友必端矣！’庾公之斯至，曰：‘夫子何为不执弓？’曰：‘今日我疾作，不可以执弓。’

曰：‘小人学射于尹公之他，尹公之他学射于夫子；我不忍以夫子之道，反害夫子。虽然，今日之事，君事也，我不敢废。’抽矢扣轮，去其金，发乘矢而后反。”

郑、卫，二国名。子濯孺子、庾公之斯、尹公之他，都是人名，此孟子引另一故事，以明羿之不得无罪也。之字是助词。古人姓与名字间，往往加之字，如孟子之反、介之推之类。侵，袭也。疾作，病发也。病，故不能执弓而射。夫，音扶，同吧。仆，御者也。夫子，御者及庾公之斯称子濯孺子也。端，正也。小人，庾公之斯自称。金，箭头的镞。去其镞，则不至伤人。乘矢，四枝箭也。乘，去声。按《左传·襄公四年》载卫献公奔齐，公孙丁御。初，尹公佗学射于庾公差，庾公差学射于公孙丁，二子追公。庾公差曰：“射为背师，不射为戮。”射两钩而还。尹公佗曰：“子为师，我则远矣。”公孙丁乃授公辔而射之，贯其臂。所载姓名大同小异，而行事适与此反。此章之旨，重在“取友必端”一语，羿之罪，正以不能取端人而授以射法也。

五十三

孟子曰：“西子蒙不洁，则人皆掩鼻而过之。虽有恶人，斋戒沐浴，则可以祀上帝。”

西子，即世所称春秋时越国美女西施，按《管子》言毛嫱、西施天下之美人，《庄子》亦言厉与西施，疑西施为古美女之名，而越人以号其美女。犹善射者皆称羿，大盗皆称跖也。蒙，被也。不洁，污秽有臭气的东西，西子虽美，而身上蒙被着污秽之物，人家见了她，也都把鼻头捻住走过去，不要看她了。恶人，貌丑之人。只要斋戒沐浴，也可以去祭祀上帝。此章全是譬喻之辞。西子，比本质良善的人；恶人，比本质不好的人。言本质恶的人，只要能改过自新，则君子亦许其为善也。

五十四

孟子曰："天下之言性也，则故而已矣。故者，以利为本。所恶于智者，为其凿也。如智者，若禹之行水也，则无恶于智矣。禹之行水也，行其所无事也。如智者，亦行其所无事，则智亦大矣。天之高也，星辰之远也，苟求其故，千岁之日至，可坐而致也。"

此章，自来注家多以为是孟子论性之言，其实是孟子批评当时言性者之言。孟子之时，言性者甚多，或谓性恶，或谓性有善有不善，或谓性无善无不善或谓性可以为善可以为不善，要皆持之有故。故曰："天下之言性也，则故而已矣。"故者，即《荀子》所谓"持之有故"之故，《墨子》所谓"故，所若而然也"，"故者，有之必然"之故，为议论之根据，断定之前提者也。则，是效法、根据之意。《墨子·小取》云："故中效，则是也；不中效，则非也。"中效之故，方可以为则。例如《墨子·经》云："圆，一中同长也。"（即直径）一中同长即圆之故。凡以一中同长画成者，皆是圆形，故一中同长之故为中效者，而可以为画圆之则。以利为本之利，顺也，宜也。孟子所谓利，即《墨子》所谓中效。此谓天下之言性者，皆各有其所据为论证之故；但所谓故者，当以利为本，若所依据之故为不利者，则其言为穿凿之论，而不合于自然矣。但喜为穿凿之论者，皆自命为智者；人以其持之有故，言之成理，亦群誉为智者。故又曰"所恶于智者，为其凿也"，凿，即穿凿，谓诡辩者奋其私智臆说，取不足据或并非事实之论证，牵强附会，发为架空之言论也。恶，去声，厌恶也。行水，即治水。禹之治水，因势利导，纯任自然，绝无奋其私智，师心自用之事，故能行所无事。如此谓智者，亦能绝不矫揉造作，傅会穿凿，如禹之行所无事，则方可谓为真智，故曰"则智亦大矣"。此以禹之治水为喻也。日至，即冬至之日。致者，推算而得之。言虽以天之高，星辰之远，苟能求其故，则善历法者，能推算得千年之冬至。天文历法，尚可以其故推算之，况水之性乎？

五十五

公行子有子之丧，右师往吊。入门，有进而与右师言者，有就右师之位而与右师言者。孟子不与右师言，右师不悦曰：“诸君子皆与驩言，孟子独不与驩言，是简驩也。”孟子闻之曰：“礼，朝廷不历位而相与言，不逾阶而相揖也。我欲行礼，子敖以我为简，不亦异乎？”

行，音杭。公行子，齐大夫。右师，官名，即王驩，字子敖者也。简，慢也。历，涉也。历位，谓历过他人之位。逾阶相揖，谓彼此不同阶而遥相揖。今右师后至，入门，即进与之言；及就位，又历位以就之而与之言，皆非礼也。王驩是齐王的宠臣，所以一班官员见他来，就赶过去奉承。孟子不肯做这种献领权贵的事，所以老是不理他。他一责问，孟子就引用两句礼为根据，说我欲行礼，使他再无话说。原来孟子是心恶王驩，并看不起一班没有骨气的官员，却用礼来解释自己的行动，不明白地斥责他人，这是孟子善于措辞处。

五十六

孟子曰：“君子所以异于人者，以其存心也。君子以仁存心，以礼存心。仁者爱人，有礼者敬人。爱人者，人恒爱之；敬人者，人恒敬之。”

此章言君子所以不同于寻常的一般人者，因他的存心，是以仁待人，以礼律己。因为以仁存心，所以爱人，因为以礼存心，所以对人恭敬。又因为爱人之故，所以人也回转来爱他；因为敬人之故，所以人也回转来敬他。

“有人于此，其待我以横逆，则君子必自反也。我必不仁也，必无礼也，此物奚宜至哉？其自反而仁矣，自反而有礼矣，其横逆由是也，君子必自反也，我必不忠。自反而忠矣，其横逆由是也。君子曰：此亦妄人也已矣！如此，则与禽兽奚择哉？于禽兽，又何难焉？是故君子有终身之忧，无一朝之患也。乃若所忧则有之：舜人也，我亦人也，舜为法于天下，可传于后世，我由未免为乡人也；是则可忧也。忧之如何？如舜而已矣。若夫君子所患则亡矣。非仁无为也，非礼无行也，如有一朝之患，则君子不患矣。”

有人于此，是假设之辞。横逆者，强横不讲理也。自反，自己反省也。我必不仁也，必无礼也，即自己反省之语。物，事也。此物，指“以横逆待我”之事而言。由，同犹，言其待我之横逆仍如此也。忠者，尽己之心以待人也。若两次反省，于仁、于礼、于忠，皆内省不疚，而此人之横逆仍如此，则其为妄人也可知。择，别也。言与禽兽有何分别也。难，去声，责难也。又何难焉，言不足责也。朝，如字读。一朝之患，谓意外无妄之灾，突如其来者。他人无故以横逆待我，我如忿而与妄人争执斗很，亦一朝之患也。所谓终身之忧，即下文所言“忧不如舜”也。我由之由，同犹。若夫之夫，音扶。亡矣之亡，同无。此章言做人只要自己做得不错，至于横逆之来，只要问心无愧，都可置之不顾。所宜忧的，就是恐怕自己不能像舜那样的好。此为人处世之道，最宜玩味也。

五十七

禹稷当平世，三过其门而不入，孔子贤之。颜子当乱世，居于陋巷，一箪食，一瓢饮，人不堪其忧，颜子不改其乐，孔子贤之。孟子曰：“禹、稷、颜回同道。禹思天下有溺者，由己溺之也。稷思天下有饥者，由己饥之也。是以如是其急也。禹、稷、颜子，易地则皆然。今有同室之人斗者，救之，虽被发缨冠而救之，可也。乡邻有斗者，被发缨冠而往救之，则惑也，虽闭户可也。”

平世，有道之世。乱世，无道之世。三过其门而不入，是禹治水时的事。此言禹、稷，是连类及之。古人作文，不讲逻辑，此类甚多，不独孟子也。颜子，即孔子弟子颜回，字渊。颜子事，见《论语》。由己之由，同犹。被发缨冠而往救之，言不及束发，即结冠而往排解也。此章先述禹、稷、颜回之事，然后加以评论。盖圣贤所抱之道皆同，只因所处的境遇不同，故所做的事亦异。又以同室之人与乡邻有斗者为喻，申明其义。

五十八

公都子曰："匡章，通国皆称不孝焉；夫子与之游，又从而礼貌之，敢问何也？"孟子曰："世俗所谓有不孝者五：惰其四支，不顾父母之养，一不孝也。博弈，好饮酒，不顾父母之养，二不孝也。好货财，私妻子，不顾父母之养，三不孝也。从耳目之欲，以为父母戮，四不孝也。好勇斗很，以危父母，五不孝也。章子有一于是乎？夫章子，子父责善而不相遇也。责善，朋友之道也。父子责善，贼恩之大者。夫章子，岂不欲有夫妻子母之属哉？为得罪于父，不得近，出妻屏子，终身不养焉。其设心以为不若是，是则罪之大者，是则章子已矣。"

匡章，齐人。见《滕文公》篇末章。礼貌之者，用礼节待他也。惰其四支，手足懒惰，不肯做事也。不顾父母之养者，不管奉养父母的衣食也。养，去声。好，亦去声。从，放纵；言放纵着耳目对于声色的嗜欲。戮，辱也。斗很者，因意气忿戾而与人斗争也。上言匡章，此言章子，是于名下加一"子"字，古有此称。夫，音扶。不相遇，不相合也。"父子责善，贼恩之大者"，即前答公孙丑问所谓"责善则离，离则不祥莫大焉"之意。贼，害也。为，去声，因为也。屏，必井反。不养，匡章不受其妻子之奉养也。此章所说，是"众恶必察"之意。孟子以为匡章因为得罪于父，而知自责，其人非全无心肝者，并且这也不是不孝，故不与之绝交也。

五十九

曾子居武城，有越寇。或曰："寇至，盍去诸？"曰："无寓人于我室，毁伤其薪木。"寇退。则曰："修我墙屋，我将反。"寇退，曾子反。左右曰："待先生如此其忠且敬也！寇至，则先去以为民望。寇退则反，殆于不可？"沈犹行曰："是非汝所知也。昔沈犹有负刍之祸，从先生者七十人，未有与焉。"子思居于卫，有齐寇，或曰："寇至，盍去诸？"子思曰："如伋去，君谁与守？"孟子曰："曾子、子思同道。曾子，师也，父兄也。子思，臣也，微也。曾子、子思，易地则皆然。"

武城，鲁国县名。越寇，越国的兵来攻鲁也。盍，何不也。诸，之乎也。薪木，树木。左右，曾子之门人。以为民望，使民望而效之也。沈犹行，曾子弟子。负刍之祸，挑柴的人暴动也。一云，负刍，人名。与，去声。言曾子舍于沈犹氏，适有负刍之祸，曾子亦率其弟子去之，未预其难也。齐寇，齐兵来攻卫也。伋，子思名。"师也，父兄也"，言曾子居师的地位，和父兄的地位相等，是没有守城的责任的。"臣也，微也"，言子思在卫国，是居臣的地位，其身分是微贱的。此章着重师和臣的分别。言君子处世，其道本同，只因为地位不同，所以有时行止会不同。

六十

储子曰："王使人瞯夫子，果有以异于人乎？"孟子曰："何以异于人哉？尧、舜与人同耳。"

瞯，音诛。

储子，齐国人。瞯，一作瞰，窥伺窃视的意思。一说使人目间之者，使善相人者相孟子之形貌也。《荀子·非相》篇言姑布子卿及唐举能相人之形状颜色而知其吉凶妖祥，则孟子时已有相人之法矣。故孟子答以尧舜之相，亦与人同。

六十一

齐人有一妻一妾而处室者，其良人出，则必餍酒肉而后反。其妻问所与饮食者，则尽富贵也。其妻告其妾曰：“良人出，则必餍酒肉而后反，问其与饮食者，尽富贵也，而未尝有显者来。吾将瞷良人之所之也。”蚤起，施从良人之所之。遍国中无与立谈者。卒之东郭墦间之祭者，乞其馀。不足，又顾而之他。此其为餍足之道也。其妻归，告其妾曰：“良人者，所仰望而终身也。今若此！”与其妾讪其良人而相泣于中庭。而良人未之知也，施施从外来，骄其妻妾。由君子观之，则人之所以求富贵利达者，其妻妾不羞也，而不相泣者，几希矣！

良人，妇人称丈夫也。古称良人，后世称郎，良、郎一声之转。餍，吃饱也。瞷，窥伺之也。蚤起，即早晨起来。蚤、早，古通用。施，音迤，斜行也。不欲使其良人觉之。遍国中，就是走遍城中的意思。卒，终也；之，往也。东郭，东方城门外也。墦，音藩，冢也。墦间之祭者，谓扫墓者。讪，讥骂也。施施，俨然自得之貌，犹今人言像煞有介事也。朱注谓此章章首当有“孟子曰”三字。今无之者，阙文也。按本章为求富贵利达者乞怜昏夜，骄人白日而发。齐人之事，为孟子之寓言。

[问题]

（一）何谓“徒善不足以为政，徒法不能以自行”？

（二）何谓“泄泄沓沓”？

（三）孔孟于孺子沧浪之歌，何所取义？

（四）何谓“自暴自弃”？

（五）古人何易子而教？

（六）孟子论君臣关系如何？

（七）孟子论教学之道如何？

（八）何谓“王者之迹熄而《诗》亡”？

（九）何谓“私淑”？

（十）何谓“端人取友必端”？

（十一）孟子谓禹、稷、颜子、曾子、子思易地则皆然，其义如何？

（十二）何谓“墦间乞馀”？

万章篇第五

一

万章问曰："舜往于田，号泣于旻天，何为其号泣也？"孟子曰："怨慕也。"万章曰："父母爱之，喜而不忘。父母恶之，劳而不怨。然则舜怨乎？"曰："长息问于公明高曰：'舜往于田，则吾既得闻命矣。号泣于旻天，于父母，则吾不知也。'公明高曰：'是非尔所知也。'夫公明高以孝子之心，为不若是恝，我竭力耕田，共为子职而已矣，父母之不我爱，于我何哉！"

万章，齐人，孟子弟子。号泣，且诉且泣也。旻，音闵。朱注云："仁覆闵下，谓之旻天。"为古《尚书》说，见《说文·日部》引。《尔雅·释天》云："秋为旻天。"刘熙《释名》云："旻，闵也。物就枯落，可闵伤也。"恶，去声。公明高，曾子弟子。长息，公明高弟子。恝，音苦八反，同忿，忽忘也。故赵朱均以"无愁之貌"释之。共，平声，同恭。"我竭力耕田"至"于我何哉"，为设身处地代舜设想之辞，言我竭力耕田，恭为人子之职而已；父母之不爱我，不知我有何罪。此舜自怨自责之辞，非怨父母也。

"帝使其子九男二女，百官牛羊仓廪备，以事舜于畎亩之中。天下之士多就之者，帝将胥天下而迁之焉。为不顺于父母，如穷人无所归。”

畎亩，即田亩。帝，尧也。《史记·五帝本纪》言尧以二女妻之，以观其内；九男事之，以观其外。二女，长娥皇，次女英。尧使子女事舜，又命百官致牛羊仓廪，甚完备也。亩，田间水道。畎亩，田亩也。《史记》又云：“一年所居成聚，二年成邑，三年成都。”即此所谓“天下之士多就之者”也。胥，皆也。迁，移以与之也。

“天下之士悦之，人之所欲也；而不足以解忧。好色，人之所欲；妻帝之二女，而不足以解忧。富，人之所欲；富有天下，而不足以解忧。贵，人之所欲；贵为天子，而不足以解忧。人悦之，好色，富贵，无足以解忧者，惟顺于父母，可以解忧。人少，则慕父母。知好色，则慕少艾。有妻子，则慕妻子。仕则慕君，不得于君则热中。大孝终身慕父母，五十而慕者，予于大舜见之矣！”

人少之少，去声。少年时也。知好色之好，去声。少艾，年青女子也。热中，心中焦急也。此章言舜之所以为大孝，因一切幸福，都不在意，惟以得父母的欢心为遂愿，故年五十而犹如孺子之思念父母也。

二

万章问曰：“《诗》云：‘娶妻如之何？必告父母。’信斯言也，宜莫如舜；舜之不告而娶，何也？”孟子曰：“告则不得娶。男女居室，人之大伦也。如告，则废人之大伦，以怼父母，是以不告也。”万章曰：“舜之不告而娶，则吾既得闻命矣，帝之妻舜而不告，何也？”曰：“帝亦知告焉则不得妻也。”

所引《诗经》，见《齐风·南山》篇。言一个人娶妻，必须告知父母也。信斯言也，言真如这句话。“男女居室，人之大伦也”，言男婚女嫁，是做人最大的伦理。舜如告知瞽瞍，则婚事必不成，故曰“如告，则废人之大伦”也。怼，音特禄反，仇怨也。因父母不许，而废了人的大伦，便怨怼父母了。妻，去声，以女儿嫁人，亦叫做妻。

万章曰：“父母使舜完廪，捐阶，瞽瞍焚廪。使浚井，出，从而揜之。象曰：‘谟盖都君，咸我绩。牛羊父母，仓廪父母，干戈朕，琴朕，弤朕，二嫂使治朕栖。’象，往入舜宫，舜在床琴。象曰：‘郁陶思君尔！’忸怩。舜曰：‘惟兹臣庶，汝其于予治。’不识舜不知象之将杀己与？”曰：“奚而不知也？象忧亦忧，象喜亦喜。”

廪，藏米的屋子。完廪，修治仓廪也。捐阶，把走上廪去的梯子拿掉也。浚井，把井底的泥掘出也。揜者，从井上投下土石，将井堵塞也。象，瞽瞍后妻所生之子。谟，谋也。都君者，因舜所住的地方，附从的人甚多，三年成都，故称舜为都君。咸，都也。绩，功劳也。咸我绩，言都是我的功劳。干戈，舜用的兵器。弤，舜的弓。栖，寝也。朕，古人自己的通称，言象欲以二嫂为妻也。宫，舜所住之屋。在床琴，在床上弹琴也。郁陶，烦闷得很的意思。忸怩，极惭愧的神色。兹，此，此也。臣庶，官及百姓也。于，为也，助也。舜谓象“汝其助我治之”。以上述舜故事。末句是万章问语。与同欤。奚而不知，何为不知也。按《史记》，焚廪时，舜以两顶笠帽，当作两翼，自廪上跳下。掘井时，舜从井旁另一洞穿出。

曰：“然则舜伪喜者与？”曰：“否。昔者有馈生鱼于郑子产，子产使校人畜之池。校人烹之，反命曰：‘始舍之，圉圉焉，少则洋洋焉，攸然而逝。’子产曰：‘得其所哉！得其所哉！’校人出，曰：‘孰谓子产智？予既烹而食之，曰得其所哉！得其所哉！’故君子可欺以其方，难罔以非其道。彼以爱兄之道来，故诚信而喜之，奚伪焉！”

此节万章又问，孟子引子产故事以释之。与，今作欤。校人，管池沼的小吏。圉圉，困而未舒之貌。洋洋，舒缓摇尾之貌。攸然，自得其乐之貌。逝，往也，去也。一云，攸，同悠。悠，远也。攸然而逝，迅走水深处也。欺罔，义同“可欺以其方”者，言可以情理之所常有者欺之也。难罔以非其道者，言不可以情理之所必无者欺之也。象以爱兄之道来，所谓“以其方”也，故舜真信而喜之耳。

三

万章问曰：“象日以杀舜为事，立为天子，则放之，何也？”孟子曰：“封之也，或曰放焉。”

放者，把人驱逐到远地方，派人把他管束起来也。万章以为是放，孟子以为是封。

万章曰：“舜流共工于幽州，放驩兜于崇山，杀三苗于三危，殛鲧于羽山，四罪而天下咸服，诛不仁也。象至不仁，封之有庳，有庳之人奚罪焉？仁人固如是乎，在他人则诛之，在弟则封之？”曰：“仁人之于弟也，不藏怒焉，不宿怨焉，亲爱之而已矣。亲之，欲其贵也。爱之，欲其富也。封之有庳，富贵之也。身为天子，弟为匹夫，可谓亲爱之乎！”

流，就是放逐。共，音恭。共工，是官名。舜所流放之人，时为共工之官也。幽州，地名。驩兜，人名。崇山，地名。三苗，是国名，即今南方山洞中的苗人。三危，地名。朱注云：“杀，杀其君也。”按《尚书·尧典》“作窜三苗”，焦氏《正义》引段玉裁《说文注》，谓窜字本作寂，《孟子》作杀，即《左传》“燊蔡叔”之燊。寂，塞也，谓塞之使不得通中国；燊，谓放之令自匿：与言流言放一例。窜、杀，皆假借字。朱注又云：“殛，诛也。鲧，禹父名。”羽山，地名。焦氏谓殛为极之借字，《周礼注》“舜极鲧于羽山”，字正作极，《尚书·洪范》“鲧则殛死”，《左传·昭公七年》“昔尧殛鲧于羽山”，《释文》本亦均作极。极，亦放也。极死者，被放逐而死，非谓杀之也。诛，谓罚其罪。万章问舜放象事，故举舜流放四凶，以例之云。说较朱注为长。有庳，地名。朱注云："藏怒，谓藏匿其怒；宿怨，谓留蓄其怨。"

"敢问或曰放者，何谓也？"曰："象不得有为于其国，天子使吏治其国，而纳其贡税焉，故谓之放。岂得暴彼民哉？虽然，欲常常而见之，故源源而来。'不及贡，以政接于有庳'，此之谓也。"

此万章又问也。孟子答以象虽在有庳国内为君，舜另行派官，代他治理国政，而纳其贡税于象，所以人家说他是放。象虽暴虐，亦不得暴虐那一方的百姓。舜因为象是兄弟，要常常和他见面，所以使象源源不绝地到都城里来。"不及贡，以政接于有庳"，言等不到诸侯朝贡的时期，日以政事，接见有庳的君主也。下云"此之谓也"，则这句话当是古书所载，而孟子引之。

四

咸丘蒙问曰："语云：'盛德之士，君不得而臣，父不得而子。'舜南面而立，尧帅诸侯北面而朝之，瞽瞍亦北面而朝之。舜见瞽瞍，其容有蹙。孔子曰：'于斯时也，天下殆哉，岌岌乎？'不识此语诚然乎哉？"孟子曰："否，此非君子之言，齐东野人之语也。尧老而舜摄也。《尧典》曰：'二十有八载，放勋乃徂落，百姓如丧考妣，三年，四海遏密八音。'孔子曰：'天无二日，民无二王。'舜既为天子矣，又帅天下诸侯以为尧三年丧，是二天子矣。"

咸丘蒙，孟子弟子。语，传说的古语也。君南面，臣北面。帅，今作率。朝，音潮，朝见也。蹙，皱眉蹙额，心有不安之貌。殆，危也。岌岌，危殆之状。齐东野人，是齐国东部的乡下人。赵注谓东野人，即东作田野之人。是以"东野"二字连读。（东作，谓春日力田）摄，代也。《尧典》，《尚书》首篇。放勋，尧帝之号。徂落，死也。徂，同殂。一无"落"字。朱注云："徂，升也；落，降也。

人死则魂升而魄降，故古者谓死为徂落。”遏，止也；密，寂静也。金、石、丝、竹、匏、土、革、木八种乐器的声音，叫做八音。父母死后称为考妣，今日犹如此。

咸丘蒙曰：“舜之不臣尧，则吾既得闻命矣。《诗》云：‘普天之下，莫非王土；率土之滨，莫非王臣。’而舜既为天子矣，敢问瞽瞍之非臣如何？”曰：“是诗也，非是之谓也。劳于王事而不得养父母也。曰：‘此莫非王事，我独贤劳也。’故说诗者，不以文害辞，不以辞害志，以意逆志，是为得之。如以辞而已矣，《云汉》之诗曰：‘周馀黎民，靡有孑遗。’信斯言也，是周无遗民也。”

舜之不臣尧者，言舜并不以尧为臣也。所引《诗经》，见《小雅·北山》篇。普，遍也。遍天之下，莫非王之土。率，循也。滨，水边。率土之滨，犹云“四海之内，莫非王臣”也。孟子答道：“这首诗，不是这样说的。做此诗者，是劳于王家之事，而不得养父母；所以说大家都是王家的臣子，为什么我一个人，为了有贤才而独辛苦勤劳呢？”说《诗》是解说诗句。文，字也。辞，语也。志，作者之意也。逆，迎也。《诗》是纯文学的作品。读诗者不可拘于文字，反把诗中的辞句看错；不可拘于辞句，反把作者的意思误会。须以我之意去推度迎合作者言外之意，方能得着真正的理解。这是孟子的读诗方法。《云汉》，《大雅》之一篇。此诗写当时大旱情形。黎民，庶民。孑，孤独也。遗，留存也。如以辞害志，以为这句诗是真的，则周真无一个遗留下来的人民了。

“孝子之至，莫大乎尊亲；尊亲之至，莫大乎以天下养。为天子父，尊之至也。以天下养，养之至也。《诗》曰：‘永言孝思，孝思维则。’此之谓也。《书》曰：‘祗载见瞽瞍，夔夔齐栗，瞽瞍亦允若。’是为父不得而子也？”

孟子既说明咸丘蒙引《诗》之误，又接下去说明孝子的道理。至，是极顶的意思。言孝之极，莫大于尊敬他的父母。尊敬他父母之极，莫大于以天下来供养父母。养，去声。现在舜使瞽瞍为天子之父，是尊敬父母之极了；以天下去奉养瞽瞍，是奉养父母之极了。所引《诗经》，见《大雅·下武》。言人当永久说着孝思而不忘记，这种孝思，可以做天下的法则。所引《书经》，见伪古文《舜典》。祗，敬也。载，事也。齐，同斋，戒也。栗，同慄，惧也。夔夔齐栗者，敬谨恐惧的状貌。允，信也。若，顺也。言舜敬事瞽瞍，露着敬谨恐惧的状貌，就是瞽瞍，也相信舜是真孝顺的。是为父不得而子也者，朱子《集注》说："瞽瞍不能以不善及其子，而反见化于其子，即是所谓父不得而子也。"按王引之《经传释词》，此句"也"字同乎，表反诘语。言如此者，尚为父不得而子乎？

五

万章曰："尧以天下与舜，有诸？"孟子曰："否，天子不能以天下与人。""然则舜有天下也，孰与之？"曰："天与之。""天与之者，谆谆然命之乎？"曰："否，天不言，以行与事示之而已矣。"

与，给予也。诸，即之乎。谆谆然，是说话很诚恳的样子。万章因孟子说舜的天下，是天给与的，因反诘道："天把天下给与舜，是很诚恳地对舜说的吗？"孟子道："不是的。天不会说话的。只用人的行为和事情表示出天意而已。"

曰："以行与事示之者，如之何？"曰："天子能荐人于天，不能使天与之天下。诸侯能荐人于天子，不能使天子与之诸侯。大夫能荐人于诸侯，不能使诸侯与之大夫。昔者尧荐舜于天而天受之。暴之于民而民受之。故曰：'天不言，以行与事示之而已矣。'"

此万章再问，孟子再答也。暴，同曝，宣示也。

曰："敢问荐之于天而天受之，暴之于民而民受之，如何？"曰："使之主祭，而百神享之，是天受之。使之主事而事治，百姓安之，是民受之也。天与之，人与之，故曰：‘天子不能以天下与人。’舜相尧，二十有八载，非人之所能为也，天也。尧崩，三年之丧毕，舜避尧之子于南河之南。天下诸侯朝觐者，不之尧之子而之舜；讼狱者，不之尧之子而之舜；讴歌者，不讴歌尧之子而讴歌舜，故曰：‘天也。’夫然后之中国，践天子位焉。而居尧之宫，逼尧之子，是篡也，非天与也。《泰誓》曰：‘天视自我民视，天听自我民听’，此之谓也。”

此万章又问，孟子又答也。天与之，谓天意欲与之；人与之，谓民意欲与之。相，去声，辅佐也。舜之相尧，如此之久，这是天意，非人所能为也。南河，水名。“不之”及“之舜”之“之”，往也。讴歌，以讴歌颂扬也。夫，音扶。之中国，从南河之南，复往国都也。践位，即位也。而，如也。言舜如居尧之宫，逼尧之子，则是篡夺，不是天给与之矣。《泰誓》，《尚书》篇名。言天不能视听，天之视听，从我民之视听表现出来。

六

万章问曰：“人有言，至于禹而德衰，不传于贤而传于子有诸？”孟子曰：“否，不然也。天与贤，则与贤；天与子，则与子。昔者，舜荐禹于天，十有七年，舜崩，三年之丧毕，禹避舜之子于阳城，天下之民从之，若尧崩之后，不从尧之子而从舜也。禹荐益于天，七年，禹崩，三年之丧毕，益避禹之子于箕山之阴，朝觐讼狱者，不之益而之启，曰：‘吾君之子也。’讴歌者，不讴歌益而讴歌启，曰：‘吾君之子也。’丹朱之不肖，舜之子亦不肖。舜之相尧、禹之相舜也，历年多，施泽于民久。启贤，能够承继禹之道。益之相禹也，历年少，施泽于民未久。舜、禹、益相去久远，其子之贤不肖，皆天也，非人之所能为也。莫之为而为者，天也；莫之致而至者，命也。

有诸，即有之乎。阳城，地名。箕山，山名。启，禹子名。朱，尧子名；丹，所封国。《史记·五帝本纪》，舜之子曰商均。舜、禹、益相去久远，谓舜相尧二十八年，禹相舜十七年，而益相禹仅七年，所历之年，相差甚多。致，求而得之也。莫之致而至，言不求而自至也。

“匹夫而有天下者，德必若舜、禹，而又有天子荐之者。故仲尼不有天下。继世以有天下，天之所废，必若桀、纣者也。故益、伊尹、周公不有天下。伊尹相汤以王于天下。汤崩，大丁未立，外丙二年，仲壬四年。太甲颠覆汤之典刑，伊尹放之于桐。三年，太甲悔过，自怨自艾，于桐处仁迁义。三年，以听伊尹之训己也，复归于亳。周公之不有天下，犹益之于夏，伊尹之于殷也。孔子曰：‘唐、虞禅，夏后、殷、周继，其义一也。’”

匹夫，犹言平民。仲尼之德，虽过舜禹，而无天子荐之，故不有天下也。启继禹，太甲继汤，成王继武王皆贤主，天不废之，故益、伊尹、周公不有天下也。相、王，皆去声。赵岐云：“太丁，汤之太子，未立而死。外丙立二年，仲壬立四年，皆太丁弟也。太甲，太丁子也。”太甲颠覆汤之典刑者，言太甲立后，把汤的旧规矩，一切废掉也。那时伊尹为相，就把太甲安置在桐的地方。过了三年，太甲懊悔，自己改过，自己怨自己不好，自己责治自己。住在桐的地方，以仁自处，见义则迁，这三年里头，一切听受伊尹的教训，所以伊尹仍旧把他迎回亳来。亳，音薄，汤都。禅，谓让国于贤者。继，谓子孙相继为天子。

七

万章问曰：“人有言，伊尹以割烹要汤，有诸？”孟子曰：“否，不然。伊尹耕于有莘之野，而乐尧、舜之道焉。非其义也，非其道也，禄之以天下，弗顾也。系马千驷，弗视也。非其义也，非其道也，一介不以与人，一介不以取诸人。汤使人以币聘之，嚣嚣然曰：‘我何以汤之聘币为哉！我岂若处畎亩之中，由是以乐尧、舜之道哉？’汤三使往聘之，既而幡然改曰：‘与我处畎亩之中，由是以乐尧、舜之道，吾岂若使是君为尧、舜之君哉？吾岂若使是民为尧舜之民哉？吾岂若于吾身亲见之哉？天之生此民也，使先知觉后知，使先觉觉后觉也；予，天民之先觉者也；予将以斯道觉斯民也；非予觉之而谁也！’”

要，平声，求也，干也。割烹，割肉烹莫，为庖人也。伊尹以割烹要汤，见《墨子·尚贤》篇、《庄子·庚桑楚》篇、《史记·殷本纪》、《吕氏春秋·本味》篇言之甚详。有莘，国名。乐，音洛。四马曰驷；千驷，四千匹马也。介，同齐，草也。一介不与不取，极言其取与之不苟。嚣嚣然，闲暇自得之貌。幡，同翻。幡然，改变之貌。以下是引伊尹之言。

“思天下之民，匹夫匹妇，有不被尧、舜之泽者，若已推而内之沟中，其自任以天下之重如此，故就汤而说之以伐夏救民。吾未闻枉己而正人者也，况辱己以正天下者乎？圣人之行不同也，或远或近，或去或不去，归洁其身而已矣。吾闻其以尧、舜之道要汤，未闻以割烹也。《伊训》曰：‘天诛造攻自牧宫，朕载自亳。’”

“思天下之民……”，是孟子推想伊尹的意思。匹夫匹妇，男女百姓也。内，今作纳。说，音税。远，隐遁；近，仕近君也。《伊训》，古文《尚书》篇名。朱注云：“今《书》牧宫，作‘鸣条’。”造，载，皆始也。按朱云“今书”，即伪古文《尚书》。赵注造训造作，言造作可攻讨之罪者，从牧宫桀起，自取之也。故以牧宫为桀宫。江声《尚书注音疏》谓朕是伊尹自称。

八

万章问曰：“或谓孔子于卫主痈疽。于齐主侍人瘠环。有诸乎？”孟子曰：“否，不然也，好事者为之也。于卫主颜雠由。弥子之妻，与子路之妻，兄弟也。弥子谓子路曰：‘孔子主我，卫卿可得也。’子路以告。孔子曰：‘有命。’孔子进以礼，退以义，得之不得，曰‘有命’。而主痈疽与侍人瘠环，是无义无命也。孔子不悦于鲁、卫，遭宋桓司马，将要而杀之，微服而过宋。是时孔子当厄，主司城贞子，为陈侯周臣。吾闻观近臣，以其所为主；观远臣，以其所主。若孔子主痈疽与侍人瘠环，何以为孔子？”

朱注云：“主，谓舍于其家，以之为主人也。痈疽，疡医也。侍人，奄人也。瘠姓，环名。皆时君所近狎之人也。”按《史记·孔子世家》：“卫灵公与夫人同车，宦者雍渠骖乘，出，使孔子为次乘。”《报任安书》云：“卫灵公与雍渠同载。”痈疽，即雍渠，因为声音相同，所以写法各别。侍，亦作寺。侍人，俗称太监。好，去声。好事者，是喜欢造谣生事的人。颜雠由，卫国的大夫。全祖望《经史问答》谓即颜浊邹，为子路的妻兄。孔子在卫，住在颜雠由家里。弥子，是卫君的宠臣。叫弥子瑕。弥子之妻，与子路之妻，是姊妹。兄弟，即姊妹也。弥子见孔子住在妻兄家里，所以对子路说：“孔子若肯来住在我家里，我对卫君说一声，他就可得卿相的位子。”子路把这话告知了孔子。孔子说“有命”者，意言得不得卫卿有命，不必去投奔弥子也。而，如也。如孔子住在痈疽与瘠环家里，是没有道义，不知天命了。宋桓司马，宋国的司马桓魋也。孔子过宋，与弟子习礼大树下，桓魋欲杀之，事见《论语》及《史记·孔子世家》。孔子不得已，乃改装微服，逃过了宋国。这时候，孔子遇了患难，并没有乱投人家。司城贞子，赵注、朱注均以为宋大夫，因宋名司空之官为司城也。焦氏《正义》则以贞子为陈大夫，司城是以官为氏，其先本宋人，后奔陈，因以司城为氏者。周，陈君之名。为陈侯周臣者，言孔子在陈为羁旅之臣。按《史记·孔子世家》亦云：“孔子遂至陈，主于司城贞子家。”是为焦说之证。为陈侯周臣，疑指司城贞子言。正因司城为宋官名，上文又牵涉宋事，故加此句，免人误会贞子乃宋人耳。所为主，是他所留的家人；所主，是他所住的主人

九

万章问曰："或曰，百里奚自鬻于秦养牲者，五羊之皮，食牛。以要秦穆公，信乎？"孟子曰："否，不然，好事者为之也。百里奚，虞人也。晋人以垂棘之璧与屈产之乘，假道于虞以伐虢。宫之奇谏，百里奚不谏，知虞公之不可谏而去，之秦，年已七十矣。曾不知以食牛干秦穆公之为污也，可谓智乎？不可谏而不谏，可谓不智乎？知虞公之将亡而先去之，不可谓不智也。时举于秦，知穆公之可与有行也而相之，可谓不智乎？相秦而显其君于天下，可传于后世，不贤而能之乎？自鬻以成其君，乡党自好者不为，而谓贤者为之乎？"

百里，复姓；奚，名。百里奚事，见《左传》、《史记》各书者甚多，秦人号之为五投大夫。奚因虞公不听宫之奇之谏而许晋假道，知虞之将亡，乃先亡之秦，后又亡秦至宛。秦穆公知其贤，乃托言为晋之媵，以五羊皮赎之楚人，而使为相。其实媵晋伯姬者是虞大夫井伯，非奚也。详见焦氏《正义》。鬻，卖也。食，同饲。万章所引传说，谓奚自卖于秦之养牲者而为之食牛。五羊之皮，即奚卖身之值。言以此干求秦穆公也。垂棘，地名，其地产美玉。屈，亦地名，其地产良马。假道，借路也。宫之奇，亦虞大夫。晋献公因荀息之计，借道于虞以伐虢，灭虢后，并灭虞。事见《左传》。有行，有所作为也。自好，谓知自爱者。

十

孟子曰："伯夷，目不视恶色，耳不听恶声。非其君不事，非其民不使。治则进，乱则退。横政之所出，横民之所止，不忍居也。思与乡人处，如以朝衣朝冠，坐于涂炭也。当纣之时，居北海之滨，以待天下之清也。故闻伯夷之风者，顽夫廉，懦夫有立志。"

横，不循法度也。横政，暴政；横民，乱民也。顽，无知而贪也。廉，廉洁也。懦，柔弱也。立志，自立之志。馀均已见前篇。

“伊尹曰：‘何事非君？何使非民？’治亦进，乱亦进，曰：‘天之生斯民也，使先知觉后知，使先觉觉后觉。予，天民之先觉者也，予将以此道觉此民也。’思天下之民，匹夫匹妇，有不与被尧、舜之泽者，若己推而内之沟中。其自任以天下之重也。”

伊尹的思想与伯夷正相反。“何事非君，何使非民”者，凡我所事者即是我之君，凡我所使者即是我之民也。内，今作纳。自任以天下之重，即以天下之重自任也。馀均已见前篇。

“柳下惠不羞污君，不辞小官。进不隐贤，必以其道。遗佚而不怨，厄穷而不悯。与乡人处，由由然不忍去也，‘尔为尔，我为我，虽袒裼裸裎于我侧，尔焉能浼我哉？’故闻柳下惠之风者，鄙夫宽，薄夫敦。”

柳下惠又是另一种性情。鄙夫，胸襟狭隘之人；薄夫，性情刻薄之人。宽，大也。敦，笃也，厚也。馀均已见前篇。

“孔子之去齐，接淅而行；去鲁，曰：‘迟迟吾行也！去父母国之道也。’可以速而速，可以久而久，可以处而处，可以仕而仕，孔子也。”

接，承也。淅，渍米也。接淅，是说米已淘浸，将下锅造饭，为了要走，来不及炊，就将米捞了起来，用手承着，立刻动身。接淅而行，是极言其动身之快。至于离开鲁国，则说：“迟迟吾行。”这是因为鲁是父母之国，不忍即别也。孔子做人，看时局，看环境，随机应付。如去齐，可速即速。去鲁，可久则久。不做官，即可隐处则隐处。做官，即可仕则仕。不像前三人之固执不移也。

孟子曰：“伯夷，圣之清者也。伊尹，圣之任者也。柳下惠，圣之和者也。孔子，圣之时者也。孔子之谓集大成。集大成也者，金声而玉振之也。金声也者，始条理也。玉振之也者，终条理也。始条理者，智之事也。终条理者，圣之事也。智，譬则巧也。圣，譬则力也。由射于百步之外也；其至，尔力也，其中非尔力也。”

此段与上文是一章，特加“孟子曰”三字者，因上文都是孟子叙述四人的话。以下则是孟子的批评也。集大成者，言集先圣之长以成一己之德也。《尚书》言“箫韶九成”。众乐合奏完成曰一成。故下文即以音乐为喻。金，缚钟。声，发声也。玉，特磬。振，收也。凡奏乐，先击缚钟以发其声，终击特磬以收其音。条理，指众乐合奏之节奏言。言以缚钟始之，以特磬终之也。凡做人，始用修养工夫，是智之事，《中庸》所谓“诚身”必先“明善”也。智者始能“择善”，而“固执”以底于成，则有赖乎毅力，能始终如一，则为圣矣。下文又以射为喻。由，同犹。能射到百步之外，这是力；其射中正鹄，则是巧也。中，去声。

十一

北宫锜问曰：“周室班爵禄也，如之何？”孟子曰：“其详，不可得闻也。诸侯恶其害己也，而皆去其籍。然而轲也，尝闻其略也：天子一位，公一位，侯一位，伯一位，子、男同一位，凡五等也。君一位，卿一位，大夫一位，上士一位，中士一位，下士一位，凡六等。天子之制，地方千里，公侯皆方百里，伯七十里，子、男五十里，凡四等。不能五十里，不达于天子，附于诸侯，曰附庸。天子之卿，受地视侯，大夫受地视伯，元士受地视子男。大国地方百里，君十卿禄，卿禄四大夫，大夫倍上士，上士倍中士，中士倍下士，下士与庶人在官者同禄。禄，足以代其耕也。次国地方七十里，君十卿禄，卿禄三大夫，大夫倍上士，上士倍中士，中士倍下士，下士与庶人在官者同禄。禄足以代其耕也。小国地方五十里，君十卿禄，卿禄二大夫，大夫倍上士，上士倍中士，中士倍下士，下士与庶人在官者同禄，禄，足以代其耕也。耕者之所获，一夫百亩；百亩之粪，上农夫食九人，上次食八人，中食七人，中次食六人，下食五人，庶人在官者，其禄以是为差。”

北宫，姓，锜，名，卫人。锜，鱼倚反。班，列也。一说北宫锜问孟子，周代所定的爵位俸禄之制是如何的。恶，去声。籍，典册也。诸侯强大僭越，皆背周初之制，故恶其有害于己，而毁灭其典籍也。天子、公、侯、伯、子、男，是五等的封爵。君、卿、大夫、上士、中士、下士，是六等的职位。一千方里，一百方里，七十方里，五十方里，是四等的国土。比五十方里更小的国家，不能直达于天子，只能附在诸侯下面，称为附庸。视者，以此为标准也。大的诸侯，国土一百方里。国君之俸禄，十倍于卿。卿之禄，四倍于大夫。大夫，比上士加倍。上士倍中士，中士倍下士。下士，则与百姓在官办差的人，受一样的俸禄。这种俸禄，适足以代替他耕田的收入。次国是伯爵的国土，小国是子男的国土。算法都可类推。耕田的人，一夫可以受田百亩。粪，治田也，加肥种田也，肥料多而力勤者为上农，其所收可供九人之食；以下，则用力不齐，所收能供给的人数也不同，共有五等。庶人在官者，其受禄的多少，也以这个为标准，而有所相差，为五等也。食，音嗣，以食养人也。

十二

万章问曰：“敢问友。”孟子曰：“不挟长，不挟贵，不挟兄弟而友。友也者，友其德也，不可以有挟也。”

长，此处读如掌。

此章记万章问交友之道也。挟者，有所挟恃而自恃也。赵注谓不挟贵者，不挟恃自己之贵；不挟兄弟而友者，不挟恃兄弟之富贵。江永《群经补义》则谓兄弟即婚姻，如中张载与程颢、程颐为中表兄弟之类。赵佑《温故录》则谓兄弟为等夷之称，言必其人与己等夷，始友之也。与赵说异，亦均可通。

"孟献子，百乘之家也，有友五人焉：乐正裘、牧仲，其三人，则予忘之矣。献子之与此五人者友也，无献子之家者也。此五人者，亦有献子之家，则不与之友矣。"

孟献子，仲孙蔑也，鲁国之贤大夫。百乘之家，大夫之家也。他有朋友五人，孟子只记得乐正裘、牧仲二人的姓名，其馀三人，则已忘记。献子对于这五人，完全以友道相待，并不挟恃着自己的家世；而这五人所以肯和献子为友，也是不将献子的家世放在心中的。假使这五人的心中，也有献子是贵族的观念，献子也就不与他们为友了。此言大夫的不挟贵。

"非惟百乘之家为然也，虽小国之君亦有之。费惠公曰：'吾于子思，则师之矣。吾于颜般，则友之矣，王顺、长息，则事我者也。'"

费，音秘，小国名；惠公，费国的君主也。他曾说过，对于有道德学问的子思，则师事之。于次一等的颜般，则友事之。若王顺长息，道德学问不及自己，就当事我了。此言小国之君的不挟贵。

"非惟小国之君为然也，虽大国之君亦有之。晋平公之于亥唐也，入云则入，坐云则坐，食云则食，虽疏食菜羹，未尝不饱，盖不敢不饱也。然终于此而已矣。弗与共天位也，弗与治天职也，弗与食天禄也，士之尊贤者也非王公之尊贤也。"

晋平公名彪，悼公子。亥唐，晋之隐士，事见皇甫谧《高士传》。疏，粗也；食，音嗣。平公对于亥唐，无不听命。亥唐叫他进内则进内，叫他坐则坐，叫他吃则吃，亥唐和他同吃饭，虽然是粗饭和菜羹，也未尝不吃饱，因为他在亥唐的面前不敢不吃饱。然平公之待遇亥唐，终于以此为止。位、职、禄皆天所授，故位曰天位，职曰天职，禄曰天禄，此三者，平公弗能与亥唐共有也。故平公的交友，是和士人的尊贤一般，不是用王公的身份来尊贤的。此言大国之君的不挟贵。

“舜尚见帝，帝馆甥于贰室，亦飨舜，迭为宾主，是天子而友匹夫也。”

帝，尧帝也。尚，上也。舜尚见帝者，舜上朝去见尧也。馆，房舍也。《礼》，妻之父曰外舅。舅之相对待者为甥，所以婿可以称甥。贰室，副官也。言尧帝请舜，住在副官里也。时时到舜的地方去吃饭，故曰“亦飨舜”。迭为宾主，互相为宾主也。因尧馆舜于贰室，是尧为主，尧亦往舜处吃饭，是又尧为宾了。此言尧以天子而友匹夫，是天子的不挟贵。

“用下敬上，谓之贵贵；用上敬下，谓之尊贤。贵贵尊贤，其义一也。”

以下在位的人，敬重上位的人，叫做贵贵；以在上位的人，敬重在下位的人，叫做尊贤。贵贵尊贤，皆事理之当然，故曰“其义一也”。当时只知贵贵，不知尊贤，故孟子云然。

十三

万章问曰：“敢问交际何心也？”孟子曰：“恭也。”曰：“却之却之为不恭，何哉？”曰：“尊者赐之，曰：‘其所取之者，义乎？不义乎？’而后受之，以是为不恭，故弗却也。”曰：“请无以辞却之，以心却之。曰：‘其取诸民之不义也’，而以他辞无受，不可乎？”曰：“其交也以道，其接也以礼，斯孔子受之矣。”

交际者，指以礼仪币帛相交接而言。却之，谓人以币帛来，不受之也。“曰其所取之者，义乎不义乎”，言长者以物赐我，假使我心里想一想道：他所得来的东西，是合义的还是不合义的也。经过考虑之后，合义的才收它，这样就是不恭敬了。所以不要推却不受。以辞却之，言不显然用说话来推却；以心却之，谓只在自己的心里来推却。曰其取诸民之不义也，即是心中的猜想。知道他送来的是不义之物，另外用一种婉转的言词来推却，这样，难道不可以吗？孟子说：“只要他的交接是以道以礼的，送来的东西，就是孔子也受他了。”

万章曰：“今有御人于国门之外者，其交也以道，其馈也以礼，斯可受御与？”曰：“不可。《康诰》曰：‘杀越人于货，闵不畏死，凡民罔不譈，’是不待教而诛者也。殷受夏，周受殷，所不辞也。于今为烈，如之何其受之！”

朱注云：“御，止也。止人而杀之，且夺其货也。国门之外，无人之处也。”按御，强御也，谓以暴力加人，而夺其货物也。受御之御，则指御人而得之物而言。与，同欤。万章以为苟不问他货物的来历，假使有人在国门之外，抢夺了他人的货物，也用道理来和我交际，用礼貌来馈送我，那么，可收受他这御得之物吗？孟子说不可。乃引《尚书》中《康诰》篇的话来作证。越，颠越也。于，取也。杀越人于货者，言杀了他的人，取了他的货物。闵，本作暋，强也。言闵然不怕死也。罔，无也。譈，怨恨也。可以不必教训他，即把他诛戮。“殷受夏……于今为烈”十四字，朱子以为衍文。赵注以“不待教”为不待教命，即可讨之；以“不辞”为“不须辞问以“于今为烈”为于今犹为烈烈明法。按辞问，即审讯也。此言杀人劫物之盗匪现行犯，可以格杀勿论，不必再加教训，不必加以审问，三代皆然，至战国时犹厉行此种法律也。怎么可以受他抢来的赃物呢？

曰：“今之诸侯，取之于民也，犹御也。苟善其礼际矣，斯君子受之，敢问何说也？”曰：“子以为有王者作，将比今之诸侯而诛之乎？其教之不改而后诛之乎？夫谓‘非其有而取之者，盗也’，充类至义之尽也。孔子之仕于鲁也，鲁人猎较，孔子亦猎较。猎较犹可，而况受其赐乎？”

此万章又问，孟子又答也。比，连也。比而诛之，犹云一律杀了他们。夫，音扶。言“非其有而取之者盗也”这句话，是就其类而扩充之，推其意而至于尽，极言之耳；非便以为真盗也。故杀人劫货之真盗，则不待教而诛；今之诸侯，则虽有王者起，亦必教之不改而后诛也。朱注不详“猎较”。赵氏云：“猎较者，田猎相较夺禽兽，得之以祭，时俗所尚以为吉祥。孔子不违而从之，所以小同于世也。”按古时诸侯将祭则田猎。猎毕，除取供君祭者外，馀与士，众习射于射官。射而中者，虽田猎不得禽，亦可得之；不中者，虽田猎得禽，亦不得也。猎较，则惟于猎毕较其所得之禽之多且异，不复习射矣。及三家僭礼，于其祭时亦行猎较之礼，以夸其祭品之丰富，且多异物矣。曰猎较所获之禽，自互相攫夺，此古礼变坏之一端也。

曰：“然则孔子之仕也，非事道与？”曰：“事道也。”“事道，奚猎较也？”曰：“孔子先簿正祭器，不以四方之食供簿正。”曰：“奚不去也？”曰：“为之兆也；兆足以行矣，而不行，而后去，是以未尝有所终三年淹也。”

与，今作欤。事道，以行道为事也。孟子说，孔子所以猎较者，因为孔子仕于衰世，不能立刻尽变一切习俗，所以先立簿书，而正宗庙之祭器；祭器一正，则祭品均有规定，不必以四方的珍食供簿中所规定的正式祭品了；这样，猎较之俗，也就可以渐渐废止了。奚不去也者，言孔子如此委曲周全，终于行不通为什么不就走也。为之兆者，小试其道，示人以成绩，使人知其道之可行也。兆足以行，而道终不行，于是去之。所以孔子虽没有立刻就走，也没有作三年之久的淹留的。

“孔子有见行可之仕，有际可之仕，有公养之仕。于季桓子，见行可之仕也。于卫灵公，际可之仕也。于卫孝公，公养之仕也。”

此节仍为孟子之言。见行可者，见其道之可行也。际可者，交际上有礼也。公养者，国君能养贤也。季桓子，鲁大夫季孙斯也。孔子在鲁为司寇，正季桓子秉政之时。卫灵公尝郊迎孔子，所以谓之“际可之仕”，所以谓之“见行可之仕”。按《史记》，卫并无孝公，恐即出公辄。辄尝致粟于孔子，所以谓之“公养之仕”。

十四

孟子曰：“仕非为贫也，而有时乎为贫。娶妻非为养也，而有时乎为养。为贫者，辞尊居卑，辞富居贫。辞尊居卑，辞富居贫，恶乎宜乎？抱关击柝。孔子尝为委吏矣，曰：‘会计当而已矣。’尝为乘田矣，曰：‘牛羊茁壮长而已矣。’位卑而言高，罪也。立乎人之本朝而道不行，耻也。”

养，去声。恶，音乌。朝，音潮。长，上声。做官本为行道，不是为了家贫，但有时候确是为了家贫而谋禄。娶妻本为嗣续，不是为了奉养，但有时候，却也为了奉养而娶妻。如果为贫而做官，当辞尊位而居小官，辞重禄而受薄俸。抱关，管城门也。击柝，敲更也。极言其位之卑、禄之薄。孟子又引孔子来证明他的话。委吏，管仓廪的小吏；乘田，主苑囿刍牧的小吏。孔子做委吏的时候说，只要会计不错就罢了。做乘田的时候说，只要牛羊肥壮长大就罢了。因为孔子深知道，位子卑的人而高谈朝政，是有罪的。若位子高了，立在人的朝廷上而其道不能行，也是可羞耻的事情。

十五

万章曰：“士之不托诸侯，何也？”孟子曰：“不敢也。诸侯失国而后托于诸侯，礼也。士之托于诸侯，非礼也。”万章曰：“君馈之粟，则受之乎”？曰：“受之。”“受之何义也？”曰：“君之于氓也，固周之。”曰：“周之则受，赐之则不受，何也？”曰：“不敢也。”曰：“敢问其不敢，何也？”曰：“抱关击柝者，皆有常职以食于上；无常职而赐于上者，以为不恭也。”曰：“君馈之，则受之，不识可常继乎？”曰：“缪公之于子思也，亟问，亟馈鼎肉。子思不悦。于卒也，摽使者出诸大门之外，北面稽首再拜而不受，曰：‘今而后知君之犬马畜伋。’盖自是台无馈也。悦贤不能举，又不能养也，可谓悦贤乎？”

《孟子》中所用的“士”字，有两种意义：与卿大夫同提及的，例如《北宫锜》章所云，是有位的士；此章所云，则是无位的士，指读书明道而未入仕的人。托，寄也，谓若寓公，寄食于所居之国也。失国之君，寄食邻国，叫做寓公。士若比于寓公，托于诸侯，则为非礼，故曰不敢。氓，民也。周，赒济也。士虽不得托于诸侯，若所居之国之君以粟馈之，则亦可受；因君之于民，固可以粟米周济之也。周，是济急；赐，是不问其贫窘与否而赐予之。周之则受，赐之则不受者，因士有常职，方可食君上之禄，即抱关击柝者，亦有其常职；若无常职而受其赐，则不恭也。孟子复引子思事以答万章可否常继之问。亟，音器，屡次也。鼎肉，《礼记·少仪注》云：“谓牲体已解，可升于鼎。”卒，终也。摽，麾也。稽首，叩头也。伋，子思名。犬马畜伋，言畜己如犬马也。台，亦作抬，主使令之贱吏。《左传·昭公七年》言人有十等，王、公、大夫、士、皁、舆、隶、僚、仆、台。言鲁缪公悦子思之贤，而不能举用之，又不能终养之也。

曰：“敢问国君欲养君子，如何斯可谓养矣？”曰：“以君命将之，再拜稽首而受。其后廪人继粟，庖人继肉，不以君命将之。子思以为鼎肉，使己仆仆尔亟拜也，非养君子之道也。尧之于舜也，使其子九男事之，二女女焉，百官牛羊仓廪备，以养舜于畎亩之中，后举而加诸上位。故曰：王公之尊贤者也。”

孟子讥鲁缪公不能养贤，故万章又问：国君要养君子，应当怎样。将，送也。言第一次以国君的命令送东西去，君子则再拜叩头而受。以后国君只须叫管谷仓的廪人，继续送米，管庖厨的庖人，继续送肉，不必再用国君的命令送去，以免其拜赐之劳。子思那时的不高兴，是因为缪公时常差人用君命送鼎肉去，使他仆仆不休地屡次下拜，这便不是尊养君子之道。仆仆尔，犹仆仆然，烦劳猥顿之貌。此下又引尧帝之待虞舜为例。二女女焉，把两个女儿嫁他也。下“女”字去声，作动词用。百官牛羊仓廪，无不完备，以养舜于田亩之间。后来举他起来，登了上位。像这样，才可以说是王公之尊养贤人也。

十六

万章曰：“敢问不见诸侯，何义也？”孟子曰：“在国，曰市井之臣；在野，曰草莽之臣：皆谓庶人。庶人不传质为臣，不敢见于诸侯，礼也。”

万章“不见诸侯”之问，与陈代同，而答之较详，两章可以参看。国，都邑也。野，乡里田间也。所谓市井之臣、草莽之臣，都是庶人百姓。质同贽。这种庶人，在不曾“始见时的贽”，自通于诸侯，而正式为诸侯之臣，就不敢进见诸侯，这是合乎礼的。

万章曰：“庶人，召之役，则往役。君欲见之，召之，则不往见之，何也？”曰：“往役，义也。往见，不义也。且君之欲见之也，何为也哉？”

万章又道：“君主用命令召庶人充工役，则庶人去做工役。君主平时要见庶人，特地召他，却不去见君主，是何意义呢？”孟子道：“去做工役，是应该的。去见君主，是不应该的。而且君主要召见庶人，究竟为了什么呢？”

曰：“为其多闻也，为其贤也。”曰：“为其多闻也，则天子不召师，而况诸侯乎？为其贤也。则吾未闻欲见贤而召之也。缪公亟见于子思，曰：‘古千乘之国以友士，何如？’子思不悦，曰：‘古之人有言，曰事之云乎！岂曰友之云乎？’子思之不悦也，岂不曰：‘以位，则子君也，我臣也，何敢与君友也？以德，则子事我者也，奚可以与我友？’千乘之君，求与之友而不可得也。而况可召与齐景公田，招虞人以旌，不至，将杀之。志士不忘在沟壑，勇士不忘丧其元，孔子奚取焉？取非其招不往也。”

万章答孟子道：“君主要见庶人，因为他博学多闻，因为他有贤德。”孟子道：“既是为他多闻，是要请教他了。那么天子尚且不敢召师，何况是诸侯呢？若是为他有贤德，那么，我没有听见过要见贤德的人，而用命令去召他来的。”亟，音器。从前鲁缪公屡次去见子思，他对子思道：“古时候有千乘国家的君主，而和士人做朋友的，你以为怎样呢？”子思就不喜欢起来。子思的话是说：人君之于贤士，古之人有言，说事他咯！难道说友他吗？“岂不曰”以下，是孟子解释子思的意思。子，指缪公；我，子思自称。由子思之事看来，国君求与贤人，尚且不可得，何况召他呢？与，同欤。下又引齐景公招虞人事，解已见前。

曰：“敢问招虞人，何以？”曰：“以皮冠。庶人以旃，士以旂，大夫以旌。以大夫之招招虞人，虞人死不敢往；以士之招招庶人，庶人岂敢往哉？况乎以不贤人之招招贤人乎！欲见贤人而不以其道，犹欲其入而闭之门也。夫义，路也。礼，门也。惟君子能由是路，出入是门也。《诗》云：‘周道如底，其直如矢。君子所履，小人所视。’”

万章又问，国君招虞人，该用什么东西也。孟子道：“国君招虞人当用皮冠，招庶人当用旃，招士则用旂，招大夫则用旌。当时齐景公以招大夫的旌，去招虞人，虞人死也不敢去的。若以招士的东西去招庶人，庶人岂敢去呢？何况用招不贤人的方法去招贤人呢！国君要见贤人，而不用延见贤人之道，犹之乎要他进房屋里来，却把门关闭起来也。”夫，音扶。义，是一条路；礼，是一扇门。只有君子能走这条路，进出这扇门。所引《诗经》，见《小雅·大东》篇。周道，通行的大道。底，同砥，音纸，磨东西的石头；如底，喻其平也。矢，箭也；如矢，喻其直也。履，践行也。引此《诗》以惟君子能践行此平直之道，喻惟君子能由义之路，出入礼之门。

万章曰："孔子'君命召，不俟驾而行'，然则孔子非与？"曰："孔子当仕有官职，而以其官召之也。"

此万章又问也。"孔子君命召，不俟驾而行"，见《论语·乡党》。今言君召亦不往见，则孔子非与？与，同欤。孟子答道："孔子那时候正在做官，有他的职务，鲁君以他的官召之，故不俟驾而行也。"

十七

孟子谓万章曰："一乡之善士，斯友一乡之善士。一国之善士，斯友一国之善士。天下之善士，斯友天下之善士。以友天下之善士为未足，又尚论古之人。颂其诗，读其书，不知其人，可乎？是以论其世也，是尚友也。"

此章言自己为如何人，才可以与如何人为友，自一乡推至一国、天下，都是一样。友了天下之善士，尚以为不足，又须上论古之人。诵古人之诗，读古人之书，而不知古人的生平行事，岂可乎？所以又要考论他的时代。这样，就是上友古之人了。尚，同上。颂，同诵。

十八

齐宣王问卿。孟子曰："王，何卿之问也？"王曰："卿不同乎？"曰："不同。有贵戚之卿，有异姓之卿。"王曰："请问贵戚之卿。"曰："君有大过则谏，反复之而不听，则易位。"王勃然变乎色。曰："王勿异也。王问臣，臣不敢不以正对。"王色定。然后请问异姓之卿。曰："君有过则谏，反覆之而不听，则去。"

问卿者，问为卿之道，应该怎样也。与国君有亲族关系的，叫贵戚之卿；与国君不同姓的，叫异姓之卿。贵戚之卿与国君关系密切，国君有大过，反覆地谏他而不听，则将危及国家，故易置其君也。异姓之卿，则与国君关系既疏且无易君之权，故君有过失，则谏，反覆地谏他而仍旧不听，惟有离去这个国而已。勃然，变色之貌。

下孟

告子篇第六

一

告子曰："性，犹杞柳也。义，犹桮棬也。以人性为仁义，犹以杞柳为桮棬。"孟子曰："子能顺杞柳之性而以为桮棬乎？将戕贼杞柳而后以桮棬也！如将戕贼杞柳而以为桮棬，则亦将戕贼人以为仁义与？率天下之人而祸仁义者，必子之言夫！"

戕，音墙。与，作欤。夫，音扶。

告子，见《公孙丑》篇注。杞柳，是一种落叶灌木，山东、河北等处产生尤多。桮，音杯。棬，音圈。桮棬，是一种屈木所制的器具，有如卮、匜之类。告子言人的性质，自然生成，犹如杞柳，也是自然生成的。而义，则有如桮棬，是人工制成的。若要以人性为仁义，有如把杞柳制成桮棬，非加人工不可。告子盖以"善"为由于"人为"，非天性本然，故有此喻。孟子主性善，以仁义为性所固有，而非出于"人为"，故就告子之喻以驳之。戕贼，犹言残害。用杞柳制桮棬，须用刀斧劈之、斫之，故曰"将戕贼杞柳，而后以为桮棬"。既不能顺杞柳之性以制成桮棬，而须加以戕贼，则亦将戕贼了人去做仁义吗？率天下的人，以仁义为祸害的，必定是这句话了！

二

告子曰："性，犹湍水也。决诸东方则东流，决诸西方则西流。人性之无分于善不善也，犹水之无分于东西也。"孟子曰："水信无分于东西，无分于上下乎？人性之善也，犹水之就下也！人无有不善，水无有不下。今夫水，搏而跃之，可使过颡；激而行之，可使在山，是岂水之性哉？其势则然也。人之可使为不善，其性亦犹是也。"

湍，他端反。湍水，波流潆洄的水也。告子又说："人的性，犹如湍水，决它向东则东流，决它向西则西流。人性的分不出什么善和不善，犹水之分不出向东或向西也。"孟子道："水，的确是分不出向东向西的，难道分不出向上向下吗？人的性是善的，犹水的性是向下流的。所以人性无有不善，水性无有不向下的。水，把它打着，可使它跳起来，高过人的额头；把它壅激起来，可使它反而流到山上去。这难道是水的本性吗？它是迫于势而这样的。一个人之可使他为不善，也如水的过颡在山一样，被迫而然，并非本性也。"

三

告子曰："生之谓性。"孟子曰："生之谓性也，犹白之谓白与？"曰："然。""白羽之白也，犹白雪之白；白雪之白，犹白玉之白与？"曰："然。""然则犬之性，犹牛之性；牛之性，犹人之性与？"

与，同欤。

朱注云："生，指人物之所以知觉运动者而言。"又云："与近世佛氏所谓'作用是性'者略相似。"按《白虎通·性情》篇云："性者，生也。"性字从心生声，以声释性，亦音训也。生，即生活、生命。生之谓性，是谓凡有生命的皆有此性，即赵州和尚所谓"狗子亦有佛性"也。故孟子以"生之谓性，犹白之谓白与"反问之。盖以凡白色之物皆有谓之白，比凡有生命之物皆有此性也。故告子迳应之曰"然"。孟子又询以白羽之"白"、白雪之"白"、白玉之

“白”，是否无别。告子又应之曰“然”。犬、牛、人，皆有生命的动物；如告子所言，则犬之性、牛之性、与人之性同矣。知人之性与犬牛之性不同，则“生之谓性”之说自破。孟子之意，以为人之所以异于犬牛者，正以其性之善也。

四

告子曰：“食色，性也。仁，内也，非外也。义，外也，非内也。”孟子曰：“何以谓仁内义外也？”曰：“彼长而我长之，非有长于我也；犹彼白而我白之，从其白于外也：故谓之外也。”曰：“异于白马之白也，无以异于白人之白也。不识长马之长也，无以异于长人之长与？且谓长者义乎？长之者义乎？”

饮食男女，人之大欲存焉，故食欲性欲，为人之本能，因谓之性也。仁爱之心亦出于人的本性，从内里发出，故告子以为是“内”非“外”者，宜也。事之宜不宜，似乎在事的本身，故告子以为是“外”非“内”。孟子是主张人性皆善的，仁义都是人性所固有，故反问之曰：“何以谓仁内义外也？”长，上声。彼长，彼年长也。我长之，我以彼为长也。彼白，彼色白也。我白之，我以为白也。彼色白而我以为白，“白”不在我；彼长而我长之，“长”亦不在我而在彼，故告子以为是“外”而非“内”。长长，即是义。告子以此释其“义外”之说也。“曰异于白……”以下，孟子又答也。朱注谓“异于”二字为衍文，当删去。“白马之白也，无以异于白人之白也”，是承告子以白喻长之说而言。赵注则“异于白”三字为一句。言长与白不同也。白马之白，与白人之白同；长马之长，则与长人之长异：故曰“异于白”也。长马，以马为老也。以马为老，并无敬此老马之意；长人，则有敬长之心：故不同也。且所谓义者，不是指他的年长而言，是指我以为长而尊敬之之意而言。此则发于我之内心者也。故义亦是“内”而非“外”。按《公孙丑》篇，孟子尝云：“告子未尝知义，以其外之也。”即指此。

曰："吾弟则爱之，秦人之弟则不爱也，是以我为悦者也，故谓之内。长楚人之长，亦长吾之长，是以长为悦者也，故谓之外也。"曰："耆秦人之炙，无以异于耆吾炙。夫物则亦有然者也；然则耆炙亦有外与？"

耆，今作嗜，音自。炙，音双。夫，音扶。与，作欤。

此告子又辩也。爱我之弟而不爱秦人之弟，则爱与不爱，完全以"我"为主，故谓之"内"。此即"仁内"之说。楚国人的长辈，我亦长之敬之；我自己的长辈，我亦长之敬之。则长之与否，完全以"彼"之是否年长为主，故谓之"外"。此即"外义"之说。孟子又以耆炙为喻驳之。耆，同嗜，是喜欢吃的意思。炙，是烧好的肉。秦人烧的肉我喜欢吃，我自己烧的肉也喜欢吃，这和告子所说"长楚人之长亦长吾之长"正同。若以此为长长之义是"外"非"内"之证，则此嗜炙之心情亦是"外"非"内"矣。但告子明云"食色，性也"；嗜炙，即是食欲，决不是在"外"的，是发自内心的。嗜炙既是在内的，则长长也是在内的了。

按本篇记告子论性之言，四章相连，而其说不同。第一章，以杞柳桮棬为喻，是疑仁义出于人为的造作也；此与荀子"人之性恶，其善者伪也"之说相近。第二章，以湍水为喻，是疑人性无善不善之分也；此即性可以为善可以为恶之说也。第三章，言"生之谓性"，此即佛氏"作用是性"之旨也。第四章，则又主"仁内义外"之说。曰仁内，则已承认"性善"说矣；但犹以"义"为"外"耳。"仁内义外"之说，见《管子·戒》篇及《墨子·经上》篇。是告子屡问孟子而屡变其旨，盖举所闻当时论性之说，向孟子质疑问难，为请益之辞，非自立一说，以与孟子抗衡也。孟子之不惮烦渎，反复辩证，亦因其问难而启发之，非如距杨墨之言之辞而辟之也。赵岐谓告子是孟子弟子，或亦因此乎？

五

孟季子问公都子曰："何以谓义内也？"曰："行吾敬，故谓之内也。”“乡人长于伯兄一岁，则谁敬？”曰：“敬兄。”“酌则谁先？”曰：“先酌乡人。”“所敬在此，所长在彼，果在外，非由内也。”公都子不能答，以告孟子。孟子曰：“敬叔父乎？敬弟乎？彼将曰：‘敬叔父。’曰：‘弟为尸，则谁敬？’彼将曰：‘敬弟。’子曰：‘恶在其敬叔父也？’彼将曰：‘在位故也。’子亦曰：‘在位故也。庸敬在兄，斯须之敬在乡人。’”季子闻之曰：“敬叔父则敬，敬弟则敬，果在外，非由内也。”公都子曰：“冬日则饮汤，夏日则饮水，然则饮食亦在外也？”

朱注疑孟季子即孟仲子之弟。赵氏无注。疏则以季任当之。翟颢《考异》谓经文未有“孟”字，赵佑《温故录》亦云非孟子从弟。他听了告子仁内义外之说，也以告子为是，所以问公都子道：“何以说义是内的？”公都子答道：“因为行我的恭敬，所以说他是内。”孟季子又道：“假如一个同乡的人，他大于长兄一岁，则应该敬重哪一个？”公都子道：“应该敬长兄。”孟季子道：“请他们两人吃酒，先酌哪一个？”公都子道：“这应该先酌乡人。”孟季子驳道：“所敬的是兄，年长的都是乡人；照此看来，所谓义者，果然是在外而不是在内的了。”公都子听了这话，不能对答，只得去告诉孟子。孟子道：‘你只问他：‘一个人敬叔父呢？还是敬弟呢？’他将说道：‘敬叔父。’你再问他弟在祭祀时作代表神的尸，那么在弟和叔父之间，你将敬谁呢？’他将说道：‘敬弟。’你再问他：‘这样，怎么能说敬叔父呢？’他将说道：‘为了在尸位的原故。’你也就可以说：‘所以敬乡人的原故，也是为了“在位”的缘故。’平时的敬重，是在兄；暂时的敬重，是在乡人。”孟季子听了这句话，又说道：“敬叔父则这样敬，敬弟则那样敬，这样看来，则所谓义者，果然是在外，不是在内的了！”公都子道：“冬日则饮热汤，夏日则饮冷水。照你这样说，则饮食也是在外的了！”恶在之恶，音乌，何也。

六

公都子曰：“告子曰：‘性无善，无不善也。’或曰：‘性可以为善，可以为不善。是故文、武兴则民好善，幽、厉兴则民好暴。’或曰：‘有性善，有性不善。是故以尧为君而有象，以瞽瞍为父而有舜，以纣为兄之子，且以为君，而有微子启，王子比干。’今日性善，然则彼皆非与？”

公都子引告子的话道：“一个人的性，无所谓善，亦无所谓不善。”又引或人的话道：“人的性，是可以使他为善，也可以使他为不善的；所以文王、武王兴起来了，则百姓都跟着好善。幽王、厉王兴起来了，则百姓都跟着好暴。”又引另一个或人的话道：“人的性，有生来是善的，也有生来是不善的。故以尧帝为君，而有暴戾的象；以瞽瞍为父，而有纯孝的舜；以纣王为其兄的儿子，而且是人君，而有微子启、王子比干这些善人。”如今说人性是善的，那么，上面诸人所说的话，都不对吗？按微子是纣王的庶兄，比干才是纣王的叔父。此处并在一处言，是因行文的便利。此顾炎武说，见《日知录》。翟颢《考异》据陆九渊《答周元忠书》，以为微子启与王子比干皆纣父帝乙之弟。《孟子》与《史记》不同，不当因《史记》而疑《孟子》，其说亦可通。好，去声。与，同欤。

孟子曰：“乃若其情，则可以为善矣，乃所谓善也。若夫为不善，非才之罪也。恻隐之心，人皆有之。羞恶之心，人皆有之。恭敬之心，人皆有之。是非之心，人皆有之。恻隐之心，仁也。羞恶之心，义也。恭敬之心，礼也。是非之心，智也。仁义礼智，非由外铄我也，我固有之也；弗思耳矣。故曰，求则得之，舍则失之。或相倍蓰而无算者，不能尽其才者也。”

程瑶田《通艺录》谓乃若为转语词；其情，谓为不善者之情；恻隐、羞恶、恭敬、是非之心，即情也。为不善者之情，本亦可以为善，此乃我所谓善也。若夫成为不善，则非才之罪；才，质也，材也。戴震《孟子字义疏证》则谓情，犹素也，实也，非性情之情；才，以体质言；性，以本始言。焦氏《正义》则谓人性同具神明之德，故情可旁通，而可以为善；运旋乎情，使能旁通，以致穷理尽性之功者，则为才。才不才，既智愚之别。三说实小异而大同。铄，以火销金属也，从外面热进去，故曰外铄。倍是一倍，蓰是五倍，四端为我内心所固有，求则得之，舍则失之，有得有失，以致人的善不善相差一倍或五倍，甚而至于无数倍，都是不能尽其天生的材质之故也。夫，音扶。恶，去声。舍，去声。蓰，音徙。

“《诗》云：‘天生蒸民，有物有则。民之秉夷，好是懿德。’孔子曰：‘为此诗者，其知道乎！’故有物必则，民之秉夷也，故好是懿德。”

所引《诗经》，见《大雅·蒸民》篇。蒸，众也，《诗》作烝。物，事也。则，法也。秉，执也。夷，常也。好，去声。懿，美也。言天生众民，有事物必有法则，众民所秉的常性，都是喜好懿美的道德的。孟子引此诗，又引见孔子之言，并加以说明也。

七

孟子曰：“富岁子弟多赖，凶岁子弟多暴。非天之降才尔殊也，其所以陷溺其心者然也。今夫麰麦，播种而耰之，其地同，树之时又同，浡然而生，至于日至之时，皆孰矣。虽有不同，则地有肥硗，雨露之养，人事之不齐也。故凡同类者，举相似也。何独至于人而疑之？圣人与我同类者。故龙子曰：‘不知足而为屦，我知其不为蒉也。’屦之相似，天下之足同也。”

富岁，丰年也。赵岐以善训赖。朱注云：“赖，借也。丰年衣食饶足，故有所借而为善。”与赵说略异。阮元谓赖即嬾，懈也。言富岁粒米狼戾，民多懈怠。较赵、朱二注为长。盖年丰，则生活裕如，故青年子弟多懈嬾；年凶，则生活窘迫，故青年子弟多暴戾。尔，如此也。言非天生之材质如此不同，所以陷溺其心之环境如此也。夫，音扶。麰麦，大麦。凡麦，下种之后，当覆以土，故曰“播种而耰之”。树，种也。浡然，犹云蓬蓬勃勃地。日至之时，当成熟之期也。孔广森赵佑谓日至指夏至。夏至，则麦之迟者亦熟。《管子·轻重》篇亦云："夏至而麦熟。"肥，沃也；硗，苦交切，薄也。此以辨麦喻人性，以地之肥硗，雨露人事之不齐，喻后天环境之不同。屦，麻鞋。蒉，草器。织屦者虽不知人足之大小，但必似足形，不至做成蒉的形状；因为天下之足，形状是同的。

"口之于味，有同耆也。易牙，先得我口之所耆者也。如使口之于味也，其性与人殊，若犬马之与我不同类也，则天下何耆皆从易牙之于味也？至于味，天下期于易牙，是天下之口相似也。惟耳亦然，至于声，天下期于师旷，是天下之耳相似也。惟目亦然。至于子都，天下莫不知其姣也。不知子都之姣者，无目者也。故曰：口之于味也，有同耆焉；耳之于声也，有同听焉；目之于色也，有同美焉。至于心，独无所同然乎？心之所同然者，何也？谓理也，义也。圣人先得我心之所同然耳。故理义之悦我心，犹刍豢之悦我口。"

耆，同嗜。易牙，春秋时齐桓公之饔人，最善烹调，名巫，字易牙。师旷，晋平公乐师，善音乐。子都，古之美貌者。《诗·郑风·山有扶苏》云："不见子都，乃见狂且。"按《左传·隐公十一年》杜预注云："子都，郑大夫公孙阏。"姣，美也。同然者，皆以为是者也。牛羊食草，草即刍，所以即称牛羊为刍；犬豕食谷，豢饲于人，所以即称犬豕为豢。此刍豢，指牛羊犬豕之肉。此章以理义为人心之所同然，明人性之皆善。

八

孟子曰："牛山之木尝美矣。以其郊于大国也，斧斤伐之，可以为美乎？是其日夜之所息，雨露之所润，非无萌蘖之生焉；牛羊又从而牧之，是以若彼濯濯也。人见其濯濯也，以为未尝有材焉，此岂山之性也哉？"

牛山，齐国城外的一座大山。它的树木，本来是极其盛美的。因为它在大国的近郊，人人拿斧头去砍伐它，可以保全它的盛美么？润，滋生也。日日夜夜之所生息，雨露之所滋润不是没有萌芽生出来，无奈牧童又把牛羊驱上去嚼吃，去践踏，所以一座草木盛美的山，弄得一无所有了。人们见他一些没有草木，就以为这座山未尝有过材木，这个，岂是这座山的本性吗？萌，芽也；蘖，芽之旁出者也。濯濯，光洁之貌。

“虽存乎人者，岂无仁义之心哉？其所以放其良心者，亦犹斧斤之于木也。旦旦而伐之，可以为美乎？其日夜之所息，平旦之气，其好恶与人相近也者几希；则其旦昼之所为，有梏亡之矣。梏之反覆，则其夜气不足以存；夜气不足以存，则其违禽兽不远矣。人见其禽兽也，而以为未尝有才焉者，是岂人之情也哉？”

上节说山，实是以山比人，此节就说到人了。存乎人心的仁义，也是和山上固有的草木一样。仁义之心，就是人的良心。人们之所以放失其良心，亦犹斧头的伐木一样，一天一天地把树木砍伐，怎么还能够盛美呢？不过良心，仍时有滋息，也如牛山，日日夜夜的生息草木。当天初明时，神气清明，良心时一发现，这叫做“平旦之气”。他心中的所好或所恶，与一般人只有几希相近者，因为他白天里所作所为，又将他的良心扰乱（梏）了，亡失了也。反反覆覆地搅乱，所以弄到后来，良心发现的夜气，也一些不足以保存；夜气一些都不存在，那么他和禽兽也相去不远了。人家见他是与禽兽一样了，便以为他未尝有可以为善的材质，这岂是人的实情吗？平旦，平明，天初晓的时候。好，恶，皆去声。有，同又。梏，同牿，搅也。情，诚也，实也。

“故苟得其养，无物不长；苟失其养，无物不消。孔子曰：‘操则存，舍则亡。出入无时，莫知其乡。’惟心之谓与？”

此是上两节的总结。言良心与草木，得其养，则长；失其养，则消也。下又引孔子的话来作证。操，持也；操持之，即得其养；

舍，同捨，舍弃之，即失其养。操则存，即“求则得之”；舍则亡，即“舍则失之”。谓心存于内而不亡失；出，谓心放于外而不知求。出入无时，故所以操之求之者，无刻之可懈；少懈，则放心难求，而莫知其所向矣。乡，同嚮，今作向。与，同欤。此章言人之所以不善，由于不知操持，而放失梏亡其良心。

九

孟子曰：“无或乎王之不智也。虽有天下易生之物也，一日暴之，十日寒之，未有能生者也。吾见亦罕矣。吾退而寒之者至矣。吾如有萌焉何哉？今夫弈之为数，小数也；不专心致志，则不得也。弈秋，通国之善弈者也。使弈秋诲二人弈，其一人专心致志，惟弈秋之为听。一人虽听之，一心以为有鸿鹄将至，思援弓缴而射之；虽与之俱学弗若之矣。为是其智弗若与？曰：‘非然也。’”

或，同惑。暴，作曝。王，疑指齐宣王。大概那时有人怪王不智，而孟子又不帮他的忙，所以孟子说这一番话。凡物之生长，皆需要日光暖气。所以即使天下最易生长的东西，在太阳下晒了一日，就要使他冷十日，当然是不会生长的了。意思是以晒太阳比喻人君近贤人。吾见亦罕矣者，孟子自言见王甚少也。吾退而寒之者至矣者，言我退而王又与小人接近也。则虽有善心之萌，吾亦无如之何矣。弈，就是着围棋。弈秋是古时一个最能着围棋的人，名秋。数，术也。着棋，本来是一件小技艺，可是若不专心致志，就得不到着法的诀窍。假定使弈秋去教诲两个人学棋。其中一人，专心致志，只听弈秋的话。其他一人，虽然也听着弈秋的话，心里却以为有一只鸿鹄将要飞来了，想拿了弓，将绳系了箭（缴）去射鸿鹄，心思一分，学棋的成绩，必定不及专心致志那一个人了。难道为了他的聪明不及那一人吗？这当然可以说不是的。今夫之夫，音扶。缴，音灼，以绳系矢而射也。射，入声，食亦反。弗若与之与，同欤。

十

孟子曰："鱼，我所欲也。熊掌，亦我所欲也。二者不可得兼，舍鱼而取熊掌者也。生，亦我所欲也。义，亦我所欲也。二者不可得兼，舍生而取义者也。生亦我所欲，所欲有甚于生者，故不为苟得也。死亦我所恶，所恶有甚于死者，故患有所不辟也。"

舍，同捨，弃也。此以鱼与熊掌喻生与义，明虽同为我之所欲，但如得生而有害于义，宁舍生而取义也。所欲之甚于生者，即指义。不为苟得，不苟得生也。所恶之甚于死者，即指不义。不避患，言虽死亦所不避也。恶，去声。辟，同避。

"如使人之所欲，莫甚于生，则凡可以得生者，何不用也？使人之所恶，莫甚于死者，则凡可以辟患者，何不为也？由是则生而有不用也，由是则可以辟患而有不为也。是故所欲有甚于生者，所恶有甚于死者，非独贤者有是心也。人皆有之，贤者能勿丧耳。"

此节承上节而言。以"由是则生而有不用"、"由是则可以避患而有不为"为据，以明人之所欲有甚于生，所恶有甚于死；且不独贤者有此心，人人皆有此心，不过贤者能勿丧失而已。丧，去声。

"一箪食，一豆羹，得之则生，弗得则死。嘑尔而与之，行道之人弗受；蹴尔而与之，乞人不屑也。万钟，则不辨礼义而受之。万钟于我何加焉？为宫室之美，妻妾之奉，所识穷乏者得我与？乡为身死而不受，今为宫室之美为之；乡为身死而不受，今为妻妾之奉为之；乡为身死而不受，今为所识穷乏者得我而为之：是亦不可以已乎？此之谓失其本心。"

食，音嗣。嘑，今作呼。蹴，音促，以足踢之也。与，同欤。乡，作嚮，亦作向。为，去声。一箪食，一筲箕的饭；一豆羹，一木盌的羹。饥饿的人对于这些儿东西，是得之则生，弗得则死的。

假使拿着这饭这羹，大声呼叱："来吃这些东西罢！"这样，就是路过的陌生人，也是弗愿意领受的。假使更进一步，把这些东西放在地下，蹬着脚，表示给他吃，就是叫化子也不屑意领受了。可见人皆有羞恶之心，宁可饿死，不肯受辱。这一段是证明上文所谓"所欲有甚于生，所恶有甚于死"的心，是人皆有之的。但是万钟的厚禄，则世人往往不辨礼义而受之。万钟之禄虽厚，于我有什么益处呢？为了所住的房屋的华美，三妻四妾的奉事，我所素识的穷乏朋友，可以得我些恩惠吗？从前情愿忍着冻饿，不肯为免死而受人的箪食豆羹，现在则为了房屋的华美，妻妾的奉事，所识的穷乏朋友可以得我些恩惠，而竟受万钟之禄。这不是可以罢休的事吗？这个，可以说是失了他的本心了。

十一

孟子曰："仁，人心也。义，人路也。舍其路而弗由，放其心而不知求，哀哉！人有鸡犬放，则知求之；有放心而不知求。学问之道无他，求其放心而已矣！"

仁，是人人固有的爱人之心，故曰"人心也"。义，是应该做的事，是人人应该走的大路，故曰"人路也"。舍，同舍。由，从也。舍其路而弗由，谓弃义也。放其心而不知求，谓弃仁也。人有鸡犬放到外面去，则晓得去求它们回来，放了心出去，倒不晓得去求它回来。所以学问之道，没有其他的方法，只要把放心求回来就好了！

十二

孟子曰："今有无名之指，屈而不信，非疾痛害事也。如有能信之者，则不远秦、楚之路，为指之不若人也。指不若人，则知恶之。心不若人，则不知恶，此之谓不知类也。"

信，今作伸。恶，音污。

无名指，左右手第四指也。信，同伸。无名指弯曲着不会伸直，既没有病痛，也不害于做事。可是如果有人能把这无名指伸直的，那么这个人一定会不怕秦国、楚国的远路，而去求治的。这是为了无名指的不如人咯。为了一个手指不如人，心里便很厌恶；自己的心不如人，则不知道厌恶。这个就可以叫做不知类，不知类，就是不知轻重之别。

十三

孟子曰："拱把之桐梓，人苟欲生之，皆知所以养之者。至于身，而不知所以养之者，岂爱身不若桐梓哉？弗思甚也。"

两只手围拢来叫做拱，一只手握拢来叫做把。一拱一把大的桐树、梓树，人们苟要他长大起来，都晓得所以培养它的方法。只有自己的身子，倒勿晓得培养他的道理。难道是爱身子不及爱桐梓吗？实在是太不思想了。

十四

孟子曰："人之于身也，兼所爱；兼所爱，则兼所养也。无尺寸之肤不爱焉，则无尺寸之肤不养也。所以考其善不善者，岂有他哉？于己取之而已矣。体有贵贱，有小大。无以小害大，无以贱害贵。养其小者为小人，养其大者为大人。今有场师，舍其梧槚，养其樲棘，则为贱场师焉。养其一指，而失其肩背而不知也，则为狼疾人也。饮食之人，则人贱之矣，为其养小以失大也。饮食之人无有失也。则口腹岂适为尺寸之肤哉？"

此言人于自己的一身，无有尺寸的体肤是不爱的，所以也无有尺寸的体肤是不养的。考察一个人所养的善不善，没有其他的法子，只有反求诸己罢了。人体，也有贵贱小大的分别，如心脑，为一体中之贵者大者；口腹，则为贱者小者。人既爱养其身体，不可只爱养其贱者小者，以害其贵者大者。若只养其小者，则将自己养成小人；养其大者，方能把自己养成大人。场师，管理场圃之师。梧，梧桐；槚，梓树；是有用的大木。樲棘，是一种小枣树，无材料可取的。假使有个场师，对于树木，舍弃梧槚有用之树，而培养小枣无用之树，则为下贱的场师了。假使一个人对于自己的身体，只养了一指，失了肩背，而自己尚不知道，这样，就成为狼疾的人了。只知饮食专顾口腹的人，大家都看轻他，因为他养了小的而失了大的也。如果养小而不失大，喜欢饮食的人，于心脑的修养并不忘记，那么口腹本来也是重要的，岂但是尺寸之肤而已。按朱注云："狼善顾，疾则不能，故以为失肩背之喻。"赵氏则训狼疾为狼藉。狼藉，纷乱也。"养其一指，失其肩背"，似即用上章"无名之指屈而不伸"之喻。盖一指之屈而不伸，病根在于肩背。今只知医养一指，而反失其肩背，则此人为昏乱不知轻重之人也。故赵氏云："此为狼藉乱不知治疾之人也。"适、啻古通。《国策·秦策》："疑臣者不适之人。"亦以适为啻。啻，但也。

十五

公都子问曰："钧是人也，或为大人，或为小人，何也？"孟子曰："从其大体为大人，从其小体为小人。"曰："钧是人也，或从其大体，或从其小体，何也？"曰："耳目之官，不思而蔽于物；物交物，则引之而已矣。心之官则思，思则得之，不思则不得也。此天之所与我者，先立乎其大者，则其小者不能夺也。此为大人而已矣。"

钧，今作均。大体，心也。小体，耳目口腹之类。官，犹今云器官。人身上耳目这些器官，是不会思想的，易为外物所蔽的，所以也只能算是物。以此物与外来之事物相接，自然被外来之事物引去了。只有心这器官，是能思想的；但须能思想，则能得其理；不思想，也不能得其理。耳目与心，都是天之所给与我的。我只要先把大的心立定了，则小的耳目，就不能夺心的主宰之权。这样就是大人物了！此天之此，按赵注当作比，今从朱注作此。

十六

孟子曰："有天爵者，有人爵者。仁义忠信，乐善不倦，此天爵也。公卿大夫，此人爵也。古之人，修其天爵而人爵从之。今之人，修其天爵以要人爵。既得人爵而弃其天爵，则惑之甚者也，终亦必亡而已矣。"

乐，音洛。仁义忠信，乐善不倦，自然为人所尊，叫做天爵。由人给予的官职，如公卿大夫，叫做人爵。人爵从之者，不待求之而自至也。要，音邀，求也。言现今的人，修养道德的目的只在要求做官，等到做了官，就把道德丢掉了；这样做人，真是糊涂透顶，终必并其所得之人爵而亡失之也。

十七

孟子曰："欲贵者，人之同心也。人人有贵于己者，弗思耳！人之所贵者，非良贵也；赵孟之所贵，赵孟能贱之。《诗》云：'既醉以酒，既饱以德，'言饱乎仁义也，所以不愿人之膏粱之味也。令闻广誉施于身，所以不愿人之文绣也。"

闻，去声。

人人有贵于己者，即天爵也。良犹良知、良能之良。言别人所给的贵，不是真正本来的贵也。晋卿赵文子名武，赵简子名鞅，赵襄子名无恤，皆称赵孟。焦氏《正义》引吴斗南云："赵盾字孟，故其子孙皆称赵孟。"赵孟，是晋国有势力的贵族；他能给人做官，使之贵，也能夺人的官，使之贱。所引《诗经》，见《大雅·既醉》

篇。膏，肉之肥者；粱，米之精者。令闻，美名。广誉，大名。文绣，华美的衣服。言仁义胜于膏粱之味，令名胜于文绣之美。

十八

孟子曰："仁之胜不仁也，犹水胜火。今之为仁者，犹以一杯水，救一车薪之火也。不熄，则谓之水不胜火。此又与于不仁之甚者也，亦终必亡而已矣。"

此以水必灭火喻仁必胜不仁。但一杯之水，则不能灭一车柴薪之火，水少而火大也。今之为仁者，为之不力，其所谓仁者，亦仅如一杯之水而已，故不能胜不仁。但不当因此而谓仁不能胜不仁也。朱注云："与，犹助也。"与于不仁之甚者，谓有以深助于不仁者也。孟子之意，盖言此种仁不胜不仁之言，适足助长不仁，犹本篇首章所谓"率天下之人而祸仁义者，必子之言"也。焦氏《正义》引《仪礼·士昏礼记》注云："与，犹兼也。"又引《广雅·释诂》云："兼，同也。"此又与于不仁之甚者也，即此又同于不仁之甚者也。其说亦通。亡，朱如字读，故曰："终必并其所为而亡之。"赵注云："亡，无也。终亦必无仁矣。"

十九

孟子曰："五谷者，种之美者也。苟为不熟，不如荑稗。夫仁亦在乎熟之而已矣。"

荑，音释。稗，音蒲卖反。荑稗，像五谷的二种野草，其实亦可食。言五谷虽然是美种，然必须成熟，乃有益于人。倘若不成熟，反不如野草之成熟者尚有用处也。所以为仁，必须成熟方好，不可功亏一篑。夫，音扶。

二十

孟子曰："羿之教人射，必志于彀；学者亦必志于彀。大匠诲人，必以规矩；学者亦必以规矩。"

羿，古时善于射箭的人。彀者，弓开满也。言羿教人射箭，必须专心致志，把弓开满了再射；学的人亦然。大匠教人制器，必须要用制圆的规，制方的矩；学的人亦然。此以喻教人及为学。

二十一

任人有问屋庐子曰："礼与食孰重？"曰："礼重。""色与礼孰重？"曰："礼重。"曰："以礼食，则饥而死；不以礼食，则得食；必以礼乎？亲迎，则不得妻，不亲迎，则得妻，必亲迎乎？"屋庐子不能对，明日之邹，以告孟子。孟子曰："于答是也何有？不揣其本，而齐其末，方寸之木，可使高于岑楼。金重于羽者，岂谓一钩金与一舆羽之谓哉？取食之重者，与礼之轻者而比之，奚翅食重？取色之重者，与礼之轻者而比之，奚翅色重？

翅，与啻同，式义切。

任，国名。任人者，一个任国的人。屋庐子，名连，孟子弟子。屋庐子既以礼重于食于色为答，任人又驳道："假使一个人按礼而吃饭，则必饥饿而死，若不按礼而吃饭，就有饭吃，在这生死关头，难道一定要按礼而食吗？古时娶妻，以新郎须往女家行亲迎之礼。假使一个人想按礼亲迎，就不能得妻，不按礼亲迎，倒可以得妻，难道一定要行亲迎的礼吗？"屋庐子不能对答，第二日到邹国，便将这话请教孟子。"于答是也何有"，与《论语》"于从政乎何有"为同一句法，言对答这句话，有什么难呢？赵注云："岑楼，山之锐岭者。"按《尔雅》："山小而高，岑。"楼，同埃。培埃，邱山也。朱注云："岑楼，楼之高锐似山者。"方寸之木，其高亦仅一寸。如不揣其本使其下相平，而从齐其在上之末则置方寸之木于岑楼之上，亦可使高于岑楼也。钩，带钩。金重于羽，物理之当然。若以一带钩之金与一舆之羽相比，则羽重于金矣。翅、啻古通。奚翅，犹云何但。不得食则死，是食之重者；男女居室，人之大伦，则娶妻为色之重者。食时之礼与亲迎之礼，乃礼之轻者也。二者相比，何但食重色重而已，言其相去悬绝也。

“往应之曰：‘紾兄之臂而夺之食，则得食。不紾，则不得食，则将紾之乎？逾东家墙而搂其处子，则得妻。不搂，则不得妻，则将搂之乎？”

“往应之曰”以下，是孟子教屋庐子回答任人的说法。紾，音轸，扭转也。言扭转了兄的臂膀，把兄手里的食物，夺了来自己吃，这样，才能得食；否则就不得食。那么就扭转兄的臂膀去夺食吗？逾，越过去也。东家墙，东边人家的墙壁也。搂，强力抱住也。处子，即处女。言跳过东边人家的墙上，用强力去抱牢他家的处女，如此，就可以得妻；不这样，就不能得妻。那么就去强抱她吗？夺食而紾兄臂，逾墙而搂处子，背礼极矣。故以与得食得妻较，礼就重得多了。

二十二

曹交问曰：“人皆可以为尧舜，有诸？”孟子曰：“然。”“交闻文王十尺，汤九尺，今交九尺四寸以长，食粟而已，如何则可？”曰：“奚有于是？亦为之而已矣。有人于此，力不能胜一匹雏，则为无力人矣。今曰举百钧，则为有力人矣。然则举乌获之任，是亦为乌获而已矣。夫人岂以不胜为患哉？弗为耳！”

曹交，曹国君主之弟，名交。有诸，即有之乎。食粟而已，言只能吃饭，没有别的才德也。奚有于是，即于此何有，言这有什么呢？亦为之而已矣者，言要做尧舜那样的人，只要去做就好了！胜，平声。朱注云：“匹字本作鴄，鸭也，省作匹。《礼记》说匹为鹜是也。"按《礼记》说见《曲礼》注。则"匹"字当音木，匹雏，小鸭也。赵注以小雏释匹雏。按《方言》:"丈，小也。"音节。文误作疋，又误作匹耳。王念孙《广雅疏证》谓"疋"同"鸺"。《玉篇》:"鹈，小鸡也。""是赵以匹雏为小鸡。一钧，三十斤。百钧，三千斤也。乌获，古之力士，《史记·秦本纪》。举乌获之任，言乌获之力所能任者，亦能举之也。按此章与首篇"齐桓晋文之事"章以"为长者折枝"喻不为，以"挟太山超北海"喻不能同，盖以"胜一匹雏"喻不为，以"举百钧"喻不能。力不能胜一匹雏者，自谓不能胜，非真不能胜也。曰举百钧者，自谓能举百钧，未必果能举也。故必能举乌获之任，始可为乌获，此不可强而致者也。若夫尧舜则人皆可为，而所以为之之道，不外孝弟，如尚自谓不能，则犹自谓"力不能胜一匹雏"，弗为耳，非不能也。夫，音扶。

"徐行后长者谓之弟，疾行先长者谓之不弟。夫徐行者，岂人所不能哉？所不为也。尧舜之道，孝弟而已矣。子服尧之服，诵尧之言，行尧之行，是尧而已矣。子服桀之服，诵桀之言，行桀之行，是桀而已矣。"

徐，慢也；疾，快也。弟，今作悌。夫，音扶，下同。之行之行，去声，行为也。此言做人的道理，从孝悌做起。孝悌之事，并没有难处。故为尧为桀，在乎人之自择而已。

曰："交得见于邹君，可以假馆，愿留而受业于门。"曰："夫道，若大路然，岂难知哉？人病不求耳。子归而求之，有馀师。"

曹交听了孟子的说话，大为佩服，因此说，要去见邹国的君主，他若肯借一间馆屋，情愿留在这里做个弟子也。孟子答道："做人的道理，如大路一样。并没有什么难知的。一个人只患不肯自己去探求罢了。你回去求之于事亲敬长之间，则仁义礼智，本为吾心所固有，随处发见，无不可师，不必住在这里也。"

二十三

公孙丑问曰："高子曰：'《小弁》，小人之诗也。'"孟子曰："何以言之？"曰："怨。"曰："固哉，高叟之为诗也！有人于此，越人关弓而射之，则己谈笑而道之，无他，疏之也。其兄关弓而射之，则己垂涕泣而道之，无他，戚之也。《小弁》之怨，亲亲也；亲亲，仁也。固矣夫，高叟之为诗也！"

赵、朱并云："高子，齐人。"按高子，亦见前《公孙丑》篇"尹士"章及后《尽心》篇"追蠡"章、"尹士"章。赵注以为齐人，孟子弟子。此章孟子以叟称之，疑非弟子，或各为一人。为诗，治诗也。《小弁》，是《诗经·小雅》里的一篇诗名。弁，音盘。《诗·小序》及《毛传》以为作者是周幽王太子宜臼（即平王）的先生。因为幽王得了褒姒，黜申后废太子宜臼，所以作此诗以叙其哀痛迫切之情。朱注从此说。赵注则以为伯奇之诗。伯奇，尹吉甫之子。伯奇母死，吉甫娶后妻，生伯邦。信后妻之谗，逐伯奇。伯奇以荷叶为衣，梓花为食，清晨履霜而行，自伤见逐，作《履霜操》。事见《琴操》。按下云"《小弁》，亲之过大者"，似以从《毛诗》说为长。固，陋也，固执而不逊也。关，同弯。射，音食亦反。道，说也。戚，亲也，疏之反。夫，音扶。其兄弯弓射人，弟与兄有密切关系，故垂涕泣而道之。这是比喻。幽王宠褒姒，废申后及宜臼，势将然及国家，故《小弁》之诗，陈其哀怨之情。此正是亲亲之仁。这是孟子正意。

曰："《凯风》何以不怨？"曰："《凯风》，亲之过小者也。《小弁》，亲之过大者也。亲之过大而不怨，是愈疏也。亲之过小而怨，是不可矶也。愈疏，不孝也。不可矶，亦不孝也。孔子曰：'舜其至孝矣，五十而慕！'"

《凯风》，《诗经》里《邶风》中的一篇诗名。朱注云："卫有七子之母，不能安其室，七子作此以自责也。"此采郑玄笺说。焦氏《正义》据《诗序》言"孝子能尽其孝道以慰其母心而成其志"，孔颖达疏有“母遂不嫁”之说，谓七子之母仅有欲嫁之心，后为七子所感，而不复嫁，故孟子以为过之小者。愈，益也。矶，激也。言亲仅有小过，微激之而遽怒也。末引孔子舜五十而慕之言，明舜犹怨慕，则《小弁》之怨，不为不孝矣。

二十四

宋牼将之楚，孟子遇于石丘。曰：“先生将何之？”曰：“吾闻秦、楚构兵，我将见楚王说而罢之。楚王不悦，我将见秦王说而罢之。二王，我将有所遇焉。”

宋牼，姓宋名牼。即《庄子·天下》篇、《荀子·非十二子》篇之宋妍。牼，音铿。之，往也。石丘，地名。构兵，交战也。说，音悦。言将先见楚王，说之罢战；如楚王不悦，将再见秦王，说之罢战也。遇，合也。

曰：“轲也，请无问其详，愿闻其指：说之将何如？”曰：“我将言其不利也。”曰：“先生之志则大矣，先生之号则不可。先生以利说秦、楚之王，秦、楚之王悦于利，以罢三军之师，是三军之士乐罢而悦于利也。为人臣者，怀利以事其君；为人子者，怀利以事其父，为人弟者，怀利以事其兄，是君臣、父子、兄弟终去仁义怀利以相接：然而不亡者，未之有也。先生以仁义说秦、楚之王，秦、楚之王，悦于仁义而罢三军之师，是三军之士乐罢而悦于仁义也。为人臣者，怀仁义以事其君，为人子者，怀仁义以事其父；为人弟者，怀仁义以事其兄，是君臣、父子、兄弟去利怀仁义以相接也：然而不王者，未之有也。何必曰利！”

指，大指。问宋牼说秦楚罢兵，大指如何也。号，用以号召之主张名义也。乐，音洛。王，去声。此论说秦楚罢兵，不当以利为号，而当以仁义。以利为主，未有不亡；以仁义为主，未有不王。

与首篇第一章告梁惠王之旨相同。

二十五

孟子居邹，季任为任处守，以币交，受之而不报。处于平陆，储子为相，以币交，受之而不报。他日由邹之任，见季子。由平陆之齐，不见储子。屋庐子喜曰："连得间矣。"问曰："夫人之任见季子，之齐不见储子，为其为相与？"曰："非也。《书》曰：'享多仪，仪不及物曰不享，惟不役志于享。'为其不成享也。"屋庐子悦。或问之，屋庐子曰："季子不得之邹，储子得之平陆。"

季任，任君之弟。任，小国，风姓。焦氏《正义》据《春秋》称蔡君之弟为蔡季，纪君之弟为纪季，谓此当作任季，传写误倒。储子，齐相也。处，上声。处守，留守也。孟子住在邹国的时候，任君往邻国朝会，季任为留守，以币帛来交结孟子，孟子受了他的币帛，不去答他。孟子住在平陆的时候，储子时为齐相，也以币帛来交结孟子，孟子也受了不去报他。后来孟子从邹到任，去见季子。又一次，从平陆到齐，却不去见储子。屋庐子见了这情形，喜得乘间去问他一见一不见的道理也。为其为相与，上"为"字去声。与，同欤。言因为储子为相的缘故吗？孟子道："不是的。""享多仪，仪不及物曰不享，惟不役志于享"，见《尚书·洛诰》之篇。享，献也。多，动词，重也。仪，礼也。物，指币帛。役，用也。言献享以礼仪为重，礼薄而币多，便是"仪不及物"，叫做不享，以其不用志于享故也。为其不成享也，是孟子解释《尚书》的话。屋庐子听见了这道理很喜悦，别人却还不懂，因此有人来问屋庐子。屋庐子道："季子不得之邹，储子得之平陆。"因季子为君居守，不得往他国见孟子，则以币交而礼意已备。储子为齐相，可以至齐之境内，而不来见，则虽以币交，而礼意不及其物也。所以孟子到任去见季子，到齐却不去见储子也。

二十六

淳于髡曰："先名实者，为人也；后名实者，自为也。夫子在三卿之中，名实未加于上下而去之，仁者固如此乎？"孟子曰："居下位，不以贤事不肖者，伯夷也。五就汤，五就桀者，伊尹也。不恶污君，不辞小官者，柳下惠也。三子者不同道，其趋一也。一者何也？曰，仁也。君子亦仁而已矣，何必同？"

名，指道德之令名。实，指治国惠民之事功。言以令名事功为先者，志在兼善，故曰为人；以令名事功为后者，志在独善，故曰为己。为，去声。夫子，称孟子。在三卿之中，言为卿于齐也。名实未加于上下者，言未能上匡其君，下泽其民也。仁者志在救人，故以为不当如此，言未可遽去也。伯夷、伊尹、柳下惠，已见前。伊尹五就汤，五就桀，亦见《鬼谷子·忤合》篇。伊尹之五就桀，盖汤进之，欲桀用之。五就而不见用，乃佐汤以伐桀也。恶，去声。趋，去声。言其旨趣则一，仁而已矣。

曰："鲁缪公之时，公仪子为政，子柳、子思为臣，鲁之削也滋甚，若是乎贤者之无益于国也？"曰："虞不用百里奚而亡，秦穆公用之而霸，不用贤则亡，削，何可得与？"

与，作欤。

公仪子名休，鲁缪公之相。子柳就是泄柳。削，国境被侵夺也。髡此问，意在讥孟子。故孟子引虞国因不用百里奚而亡，秦穆公用了他而霸，不用贤人，就要亡国，并削亦不可得以答之。

曰："昔者王豹处于淇而河西善讴，绵驹处于高唐而齐右善歌，华周、杞梁之妻，善哭其夫而变国俗。有诸内，必形诸外。为其事而无其功者，髡未尝睹之也。是故无贤者也，有则髡必识之。"曰："孔子为鲁司寇，不用。从而祭，燔肉不至，不税冕而行。不知者以为为肉也，其知者以为为无礼也。乃孔子则欲以微罪行，不欲为苟去。君子之所为，众人固不识也。”

王豹，卫国人。淇，水名。讴，歌唱也。河西，指卫。绵驹，齐国人。高唐，地名，在今山东禹城县西南。齐右，齐国西边的地方。华周名还，杞梁名殖，皆齐国的大夫。庄公伐莒时，二人同时战死。事见《左传·襄公二十三年》及《列女传》。髡举此三事以明苟有所长，必能移风易俗，所谓“有诸内，必形诸外”也。此直讥孟子仕齐无功，不足称贤者矣。孟子又引孔子去鲁事以答之。燔，炙也。燔肉，谓胙肉。据《史记》，鲁君受齐女乐，三日不朝。及郊，又不以胙肉分给大夫，孔子乃去。税，同脱。冕，与祭时所戴礼冠。不脱冕而行，极言其去之速，非真戴冕而去也。为肉、为无礼，二“为”字皆去声。言在不知孔子者，以为孔子为不得肉而去；即在知孔子者，亦以孔子为无礼而去。不知孔子的真意，不欲彰鲁君之过，又不欲无故而苟去，故借此微罪而行。则君子之所为，庸众人固不识之。此句针对淳于髡“髡必识之”语而发。

二十七

孟子曰：“五霸者，三王之罪人也。今之诸侯，五霸之罪人也。今之大夫，今之诸侯之罪人也。天子适诸侯曰巡狩，诸侯朝于天子曰述职。春省耕而补不足，秋省敛而助不给。入其疆，土地辟，田野治，养老尊贤，俊杰在位，则有庆，庆以地。入其疆，土地荒芜，遗老失贤，掊克在位，则有让。一不朝，则贬其爵；再不朝，则削其地；三不朝，则六师移之。是故天子讨而不伐，诸侯伐而不讨。五霸者。搂诸侯以伐诸侯者也；故曰，五霸者，三王之罪人也。”

五霸，春秋时的五个霸主：齐桓公、晋文公、秦穆公、宋襄公、楚庄王也。三王，三代之王者，夏禹、商汤、周文武也。此章先下断定，然后逐句说明。天子适诸侯者，言天子每过十二年到诸侯的国里去考察一次，叫做巡狩。诸侯照礼，每过五年去朝一次天子，称述自己的职务，叫做述职。治国的要务，全在教养人民，故春则省察百姓的耕种而补充他们的不足。秋则去省察百姓的收成而资助他们的不足。所以天子巡狩入诸侯之国境，见他土地开辟，田野整理得很好，能够养老尊贤，有才能的俊杰在位做官，就予以奖赏庆贺，加封土地。如果天子入了诸侯的国境，见土地荒芜不治，把老人遗弃不养，贤人失掉不用，只有掊克聚敛的人在位做官，就要加以责罚。让，责也。诸侯一次不入朝，把他的官爵贬一级；再不入朝，则削他所封的土地；三次不朝，则起了天子的六军去征讨他，而另立别人。移者，易置一诸侯也。所以天子只是讨有罪而不是伐人国；诸侯对诸侯的争战，是不应该的，所以只是伐而不是讨。像五霸诸人，他是牵率了各国诸侯，去伐别个诸侯的，所以说他们是三王的罪人。搂，牵也。

“五霸桓公为盛。葵丘之会诸侯，束牲载书而不歃血。初命曰：‘诛不孝，无易树子，无以妾为妻。’再命曰：‘尊贤育才，以彰有德。’三命曰：‘敬老慈幼，无忘宾旅。’四命曰：‘士无世官，官事无摄。取士必得，无专杀大夫。’五命曰：‘无曲防，无遏籴，无有封而不告。’曰：‘凡我同盟之人，既盟之后，言归于好。’今之诸侯，皆犯此五禁。故曰，今之诸侯，五霸之罪人也。”

歃，音杀。籴，音狄。

葵丘，春秋时宋国的地名，在现在河南省考城县。孟子说春秋时的五霸，以齐桓公为最盛。他在葵丘地方，会合诸侯，只把牲畜束缚，上载盟书，并不杀那牲畜来歃血。一云，载书即盟书。歃血，盟时杀牲而同饮其血也。那盟书的第一条是说：“诛不孝，无易树子，无以妾为妻。”树，立也。树子，已立之太子。第二条说：“尊贤育才，以彰有德。”彰者，显扬之也。第三条说：“敬老慈幼，无忘宾旅。”宾旅，他国人之在境内者，不要忘记他使他流落也。第四条说：“士无世官，官事无摄。取士必得，无专杀大夫。”摄，兼治也。言一官专治一事，不得兼职；取士必得其人；大夫有罪，诸侯不得擅杀，当请命于天子也。第五条说：“无曲防，无遏籴，无有封而不告者。”曲防者，曲为提防，或壅之使不流入邻国，或决之以邻国为壑也。遏籴者，邻国凶歉，禁其来籴米谷也。封而不告者，诸侯私封大夫以食邑而不告诸天子也。以上五条，是齐桓公会诸侯的盟约。“凡我同盟之人，既盟之后，言归于好。”是盟后相约之辞。按葵丘之会，见《左传·僖公九年》。孟子述了这事之后，又道：“现在的诸侯都犯这五条禁令，所以说，现在的诸侯，是五霸的罪人。”

“长君之恶其罪小，逢君之恶其罪大。今之大夫皆逢君之恶，故曰，今之大夫，今之诸侯之罪人也。”

君有过，臣不能谏止，随他滋长，叫做长君之恶。长，上声。君的过处，还没有发现，为臣的先把这种坏事去引诱他，叫做逢君之恶。长君之恶，其罪还小；逢君之恶，其罪更大。现在的大夫，都是逢君之恶的，所以说如今的大夫，都是如今的诸侯的罪人。

二十八

鲁欲使慎子为将军。孟子曰：“不教民而用之，谓之殃民。殃民者，不容于尧舜之世。一战胜齐，遂有南阳，然且不可。”慎子勃然不悦曰：“此则滑厘所不识也。”

滑，音骨。厘，音离。

慎子，名滑厘。南阳，齐国地名，就是现在山东的邹县。这时鲁国想夺齐国的南阳地方，所以使慎子为将军。殃，害也。《论语》言“以不教民战，是为弃之”，故孟子以为殃民。殃民之人，非尧、舜之世所能容，就使打了一仗，战胜齐国，遂取得了南阳，还是不可也。慎子听了这话，突然变色说道：“你这种话，真是我慎滑厘所不懂的了。”

曰：“吾明告子：天子之地方千里，不千里，不足以待诸侯。诸侯之地方百里，不百里，不足以守宗庙之典籍。周公之封于鲁，为方百里也，地非不足而俭于百里。太公之封于齐也，亦为方百里也，地非不足也，而俭于百里。今鲁方百里者五，子以为有王者作，则鲁在所损乎？在所益乎？徒取诸彼以与此，然且仁者不为，况于杀人以求之乎？君子之事君也，务引其君以当道，志于仁而已。”

子，指慎子。周初定制，天子畿内之地，是一千方里，诸侯的地方是一百方里。周公之封于鲁、太公之封于齐，也只各得一百方里，不是土地不足而只给他百里，实在为了定制的关系。现在鲁国的地方，已经有一百方里的五倍，是已背周之定制了。徒，空也；言不必战争杀人，把那南阳地方，取来给与鲁国，有仁心的人尚且不肯为，何况还要杀了人去求这地方呢？君子的事他的君上，务须引导他的君上做合理的事，一心在于施行仁政而已。盖是时鲁弱齐强，今使慎子为将，欲攻取南阳，挑衅强邻，胜负不可知；即幸而取得南阳，兵连祸结，亦非鲁国之福，故孟子非之也。

二十九

孟子曰：“今之事君者曰：‘我能为君辟土地，充府库。’今之所谓良臣，古之所谓民贼也。君不乡道，不志于仁，而求富之，是富桀也。‘我能为君约与国，战必克。’今之所谓良臣，古之所谓民贼也。君不乡道，不志于仁，而求为之强战，是辅桀也。由今之道，无变今之俗，虽与之天下，不能一朝居也。”

辟，今作辟。辟土地，谓辟草莱，尽地力也。良臣，能干的臣子。民贼，残害百姓的盗贼。约与国者，连合和好相与的国家。乡，今作向。不向道不志仁之君，是暴君也，故以桀拟之。“由今之道”云云者，言照着现今所行之道做去，不改变现今这种人心风俗，虽然把天下给与了他，也是不能够一日住得稳的。

三十

白圭曰："吾欲二十而取一，何如？"孟子曰："子之道，貉道也。万室之国，一人陶，则可乎？"曰："不可，器不足用也。"曰："夫貉，五谷不生，惟黍生之。无城郭宫室宗庙祭祀之礼，无诸侯币帛饔飧，无百官有司，故二十取一而足也。今居中国，去人伦，无君子，如之何其可也？陶以寡，且不可以为国，况无君子乎？欲轻之于尧舜之道者，大貉小貉也；欲重之于尧舜之道者，大桀、小桀也。"

白圭，名丹，周人。貉，音陌，是北方的一种夷狄。陶是烧窑。"万室之邑，一人陶"，是孟子的譬喻。貉人所居的地方，不生五谷，只生高粱。他们是未开化的游牧民族，所以没有城郭宫室宗庙，以及祭祀之礼，没有诸侯来往，要用币帛送礼，饔飧请客，也没有百官吏胥，一切用途都很省，所以二十分取一分，就够用也。现今居在中国，废去人伦，没有君子做官，怎样可以呢？以，同已，太也。烧窑的人太少了，尚且不可以成国家，何况没有主持政事的君子呢？要想轻于尧舜十分取一的制度的，是大小貉种那样的夷狄。要想重于尧舜十分取一的制度的，是大小桀王那样的暴君。

三十一

白圭曰："丹之治水也愈于禹。"孟子曰："子过矣！禹之治水，水之道也。是故禹以四海为壑。今吾子以邻国为壑。水逆行，谓之洚水；洚水者，洪水也，仁人之所恶也。吾子过矣！"

白圭自以为治水的才能，胜过大禹。故孟子驳之。水之道，犹云水之路。言大禹之治水，是顺着水之故道而导之入海。白圭则把水挤到邻国去，以邻国为贮水的地方。水逆行，谓不顺其故道而泛滥于陆上也。恶，去声。洪水为仁人之所恶，而白圭把水挤到邻国，叫邻国的人去受祸害，故孟子斥之。

三十二

孟子曰："君子不亮，恶乎执？"

朱注云："恶，平声。亮，信也，与谅同。恶乎执，言凡事苟且，无所执持也。"赵注同。何异孙《十三经问对》谓恶，读去声。君子不亮，即《论语》"君子贞而不谅"之意。谅者，信而不通之谓。言君子所以不谅者，非恶乎信，恶乎执也。故孟子又曰："所恶执一者，为其贼道也。"似较赵、朱为长。

三十三

鲁欲使乐正子为政。孟子曰："吾闻之，喜而不寐。"公孙丑曰："乐正子强乎？"曰："否。""有知虑乎？"曰："否。""多闻识乎？"曰："否。""然则奚为喜而不寐？"曰："其为人也好善。""好善足乎？"曰："好善优于天下，而况鲁国乎！夫苟好善，则四海之内，皆将轻千里而来，告之以善。夫苟不好善，则人将曰訑訑，'予既已知之矣'。訑訑之声音颜色，距人于千里之外。士止于千里之外，则谗谄面谀之人至矣。与谗谄面谀之人居。国欲治，可得乎？"

孔子尝云，"由也果，赐也达，求也艺"，可以从政。(见《论语》)强，即果也；有知虑，即达也；多闻识，即艺也。知，同智。识，同志。好善之好，去声。优者，绰有馀裕之谓。夫，音扶。轻，易也。轻千里而来，犹云不远千里而来。訑，音怡。訑訑，自足其智，不喜善言之貌。人将曰訑訑者，言人将说他訑訑也。予既已知之矣，述不好善者之言；自以为智，故人以"訑訑"目之也。此种訑訑之声音颜色，直可以拒人于千里之外。正士既远，则谗谄面谀之人至矣，此国之所以不得而治也。乐正子虽非强果达艺之才，而能好善，故孟子闻其将为政，喜而不寐也。

三十四

陈子曰："古之君子，何如则仕？"孟子曰，"所就三，所去三。迎之致敬以有礼，言将行其言也，则就之。礼貌未衰，言弗行也，则去之。其次：虽未行其言也，迎之致敬以有礼则就之。礼貌衰，则去之。其下：朝不食，夕不食，饥饿不能出门户，君闻之曰：'吾大者不能行其道，又不能从其言也，使饥饿于我土地，吾耻之。'周之，亦可受也，免死而已矣。"

陈子，即陈臻。此章孟子言君子去就之道。致，尽也。言人君来迎接他，能尽恭敬之心，而有礼貌，又说将行他的言语，则可以就职做官。人君对他的礼貌，虽然还是如前，未尝衰薄，但他的言语，不肯照行，就可以去了。其次的，虽然未能照行他的言语，但来接他，能尽恭敬之心而有礼貌，则可以就职做官。礼貌衰薄了，就可去了。下等的，朝晚没有饭吃，饥饿得不能出门户，人君听得他这个情形，说道："我，大之不能够行他之道，又不能从他的言语，使他饥饿在我的国境里面，我也觉得惭愧的。"因此，把俸禄周济他，这样，也还可以收受的，这不过是免死罢了。按朱子于三就，言第一等为"见行可之仕"，第二等为"际可之仕"，第三等为"公养之仕"。

三十五

孟子曰："舜发于畎亩之中，傅说举于版筑之间，胶鬲举于鱼盐之中，管夷吾举于士，孙叔敖举于海，百里奚举于市。故天将降大任于是人也，必先苦其心志，劳其筋骨，饿其体肤，空乏其身，行拂乱其所为，所以动心忍性，曾益其所不能。人恒过，然后能改。困于心，衡于虑，而后作。征于色，发于声，而后喻。入则无法家拂士，出则无敌国外患者，国恒亡。然后知生于忧患而死于安乐也。"

按《尚书·尧典》、《史记·五帝本纪》，舜尝耕于历山，是由畎亩之间起而为天子也。版筑，以版夹起，实土其中，舂之以筑墙也。傅说在傅岩做版筑的事，武丁举之以为相。见《尚书·序》及《史记·殷本纪》。说，音悦。胶鬲，殷末贤人，亦见《公孙丑》篇，以为辅纣之人；但纣非能举贤人者，当是文王举而进之于纣，如汤聘伊尹，使之就桀耳。鱼盐，贩鱼盐为生也。管夷吾，即管仲，助公子纠，与齐桓公争国。子纠死，鲁囚管仲致之齐，桓公以鲍叔牙之荐举以为相。士，士师，狱官。事见《左传》及《史记·齐世家》《管晏列传》。孙叔敖，楚芀敖，字孙叔。（孙星衍有《孙叔敖名字考》）其父芀贾被杀，乃窜处淮海之滨，而庄王举以为相也。（从毛奇龄说）百里奚，见前篇。市，买卖也。奚尝为人养牲；养牲贩卖，故曰市。大任，重大的责任。饿则体羸肤癠，故曰饿其体肤。空即乏也；空乏，谓匮乏。拂，逆也，戾也。动心，使其心竦动；忍性，使其性坚忍也。曾，同增。衡，同横，不顺也。作，奋发也。征，验也。喻，晓也。言常人不能独于几微未发之先，必事已暴著，验于人之颜色，发于人之声音言语，然后能警悟而通晓也。此皆中人之常，故曰"人恒……"云云。拂，同弼。入，谓国内。法家，有法度之世家；拂士，能辅弼之正士。出，指国外。乐，音洛。言由此可知人之生全，往往在忧患之中，而安乐反可以致人于死亡也。此章最足激发青年人志气。稍遭挫折，即志气沮丧者，读之尤当猛省。

三十六

孟子曰："教亦多术矣。予不屑之教诲也者，是亦教诲之而已矣。"

术，方法也。予不屑之教诲，即予不得教诲之也。孟子言教人方法很多。有时我不教诲他，恰是一种教诲方法。按《论语》孔子托疾不见孺悲，取瑟而歌，使之闻之，就是"不屑教诲"的教诲。

[问题]

（一）告子论性，有杞柳之喻，有湍水之喻，有“生之谓性”之说，有“仁内义外”之论，何以主张屡变？孟子如何驳他？

（二）公都子论性，所举三说如何？孟子如何答他？

（三）孟子何以知理义为心之同然？

（四）何谓“夜气”、“平旦之气”？何以不能馀存夜气？

（五）何谓“一暴十寒”？何谓“一心以为有鸿鹄将至”？

（六）何谓“舍生取义”？何谓“失其本心”？

（七）何谓“求放心”？

（八）何谓“先立乎其大者”？

（九）何谓“天爵”、“人爵”？

（十）何谓“杯水车薪”？

（十一）孟子答曹交之言，与《梁惠王》篇何节相类？

（十二）孟子告宋牼之言，与《梁惠王》篇何章同旨？

（十三）孟子同受季任储子之币，何以见季任而不见储子？

（十四）孔子去鲁时，燔肉不至，即刻动身，其意安在？

（十五）何谓“长恶”、“逢恶”？

（十六）何谓“大貉、小貉”，“大桀、小桀”？

（十七）孟子论去就之道如何？

（十八）何谓“生于忧患，死于安乐”？

尽心篇第七

一

孟子曰："尽其心者，知其性也。知其性，则知天矣。存其心，养其性，所以事天也。夭寿不贰，修身以俟之，所以立命也。"

心者，思虑之官。吾人所以能悟众理，应万事者，完全是心的作用。性者，天之所命，心之所具，有仁义礼知四端者也。上篇云："心之官则思，思则得之，不思则不得也。"不能尽其心以思虑，则无以自知其本善之性，有是四端而自谓不具矣。惟能尽其心，则可以致知而知至，必能自知其心之本善矣；故曰："尽其心者，知其性也。"《中庸》云："天命之谓性。"既能知其性，则可以知天道与人道，天地之德与人性之德，理无二致，故曰："知其性，则知天矣。"存者，操而不舍之谓；养者，顺而不害之谓。存心即所以养性，养性亦即所以存心。性既为天之所赋，则存心养性即所以事天。事者，奉承而不遗之谓。父母生我之身，不敢毁伤己之身体，即所以事父母；天赋我以本善之性，则存心养性，以扩充我固有之四端，亦即所以事天。尽心知性似偏于"知"的方面，存心养性似偏于"行"的方面；然存养亦须求其"尽"，《大学》所谓"无所不用其极"也；而所以尽其心者，亦不外乎存养，《大学》所谓慎独方能诚意也。此亦即知即行之义，夭，谓短命，寿，谓长寿。贰，疑也。命有夭寿，君子惟修身以俟之而已，此即《中庸》所谓“居易以俟命”也。存心养性，即修身之道。不贰，即《论语》所谓“不惑”，谓不以夭寿贰其心，而有所疑贰，致存养之功，有所怠忽也。盖能“知命”，故不惑，此即君子所以立命之道。此章言心性命，实开宋儒理学之端。理极微妙，学者当细心读之。

二

孟子曰：“莫非命也，顺受其正。是故知命者，不立乎岩墙之下。尽其道而死者，正命也；桎梏死者，非正命也。”

岩墙者，如山岩向外面倾斜的墙壁，易倒塌者。桎梏，是拘罪人的镣铐。此章承上章而言。“莫非命也，顺受其正”者，言人之夭寿，莫非命也，但当顺受其正命耳。能顺受正命，则夭寿不贰矣。立乎岩墙之下而压死，陷罪被刑，至桎梏而死，皆非正命。尽其道，谓能尽修身之道，尽存养之道。如此而死，无论或夭或寿，皆是顺受其正，故曰正命。就本章所言观之，则所谓俟命者，非如一般颓废的定命论者之委心任运；所谓立命者，亦非如一般反定命论者之行险侥幸。惟努力于己之存养工夫，以修其身，以尽其在我，至于或夭或寿，则命定自天，但顺受其正而已，此所谓居易以俟命也。若正命所遭，非杀身无以成仁，非舍生无以取义，则患亦所不苟避也。难亦所不苟免也。盖虽杀身，亦是正命顺受之而已。此义亦不可不知。

三

孟子曰：“求则得之，舍则失之，是求有益于得也，求在我者也。求之有道，得之有命，是求无益于得也，求在外者也。”

舍，上声，同捨。在我者，指吾心固有之仁义，所谓天爵是也。在外者，指富贵利达，所谓人爵也。天爵在我，求可必得，故求有益于得也。人爵在外，虽求之亦有其道，而得与不得则有命存焉，非可以人力强也，故求有益于得。求之有道者，赵云："谓贤者修其天爵而人爵从之。"朱云："有道，言不可妄求。"按如赵氏所云，则贤者之修天爵，志有求人爵矣；朱子虽曰"不妄求"，终有求之之心，似非孟子本旨。道，即方法也。孟子盖谓世之求富贵利达者，虽亦有其求之之道，但果能得富贵与否，终有命在，不能必也。圣贤惟知修其天爵而已，所以修其天爵，非欲以此为要求人爵之地也；所以不求人爵，亦非因其不可必得也。此章之旨，在醒世人之弃天爵而求人爵者。与《论语》孔子所云，"富而可求也，虽执鞭之士，吾亦为之；如不可求，从吾所好"，同一用意。学者不可误会。

四

孟子曰："万物皆备于我矣，反身而诚，乐莫大焉。强恕而行，求仁莫近焉。"

乐，音洛。强，上声，即勉强之强。万物，指一切关于为人的事物，就是人伦物理。这本来是人人所有的，都备具在我的性分之中，故曰"万物皆备于我"也。诚者，真实无妄之谓。《大学》谓诚意在无自欺。不自欺，即反身而诚也。其实，反身而诚，即是恕。"有诸己而后求诸人，无诸己而后非诸人"，恕也，即反身而诚也。"所恶于上，无以使下，所恶于下，无以事上……"，即"施诸己而不愿，亦勿施于人"也，恕也，亦即反身而诚也。"所求乎子以事父，所求乎臣以事君……"，即以己所欲施之于人也，亦恕也，亦即反身而诚也。能反身而诚，则己立立人，己达达人，可以成己，可以成物，可以尽其性以尽物之性，可以参天地赞化育矣，此所谓仁也，故曰"乐莫大焉"。其未能至此者，则当强行恕道以求仁。反身而诚者，安而行之者也；强恕而行者，勉强而行之者也；及其成功，一也。恕者，推己以及人。《论语》以"能近取譬"为"为仁之方"，即此所谓"强恕而行，求仁莫近"也。

五

孟子曰：“行之而不著焉，习矣而不察焉，终身由之而不知其道者，众也。”

著者，知之明；察者，识之精。由之者，由此道也。终身由之，则既行之而且习之矣。而终不明不察，故不知其道也。道不远人，本为人人所共由而不可须臾离者，故虽夫妇之愚，可以能行。然人莫不饮食，鲜能知味，此亦行之不著，习矣不察之一例也。终身由之而不知其道者多，故孔子曰：“民可使由之，不可使知之。”孙中山先生亦谓行难知易，不知者易能行也。

六

孟子曰：“人不可以无耻；无耻之耻，无耻矣。”

做人不可以无耻，故《论语》曰“行己有耻”。耻，即羞恶之心也。“无耻之耻，无耻矣”者，赵岐注曰：“人能耻己之无所耻，是为改行从善之人，终身无复有耻辱之累也。”按无耻之耻，犹云惟无耻是耻，言以无耻为可耻也。此句上“无耻”，即上句“人不可以无耻”之无耻，谓无羞耻之心；下“无耻”，谓无耻辱。

七

孟子曰：“耻之于人大矣！为机变之巧者，无所用耻焉。不耻不若人，何若人有？”

“耻之于人大矣”即上章“人不可以无耻”之意。有耻，则可进于圣贤；无耻，则将沦为禽兽：故所关极为重大。赵注“造机变阱陷之巧以攻战”，即释“为机变之巧”。其实，以机心变作之巧术欺人害人者，其无形之阱陷，反较有形者为阴险也。此种人直是无耻之尤，故无所用其羞耻之心。不耻不若人者，己不如人，不以为可耻也。不耻己之不如人，则必毫无进步，故曰“何若人有”，言必事事不如人也。盖无耻者，非机变之小人，即甘为人下之懦夫，故曰“耻之于人大矣”。

八

孟子曰：“古之贤王，好善而忘势。古之贤士，何独不然，乐其道而忘人之势。故王公不致敬尽礼，则不得亟见之。见且由不得亟，而况得而臣之乎？”

好，去声。乐，音洛。亟，音器，屡次也。古时候贤明的国王，好人之善而忘却自己的权势。古时候贤明的士人，也是如此，乐自己所信之道，而忘却别人的权势。假使王公大人，对于他不致敬尽礼，就不能常常与贤士相见。常常相见，尚且不可得，何况要把贤士作臣下，听己使令呢？

九

孟子谓宋句践曰：“子好游乎？吾语子游。人知之，亦嚣嚣。人不知，亦嚣嚣。”曰：“何如斯可以嚣嚣矣？”曰：“尊德乐义，则可以嚣嚣矣。故士穷不失义，达不离道。穷不失义，故士得己焉。达不离道，故民不失望焉。古之人，得志，泽加于民；不得志，修身见于世。穷则独善其身，达则兼善天下。”

句，音钩。宋句践，姓宋，名句践，战国时人。游者，游说诸侯也。语，去声。嚣嚣，自得无欲之貌。孟子对宋句践道：“你喜欢游说吗？我告你游说的道理。人家晓得你这个人，你固然可以悠然自得，不必求人；人家不晓得你这个人，你也要悠然自得，不去求人。”言游说仅管游说，不必把得失放在心上也。宋句践因问：“怎样，方可以嚣嚣呢？”乐，音洛。见，读若现。孟子道：“士能尊德乐义，那就可以嚣嚣了。”故士虽穷困，不可失义；即使显达，也不可离开素来所怀抱的道德。贫贱不能移，故穷不失义；富贵不能淫，故达不离道。得己者，不失自己的身份也。穷而失义，则失自己的身份；达而离道，则人民对他都失望了。古时候的人，得志了，显达了，则行其道而加恩泽于人民，此即“兼善天下”也。不得志，则修身以自见于世，亦不至没世而名不称，此即“独善其身”也。战国时游说之士，皆戚戚于贫贱，汲汲于富贵，故穷则失义，而不能独善其身，达则离道，而不能兼善天下，故孟子以此语之。孔孟虽亦周游列国，而与游说之士绝不相同者，即在此。

十

孟子曰：“待文王而后兴者，凡民也。若夫豪杰之士，虽无文王犹兴。”

凡民，指一般的平常凡庸之人。豪杰之士，有志之士也。兴，感动奋发也。凡民不能自奋，必待如文王者，鼓舞教导之，而始能奋发。有志之士，则能自奋，不为环境所囿，不为时势所抑，故虽无鼓舞教导之者，尚能奋发有为，日进于善也。夫，音扶。

十一

孟子曰：“附之以韩、魏之家，如其自视欿然，则过人远矣。”

欿，音坎。

韩、魏，晋国之卿，富贵之家也。附，加也，言以韩、魏之家的富贵加诸其人也。如其能自视歆然，不自满足，可知他不以富贵为怀而志于道，故曰“过人远矣”。

十二

孟子曰：“以佚道使民，虽劳不怨；以生道杀民，虽死不怨杀者。”

以佚道使民者，言如教民种田，本欲其收获米谷，有安佚的日子可过也，故虽劳苦而不怨。以生道杀民者，言如国君诛戮杀人的罪犯，本意是使社会间不复有杀人的凶手，而良民得以生活，不但其他人民决无怨者，即凶手亦以罪有应得，死而无怨矣。

十三

孟子曰：“霸者之民，驩虞如也。王者之民，皞皞如也。杀之而不怨，利之而不庸，民日迁善而不知为之者。夫君子所过者化，所存者神，上下与天地同流，岂曰小补之哉！”

驩，同欢。虞，同娱，古字通借。“霸者之民，驩虞如也”，言霸国的百姓，好像欢乐愉快的样子。所以如此者，因霸者之治，有意为之，故民易知之而乐之也。皞，音浩。皞皞者，广大自得的态度，所谓“不识不知，顺帝之则”者也。杀之而不怨者，即前章所说，“以生道杀民，虽死不怨”也。庸，功也，利之而不庸者，言王者利民，民亦不知他的功劳，所谓“帝力何有于我”也。民日迁善而不知为之者，言百姓受了王者的教化，日迁于善，竟不知道是哪个使他这样的也。此三句即是“王者之民”的“皞皞如”也。君子，谓王者也。朱注谓“所过者化”，言身所经历之处，无人不化；如舜之耕于历山，田者让畔，陶于河滨，器不苦窳。所存者神，言心所存主处，便神妙不测，如孔子之立之斯立，导之斯行，绥之斯来，动之斯和，莫知其所以然而然。焦氏《正义》谓，过即行动之义。行动著于外，存者运于中。所行动者民即变化，由于所存者神也。又引《易·系辞》云："神而化之，使民宜之。""所过者化，所存者神"，即神而化之也。按上指天，下指地，"上下与天地同流"，言王者神化，与天地运行化育万物之功相同。故能神而化之，不但小补于民而已。神而化之，与天地之运行同，即所谓"唯天为大，唯尧则之"，故"荡荡乎民无能名"也。

十四

孟子曰："仁言不如仁声之入人深也，善政不如善教之得民也。善政民畏之，善教民爱之。善政得民财，善教得民心。"

此章承上章而伸说王霸之不同也。仁言者，程子谓以仁爱之言加于民。仁声者，程子谓有仁之实而为众人所称道者也。则仁言者，是为政者口头所说的好听话，如现在一般政府之宣言，无不仁至义尽者也。仁声，则不尚空谈，而将实惠施及民身，于是有了仁爱的名声。这种名声比了空洞的好话，更能深入人心。故曰"仁言不如仁声之入人深也"。善政，道之以政，齐之以刑也。善教，道之以德，齐之以礼也。霸国之政今虽善，不如王者之教化，更能得到人民的悦服。故曰"善政不如善教之得民也"。霸国之善政，以整理财政为第一要务，故曰"善政得民财"。王者之善教，则使人民心悦诚服，故曰"善教得民心"。善政易；善教难；善政易见功效，但善政人亡政息，亦易消失。善教功效迟缓，善教既得民心，一时不易即失。故齐桓公为五霸之首，身死国即不振。汤武之王，传世数百年未易动摇也。

十五

孟子曰："人之所不学而能者，其良能也。所不虑而知者，其良知也。孩提之童，无不知爱其亲也。及其长也，无不知敬其兄也。亲亲，仁也。敬长，义也。无他，达之天下也。"

良能，本来自有的善的能力；良知，本来自有的善的知识。所以是不学而能，不虑而知的。孩提，是二三岁的孩童。《说文》云："咳，小儿笑也。孩，古文咳。"提，以一手提挈，初学步也。二三岁的孩童，没有不知道爱他父母亲的。等他稍长大些，没有不知道敬重其兄弟的。亲爱自己的父母亲就是仁，敬重自己的兄长就是义。则仁义本人人所固有之良知。能把这人人备具的亲亲敬兄之良知，扩而充之，推而达之于天下，则圣人之道，尽于此矣。亲亲即是孝，敬兄即是弟。此与上篇所云，"尧舜之道，孝弟而已矣"，同一意思。又按本章首以"不学而能，不虑而知"并提，下文于"爱其亲"、"敬其兄"，俱只曰"无不知"，而不曰"无不能"者，盖"不虑而知"者，由于性之善，此人人所同然也。由"知之"而"能之"，则在常人必有待于学矣。由自己爱亲之孝，敬兄之弟而推之，固是所谓"达之天下"；由人人同具的爱亲敬兄之良知，以启导其天性之良能，使人人皆能孝弟，亦是所谓"达之天下"也。

十六

孟子曰："舜之居深山之中，与木石居，与鹿豕游，其所以异于深山之野人者，几希。及其闻一善言，见一善行，若决江河，沛然莫之能御也。"

行，去声。

此章言舜微贱时，耕于历山，居于深山之中，和树木土石在一处，和麋鹿猪羊在一处，与深山里没有知识的农夫野人相去没有多少。及其听到他人一句善言，见到他人一件善行，立刻去照做，好像长江大河决了口，浩浩荡荡地谁也阻挡不住。所以人只要存心向善，不管出身如何，环境如何，总可以成为圣贤。

十七

孟子曰：“无为其所不为，无欲其所不欲，如此而已矣。”

赵注云：“无使人为己所不欲为者，无使人欲己之所不欲者，每以身况之，如此，则人道足矣。”按赵注似与孟子本旨未合。无，同毋。言不要为其所不为，不要欲其所不欲，为人之道，如此而已，播间乞馀，人人所不为；箪食豆羹，呼蹴而与，人人所不欲。苟能推而广之，毋为其所不为，毋欲其所不欲，则乞怜昏夜，以求富贵利达，亦我所不为；万钟之禄，不合礼义，亦我所不欲矣。有所不为，有所不欲者，羞恶之本心；其终至于无所不为，无所不欲者，由未能就此羞恶之心扩而充之耳。

十八

孟子曰：“人之有德慧术知者，恒存乎疢疾。独孤臣孽子，其操心也危，其虑患也深，故达。”

知，去声，同智。疢，音趁，病也。此云疢疾，犹言患难，孤臣、孽子者，不见容于君父者也。孟子言人之有德行、智慧、道术、才智的，常常是在患难中磨炼出来的。所以只有在远的孤臣，和庶出的孽子，他所担着的心思很危险，所忧虑的患难很深刻，故能成一个明达事理的人。此与上篇“舜发于畎亩”章之旨相同。

十九

孟子曰："有事君人者，事是君则为容悦者也。有安社稷臣者，以安社稷为悦者也。有天民者，达可行于天下而后行之者也。有大人者，正己而物正者也。"

有事君人者，言有一种事君的人也。朱注云："阿徇以为容，逢迎以为悦，此鄙夫之事，妾妇之道也。"按《吕氏春秋·似顺》篇高诱注云："容，悦也。"容悦二字双声，同义叠用。这是最下的一等。又有安社稷之臣，以安社稷为悦者，又是一等。天民者，是能全尽天理的人，一定要有机会可行他的道理于天下，才肯出来事君行道的。按前篇称伊尹为"天民之先觉者"，则此，天民亦指伊尹之类。这又是一等。所谓大人者，是最高的一等，正己而人化之，即上章所云"所过者化，所存者神，上下与天地同流"者也。"正己而物正"，则"笃恭而天下平"矣。事君为容悦者，是佞臣；安社稷者，是一国之臣；天民，则非一国之士矣，然尚有待于作为；至于大人，则非尧舜不足以当之。

二十

孟子曰："君子有三乐，而王天下不与存焉。父母俱存，兄弟无故，一乐也。仰不愧于天，俯不怍于人，二乐也。得天下英才而教育之，三乐也。君子有三乐，而王天下不与存焉。"

乐，音洛。王，去声。与，去声。此言君子有三种快乐，王天下却不在其内。"父母俱存，兄弟无故"，是一乐。无故者，言兄弟和乐也。怍亦愧也。仰起头来对天，低下头来对人，都没有惭愧，这也是一乐。得天下英才而教育之，使能成大材大器，亦是一乐。

二十一

孟子曰："广土众民，君子欲之，所乐不存焉。中天下而立，定四海之民，君子乐之，所性不存焉。君子所性，虽大行不加焉，虽穷居不损焉，分定故也。君子所性，仁义礼智根于心；其生色也睟然，见于面，盎于背，施于四体，（四体）不言而喻。"

广土众民，指为大国诸侯；地辟而民聚，可以行其道，施其泽，故君子欲之。但君子所乐者不在此。"中天下而立，定四海之民"，指王天下。其道大行，匹夫匹妇无不被其泽，故君子乐之。但君子所性者不在此。分，去声，份量之份。所性，谓所禀受之天性；分定者，性禀自天，其份量不可增损也。大行，指上文"中天下而立，定四海之民"而言。虽达而兼善天下，于性分无所增加；虽穷居独善其身，于性分无所灭损：故曰"所性不存"也。君子所禀受之天性，仁义礼智四德，皆本于其心，不由外铄。诚于中，必形于外。故根于心之仁义礼智，发而著见于容颜、仪态、动作者，睟然有纯粹中正，清和润泽之貌也。睟，与粹同（见焦氏《正义》）。睟然，当依周广业《孟子逸文考》连上句读，兼下"见于面、盎于背，施于四体"而言。见，同现。盎，音乌浪反，丰厚盈溢之意。盎于背者，谓流露于仪容态度之间；施于四体者，谓流露于动作周旋之际也。俞樾谓下"四体"二字为衍文。其说甚是。喻，晓也。君子之盛德既形于容颜、仪态、动作之间，则自"不动而敬，不言而信"矣，故曰"不言而喻"。此即《中庸》所谓"诚则形，形则著，著则明，明则动，动则变，变则化；惟天下至诚为能化"也。

二十二

孟子曰："伯夷辟纣，居北海之滨，闻文王作，兴曰：'盍归乎来！吾闻西伯善养老者。'大公辟纣，居东海之滨，闻文王作，兴曰：'盍归乎来！吾闻西伯善养老者。'天下有善养老，则仁人以为己归矣。"

以为己归者，以善养耆老的人，为自己之所归也。馀已见《离娄》篇注。

“五亩之宅，树墙下以桑，匹妇蚕之，则老者足以衣帛矣。五母鸡，二母彘，无失其时，老者足以无失肉矣。百亩之田，匹夫耕之，八口之家，足以无饥矣。”

此节亦与《梁惠王》篇告梁惠王、齐宣王者大致相同。此“蚕”字作动词用。

“所谓西伯善养老者，制其田里，教之树畜，导其妻子，使养其老。五十非帛不暖，七十非肉不饱；不暖不饱，谓之冻馁。文王之民，无冻馁之老者，此之谓也。”

田，指百亩之田；里，指五亩之宅；树，指耕桑；畜，指鸡彘。无韦肉之不暖不饱，与无衣食之冻馁本不同，而亦谓之冻馁者，由文王笃念耆老也。此章言文王之善养老，在教导人民使各养其老，非家赐而人益之也。

二十三

孟子曰：“易其田畴，薄其税敛，民可使富也。食之以时，用之以礼，财不可胜用也。民非水火不生活，昏暮叩人之门户求水火，无弗与者，至足矣。圣人治天下，使有菽粟如水火；菽粟如水火，而民焉有不仁者乎？”

易，去声，治也。畴，耕治之田也。敛，去声。税敛，即税收。在下者，易治其田畴，则地无遗利；在上者，又薄其赋敛，则国无横征：故民皆可令其富足也。食之以时，用之以礼，则食用舒，而财有馀，故不可胜用也。水火为人民生活所必需，但昏暮之时，有敲人之门户而求水火者，没有不给他的。因为水火是顶多的东西，故不吝惜。圣人治理天下，一定要使百姓所有的菽粟如水火之多。这样，大家有饭吃了，百姓还有不仁爱的吗？盖百姓的不仁爱，或至于为盗，大都是为衣食所迫，铤而走险的也。按《管子》亦言："衣食足，知荣辱；仓廪实，知礼节。"《韩非子》亦言："丰岁则镶过客，而饥岁则不食幼弟。"盖人之为非作恶，大多由经济所迫，所谓饥寒生盗心也。故治国必先解决民生问题。先哲见到此义者多矣。

二十四

孟子曰："孔子登东山而小鲁，登太山而小天下。故观于海者难为水，游于圣人之门者难为言。观水有术，必观其澜。日月有明，容光必照焉。流水之为物也，不盈科不行。君子之志于道也，不成章不达。"

东山，鲁国境内之山。太山，齐、鲁两国共有之山。所登愈高，所望愈远，眼界亦愈大，故"登东山而小鲁，登太山而小天下"也。所见愈广，所知愈多，眼界亦愈高，故"观于海者难为水，游于圣人之门者难为言"也。盖游于圣人之门者，见圣人之德高智广，名言谠论，层出不穷，就觉得难为言了。此以登山观海，喻游圣人之门；以"小鲁"、"小天下"及"难为水"，喻难为言。观水也有方法，见波澜之湍急，则知水来有源，所以滔滔不绝，故"必观其澜"也。日月亦然。日月的本体是有光明的，所以凡是容得光亮的地方，就无隙不照。此言以水与日月比道之有本。流水这样东西，不把坎陷的地方都满溢了，是不向前进的。君子志在学道，不先学成一个体段，是不躐等而进，由此达彼的。此以流水喻学道之必须循序渐进。此章言学道，当有识见；识广见高，不至故步自封。而求进步之法，尤须循序渐进，决不能一蹴而几。

二十五

孟子曰："鸡鸣而起，孳孳为善者，舜之徒也。鸡鸣而起，孳孳为利者，跖之徒也。欲知舜与跖之分，无他，利与善之间也。"

孳，音之。孳孳，即孜孜，努力不倦之意。跖，古时候的大盗。舜与跖皆鸡鸣而起，孳孳不倦；其分别便在一是为善，一是为利而已。为善，便是舜之徒；为利，便是跖之徒了。此所谓有"差以毫厘，失之千里"者也。

二十六

孟子曰："扬子取为我，拔一毛而利天下，不为也。墨子兼爱，摩顶放踵，利天下，为之。子莫执中，执中为近之。执中无权，犹执一也。所恶执一者，为其贼道也，举一而废百也。"

杨朱之书，今已不存。伪《列子》有《杨朱》篇。张湛注云："或云字子居，战国时人，后于墨子。"此篇载朱之言曰："古之人，损一毫利天下，不为也；悉天下奉一身，不取也。人人不损一毫，人人不利天下，天下治矣。"又云："禽子（名滑厘，墨子弟子）问杨朱曰：'去子体之一毛，以济一世，汝为之乎？'扬子曰：'世固非一毛所能济。'禽子曰：'假济，为之乎？'扬子弗应。禽子出语孟孙阳。孟孙阳曰：'子不达夫子之心。吾请言之。有侵若肌肤获万金者，若为之乎？'曰：'为之。'孟孙阳曰：'有断若一节得一国者，子为之乎？'禽子默然有间，孟孙阳曰：'一毛微于肌肤，肌肤微于一节，省矣。然则积一毛以成肌肤，积肌肤以成一节，一毛固一体万分中之一物，奈何轻之乎？'"此杨朱不肯拔一毛以利天下之理论也。墨子名翟，鲁人，曾为宋大夫，为墨家之祖。其书今存，有《兼爱》篇。摩顶者，赵朱均云："摩突其顶。"按突，同秃。（《庄子·说剑》"蓬头突发"，《荀子·非相》"叔敖突秃"，皆以"突"为"秃"）放，至也。摩顶放踵，犹云牺牲全身，对杨朱之不拔一毛而言。子莫，赵氏以为鲁之贤人。焦氏疑《庄子》“儒墨杨秉四”之“秉”，即指子莫执中一派，亦为确据。杨墨各趋极端，便是“执一”。子莫知“执中”，执中为近道矣。但执中而无权衡，对其所执仍是一定之中，而非“时中”，则犹之执一耳。恶，去声。贼，害也。执一而不知通，故举其一而废其百也。杨朱是极端的个人主义，只知“我”，不复知有社会国家。墨子反之，只知有社会国家，而不复知有个人之“我”。子莫自以为能执二者之中。此如一主衣葛，一主衣裘，各执一端，而子莫则主衣袷，以为执其中，而不知当视四时寒暑之变，故曰“无权”，故曰“犹执一也”。禹、稷之己饥己溺，劳身苦思，有似墨子之兼爱；颜子之箪瓢陋巷，自乐其乐，有似杨朱之为我。其易地皆然者，因“有权”以度其所处之地位也。子思之居卫不去，不避越寇，有似墨子；曾子之寇至则去，寇退则反，有似杨朱；其易地皆然者，因“有权”以度其所处之地位也。子莫之“执中”，所以与舜汤之“执中”，孔子之“时中”不同在此。

二十七

孟子曰：“饥者甘食，渴者甘饮，是未得饮食之正也，饥渴害之也。岂惟口腹有饥渴之害，人心亦皆有害。人能无以饥渴之害为心害，则不及人，不为忧矣。”

人在饥极渴极的时候，不论什么食，什么汤，只要有得吃喝，都觉得是甘甜的。这个是没有得着饮食的正奋味道，是饥渴害他的。不但口腹有饥渴之害，人心也有同样的害处。人们能够不把饥渴害口腹般的事件去害着心，那么就是道德不及他人，也就不必忧虑了。盖不正当的行为，本非吾人心之所愿；有时因经济压迫，或其他不得已的缘故而为之，正如饥渴之人，不知滋味，饮食皆甘一样。人能把持己心，使心不受害，便不必以不及人为忧了。

二十八

孟子曰："柳下惠不以三公易其介。"

介者，自己坚定的操守也。柳下惠虽为圣之和，做了小官，又被三黜，但即以三公之高爵诱之，亦不肯失其操守，故曰"不以三公易其介"也。古以太师、太傅、太保为三公。

二十九

孟子曰："有为者，辟若掘井。掘井九轫而不及泉，犹为弃井也。"

辟，今作譬。轫，音刃，与仞同。八尺为仞。此言有作为的人，必须把目的达到，不可功亏一篑。譬如掘一口井，虽已掘得九仞之深，而没有掘到泉水，如其停止不掘了，还是个无用的弃井也。此以喻半途而废，一无所成者，等于尽弃前功。

三十

孟子曰："尧、舜，性之也。汤、武，身之也。五霸，假之也。久假而不归，恶知其非有也？"

"尧、舜，性之"者，言尧舜之仁，出于天性，是安仁者也。"汤、武，身之"者，言汤武能身体力行之，是体仁行仁者也。"五霸，假之"者，言五霸假借仁义，挟天子以令诸侯也。恶，平声。"久假而不归，恶知其非有也"，有三说：（一）赵注云："五霸若能久假仁义，譬如假物久而不归，安知其非真有也。"（二）"言窃其名以终身，而不自知其非真有。"（三）"盖叹世人莫觉其伪。"后二说，均见朱注。三说中以第二说为长。

三十一

公孙丑曰："伊尹曰：'予不狎于不顺。'放太甲于桐，民大悦。太甲贤，又反之，民大悦。贤者之为人臣也，其君不贤，则固可放与？"孟子曰："有伊尹之志则可，无伊尹之志则篡也。"

与，作欤。

狎者，习见也。不顺者，不合理也。"予不狎于不顺"，是公孙丑引伊尹的话，言我看不惯不合理的行为也。伊尹把太甲放到桐的地方，百姓大为欢喜。后来太甲改过了，伊尹又把太甲迎归到京城，仍做天子，百姓又大欢喜。以上是引伊尹的事。"贤者之为人臣也，其君不贤，则固可放与？"是公孙丑问孟子的话。孟子曰"有伊尹之志则可，无伊尹之志则篡也"者，言有伊尹那样公正的志向，自己不贪天子之位，方可以如此做；否则，就是篡位了。伊尹放太甲，后世只霍光学之，废昌邑王，立汉宣帝，而不篡位。其馀废君立君，无不为自己，或为子孙谋天子之位。皆所谓"无伊尹之志则篡"者也。

三十二

公孙丑曰："《诗》曰：'不素餐兮！'君子之不耕而食，何也？"孟子曰："君子居是国也，其君用之，则安富尊荣。其子弟从之，则孝弟忠信。'不素餐兮'，孰大于是！"

弟，作悌。

素餐，犹今人言吃白饭，谓无功受禄也。"不素餐兮"，是《诗经·伐檀》篇里的一句诗。公孙丑引了这《诗》问孟子道："今世的君子，多是不耕而食禄的，是何意义呢？"孟子道："君子住在这个国里，这国的君主用了他，就能安富尊荣；这国的青年子弟从了他，就能修着孝悌忠信的品行。这样看来，所谓'不吃白饭'者，还有谁能够比得过呢？这是说君子受人奉养，并不是吃白饭；他的功劳很大，谁也比不上也。若无君子之实，窃君子之名，而受人奉养，便是吃白饭了。”

三十三

王子垫问曰：“士何事？”孟子曰：“尚志。”曰：“何谓尚志？”曰：“仁义而已矣。杀一无罪，非仁也。非其有而取之，非义也。居恶在？仁是也。路恶在？义是也。居仁由义，大人之事备矣。”

垫，音店。恶，音乌。

王子垫，齐王之子，名垫也。垫以为公卿大夫，有政治之事，农工商贾，亦各有其职业；独士则不作事而坐食，故有此问。尚志者，言做士的，既不得行公卿大夫之道，又不就农工商贾之业，只是怀抱着一种高尚的志向罢了。垫又问：“何谓尚志？”孟子答以“仁义而已矣”者，言所谓尚志者，即志在仁义也。“杀一无罪，非仁也；非其有而取之者，非义也。”这是释“仁义”二字。居者，所以处其身；路者，所遵由之道。恶，音乌，何也。士所自处者，仁也；所由循行者，义也。如能居仁，行义，则大人的事，已完备了。

三十四

孟子曰：“仲子不义与之齐国而弗受，人皆信之。是舍箪食豆羹之义也。人莫大焉亡亲戚君臣上下。以其小者，信其大者，奚可哉！”

仲子，即居于陵之陈仲子。如不合于义，即使把齐国给与仲子，他必定不肯受，这是大家都相信他的。孟子却批评道：“是舍箪食豆羹之义也。”舍，同捨。言其廉洁，不过守小义耳，未尝知大义也。焉，于也。（见《经传释词》）亡，同无。“人莫……”十一字当作一句读，言人莫大于无亲戚君臣上下也。陈仲子避兄离母，是无亲戚也；以兄戴之盖禄为不义，是无君臣上下也。以其小廉而信其大节，岂可乎？孟子此章，与《论语》子路责荷篠丈人知长幼之节之不可废，而废君臣之大伦，同一用意。

三十五

桃应问曰："舜为天子，皋陶为士，瞽瞍杀人，则如之何？"孟子曰："执之而已矣！""然则舜不禁与？"曰："夫舜，恶得而禁之？夫有所受之也。""然则舜如之何？"曰："舜视弃天下，犹弃敝屣也。窃负而逃，遵海滨而处，终身䜣然乐而忘天下。"

与，同欤。夫，音扶。屣，音徙。䜣，同欣。乐，音洛。桃应，孟子弟子。士即士师，法官也。敝蹝，破草鞋也。䜣然，高兴的样子。桃应问道："舜做天子，皋陶做士，这时候，倘若瞽瞍杀了人，则怎么样呢？"孟子道："这时候的皋陶，只有把瞽瞍捉来罢了！"桃应又问道："然则舜不去禁止他吗？"孟子道："皋陶之执法捕人，是曾受舜的委任的。舜怎么可以禁止他呢？如禁止他捕人，则舜自坏其法矣。"桃应又道："然则这时候的舜，将怎么样呢？"孟子道："舜看得弃掉天下，犹之乎丢掉一双破草鞋。他只好把天子丢掉不做，私下把父亲驮在背上逃走，沿着海边住下。这样也是他终身很高兴的，快活得把天下都忘记了。"此章本是孟子师生假设的问答，由此可见孟子把国法私情分得很明白，天子的父亲犯了法，亦不能禁司法官之拘捕，实具有近世法律平等之精神。

三十六

孟子自范之齐，望见齐王之子，喟然叹曰："居移气，养移体，大哉居乎！夫非尽人之子与？"孟子曰："王子宫室车马衣服，多与人同；而王子若彼者，其居使之然也。况居天下之广居者乎！"鲁君之宋，呼于垤泽之门，守者曰："此非吾君也，何其声之似我君也？"此无他，居相似也。

范，是齐国的一邑。自范之齐，从范县到齐国都城去也。望见，望而见之。居，所处的地位与环境也。养，奉养也。地位环境不同，则气度因之而异；奉养不同，则身体因之而异：故曰“居移气，养移体”也。大哉居乎，言地位环境的力量之伟大也。夫，音扶，彼也，指王子。言王子亦人之子也。“孟子曰”三字，朱注以为衍文。盖此二节语意衔接，当合为一章也。王子的房屋车马衣服，多与人同，而王子的气体像那样的不与人同者，是他的地位环境使他这样的。何况居天下之广居的仁人呢？自然生色睟然，见于面，盎于背，施于四体，心广体胖了。垤泽，宋城门名。鲁君到宋国去，叫管垤泽城门的人开门。管城门的人说道：“这个人不是我们的国君，何以他的声音，这样像我们的国君呢！”这没有其他的缘故，因为鲁君与宋君的地位环境相像罢了。此章是说地位环境会变化人的气度，意思是说仁人居天下之广居，故其气度自然与众不同。王子、鲁君，不过用作说明此旨的比喻例证而已。

三十七

孟子曰：“食而弗爱，豕交之也。爱而不敬，兽畜之也。恭敬者，币之未将者也。恭敬而无实，君子不可虚拘。”

此章论诸侯对于士的交际。食，音嗣。但予以吃食而没有爱之之心，则其交士像养猪一样。能爱之矣，而没有恭敬之心，则其养士也和畜养犬马无异。币，指交际时所送的币帛而言。将，犹奉也。交际重在恭敬之心，不在币帛之丰。币帛者，不过以之表示恭敬而已。币帛是有形之物，是可以将奉的；恭敬是无形之心，是不能掏出来将奉的。故曰：“恭敬者，币之未将者也。”但必须有恭敬之实。若仅将奉币帛，貌为恭敬，而实际上无此恭敬之心，则君子固不可以此虚伪之恭敬拘留之也。按孟子此言，虽为当时国君接待贤士而发，也可以引用于一般人的交际。与人交际，总要看他有无恭敬的诚心，不可贪一些礼物，就为人所牢笼也。

三十八

孟子曰："形色，天性也，惟圣人然后可以践形。"

形，指人的身体形状；色，指人的面貌颜色。形色即是天性。禽兽之形不同乎人，故禽兽之性亦不同乎人。践，犹践言之践。惟圣人能尽人之性，故惟圣人能践人之形。若徒有人之形，而不知努力以尽人之性，则陷溺梏亡，终且沦于禽兽，形虽犹人，性已非人矣，所谓"人面兽心"者是也。举形可以包色，故不曰"践形色"而曰"践形"也。

三十九

齐宣王欲短丧。公孙丑曰："为期之丧，犹愈于已乎？"孟子曰："是犹或紾其兄之臂，子谓之姑徐徐云尔，亦教之孝弟而已矣。"

齐宣王以为穿三年的丧服太长久，想把丧期减短。公孙丑听见了，就去问孟子。期，一年也。言能穿一年的丧服，总比不穿好些吧？已者，止也；言不穿丧服也。孟子答道："你这个办法，犹之乎有人捩转其兄的臂膊，你叫他且慢慢地捩转来。兄的臂，是不应该捩转的；捩转得慢些，难道好算敬兄吗？你只要教他孝弟好了。懂得孝弟，便不会紾兄之臂；和他说紾得慢些，终不是根本办法也。"

王子有其母死者，其傅为之请数月之丧。公孙丑曰："若此者，何如也？"曰："是欲终之而不可得也。虽加一日愈于已。谓夫莫之禁而弗为者也。"

这时候，刚巧有个王子的生母死了。他的生母是庶母，因为有嫡母在，不能穿长期丧服，照古礼，他的生母一落葬，就要把丧服除掉的。这王子的师傅，就为他向齐王请求，为生母服数个月的丧。公孙丑就引了这件事，问孟子道："像这件事何如呢？"孟子说："这王子是本来想要穿三年之丧而不可得的。不但数月，就是能够加一日，也比不加好些。我所以不赞成你‘为期之丧，犹愈于已’的话，是对那些并没有谁禁止他，而自己不肯终丧的人说的。”为之，为，去声。夫，音扶。

四十

孟子曰：“君子之所以教者五：有如时雨化之者，有成德者，有达财者，有答问者，有私淑艾者。此五者，君子之所以教也。”

此章言君子教人的法子有五种。第一种是“如时雨化之者”。时雨，及时之雨。言如时雨润化万物，使之发荣滋长也。第二种是“成德者”，言因他固有的德性，教之使有成就也。第三种是“达财者”，财，同材，言因他的材料，教之使通达而有用也。第四种是“答问者”，言就其所问而答之，以解他的疑惑也。第五种是“私淑艾者”，赵朱二注均云：“淑，善也。艾，治也。”言虽未能直接教诲，而其人私慕其道，取以善治其身也。上篇孟子自言，“予未得为孔子徒也，予私淑诸人也”，即无异孔子之教之也。焦氏《正义》谓淑同叔。叔，拾取也。见《说文》。艾，音乂，通刈。刖，取也。见《诗经·周南·葛覃》“是刈是濩”句，《释文》引《韩诗》。是淑艾二字同义叠用，私淑艾，即私淑，言未亲受业，而间接地私取诸人。其说亦通。草木受时雨之化，勃然而兴；此喻圣人不言之教，化人至速，如孔子之于颜曾是也。成德，则如孔子之于冉闵；达材，则如孔子之于由赐：各因其材而笃之者也。答问，则如孔子之于樊迟、孟子之于万章，足以解其惑者也。私淑艾，则如孟子之于孔子是矣。

四十一

公孙丑曰：“道则高矣，美矣，宜若登天然，似不可及也。何不使彼为可几及，而日孳孳也？”孟子曰：“大匠不为拙工改废绳墨，羿不为拙射变其彀率。君子引而不发，跃如也。中道而立，能者从之。”

宜若，殆若也。几，平声，庶几也。不为之为，去声。率，音律。彀，张弓；彀率，张弓之度也。公孙丑对孟子说：“夫子之道，高极了，美极了，好像登天一样，似乎是不可以及到的。何不把你的道稍稍降低一点，使我庶几可以及得到，而日日孳孳不倦地去学呢？”孟子答道：“大匠不为了笨拙的徒弟而改变废弃他用绳墨的方法，羿不为了学射的人的笨拙而改变张弓的限度以求速效。”君子的教人，如教人射箭，虽只张着弓而不发箭，发箭中的之势已活跃地在人的心目中。中道者，无过与不及也。君子教人，不为过难，不为过易，中道而立，犹教射者之引而不发，让能够学的人都去跟他学习，不能为学者降低其“道”也。

四十二

孟子曰：“天下有道，以道殉身。天下无道，以身殉道。未闻以道殉乎人者也。”

殉，同徇，从也。天下有道的时候，身见而道随之行，此道殉身也。天下无道的时候，道既不行，当退隐守道，此以身殉道也。若枉道以迁就他，则是以道殉人矣。此古之君子所决不为，故曰“未闻”。

四十三

公都子曰：“滕更之在门也，若在所礼，而不答，何也？”孟子曰：“挟贵而问，挟贤而问，挟长而问，挟有勋劳而问，挟故而问，皆所不答也。滕更有二焉。”

滕更，滕君之弟。在门，在门下为弟子也。若在所礼，言似亦在所礼待之列。挟者，有所挟持而自负也。挟贵，自负其贵挟贤，自负其贤。长，上声。挟长，自负年长。挟有勋劳，自负有功。挟故，自负为师长之亲戚故旧。凡有所挟持而自负者，其来问也，往往望其师之答教，对己特别巴结，其意已不诚敬，故不答也。滕更有二挟，赵氏以为是挟贵挟贤。按滕更有无贤名，已无可考；或系因滕文公与孟子的关系而挟故，亦未可知。

四十四

孟子曰："于不可已而已者，无所不已。于所厚者薄，无所不薄也。其进锐者，其退速。"

已，止也。不可已，指不可止的事。不可止的事而竟止矣，则无论什么事，都可以停止了。故曰："于不可已而已者，无所不已。"所厚，指关系密切，应该厚待的人。应厚待的人，尚且薄待，则无论什么人，都可以薄待了。故曰："于所厚者薄，无所不薄。"吾人求学做事，易有欲速之心。欲速成者，当初或有很快的进步。但是其气易衰，其力难继，他的退下来，也一定是很快的。故曰"其进锐者，其退速"也。按赵氏以已为弃，指罢斥而言；以"进退"为用人之进退。今从朱注。

四十五

孟子曰："君子之于物也，爱之而弗仁。于民也，仁之而弗亲。亲亲而仁民，仁民而爱物。"

物，人类以外之物也。言君子于物，但当爱育之而弗当以仁加之。若牺牲，则不得不杀也。对于人民，当仁爱之而弗当亲之，以爱有差等也。能亲其亲，然后能仁民。所谓"老吾老，以及人之老；

幼吾幼，以及人之幼”也。能仁民，然后能爱物。否则，恩足以及禽兽，而功不至于百姓矣。此章可以见儒家与墨家之异。墨家言无论何人何物，皆当兼而爱之。儒家之仁，虽亦训爱人，但须由亲而及疏，由近而及远也。

四十六

孟子曰：“知者，无不知也，当务之为急。仁者，无不爱也，急亲贤之为务。尧舜之知而不遍物，急先务也。尧舜之仁不遍爱人，急亲贤也。不能三年之丧，而缌小功之察。放饭流歠，而问无齿决。是之谓不知务。”

“知者”及“之知”之知，同智。言有智者，对于人情物理，无不通晓，但总拣应当用力干的事情先去做。仁者对人，无一不爱，但总先急急地亲爱贤者。故以尧舜之智，而不事事物物都去整治，因为他们是急急地办那些应该先办的事也。以尧舜之仁，而不遍爱一切人民，因为急于先要亲爱贤人也。这正是所谓“知所先后”。三年之丧，服之最重者。缌，是缌麻，是三个月的丧服；小功，是五个月的丧服：都是丧服之轻者。不能服三年之丧，则是大不孝矣，乃偏偏注意细察三个月的缌麻服和五个月的小功服，这就是不知轻重缓急了。放饭，大吃而饭粒狼藉也。流歠，大喝而汤水从口角流溢也。齿决，牙齿咬断干肉也。问，讲究的意思。在尊长前面吃饭，狼吞虎咽地大吃大喝，这是大不敬了，乃偏偏讲究那不要用牙齿咬断干肉的小礼节，这又是不知轻重缓急了。这两层是举例以明事有轻重缓急，做事应知当务之急，先其重者急者，后其轻者缓者。上章言亲亲而后仁民，仁民而后爱物，亦是此旨。

四十七

孟子曰：“不仁哉，梁惠王也！仁者以其所爱，及其所不爱。不仁者，以其所不爱，及其所爱。”公孙丑问曰：“何谓也？”“梁惠王以土地之故，糜烂其民而战之。大败，将复之。恐不能胜，故驱其所爱子弟以殉之。是之谓以其所不爱，及其所爱也。”

“以其所爱，及其所不爱”者，即由亲亲推而仁民也。“以其所不爱，及其所爱”，则适得其反矣。孟子以此论梁惠王之不仁，公孙丑不解其意，所以问孟子。糜烂，烂如粥糜也。梁惠王为争夺土地之故，不管百姓身体的糜烂，迫百姓去打仗。打了一个大败仗，又想复雠；恐怕不能够得胜，所以又驱自己所爱的子弟，压着百姓去打。不料又打了一个大败仗，连自己的子弟也死在里头。百姓是他所不爱的，子弟是他所爱的，故曰：“以其所不爱，及其所爱。”

四十七

孟子曰：“春秋无义战，彼善于此，则有之矣。征者，上伐下也，敌国不相征也。”

义战，是合理的战事。言春秋时没有合理的战事。交战的两方彼善于此的，则有之矣。征者，声罪致讨也。只有诸侯犯罪，天子下令讨伐，方可叫做征。征者，正也，正其不正者也。若彼此都是诸侯，是同等的国家，只能说是战，不能说是征也。按此是就春秋战国的时局而言，读者不可以辞害意。如汤武的吊民伐罪，即是以下伐上，亦可叫做征。所以只要看这战争的义不义，就可以定他是不是征。如近代合理的革命，以武力推翻暴虐腐败的政府，抵抗侵略的战争，以武力维护国家民族的独立自由，便都是义战，便可以说是征也。

四十九

孟子曰：“尽信书，则不如无书。吾于《武成》，取二三策而已矣。仁人无敌于天下，以至仁伐至不仁，而何其血之流杵也？"

书，赵注以为《尚书》，太泥。此盖泛指古书而言。不过以《武成》为例耳。《武成》，《尚书》中之篇名，记周武王伐纣的战事，因武王武功告成，故名《武成》。策，竹简也。仅取二三策，言不可尽信也。《武成》里面有"血流漂杆"一句话，杵者，椿米的木杆。杵，一说作卤，楯也。楯即是藤牌。言杀人之多，流血成河，连杵都漂浮着也。仁人是无敌于天下的。以周武王之至仁去伐纣王之至不仁，决没有十分激烈的抵抗的。如此，则不必杀很多的人了。哪里会有血流漂杵的事呢？按文人之辞，往往形容过甚，前篇所引《云汉》之《诗》的"周馀黎民，靡有孑遗"，也和"血流漂杵"相同。王充《论衡》的《艺增》，刘勰《文心雕龙》的《夸饰》，汪中《述学·释三九》的论"词之形容"，论之甚详。

五十

孟子曰："有人曰：'我善为陈，我善为战。'大罪也。国君好仁，天下无敌焉。南面而征北狄怨，东面而征西夷怨，曰：'奚为后我？'武王之伐殷也，革车三百两，虎贲三千人，王曰：'无畏，宁尔也，非敌百姓也。'若崩厥角稽首。征之为言正也，各欲正己也，焉用战？"

陈，今作阵。好，去声。两，今作辆，贲，音奔。焉，平声，安也，何也。孟子痛斥战事，故曰："有人说：'我善于摆阵，我善于作战。'这便是大罪。"国君好仁，就可以无敌于天下。"南面而征北狄怨，东面而征西夷怨，曰，奚为后我？"是引用汤的事情，已见前篇。古时用车战，革车者，以皮革为帷的战车也，其数只有三百两。虎贲，犹言勇猛如虎的兵士也。《司马法》曰："革车一乘，士十人，徒二十人。"虎贲，即士也。每车十人，故革车三百两，虎贲三千人也。王，指武王。武王对殷人说：你们不要怕，我是来安抚你们的，不是来和你们百姓做对敌的。厥，顿也。角，额角。厥角，即顿首也。稽首，磕头至地也。若崩厥角稽首，即厥角稽首若崩。言殷民听了武王的话，一起跪下顿首磕头，人多势骤，故如山之崩也。征字的意义，原是正其不正。各处受暴虐的百姓，都想有仁人来矫正他本国的不仁之政，对于仁人的军队，只有欢迎，没有抵抗，哪里用得着战争呢？

五十一

孟子曰："梓匠轮舆，能与人规矩，不能使人巧。"

此章全是比喻之辞。梓人、匠人、轮人、舆人之教学徒，只能以规矩法度传授之，不能使拙工巧也。盖法度可以言传，巧妙全在心悟。与《庄子·轮扁斫轮》之旨相同。一切技艺、文学、兵法、政治，以至道德之修养，莫不皆然。

五十二

孟子曰："舜之饭糗茹草也，若将终身焉。及其为天子也，被袗衣，鼓琴，二女果，若固有之。"

饭，上声，吃也。糗，去久反，干粮也。茹，音汝，亦吃也。被，音披，穿也。袗，音轸，赵、朱二注皆曰"画衣也"。古者衣用绘，裳用绣。袗衣，黼黻之衣。又《说文·衣部》云："袗，盛服也。"钱大昕《养新录》引梁同书说，谓《三国志·魏文帝纪》注"舜承尧禅，被袗裘，妻二女，若固有之"，当本《孟子》。袗衣，即珍裘，其说亦通。果，《说文》作婐，乌果反，侍也。袗衣及琴，皆尧所赐。二女，尧之二女，妻舜者也。若将终身焉者，言其安贫自得；若固有之者，言其行所无事，不改常态。

五十三

孟子曰："吾今而后知杀人亲之重也。杀人之父，人亦杀其父；杀人之兄，人亦杀其兄。然则非自杀之也，一间耳！"

间，去声。一间者，言相去仅一间而已。杀人之父兄，致人亦杀其父兄，则己虽不杀父兄，父兄实由己而死。故杀人之亲，是一件极重大的事情。

五十四

孟子曰："古之为关也，将以御暴。今之为关也，将以为暴。"

关者，关卡城门之类。古时候人的造关，是用以抵御盗贼或邻国的兵之残暴的。今时人的造关，只知征收捐款，阻难行旅，暴虐人民，是御暴者，适所以为暴也。

五十五

孟子曰："身不行道，不行于妻子。使人不以道，不能行于妻子。"

此言自身不行道，即不能使其道行于妻子；使令人而不以道，则其命令不能行于妻子。妻子且然，更不必论他人了。

五十六

孟子曰："周于利者，凶年不能杀。周于德者，邪世不能乱。"

周者，足也。言积财足者，虽遇凶年，不至饿杀。积德足者，虽处邪世，不能乱他的志也。上二句是比喻，下二句是本旨。

五十七

孟子曰："好名之人，能让千乘之国。苟非其人，箪食豆羹见于色。"

好、乘、食，皆去声。见，音现。

此章言好名的人，矫情干誉，能让千乘的大国。然若本非真正能轻富贵的人，则有时为了一筲箕饭，一木碗羹，得失喜怒之情，反不知不觉地从脸色上流露出来了。所谓"观人必于其微"也。按此从朱注。赵氏以"诚非好名者"释"苟非其人"，与朱注异。

五十八

孟子曰："不信仁贤，则国空虚。无礼义，则上下乱。无政事，则财用不足。"

空虚，言无人也。《韩非子·亡征》篇云："亡国之廷无人焉。"与此言"空虚"，是一样的意思。礼义者，所以辨上下，定民志，没有了礼义，上下当然大乱了。不知生财之道，取之无度，用之无节，就是无政事。这样，自然出多入少，财用不足了。

五十九

孟子曰："不仁而得国者有之矣。不仁而得天下，未之有也。"

得国，指为诸侯。得天下，指为天子。孟子时诸国之君未有能仁者，而皆有得天下之野心，故发此言。

六十

孟子曰："民为贵，社稷次之，君为轻。是故得乎丘民而为天子，得乎天子为诸侯，得乎诸侯为大夫。诸侯危社稷，则变置。牺牲既成，粢盛既洁，祭祀以时，然而旱干水溢，则变置社稷。"

盛，音成。

社，是土神；社坛设在东面，祭祀五土的。稷，是谷神；稷坛设在西面，祭祀五谷的。古时是神权政治，中国又是农业国，故建国时候必立社稷坛，且以社稷代表国家。凡国家的成立，以得民心为第一，以民为邦本也。故曰"民为贵"。社稷次之，犹云国家次之。因建国家以设制度，施政治，无非为民，故其重要次于人民。君者，不过办理国家政治的人罢了，故曰"君为轻"。朱注云："丘民，田野之民。"王念孙《广雅疏证》云："丘，众也。"丘民，犹今言民众。能得民众的心，然后可为天子。这样推下去，则得了天子之心，天子可以封之为诸侯；得了诸侯之心，诸侯可以命之为大夫。这是说明"民为贵"的道理。"诸侯危社稷，则变置"者，言诸侯无道，危及国家者，就可以废掉他，另置贤君。这是说明"君为轻"的道理。牺牲是祭祀用的牲畜，粢盛是祭品，黍稷叫做粢，在器中的食物叫做盛。如果祭祀的牛羊已经肥硕齐备，祭祀的饭食已经清洁，祭祀是按着时候举行的，然而社稷之神，却不能保佑这国家，而有水旱之灾，那么就当毁坏旧的社稷坛，另置新社稷坛以奉祀之，以为神不能保护人民之惩罚。这是说明社稷轻于人民的道理。世界各国，都经过神权政治的阶段。只有中国古代，虽奉神权，然以人民为神的代表。如《尚书·皋陶谟》言："天工，人其代之。"《泰誓》言："天视自我民视，天听自我民听。"是天子虽尊贵，仍须受人民之监督也。孟子此言，固为当时视民如草芥的国君而发，然而正合近世民权的真谛。

六十一

孟子曰：“圣人，百世之师也，伯夷、柳下惠是也。故闻伯夷之风者，顽夫廉，懦夫有立志。闻柳下惠之风者，薄夫敦，鄙夫宽。奋乎百世之上，百世之下闻者莫不兴起也，非圣人而能若是乎？而况于亲炙之者乎？”

伯夷、柳下惠之风云云，已见前篇。奋起乎百世之上，百世之下，闻其风者莫不兴起，要不是圣人，能够这样的么？亲炙者，言亲身受过圣人的教化，好像被火薰炙过一样。百世以下的人，尚能仰慕圣人而以为师，何况亲身受过圣人的教化的呢？

六十二

孟子曰：“仁也者，人也；合而言之，道也。”

儒家的中心学说，就是一个仁字。仁者，就是所以为人的道理。合而言之者，合仁与人言之；人而能仁，就是道也。按“仁”字古文为“忎”，从千从心会意，是说一千个人，都同此一心也。小篆为“仁”，从人从二。盖一人独处空山荒岛，无所谓人道；必与人相偶，由二人以上，至全体人类，人道乃见。故仁者，即做人之道也。

六十三

孟子曰：“孔子之去鲁，曰：‘迟迟吾行也。’去父母国之道也。去齐，接淅而行，去他国之道也。”

此章已见《万章》篇，系重出。但无“去他国之道也”句。

六十四

孟子曰：“君子之戹于陈、蔡之间，无上下之交也。”

君子，指孔子。戹，同厄。孔子之困厄于陈蔡之间，甚至绝粮，为了在这两国的君臣，没有与他交往的也。

六十五

貉稽曰：“稽大不理于口。”孟子曰：“无伤也。士憎兹多口。《诗》云：‘忧心悄悄，愠于群小。’孔子也。‘肆不殄厥愠，亦不陨厥问。’文王也。”

貉，有二读，一音陌，为北方人种名；一音鹤，姓也。赵氏以为貉稽姓貉，名稽。焦氏引《纂文》以为貉人名稽，未知孰是。不理于口者，赵氏云：“为众口所讪。理，赖也。”焦氏引《国语·晋语》韦昭注，“赖，利也”；谓不理于口，即不利于众口。意与赵氏同。孟子答以“无伤”者，言不理于口，是无妨的。赵氏以“益多口”释“憎兹多口”，朱注因谓憎为增字传写之误。按赵氏之意谓为士者益为此众口所讪，盖以憎为增之通借字耳。翟灏《考异》则谓理字兼条分修治之义；不理于口者，稽自痛其言之无文。孟子答以“士憎兹多口”者，谓徒理于口，亦为士君子所憎恶；多口者，即《论语》所谓“御人以口给”也。惟能以文王孔子之道理其身心，即有憎其不理于口者，亦仅群小而已，已之声闻，无陨越也。求理于口，徒兹多口，反为有道之士所不取耳。翟氏之说，与赵氏异，且读兹为滋。但按之下引《诗》语，孟子之意，盖谓文王、孔子亦不免为群小所愠，则多口之讪，圣人且不免，故曰“无伤”。翟氏之意，似不如赵注为长。“忧心悄悄，愠于群小”，是《诗经·邺风·柏舟》篇的两句诗。悄悄，忧貌。愠者，怨恨也。群小，一班小人也。此言为群小所愠也。诗本非为孔子而作，孟子引以况孔子耳。“肆不殄厥愠，亦不陨厥问”，是《诗经·大雅·绵》篇的句子。肆，是发语词，无义。殄，绝也。陨，失坠的意思。问，同闻，声闻也。此诗是咏文王，言虽不能殄绝小人的怨恨，然而也不至于丧失文王的令闻也。

六十六

孟子曰："贤者以其昭昭，使人昭昭。今以其昏昏，使人昭昭。"

昭昭，明也。昏昏，暗也。贤者，先自明其明德，然后以先知觉后知，以先觉觉后觉，教人也明白。今日在位的人，自己已是昏昏，不明义理，只知贪污自私，却要教人明白义理，奉公守法，岂可得乎？

六十七

孟子谓高子曰："山径之蹊间，介然用之而成路。为间不用，则茅塞之矣。今茅塞子之心矣。"

朱注谓：径，是小路；蹊，是人行处；介然，是倏然之顷；用，由也；路，大路也；为间，少顷也。朱子之意，山上小路人所行处，倏然之间有人走它，便成为一条大路；少顷没有人走了，便又有茅草生长，塞住了。按《礼记·月令》："孟冬塞徯徯。"郑玄注："徯径，鸟兽之道也。"徯，《淮南子》及《吕氏春秋》作蹊。《周易》郑玄注亦云："徯路为山间鹿兔之蹊。"则山径之蹊间，谓山中兽蹄所经，非人行之处也。《汉书·律历志》云："介然有常。"介然用之而成路者，言人专由此路，常常走它，则兽之所经，可以成行人之路也。《方言》云："用，行也。"用之，即行之，言走此处也；不用，即不行，言不走此路也。此以山经之蹊间，常走则成路，不走则茅塞，喻为学不可中断。若一暴十寒，则亦茅塞其心矣。为间之间，去声。

六十八

高子曰："禹之声，尚文王之声。"孟子曰："何以言之？"曰："以追蠡。"曰："是奚足哉？城门之轨，两马之力与？"

尚，加也，过也。高子言禹之乐声，过于文王的乐声。追，音堆，钟纽也。蠡，音礼，虫啮过的样子。高子以为禹所用的钟，它的纽好像虫啮过的样子，就要断绝，可见它用得多。文王的钟纽，还没有这种将断绝的形状，可见它不大为人所用，以此为禹之声，胜于文王之声的证据。是奚足哉，孟子言这不足以为证据也。轨，车轮所经之迹。城门下面，不得并行，故车轮拉过的凹痕更显。这不是一车两马拉之力所能致，车子过得多，日子长了，所以如此。言禹王的钟纽将要断绝，也是历年长久的缘故。文王在禹之后千馀年，所以他的钟纽，还不见将断的形状，这并不是禹之声胜过文王之声的证据也。与，同欤。

六十九

齐饥。陈臻曰："国人皆以夫子将复为发棠，殆不可复？"孟子曰："是为冯妇也。晋人有冯妇者，善搏虎，卒为善士。则之野，有众逐虎，虎负嵎，莫之敢撄，望见冯妇，趋而迎之。冯妇攘臂下车，众皆悦之，其为士者笑之。"

棠，齐邑名。发棠者，以前齐国饥荒，孟子曾请齐王发棠邑之仓，出谷米以赈济人民。这回齐国又饥荒了，所以陈臻来告诉孟子，国中的人都以为孟子又将去请齐王发棠邑的谷米了。殆不可复者，陈臻自己猜想的话，言怕不可再请齐王发棠也。孟子就借一个故事，表明自己的意思。冯妇，冯姓妇名，是一个勇士。搏虎，空手打虎也。后来改从善行，终成了善士。之，往也。冯妇偶然到野外去也。嵎，山曲。负嵎者，在山曲处蹲着，背山向人，眈眈而视，张着嘴以待逐他的人也。撄，触犯也。逐虎的人见虎如此，没有人敢上前去触犯他。望见冯妇来了，大家跑过去迎接他。冯妇见猎心喜，好勇的故态复萌，所以揎袖伸臂，跳下车来。逐虎的众人见了，都很高兴；为士者则以冯妇既改行为善，忽又下车搏虎，故笑之也。孟子说这个故事，是表明自己不为冯妇，就是不复为发棠之意。盖发仓赈饥，本非齐王所愿，前次发棠之请，齐王原是勉强听从；此时已将去齐，若再请发棠，必如冯妇，为有识者所笑也。

七十

孟子曰："口之于味也，目之于色也，耳之于声也，鼻之于臭也，四肢之于安佚也，性也。有命焉，君子不谓性也。仁之于父子也，义之于君臣也，礼之于宾主也，智之于贤者也，圣人之于天道也，命也。有性焉，君子不谓命也。"

味，谓美味；色，谓美色；声，谓美妙的声音；臭，香气也，即《易》"其臭如兰"之臭；四肢即四体。口之于美味，目之于美色，耳之于妙音，鼻之于香气，四肢之于安逸，是人人喜欢的，这是人的本来性质，故曰"性也"。但这五项虽为人人所喜欢，能否如愿，却有命在，君子不说他是天性而求必得之也。父子应行其仁，君臣应行其义，宾主应行其礼，贤者应行其智，圣人应行其天道，这原是理之当然。但以舜为子而有瞽瞍之父，以龙逄、比干为臣而有桀、纣之君，宾主之间未必能行礼，贤者未必能行其智，圣人未必能行其道，此则有命存焉。但仁义礼智天道，原在性分之中，君子不说他是命，而弃置之也。盖世人以前五者为性，虽有不得，必欲求之；以后五者为命，一有不至，不复致力。君子则于前五者之不可必得，不谓之性而诿之命，不汲汲以强求；于后者之或有所缺，不诿之命而谓之性，必孜孜而不倦也。

七十一

浩生不害问曰："乐正子何人也？"孟子曰："善人也信人也。""何谓善？何谓信？"曰："可欲之谓善，有诸己之谓信，充实之谓美，充实而有光辉之谓大，大而化之之谓圣，圣而不可知之之谓神。乐正子二之中，四之下也。"

浩生是姓，不害是名，齐国人。他问孟子，乐正子是怎样的一个人？孟子答以乐正子是善人，又是信人。浩生不害又问何谓善？何谓信？孟子因详告之。可欲之谓善者，言人人都觉得他可爱而不可恶，这就叫做善。有诸己之谓信者，言凡是善的他都实在有的，这就叫做信。充实之谓美者，言力行他的善，至于充满而积实，这就叫做美。充实而有光辉之谓大者，言善既充满在身，又能发挥而光大之，这就叫做大。大而化之之谓圣者，言既是大了，又能加以变化，这就叫做圣。圣而不可知之之谓神者，言圣人的作为，如天地自然之变化，众人无从测度，这就叫做神了。孟子所说，共有六等，乐正子的为人，恰在善与信二者之中，而美、大、圣、神四者之下。

七十二

孟子曰："逃墨必归于杨，逃杨必归于儒。归，斯受之而已矣，今之与杨、墨辩者，如追放豚，既入其苙，又从而招之。"

墨即墨翟，杨即杨朱。孟子时，墨翟、杨朱与孔孟的儒家，为三大派。按伪《列子·杨朱篇》禽滑厘谓杨朱弟子孟孙阳曰："以子之言问老聃、关尹，则子言当矣。"是杨朱亦道家也。战国时九流十家纷然并起，其卓然有以自立者，儒、道、墨三家而已。曰逃曰归者，脱离这一派，去入那一派也。既来归，就接受他罢了。放豚者，逃出猪栏外的猪也。苙，即猪栏。招，音翘，罥也，羁其足也。赵朱二注均谓孟子主张"归斯受之"，故以追放豚者，豚既归而入苙，又罥其足，喻今之与杨墨辩者，既归而又追咎其既往，未免过甚。按孟子于杨墨，辩斥最力。今之与杨墨辩者，孟子自谓也。言我今之与杨墨辩者，如追放豚然。既入其笠，正以放豚为喻，谓入杨墨之笠而不知来归者；我之所以不惮辞费，与之辩者，欲从而招之，使弃杨墨而来归耳。此章所说，盖分二层：其自脱而来归者，斯受之；其迷而未反，入杨墨之笠者，则以辩说破其迷执而招之也。

七十三

孟子曰："有布缕之征，粟米之征，力役之征。君子用其一，缓其二。用其二而民有殍，用其三而父子离。"

征就是收税。古时向人民收税，有上述三种。布缕者，所织的布与所纺的丝缕也。粟米者，人民的粮食也。力役者，国家有什么工程建筑，把人民招来，叫他们做工也。君子治国，只用一项而缓用其他的二项。如三项之中，用了二项，则人民就要成为饿殍。三项都一齐用起来，则必至人民父子离散，不能安居，而乱事起矣。

七十四

孟子曰："诸侯之宝三：土地，人民，政事。宝珠玉者，殃必及身。"

殃，即祸患也。言诸侯所宝贵的，是土地、人民、政事三项。若宝贵珠玉，祸患必及到他的身上也。

七十五

盆成括仕于齐，孟子曰："死矣，盆成括！"盆成括见杀。门人问曰："夫子何以知其将见杀？"曰："其为人也，小有才，未闻君子之大道也，则足以杀其躯而已矣。"

盆成是姓，括是名。"死矣，盆成括"是倒装句，犹云盆成括将死矣。后来盆成括果然被杀。孟子的门人问孟子道："夫子怎么会知道他将要被杀的呢？"孟子道："他的做人，有些小小的才能，却还没有听见君子做人的大道理，这就足以招杀身之祸了。"即此可见自负才智，不知大道，胡作妄为，是取祸之道。

七十六

孟子之滕，馆于上宫。有业屦于牖上，馆人求之弗得。或问之曰："若是乎，从者之廋也？"曰："子以是为窃屦来与？"曰："殆非也。夫子（予）之设科也，往者不追，来者不拒，苟以是心至，斯受之而已矣。"

屦，音句。廋，音廋。为，去声。与，作欤。

赵氏云："上宫，楼也。"朱子以为是滕君的别官。按上宫犹云上舍，谓上等的馆舍耳。屦，麻鞋也。业屦者，正织着尚未完成的麻鞋也。牖，窗也。"有业屦于牖上，馆人求之弗得"者，言有人把未完工的麻鞋，放在窗上，忽而不见，馆里的人，寻找弗得也。廋，同廋，藏匿也。或人疑为孟子之从者所藏匿，故问之也。若是乎，疑而未决之辞。与，同欤。孟子道："你以为我的学生是专为偷麻鞋来的吗？"那人道："这总是不至于的。"设科者，设教科，授弟子也。是心，谓求学之心。"夫子之设科也，往者不追，来者不拒，苟以是心至，斯受之而已矣"，这一段话，赵注以为是孟子自己说的，朱注以为仍是或人说的。如是孟子自己说的话，不当自称夫子。如是或人说的话，则仍含有讽刺孟子之意，孟子前既以"子以是为窃屦来欤"反诘之，何以或人再加讽刺，反默尔而息？按阮元《孟子校勘记》，宋、岳、参、孔、韩诸本，"子"字均作予。赵注云"夫我设教授之科"，则赵本"子"亦作"予"可知。"予"上之夫，当音扶。往者不追，即《论语》孔子所谓“不保其往”之意。

七十七

孟子曰：“人皆有所不忍，达之于其所忍，仁也。人皆有所不为，达之于其所为，义也。人能充无欲害人之心，而仁不可胜用也。人能充无穿窬之心，而义不可胜用也。人能充无受尔汝之实，无所往而不为义也。士未可以言而言，是以言餂之也。可以言而不言，是以不言餂之也。是皆穿窬之类也。”

人皆有所不忍，有所不为者，因恻隐之心，羞恶之心，人皆有之也。不愿害人，即是有所不忍；不愿穿窬，即是有所不为。达者，推此心以通之彼也。其有所忍，有所为者，未能达此不忍不为之心而已。充，是扩大的意思。胜，平声。不可胜用，言仁义之心积而广大，用之不尽也。窬，窦也。穿窬，掘墙洞，做偷儿也。窬，一作逾；则穿谓掘洞，逾谓跳墙矣。尔、汝，为对人轻贱之称。古时对人称子，称夫子；称尔、汝，则轻贱之，非人所愿受。实，实情也。言人如能扩充不愿害人之心，即是仁；如能充不愿穿窬之心，不愿受人轻贱之情，即是义也。餂，音忝。餂，即以舌头舐物，试试味道而后吃也，有试探的意思。尚未可以说话时而说话，是要想用言语去试探别人；到了可以说话的时候，而不说话，是要想以不言去试探别人。这种行为，都是穿窬偷窃的一类。能充无穿窬之心者，决不肯做这类事情。

七十八

孟子曰：“言近而指远者，善言也。守约而施博者，善道也。君子之言也，不下带而道存焉。君子之守，修其身而天下平。人病舍其田而芸人之田，所求于人者重，而所以自任者轻。”

言近指远者，所说的话虽极浅近，而所含的义指，极其远大，这是极好极有用的话，故曰善言。守约而施博者，言对于事事物物，所守的是最简约的原则，而其应用却处处可通，这是最好最有用的道理，故曰善道。带，腰带。古人视不下带，谓只视带之上，注意目前常见之事物而已。“君子之言也，不下带而道存焉”者，是说君子所说的话，都是常见之近事，而大道却存乎其间，即上文所谓“言近指远”之善言也。“君子之守，修其身而天下平”者，言君子所守之道，以修身为本，而治国平天下，皆在乎此，即上文所谓“守约施博”之善道也。病，患也。舍，同捨。芸，同耘。言人之所患，在舍己之田而择人之田；在所求于他人者重，而所以自引为责任者轻：此即不知自修其身者也。

七十九

孟子曰：“尧、舜，性者也。汤、武，反之也。动容周旋中礼者，盛德之至也。哭死而哀，非为生者也。经德不回，非以干禄也。言语必信，非以正行也。君子行法以俟命而已矣。”

尧、舜所行的善事仁政，都是从本心里自然流出的，故曰：“尧、舜，性者也。”汤、武修身求学，回反到本性上去，故曰“反之也”。中，去声。动容周旋中礼者，谓一切动作仪容，以及来往应对，种种细微曲折，无不合于礼节。这是君子的盛德，好到极处了，故曰“盛德之至也”。为，去声。“哭死而哀，非为生者也”者，言哭死人而很悲哀，全是对于死者而感发，不是为了活的人哭给他看也。经，常也。回，曲也。“经德不回，非以干禄也”者，言守着常德，不肯邪曲，并非为了求官做也。“言语必信，非以正行也”者，言所说的话，必须信实，不是用以表示自己的品行端正也。法者，天理之当然者也。言君子做人，只要行天理当然之事，以俟正命而已，并非有所为而为也。为生者而哭死，为干禄而经德，为正行而信言，则或以纳交，或以求官，或以钓名，是为假饰，不由本性，便非盛德；有所干求，即存侥幸，便非俟命矣。

八十

孟子曰："说大人则藐之，勿视其巍巍然。堂高数仞，榱题数尺，我得志，弗为也。食前方丈，侍妾数百人，我得志，弗为也。般乐饮酒，驱骋田猎，后车千乘，我得志，弗为也。在彼者，皆我所不为也；在我者，皆古之制也，吾何畏彼哉？"

藐，音妙。榱，音衰。般，音盘。乐，音洛。乘，去声。

说，音税。大人，指有权势富贵之人。藐之者，看轻他也。巍巍者，权大势大之貌。言去说有权势富贵的人，要存一个看轻他的心，勿要注意他的巍巍然的势派也。八尺为一仞。榱者，檐下椽子也。题者，头也。几丈高的堂，檐下数尺长的椽子头，是大人所住的华屋，我就是得志了，也不屑这样讲究的。食前方丈者，言吃食的案桌，排列碗碟甚多，占有一方丈的地方也。侍妾数百人，言侍奉的姬妾之多。般，音盘。般乐饮酒者，任性地狂欢喝酒也。驱骋田猎者，骑着马奔来奔去打猎也。后车千乘者，言随从的仆役众多也。我就是得志了，也不屑这样纵乐的。所以在他的种种，都是我所不为；在我的种种，都是合于古先圣王的法度的。这样两方面一比较，则我何必怕他呢！所以能藐之也。一般人和所谓大人说话，先存一怕惧他的心理，艳羡他的心理，于是谄媚奉承无所不至；而所谓大人者，因此更看人不起了。故必如孟子所言，方能不失自己的身份。以此章与《韩非·说难》一比，真有天渊之别了。

八十一

孟子曰："养心莫善于寡欲。其为人也寡欲，虽有不存焉者寡矣。其为人也多欲，虽有存焉者寡矣。"

欲，通慾，嗜欲也。要把养心，最好是减少嗜欲。存、不存，指心。前篇云，"操则存，舍则亡"，亡即不存也。心放，故不存。嗜欲多，则心为外物所诱，放而不存。嗜欲寡，则外物不能诱之，故心存而不放也。

八十二

曾皙嗜羊枣，而曾子不忍食羊枣。公孙丑问曰："脍炙与羊枣孰美？"孟子曰："脍炙哉。"公孙丑曰："然则曾子何为食脍炙而不食羊枣？"曰："脍炙所同也，羊枣所独也。讳名不讳姓，姓所同也，名所独也。"

羊枣，形圆色黑的小枣，又叫羊矢枣。曾皙喜欢吃羊枣，后来曾皙死了，曾子不忍再吃羊枣，因为看见羊枣，就想到已死的父亲也。肉细切曰脍，烹炒曰炙。公孙丑问："脍炙比羊枣，哪一种的味道好？"孟子道："自然是脍炙洛。"公孙丑之意，以为脍炙既然味道比羊枣好，曾皙一定也是喜欢吃的，那么曾子为什么吃脍炙，不吃羊枣呢？孟子答道："喜欢吃脍炙是人人所同的。喜欢吃羊枣是曾皙一人的口味。曾子因为羊枣是曾皙独自喜欢吃的东西，所以看见羊枣，就要想起父亲，因此不忍吃也。譬如避亲的讳姓是大家所同的，所以不必讳；至于名，只有一个人独有，所以要讳也。"

八十三

万章问曰："孔子在陈曰：'盍归乎来？吾党之士狂简，进取。'不忘其初。孔子在陈，何思鲁之狂士？"孟子曰："孔子不得中道而与之，必也狂狷乎！狂者进取，狷者有所不为也。孔子岂不欲中道哉？不可必得，故思其次也。"

朱注云："盍，何不也。狂简，谓志大而略于事。进取，谓求望高远。不忘其初，谓不能改其旧也。"赵注云："不忘其初，孔子思故旧也。"按此事亦见《论语·公冶长》篇，所记孔子之言，与此略异。孔子在陈而思其乡党及门之士，即是不忘故旧。《仪礼·觐礼注》云："初，犹故也。"是"初"字有故旧之义。"盍归乎来……进取"，为孔子之言；"不忘其初"，则述孔子之言者之辞。赵说较朱为长。下"孔子在陈"二句，则为万章问孟子之言。孟子答语，亦见《论语·子路》篇。"中道"作"中行"，"獧"作"狷"，义并同。《国语·晋语》："小心狷介"，韦昭注云："狷者守分，有所不为也。"盖狂者过，狷者不及中道则中庸也。

"敢问何如斯可谓狂矣？"曰："如琴张、曾皙、牧皮者，孔子之所谓狂矣。""何以谓之狂也？"曰："其志嘐嘐然。""何以是嘐嘐然也？""言不顾行，行不顾言。则曰：'古之人，古之人。'夷考其行而不掩焉者也，狂者又不可得，欲得不屑不洁之士而与之，是狷也；是又其次也。孔子曰：'过我门而不入我室，我不憾焉者，其惟乡原乎！乡原，德之贼也。'"

"敢问何如斯可谓狂矣？"万章问。曰字以下，孟子答。琴张，赵氏以为即颛孙师字子张者。朱子以为即琴牢，字子张。（即《论语·子罕》"牢曰'子云吾不试，故艺'"之"牢"。见《论语注》）按《庄子·大宗师》言子琴张与子桑户、孟子反友，子桑户死，二人编曲鼓琴，相和而歌。《檀弓》亦记季武子死，曾皙倚其门而歌。《论语·先进》记曾皙言志，与子路、冉有、公西华异。牧皮，未详。"何以谓之狂也？"万章又问。"曰：'其志嘐嘐然。'"孟子又答。嘐，音火交反。嘐嘐，志大言大也。此句下，旧适接"曰古之人，古之人。……"俞樾谓有错简。下节"何以是嘐嘐也……则曰古之人古之人"二十二字，当在此处"其志嘐嘐然"句之下。此处"曰古之人古之人"七字，乃脱烂之未尽者。"何以是嘐嘐也？"万章又问也。"言不顾行……"以下，孟子又答也。见《古书疑义举例》。今从俞说校正。盖狂者志大言大，言不顾行，行不顾言，"曰古之人古之人"，好评论古人也。但平时考察其行，不能掩覆其言者也。行不能掩其言，故曰"言不顾行，行不顾言"；其言夸大，故谓之"嘐嘐"也。不屑为污浊不洁之行者，即是狷。孟子之意，以中道为第一，狂次之，狷又次之。至于乡愿，则孔子以为德之贼，虽过门不入，亦不憾也。原，同愿。“乡原，德之贼也。”孔子语，见《论语·阳货篇》。

曰：“何如斯可谓之乡原矣？”曰：（何以是嘐嘐也？言不顾行，行不顾言。则曰：“古之人！古之人！）“‘行何为踽踽凉凉？生斯世也，为斯世也，善斯可矣。’阉然媚于世也者，是乡原也。”

“曰：何如斯可谓之乡原矣？”万章又问也。“何以是嘐嘐也……古之人”二十二字，错简，已依俞樾说，移在上节“其志嘐嘐然”句之下，此处当删。“曰行何为踽踽凉凉”以下，孟子又答也。行，去声。踽，其禹反。朱注云：“踽踽，独行不进之貌。凉凉，薄也，不见亲厚于人也。”按《诗经·唐风·秋杜》“独行踽踽”，《毛传》云：“踽踽，无所亲也。”《说文》云：“踽，疏也。”无所亲，故疏。凉训为薄，亦见《说文》薄者厚之反，亦疏而不亲之意。踽踽凉凉，即落落寡合也。“行何为踽踽凉凉……善斯可矣”四句，孟子述乡原之言。谓吾人之行，生于此世，即为此世之人；世俗以为善则可矣。何为落落与世寡合乎？乡原之主张如此，故阉然媚世也。《尔雅·释天》李巡注云：“阉，蔽也。”阉然，是遮遮掩掩的意思。

万章曰：“一乡皆称原人焉，无所往而不为原人。孔子以为德之贼，何哉？”曰：“非之无举也。刺之无刺也。同乎流俗，合乎污世，居之似忠信，行之似廉洁。众皆悦之，自以为是，而不可与入尧、舜之道。故曰：‘德之贼也’。孔子曰：‘恶似而非者：恶莠，恐其乱苗也。恶佞，恐其乱义也。恶利口，恐其乱信也。恶郑声，恐其乱乐也。恶紫，恐其乱朱也。恶乡原，恐其乱德也。’君子反经而已矣！经正则庶民兴，庶民兴，斯无邪慝矣。”

原，同愿。原人，犹现在所说的忠厚人。万章以为如乡原者，一乡的人，都称他是忠厚人，不论到什么地方，没有不说他是忠厚人的，独孔子以为他是“德之贼”，是何意义呢？“曰”字以下，是孟子的答辞。乡原是伪道学的一流人，遮遮掩掩地欺众媚世，故说他不是，则没有可举的事迹；讥刺他也没有可讥刺的地方也。流俗者，随风而靡之俗习；污世者，污浊的世界。居之似忠信者，实不是忠信而自处似乎忠信；行之似廉洁者，实不廉洁而行谊似乎廉洁。因此，一般人都喜欢他，他也自以为是。其实是不可以入尧舜之道的，所以孔子说是德之贼也。孟子解释了乡原为德之贼以后，又引孔子的话以证之。恶，去声，厌恨也。孔子所最厌恨的，为“似是而实非”者；莠与苗，佞与义，利口与信，郑声与雅乐，紫与朱，乡原与德，皆似是而非易相混乱者也。经，常也。真实的、可常行的常道，叫做经。反经者，回复到做人的常道也。中道，合乎经者也；狂与狷，虽不合乎经，而可以反乎经者也。反乎经，则经正矣。慝，隐恶也。经正，则庶民皆闻兴起，可以无邪慝，虽有乡原自不能媚世惑众也。

八十四

孟子曰：“由尧、舜至于汤，五百有馀岁。若禹、皋陶，则见而知之。若汤，则闻而知之。由汤至于文王，五百有馀岁。若伊尹、莱朱，则见而知之。若文王，则闻而知之。由文王至于孔子，五百有馀岁。若太公望、散宜生，则见而知之。若孔子，则闻而知之。由孔子而来，至于今，百有馀岁，去圣人之世，若此其未远也。近圣人之居，若此其甚也。然而无有乎尔！则亦无有乎尔！”

此章所举人名，前多见过。只莱朱、散宜生二人未见。赵注，莱朱为汤贤臣，一云就是仲虺。按仲虺，《史记·殷本纪》作中𤳵，𤳵，读若垒，焦氏以为与“莱”字为一音之转。散宜生为文王贤臣。今，孟子之时。从孔子至孟子时，仅百馀岁，则去圣人之世为未远也。邹鲁邻国，则去圣人之居，又如此其近也。然尧舜汤文，皆以圣人而在天子之位，其道行于天下，为人所共睹，故禹、皋陶、伊尹、莱朱、太公望、散宜生，得见而知之。若孔子，则有德无位，其道不行。即颜渊、曾子等高弟，亦仅能闻其讲述，不能见其实施。及孔子段而微言绝，七十子丧而大义乖；至孟子之时，杨墨盛行，异端邪说，风行一时，孔子之道，衰而不著。不但无见而知之者，且亦将无闻而知之者矣。然而无有乎尔，谓无见而知之者也。则亦无有乎尔，谓恐闻而知之者亦将无有也。孟子盖叹孔子之不得行其道，不能见之行事而徒托之空言；己之生也，幸而去圣人之世未远，离圣人之居又近，虽未得为孔子之徒，尚得私淑诸人，与乎闻知之列；而道终不行，则此闻而知之者，仍不得施之天下，见之行事也。朱注云云，谓孟子以道统之传自任，复引程颐之言，以确指所谓道统之传，惟程颢能上接孟子。此后学者，遂谓此章为道统之说之所由起。此则宋儒之言，非孟子之本旨矣。

[问题]

（一）何谓“尽心”、“知性”、“知天”、“立命”？
（二）何谓“正命”？
（三）何谓“万物皆备于我”、“反身而诚”、“强恕而行”？
（四）“耻”于人之关系如何？
（五）何谓“独善其身”？何谓“兼善天下”？
（六）何谓“以佚道使民”、“以生道杀民”？
（七）霸者之民与王者之民，有何不同？
（八）“仁言”与“仁声”、“善政”与“善教”，有何不同？
（九）何谓“良知”、“良能”？
（十）何为“君子三乐”？
（十一）君子“所欲”、“所乐”、“所性”如何？
（十二）杨墨与子莫之道如何？孟子何以俱非之？
（十三）何谓“性之”、“身之”、“假之”？
（十四）何谓“尚志”？
（十五）何谓“居移气”？
（十六）何谓“践形”？
（十七）何谓君子五教？
（十八）何谓“有所挟而问”？
（十九）何谓“义战”？
（二十）何谓“尽信书不如无书”？

（二十一）孟子贵民轻君，其说如何？

（二十二）何谓“信、善、美、大、圣、神”？

（二十三）何谓“狂”、“狷”、“乡原”？

（二十四）《孟子》末章，其旨如何？